新曲綫
New Curves

用心雕刻每一本……

http://site.douban.com/110283/
http://weibo.com/nccpub

用心字里行间　雕刻名著经典

商务印书馆(成都)有限责任公司出品

有目的地领导

幼儿保教管理工作中的情绪智力

[美]霍莉·艾丽莎·布鲁诺 著

董 妍 等译

俞国良 审校

商务印书馆

2018年·北京

Holly Elissa Bruno, MA, JD

Leading on Purpose:

Emotionally Intelligent Early Childhood Administration, First Edition

ISBN: 0-07-337842-9

Copyright © 2009 by The McGraw-Hill Education

All Rights reserved. No part of this publication may be reproduced or transmitted in any form or by any means, electronic or mechanical, including without limitation photocopying, recording, taping, or any database, information or retrieval system, without the prior written permission of the publisher.

This authorized Chinese translation edition is jointly published by McGraw-Hill Education and The Commercial Press. This edition is authorized for sale in the People's Republic of China only, excluding Hong Kong, Macao SAR and Taiwan.

Copyright © 2018 by McGraw-Hill Education and The Commercial Press.

中文简体字本由麦格劳—希尔公司授权出版

感谢您，罗格斯大学道格拉斯学院的
荣誉退休教授——内勒·史密瑟博士，
您用敏锐的情商清扫了我前进道路上的障碍。

作者简介

霍莉·艾丽莎·布鲁诺（Holly Ellissa Bruno），作家、教师、幼儿教育领导力领域主讲嘉宾，她把自己描述成一位"热心的律师"。霍莉·艾丽莎曾经在美国缅因州担任过总检察长助理，也曾被缅因州奥古斯塔大学评选为"杰出教授"，在那里她还担任过学院院长。霍莉·艾丽莎毕业于哈佛大学教育管理研究所，多年来一直负责给全美各地的惠洛克学院（Wheelock College）讲授领导力和管理课程。她的文章主要发表在《育儿交流》（*Child Care Exchange*）以及美国幼儿教育协会的《幼儿期刊》（*Young Children Journal*）上。从布达佩斯到明尼阿波利斯，从塔尔萨到坦帕，她在美国幼儿教育协会、智能启动以及地区"开端计划"[*]年会上的出色演讲，受到了世界各地听众由衷的喜爱。对霍莉·艾丽莎来说，与成人一起工作如同和可爱的孩子们在一起一样鼓舞人心。

---

[*] 编者注：美国的一项综合性教育发展项目，主要针对 0~5 岁儿童的教育研究。

译者序

情绪时刻伴随着我们，无论你是否注意到它的存在，它对人们的影响总是无法回避的。学会正确感知自己的情绪，准确解读别人的情绪，以及充分利用这些情绪信息非常重要。所以，情绪智力（EI）或情商（EQ）这一概念一经提出就得到了学术界内外的广泛认可和关注。更有学者指出，一个人的成功不仅取决于智商，更取决于情商。因此，对情绪智力的研究和应用就是适应时代要求、促进个体发展的必然选择。

霍莉·艾丽莎·布鲁诺的这本《有目的地领导：幼儿教育管理中的情绪智力》，不仅是作者多年工作经验的心血和结晶，而且是将情商理论与幼儿教育管理实践完美结合的一部力作。该书具有如下特色：

1. 注重前沿性和科学性。读者会发现，该书与其他情商类著作有一个明显的区别，即作者并没有占用大量篇幅详尽介绍种种情商理论，而是在全书的开篇仅仅用一章的篇幅，对情商理论进行了简要的介绍。值得注意的是，作者还参考了心理学与认知神经科学研究的最新成果，在情商著作中开创性地介绍了镜像神经元、梭形细胞与情商的关系，提高了该书的学术性和科学性。

2. 具有可读性。本书作者文笔流畅、语言优美。通览全书，作者并没有介绍晦涩、空洞的理论，而是深入浅出地结合具体案例介绍了情商在幼儿教育管理中的具体应用。无论是页边栏的总结，还是选自不同文化下的引语，都会让你耳目一新，获益匪浅。

3. 实用性强。首先，本书每一章的开始部分，作者都以一个案例为切入点，介绍情商在幼儿教育管理不同领域中的应用。其次，作者在文中多处根据自己和他人的幼儿管理实践经验，言简意赅地总结了各种实用的策略、可行的方法，值得读者亲身体验。最后，每章后的反思性问题以及团队项目可以进一步帮助你锻炼运用情商进行幼儿保育和教育管理的能力。

本书的翻译是集体劳动的成果，整个翻译过程经过了初译、复译、校对和审定四个阶段。本书初译具体分工如下：董妍（第 1 章、第 2 章、第 3 章、第 12 章、第 15 章、作者简介、前言、目录、附录、索引）；张希（第 4 章）；周浩（第 5 章）；常爱颖（第 6 章）；刘钊帅、唐淼（第 7 章）；王琦（第 8 章、第 14 章）；陆宽（第 9 章）；戴维（第 10 章）；檀杏（第 11 章）；李立（第 13 章）；吴静（第 16 章）。初译之后，董妍和唐淼对全书的内容和格式进行了复译和修正。接下来，我的挚友阿木木林女士对全书进行了仔细阅读与修改，她的辛苦工作使得本书的语言更加准确和精彩，再多的语言也无法表达出我对她的深深谢意。最后，本书由我的恩师，中国人民大学心理研究所的俞国良教授审校。真诚感谢恩师多年来对我的关怀和指导，学生取得的点滴成绩都离不开您的悉心关切。

本书为译者第一本译著，由于时间仓促、经验不足，可能会有不足之处，敬请读者批评指正。

董妍
2010 年 8 月 5 日

简要目录

前　言　xxv

第一编　组建：设置方案，走向成功　1
第 1 章　用情绪智力去领导　2
第 2 章　社会智力：人际关系的神经科学　17
第 3 章　有目的地领导：一条成就卓越之路　40
第 4 章　决策的艺术与学问　79

第二编　激荡：确认、干预，以及解除阻力以求改变　99
第 5 章　准备启动：无论你身在何处，从这里启程　100
第 6 章　与变化为伴　122
第 7 章　预防法律问题：政策和程序　152
第 8 章　创建问题解决者共同体：做人生赢家而非抱怨者　168

第三编　规范：建立管理系统　193
第 9 章　监管与员工发展：社会情商在起作用　194
第 10 章　财务管理：掌握财政大权　226
第 11 章　管理设施和设备：杜绝伤害　252
第 12 章　课程选择：根和翼　281
第 13 章　市场营销与发展：只要你有影响力，顾客就会来　306

第四编　执行：把原则应用于实践　329
第 14 章　与每个孩子的家庭建立伙伴关系　330
第 15 章　追求品质：取得许可，通过认证，遵循道德行为准则，表现出专业化　357

第五编　再组建：更新、恢复、怀揣梦想　387

第 16 章　处处可用的领导原则：学会热爱问题　388

附录 A　来自 http://www.wccip.org/tips.html 的营销小贴士　408
附录 B　预算词汇术语表　414
附录 C　探讨文化多样性的书籍和文章　417

详细目录

前　言　xxv

第一编　组建：设置方案，走向成功　1

第 1 章　用情绪智力去领导　2
案例研究：向主管转变的苦恼　3
什么是情商　3
　　情绪盲决策　6
　　情商能力和胜任力　7
　　情商和社会情绪智力　8
测量情商　9
　　智力：先天遗传还是后天形成　9
　　我们如何识别情绪　11
　　复合情感　12
情商在幼儿保教管理中的价值　13
反思性问题　14
团队项目　14
参考书目　15
网络资源　15

第 2 章　社会智力：人际关系的神经科学　17
案例研究：这里谁负责　18
参加聚会时需要的情商　18
社会智力是我们在人际关系中对情绪智力的运用　19
　　社会智力的界定　20
　　社会智力的简史："在人际关系中明智行事"　22
社会神经科学　23

梭形细胞和门铃　24
　　　镜像神经元——细胞中的镜子　25
　　　杏仁核劫持　26
　　　开展营救行动的前额叶皮层　27
　　　人群控制：群体动力学的神经科学　27
　　　群体动力学中的塔维斯托克理论："请勿射杀信使"　29
　关系的连接或断开　29
　　　有害的或健康的关系　30
　　　"闪躲"有害的情境和人　31
　　　角色的危险性　33
　运用社会智力去领导　35
　反思性问题　36
　团队项目　36
　参考书目　37
　网络资源　39

第3章　有目的地领导：一条成就卓越之路　40

　案例研究：脱颖而出的"贾米拉街区"　41
　目的："内心的渴望与你同在！"　41
　　　发现你的目的："内心的渴望"　42
　　　愿　景　44
　　　清楚地表达你的使命　45
　　　"核心价值"的价值　46
　　　你的团队目的和核心价值　47
　　　S.M.A.R.T.方法　48
　　　愿景、目的和领导力　49
　　　服务型领导："先行付出"　50
　迈尔斯—布里格斯领导力问卷　51
　　　你的领导风格和气质　52
　外向（E）和内向（I）　53
　　　内向型的领导者　53
　　　外向型的领导者　56
　感知（S）和直觉（N）　57

感知型的人　58

　　直觉型的人　59

理智（T）和情感（F）　61

　　理智型的人　62

　　情感型的人　63

　　自我评估　65

判断（J）或感觉（P）　65

　　判断型的人　65

　　感觉型的人　67

　　自我评估　68

从我们的短板中学习　68

领导气质　70

　　SJ 型的领导风格　72

　　SP 型的领导风格　72

　　NT 型的领导风格　73

　　NF 型的领导风格　74

自知之明的力量　75

反思性问题　75

团队项目　76

参考书目　77

网络资源　78

第 4 章　决策的艺术与学问　79

案例研究：老师对于迟到的态度　80

决策的历史观　80

基于法律条文或基于法律精神的决策　81

做出"公平的"决策　82

　　通过权衡利弊做出决策　83

　　通过直觉的"薄片撷取"进行决策　84

　　对自我怀疑的挑战　85

　　通过"有天赋的即兴表演"进行决策　87

将他人卷入决策过程：我的，我们的，你们的　89

　　群体决策　90

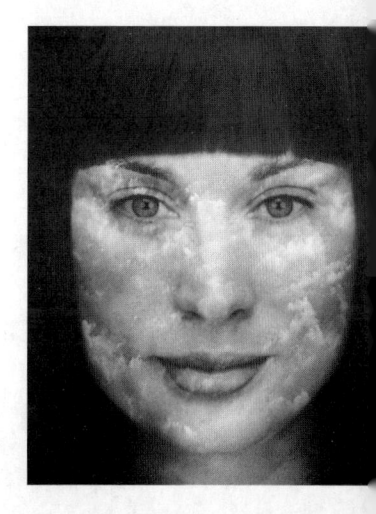

决策的结构　91
　　　等级式结构：高层领导、中层主管和基层员工的决策　93
　　　扁平式结构与决策　94
　　　复合式结构组织的决策　95
反思性问题　96
团队项目　97
参考书目　97
网络资源　98

第二编　激荡：确认、干预，以及解除阻力以求改变　99

第5章　准备启动：无论你身在何处，从这里启程　100

案例研究：家庭关系　101
从教师到主管　101
　　直面和拥抱新岗位所遇到的阻抗　103
　　赢得舆论领袖的支持　104
　　处理员工的反抗　105
　　等待过渡期结束　106
三条不同的路径　106
　　通往领导岗位的"内部路径"　106
　　通往领导岗位的"外部路径"　107
　　创始人综合征　108
组织发展的阶段　109
　　组建、激荡、规范和执行　109
　　组织发展的初创阶段　111
　　组织发展的管理阶段　111
我们是一家人：成为家族式组织的主管　111
　　领导家族式组织的小贴士　112
创始主管：创建幼儿保教组织　113
幼儿保教组织的类型　114
　　个人业主制企业　114

合伙制企业 115
特许经营中心 116
公　司 116
非营利组织 117
营利组织 117

准备好了吗 118
反思性问题 118
团队项目 119
参考书目 119
网络资源 120

第6章　与变化为伴 122

案例研究：过渡问题 123
变化带来的挑战 123
大脑和变化 123
变化的定义 124
谁是变化的主人 125

领导力和控制力 127
了解何时以及如何"关注自己" 128
如何让变化受欢迎 129
创伤和转变 131
变化和"认知失调" 131

与变化为伴 132
坚持变化的观点 133
与变化为伴的模型 135
当和老板的关系需要改变时 138
领导组织的变革 139

韧　性　141
乐观在韧性中的作用 141
超级主管？不是！ 143
提高他人的韧性 144
活力四射还是精力殆尽？ 146

反思性问题 148

团队项目 148
参考书目 149
资料来源 150
网络资源 150

第7章 预防法律问题：政策和程序 152

案例研究：家长接送政策 153
诉讼行使权 153
预防政策和实践 155
  给前雇员写推荐信 156
  提出合适的面试问题 158
  工作的基本职能 158
美国残疾人法案（ADA） 159
  残疾和合理的便利 159
  ADA 对于提供合理便利的例外 160
预防父母接送孩子时因监护权发生争执 161
计划未预料到的事情：危机预防 163
  为员工提供危机管理的方法 163
  阻止喝醉酒的家长驾车接孩子回家 164
反思性问题 166
团队项目 166
参考书目 167
网络资源 167

第8章 创建问题解决者共同体：做人生赢家而非抱怨者 168

案例研究：团队教师嘉贝拉和莫德间的紧张局面 169
开放式的交流、热情而友好的共同体 170
谣言 171
  什么是谣言 171
  为什么会有谣言 171
  幼儿教育机构中的谣言 173

创建无谣言区　174
        通过直接监管来消除谣言和悲观　175
        用朋辈的力量阻止谣言传播　176
    案例研究：拉沃达　177
    问题解决的实践　178
        为儿童做出解决问题的榜样　178
        宣泄提供的是帮助还是伤害　179
    解决冲突的策略　180
        Z方法　180
        朋辈教练法　182
        "达成共识"和"艰难对话"的方法　183
    应对悲观者的策略　185
    多元文化下的问题解决方案　186
    共同体　187
    反思性问题　188
    团队项目　190
    参考书目　190
    网络资源　192

第三编　规范：建立管理系统　193

第9章　监管与员工发展：社会情商在起作用　194

案例研究：调整监管以适应每位员工　195
监管的成分　196
    社会情商能力　196
    成人的发展阶段　197
    尊重个人，强调行为　197
    识别能力——监管者的核心能力　199
监管的类型：指导性监管和反思性监管　200
    评价员工的需要　201
    成人发展的阶段　204
    告知还是要求：不同的监管类型应在何时使用　206
    指导性监管的五项原则和步骤　207

何时使用反思性监管　213
案例研究：你在镜子中看到了什么？　215
创建你的监管系统　218
评估时间　220
　　360度评估　220
　　垃圾也是动态的　220
　　避免年度评估的缺陷　221
监管是一种进化的过程　221
监管与员工发展计划　222
反思性问题　223
团队项目　223
参考书目　224
网络资源　225

第10章　财务管理：掌握财政大权　226

案例研究：财务管理是主管的必修课　227
金钱：承载的远不止一件事情　227
坦白交代不同于洗钱　229
作为政策和计划的预算　230
　　预算跷跷板　234
　　幼儿教育财务管理的软件　234
　　明细支出及一致性　235
　　资产折旧　237
预算报告　238
　　现金流分析　239
追收欠款　240
针对部分时间入园的儿童及兼职教师的预算　241
固定成本和可变成本　244
工资和工时的注意事项　244
从零开始：你的第一笔预算　245
　　启动预算　248
　　资金管理中的情商和智商　248
反思性问题　248

团队项目 250
参考书目 250
网络资源 251

第 11 章　管理设施和设备：杜绝伤害　252

案例研究：差异和/或协调？　253

指导原则　254

可用的帮助：资源、专家、顾问和支持者　254

　　同顾问委员会合作　255

安全和健康的基石　256

　　杜绝伤害：建筑物安全吗　257

　　健康和安全的法律标准　258

　　当地的分区、建筑和卫生准则　259

　　火灾和紧急事件疏散计划　261

　　认证标准　264

　　环境评估量表　264

确保安全的政策和实践　265

　　每周"围着中心转"的清单　265

　　事故处理和报告的程序　267

　　应对孩子咬人的政策　269

　　应对轻度患病儿的政策　270

　　性犯罪　271

　　保留医疗记录　272

食品的管理和安全　274

　　工作时间和所需要的膳食　274

　　食物金字塔　275

　　食物过敏　276

　　文化和宗教倾向　276

　　百乐餐，不再幸运？　276

安然无恙　277

反思性问题　277

团队项目　278

参考书目 279
网络资源 280

第 12 章　课程选择：根和翼　281
案例研究：一位母亲对儿子的梦想　282
站在巨人的肩膀上：幼儿学习理论的根源　283
　　弗里德里希·福禄贝尔　283
　　约翰·杜威　283
　　玛丽亚·蒙台梭利　284
　　埃里克·埃里克森　285
　　让·皮亚杰　285
　　列夫·维果斯基　286
　　霍华德·加德纳　286
　　弗雷德·罗杰斯　287
　　艾米·皮克勒　287
　　不同文化中长者的智慧　288
关于大脑发展的研究和学习理论　289
关系是学习的核心　290
　　儿童即课程　291
　　环境即老师：创造室内外的学习空间　291
　　教师可通过支持好奇心来促进学习　294
　　关系就是一切　295
　　儿童学习的界限、可选择的教学策略和脚手架　296
动荡的和最佳的"应试教学"　297
　　对幼儿的有效评定　298
学习型组织　300
作为环境和课程的主管　302
反思性问题　302
团队项目　303
参考书目　303
网络资源　305

第13章 市场营销与发展：只要你有影响力，顾客就会来 306

案例研究：主管米拉格罗斯能创造奇迹吗？ 307

不再"固着" 308

误区1：在幼儿教育中，"自我推销"是不必要的 309

误区2：我们没有足够的钱改造场地 309

营销并非只针对"新车" 310

营销101：做好方案 311

描绘你们现实的市场 312

理解顾客的目标和工作流程 314

开发能为顾客提供最大价值的产品 315

培养员工 316

误区3：我们做不到让员工多样化 316

误区4：留住员工是不可能的 321

案例研究：悲观的安妮 323

发展你的客户 324

误区5：我们需要聘请专业的筹资者 324

对"不可能"说不 325

反思性问题 325

团队项目 326

参考书目 327

网络资源 328

第四编 执行：把原则应用于实践 329

第14章 与每个孩子的家庭建立伙伴关系 330

案例研究：尊重差异：柳树能弯到什么程度？ 331

我们是一家人 332

情商和理解家庭 333

家庭：并非我们所想的那样 334

定义"家庭" 335

美国家庭的历史 336

给家庭贴标签　336

预防与反对家庭虐待和忽视　338

"询问和倾听"的流程　341

暂停评判，为好奇留有余地　342

第三空间　343

当主流文化盛行时　344

"家庭"的法律地位　346

有特殊需要的儿童的家庭　346

案例研究：劳拉　347

"完美"家庭　349

超出儿童需要的家长：难伺候的家长　350

有利于家庭的做法　350

家庭即老师，ECE专业人士即学习者　351

案例研究：艾玛莱恩·雷　352

案例研究：斯科特　353

反思性问题　353

团队项目　354

参考书目　355

网络资源　356

第15章　追求品质：取得许可，通过认证，遵循道德行为准则，表现出专业化　357

案例研究：倡导品质　358

功能正常与功能失调的团队　359

追求品质：谁来定义我们行业的品质　359

品质的书面标准　360

尊重文化多样性的品质定义　360

护理专业对重新定义品质的追求　361

专业化定义的演变　363

全面质量管理（TQM）　365

顾客永远是对的　366

预测顾客的需求　367

不仅满足而且超出顾客的预期 368
服务"内部"和"外部"的顾客 369
用基准检查或定期评估你项目的所有方面 373
持续改进 375

品质和专业化：当达到星级时做正确的事情 375
将道德行为准则作为通往品质的途径 376
美国幼儿教育协会的核心价值观 377

案例研究：做正确的事情 378
一种职业何时是专业的 378
界定具有情绪智力的"专业人才" 380

在压力之下坚守品质和专业化 380

案例研究 381

反思性问题 384

团队项目 384

参考书目 385

网络资源 386

第五编 再组建：更新、恢复、怀揣梦想 387

第 16 章 处处可用的领导原则：学会热爱问题 388

"有目的地领导"的目的 389

主管究竟是什么：领导者、管理者还是执行者 390

老问题新角度 392
有关情绪智力和社会智力价值的争论 392
重新发现交流情商原则的传统方式 394
非言语的，非神经的，或两者皆是？ 395

处处可用的领导原则 396
好老板与坏老板 396
如何成为好老板 397

面向 21 世纪的领导力 399
为成长而建立伙伴关系 399
忠实于你的核心价值观 399
培育多元文化社区 400

保持孩子一样的好奇心　400
照顾好自己　401
学会放手　402
适时求助　402
寻找、使用并热爱你的幽默感　403
你的选择从这里开始：学会热爱问题　403
反思性问题　404
团队项目　405
参考书目　405
儿童文学的参考文献　406
网络资源　407

附录 A　来自 http://www.wccip.org/tips.html 的营销小贴士　408
附录 B　预算词汇术语表　414
附录 C　探讨文化多样性的书籍和文章　417

前　言

　　幼儿保育和教育主管开展工作需要处理好各种关系。为了通过审批，主管需要与董事会一起制定最周到、准确和高效的预算。为了迎接评审，主管需要精心地创建和编辑其项目文件报告。如果没有每个教学团队通过合作创建那些记录详细而精巧的班级文件夹，主管的工作将是不完整的。如果主管不能与项目中的每一个家庭建立尊重、动态而热情的关系，那么在具有不同文化习俗和信念的社会中，所有的"书本知识"都将毫无意义。书本知识，对于管理来说可能是必要的；但是，除非管理者与他人能用充分欣赏的方式进行有效的交流，否则就不会达成目标。在幼儿保教行业中，人们的管理技能如同呼吸一样重要。

　　多年来，我们一直使用"阅人技能"这个词来描述我们现在所知的情绪智力。情绪智力，是如同阅读书本一样的能力，不过它解读的是人自身。对于幼儿保教管理者和课堂上的每一位教师来说，拥有情绪智力同等重要。拥有情商（EQ）的领导者擅长：

- 理解自己的动机、目的和愿景；
- 知晓自己的优势并处理其盲点；
- 知道什么能鼓舞和激励员工；
- 根据每个员工的优势，帮助员工在职业上成长。

　　《有目的地领导：幼儿保教管理中的情绪智力》是第一本以情商的原理和实践为坚实基础、适合幼儿教育管理者的教材。

　　情绪智力理论以霍华德·加德纳（Howard Gardner）在《心智的结构》（Frames of Mind, 1985）一书中对多元智力的划分为基础。当加德纳博士描述社会和情绪智力时，幼儿保教专业人士就迅速地把他的理论转化到了我们的课堂中。然而，有趣的是，加德纳的思想也主要应用于儿童，而非成人。

　　感谢耶鲁大学的彼得·沙洛维（Peter Salovey）博士，"情绪智力"这个词不仅被创造出来，而且也被识别为成人的一种重要能力和胜任力。丹尼尔·戈尔曼（Daniel Goleman）博士把情商的无数科学研究呈现到了一系列畅销书中，这些书包括《情绪智力：为什么它比智商重要》（*Emotional Intelligence: Why It Can Matter More Than IQ*, 1995）以及《社会智力：人类关系的新科学》（*Social Intelligence: The New Science of Human Relationship*, 2006）。这本教材建立在蓬勃发展的情绪智力和领导力的文献基础之上，这在商业和学术界中都是关键的主题。

你还记得脑科学发展研究及其应用于儿童早期发展所带给我们的兴奋吗？感谢神经科学这一新领域，在《有目的地领导》一书中，有关成人大脑发育的研究被证明同样是引人入胜的。最后，我们能从神经病学的角度发现关系如何发挥作用的根源。例如，65%~90%的人类情绪直接通过我们的神经元一对一地交流，而非通过语词。我们总是设想情绪像流感一样会被传染。感谢功能性核磁共振（fMRI）技术的最新发展，科学家已经证实，我们的"镜像神经元"反映和模仿了我们周围人的神经元。

梭形细胞，我们最大的神经元，会在一纳秒内对其他人做出判断，甚至快于这些细胞对事物的"瞬间判断"。马尔科姆·格拉德威尔的畅销书《眨眼之间：不假思索的思考力量》（*Blink: The Power of Thinking without Thinking*, 2006）描述了"在眨眼之间"我们大脑加工运转并做出决策的这种"切片"过程。想象一下，这项研究对于幼儿教育管理者是多么有用，他们正是致力于打造一个高度功能化的团队，有明智的监督，并帮助每一个家庭和儿童产生宾至如归的感觉。

我的目标是，通过易于读者理解的方式，把情绪智力的科学研究和理论转换到实际的幼儿教育实践之中。在这种方式下，读者会看到情绪智力在日常经验中的直接应用。在大致相同的方式下，《有目的地领导》一书把有关法律主题、预算和管制的关键技术信息转换和嵌入到了真实世界的案例研究中。

作为一名"热心的律师"，多年来，我已经学会了把判例法和法律规章带到生活中。当学前儿童科尔的爸爸带着满身酒气、打算开车接科尔回家时，根据法律规定，在这种情境下一位管理者的责任是什么呢？如果一位主管被要求给他手下一位刚被解雇的雇员写推荐信，主管在法律上的说法应该是什么呢？"保持一种流言蜚语自由的工作环境"能作为一种功能性要求写进职位说明书里吗？在《有目的地领导》一书中，你将会发现这些真实生活问题的答案。

我在美国各地的惠洛克学院兴致勃勃地讲授了超过40次的幼儿教育管理课程之后，写下了这本书。这些地方包括从俄克拉何马州马斯科吉的切罗基人到波士顿的市中心，再到纽约北部的乳制品区。关于怎样将幼儿教育管理应用到他们的生活中，我的学生教给了我很多。

本书既适用于尚处于职业生涯的早期阶段的各种专科学院和大学的学生、幼儿教育领域中的教师、寻求主管认证的经验丰富的管理者，也适用于其他学科和专业、想创办自己的幼儿教育项目的人们。《有目的地领导》是第一本关于幼儿教育管理的教科书，这本书建立在这样的研究基础上，即98%的管理者在进入到项目的领导层之前都是教师。本书另一特色的例子是，强化情商的原则和宗旨，以利于与每一位读者建立关系。

特 色

- 学习目标，在每一章的开端，向读者提供覆盖本章的要点概述。
- 一个发人深省的案例研究开启了每个章节，并提出幼儿教育专业人士普遍关注的一个问题。案例研究邀请读者考虑，如何解决案例中所提出的问题以及如何使用情商技巧。
- 贯穿每一章都有试试这个 和练习你的情商 ，邀请读者及时把教材中的理论应用到一个有趣的案例研究或者他们的经验中。
- 使用清单和指南为理解幼儿教育领导中的关键概念提供有帮助的、易操作的和直接的指导。读者会发现一些小提示，例如如何设计一项启动预算、如何停止流言蜚语和抱怨、如何保证物理环境的安全，等等。
- 页边引语提供了有关本章主题的启示和原始的观点。
- 每章后面的反思性问题引导读者更深入地理解本章的概念。
- 每章结尾处的团队项目，为读者提供了表达他们自己和交流成长知识的多种合作性作业。项目涉及每位读者的多元智力和多种学习风格。有的团队项目可能以PPT的演示告终，有的可能以视频记录作为完结，还有的可能是撰写文章"指导地方资源来开办你的中心"。
- 实际可用的表格向读者提供了质量监督、健康评价和安全评估、预算制订以及许多其他主题而备用的模型。表格被整合进了教科书中，同时也可以从附带的网站 www.mhhe.com/brunole 下载。表格被精简的同时，也以适合用户的语言书写，直接可以转换到实际的工作环境中。谢谢我的同事威廉姆·阿玛娅——建立了自己的幼儿保教中心的一位商人——的工作。你会发现，表格对于研究和实践都是及时有用的。

- 网站为读者提供了在线资源去探索感兴趣的每章主题。在 www.mhhe.com/brunole 在线学习中心的网站上也可以链接到这些网站。
- 参考文献部分提供了进一步阅读的文献书目和资源。

《有目的地领导》一书也覆盖了所有传统的幼儿教育管理的主题，从财务管理到市场营销和发展。与其他幼教管理图书的重要不同在于，本书深入认识和探索了管理的人性化和情绪智力在有效的领导力中的关键作用。

致　谢

我写这本书，不仅要感谢这么多年来我的每一个学生，同时也感谢所有其他教科书的作者，他们已经很好地总结了对于幼儿教育管理专业的学生来说必备的基础知识。我从他们所有人那里学习了很多。在这本新的教材《有目的地领导》中，"附加价值"是情商。情商作为额外的知识基础，学生能学习到如何优雅、有效且有意义地完成从预算到招生等所有其他事情的能力。

珍妮特·冈萨雷斯－米纳的工作是我写这本书的动力。她坦率、真实和创新的教科书编写方法是我的榜样。没有珍妮特的鼓励和热心的敦促，今天这本书就不会在你的手中。其他同事包括宝拉·霍尔德·布鲁姆博士、凯·阿尔布雷克特博士、格温·摩根和贝丝·伊曼纽尔、黛布拉·瑞－埃塔·苏里文博士、路易斯·埃尔南德斯、卡西·琼斯博士、律师阿瑟·拉富伦斯以及琳达·鲁滨逊、诗人芭芭拉·波蒂·克鲁克、主管拉里和朱莉·索纳，他们的专业知识和鼓励对于本书的写作有很大的帮助。

麦格劳－希尔的团队在理解我的弱点的同时，知道如何推动我对卓越的追求。罗妮·罗兰对每章内容细心阅读、修改并慷慨地提出自己的意见。埃米莉·皮科拉慷慨的、富有同情心的话语——"有什么我可以帮忙的吗？"至今萦绕耳畔。大卫·帕特森的指导和乐观早早地给了我信心，即一本关于情商的教科书不仅是有用的，而且也是我们这个领域所需要的。

前 言　**xxix**

　　我的家人，不论是实际的还是所谓的，长时间坐在电脑前帮助我的情景令人难忘。向尼克和莉莉·布鲁诺－海莫夫、理查德·哈里森、文迪·邓宁·卡特、玛丽娜·克洛纳斯、赫瑞·奇尔德斯、戴安、塞西莉亚·阿尔贝蒂、加洛、雪莉·哈梅尔、约翰娜·布恩－迈纳和密尔沃基的安·特雷尔"多种多样"的努力，金·泰斯和她的俄亥俄州的 AEYC 团队、洛丽·哈里斯、乔－安妮·斯彭斯、莉兹·肯德尔、简·股特库、马尔科齐、艾琳·比森和波士顿内城的网络主管简·帕藤、谢里·伯格尔曼、苏珊·特沃摩尔拜、艾韦特·麦卡锡和她的妈妈、牧师安德烈亚·麦克唐纳、南希·韦瑟里尔、安妮·阿瑟诺博士、西夏洛特高中的玛西亚·法里斯、乔伊斯·霍尔曼、鲁宾·福克斯博士、玛丽和校工切基纳托、鲁斯·玛丽·亚当斯博士、迈克尔·贡塔、鲁比·马丁、第四区"开端计划"的卓越冠军玛丽·布德赖齐和詹·伍兹、盖尔·威尔森和巴兹·马丁、泽维尔·巴特勒、布鲁斯·赫尔博士和家人、唐娜·法拉内罗、托比和华莱士等表达我衷心的感谢。我的妈妈，路易斯·布鲁纳，在经济大萧条时期为了帮助她的家人上到十年级就辍学了。感谢您，每年春天坐车经过后院只为看我一眼。

　　对于你，我的读者！希望这本书将肯定你的优势，以新的方式挑战你自己，并为你成为专业人士的旅程提供支持，也为你作为个体回馈世界，特别是回馈孩子和家人提供支持。

牧场

我正要去清理牧场边的清泉，
我停下来只为将枯叶拨开，
（我或许会等着看泉水变得清澈）：
我不会离开太久——你也来吧。

我正要去抱回那小牛犊，
它站在妈妈身边如此娇小可爱，
在妈妈的舔舐下，走路还摇摇晃晃。
我不会离开太久——你也来吧。

　　——罗伯特·弗罗斯特（1874—1963）

第一编

组　建

设置方案，走向成功

第 1 章
用情绪智力去领导

第 2 章
社会智力：人际关系的神经科学

第 3 章
有目的地领导：一条成就卓越之路

第 4 章
决策的艺术与学问

第1章

用情绪智力去领导

学习目标

1. 给情绪智力（情商）下定义。
2. 运用领导者的四种基本情商能力。
3. 比较情商和智商。
4. 识别"情绪盲"决策。
5. 讨论测量情商的方法。
6. 考察智力是先天的还是可以通过后天学习和提高。
7. 识别"复合情感"。
8. 解释为何情商对幼儿管理者来说特别重要。

目前，我最关心的是，为了发展最伟大的民族资源——儿童，人们认为我们必须（甚至能够）绕过情感。

——弗雷德·罗杰斯

教育的作用是教会个体进行深入思索和批判性思考。智力加上品格——这才是真正教育的目标。

——马丁·路德·金博士

案例研究：向主管转变的苦恼

艾米和简都在学前儿童班级成功执教了五年。她们互相分享自己班级中的孩子和家长们的快乐记忆。艾米被任命为主管后，她发现简对她变得冷淡了。然而，艾米希望自己在从教师到主管的这种转变中能得到简的支持。其他那些认为自己也可以做主管的老师对艾米被任命为主管也愤愤不平。

艾米希望，每个人都能像在自己被任命为主管之前那样和她做朋友。她希望让所有人都满意。艾米不愿意告别原来的生活。

艾米伤心地离开了曾经工作过的这所幼儿早教中心，她在想自己是否做了一个正确的决定。她很苦恼："当个主管值得拥有这么多烦恼吗？"

在预算、课程和项目方案运作之前，情绪智力就已经发挥作用了。对于所有领域的领导者来说，是情绪智力指引着他们前进，这可能是最容易被忽视但又最为重要的。在本章，我们将探讨幼儿保教领导者在日常关系和决策中怎样认识和使用情绪智力。

什么是情商

情绪智力，又称 EQ 或 EI，是解读他人的能力。和我们读书的能力一样，情商也是认识和理解他人情感并使用这些情感作为信息指导自己思想和行动的能力。我们不能仅仅"解读"我们自己的情感，也需要观察和解读他人的情绪讯息。如果你看看身边的孩子们，就知道非言语的作用有多强大。

> 和内在的力量相比，身外之物显得微不足道。
> ——奥利弗·温德尔·霍姆斯

人类 65%~90% 的情绪都是通过非言语来交流的。这意味着，我们需要精通如何通过面部表情、手势和姿态来感知他人的情绪讯息。同样，我们也需要拥有感知我们自己情绪讯息的能力。

为了形成"从内到外"的领导，领导者们需要先了解他们自己。拥有情绪智力的领导者为了能更人性化、更幽默和更灵活地接近他人，他们会探索自己的盲点。自我意识更强的人能够更好地解读和理解他人。坚持不懈的自我探索能够使领导者更敏感、更耐心地管理员工，也有助于与幼儿家庭进行交流。

实践情绪智力的前三步是：

1. 聆听并承认你的感受。问自己："我有什么感受？"
2. 接受你的感受提供的有用资料。问自己："我的感受告诉了我哪些有用的信息？"
3. 识别你的观点。与其让你的感受蒙蔽了你的情绪，还不如后退一步。问自己："我的选择是什么？"

思考一下本章案例研究中的新主管艾米，如何在她的例子中应用这些步骤。

只有当艾米对其新职位的感受被认识并被承认时，才有可能帮助艾米理清接下来要做些什么。与其承受一种压力折磨，艾米还不如后退一步，问问自己，"我的感受是什么？""我对简的感受是什么？""我对新职位的感受是什么？"通过回忆和承认简的那种排斥，艾米意识到自己的感受是如此的愤怒和难过。她也认识到了自己对新职位的焦虑。通过聆听她的这些感受，而不是否认它们，艾米迈开了实践情绪智力的第一步。

> 心自有理由，理智不知而已。
> ——布莱士·帕斯卡

艾米实践情绪智力的第二个步骤是获取她的情绪讯息，并把它们作为有用的资料。承认我们的情绪意味着我们有感受，有时这些情绪并不一定会束缚我们。艾米可以用这种方式问自己："难过和愤怒的情绪告诉了我什么？""我为什么会感到紧张和焦虑？"艾米的难过和愤怒提醒她，她正在对关系的变化感到伤心。自己的角色变了，她因此失去了与简和其他同事在一起的融洽感。艾米的紧张感能够帮助她认识到她对新获得的高职位感到不安。实践情绪智力的第三个步骤是，帮助艾米解除这些情绪对她的束缚。

根据情绪资料鉴别我们的选择，是实践情绪智力的第三个步骤。一旦艾米意识到她的愤怒、难过和紧张，她的选择将是什么呢？愤怒是专业人士最难识别的一种情绪。80%的幼儿保教管理者否认她们的愤怒并避免冲突，希望它自生自灭。艾米选择忽略这一问题，并希望它自行解决，但往往事与愿违。

换个选择，艾米可以选择邀请简和她做一次心与心的交流。经过多次磨合之后，她们敞开心扉并开始分享各自对于改变的感受。然后，艾米和简可以谈论怎样建立和保持个人和职业的界限。这样的真诚谈话一开始难免不舒服，但是领导者需要去开发诸如尊重、诚实这样的情商技巧。

艾米已经从她的情绪中后退一步，正在更自由地做出客观和公正的选择。她不再对她的情绪感到无能为力。她运用更丰富的信息资源做出了自己的选择，她已经实践了情商。

情商和智商的比较

每个人都接触过"智力商数"或智商（IQ）这样的词。大部分学校在高中或者更早的时候测量过学生的智商。智商是对理性思维能力的传统测量。智商测量的能力包括：

> 极少有情绪能够挫败或麻痹推理。
> ——安东尼奥·达玛西奥，
> 《笛卡尔的错误》

1. 整合和分解概念；
2. 判断和推理；
3. 抽象思维能力。

长久以来，智力测验作为测量人类智力的公认方法为人们所接受。"这个古老的范式认为，理想的推理并不受制于情绪的羁绊，"戈尔曼博士写道（Goleman，1995，p.28—29）。这个范式产生了这样的刻板印象，即倾听自己情绪的人"热心""怯懦""柔弱"和"过度敏感"。他们被视为"蛋壳脑袋"，因为他们被认为太容易被击败了。

相比而言，情商（EQ）是考虑了情感的智力。"这种新的范式促使我们协调脑和心。为了做到这一点，……我们必须首先更准确地理解使用情绪智力意味着什么，"戈尔曼说（Goleman，1995，p.28—29）。高效率的管理者必须依赖于全部的情商和智商。没有任何一种能力是优于其他能力的。然而，从历史上看，许多个体已经被贴上了依赖于智力或者不仅仅依赖于智商分数的标签。据研究者估计，在我们做决策的过程中，智力仅仅起到20%的作用。绝大多数的日常决策及其之间的交互作用需要我们使用情绪智力。

> 情商是一个比智商更新的词。当人们被问道:"你有没有听说过智商?"大部分回答说"是的,我听说过。"但听说过情商的人要少很多。

每个人的情绪智力是不同的,正如每个人的智商不同一样。在测量情商时,一些高智商的人得分并不高,反之亦然。成功的管理者需要平衡地使用智商和情商。理性的分析需要与对个人和人际动态的理解相平衡。

情绪盲决策

当决策者未能考虑情绪讯息,仅仅从理性上权衡利弊时,他们做出的就是"情绪盲"决策。情绪盲决策(emotion blind decision)通常具有理性意义,但并不涉及人的"正确情感"。当员工感觉受到了不公平待遇时,隔阂就会迅速建立。有时,消除这些隔阂比推倒柏林墙还难。

下面是一个情绪盲决策的例子。请回忆本章案例研究中的艾米。作为她最初的一系列行动之一,她在家长和员工的手册上补充了一条政策:禁止教师在工作之余受雇于本中心儿童的家长来照看他们的孩子。艾米的决策是理性的,因为根据法律规定,如果老师在照料儿童时意想不到地虐待了某个孩子,该教师所在的幼儿保教中心将会要承担责任。毕竟,父母雇用教师临时照看孩子,是因为他们信任该中心所聘用的老师。

那些依赖临时保姆收入的教师可能感到艾米的这种情绪盲决策——阻止她们做保姆——是不公平的。考虑到这些情绪(生气、难过、怨恨),艾米可以与她的老板和律师共同制订"免责协定"让家长签字,这样就可以免除单位的法律责任。她也知道,在实施一项政策之前,高效的主管应给员工一次机会去表达自己的感受,对那些不受欢迎的政策展开讨论。情绪智力可以预测主管能够在多大程度上去管理他人和自己,还能预见其决策对他人的影响。

情商研究者彼得·沙洛维博士和同事(Salovey, 2004, p.17)指出:

> 拥有情绪智力的人通常被快乐包围着,并让其他人感觉更好。然而,拥有情绪智力的人不是盲目地追求快乐,而是在成长的道路上关注情绪。情商包括对暂时受伤的情感进行适当的自我调节;或者在服务于更大目标时,克制情绪往往是

必要的。当拥有情绪智力的个体朝着重要目标前进时，他们会准确地觉察到他们的情绪，并使用整合和复杂的方法去调节它们。

> 当今，如果不能对你周围的各种人际网络有一个清晰的认识，你就无法成为一个有效的领导者或一个成功的专业人士。
>
> ——罗伯特·库伯 & 萨沃夫·艾曼，
> 《经理人情商》

对于幼儿教育的管理者来说，情商是重要的，他们需要"通过关系进行管理"。作为一名管理者，你无时无刻不在使用你的情绪智力：

- 安慰那些由于首次将孩子送到教育中心而焦躁不安的父母。研究告诉我们，父母首次离开孩子时，他们经常感到内疚和焦虑。
- 你发现你对本中心几个家庭的文化背景不熟悉，并且担心出错。通过"承认"你的这种恐惧，你能采取措施让自己更加了解不同家庭的文化背景。
- 承认由于你对预算和财务管理知之不足而带来的尴尬。你可以寻求合适的人以获得帮助。

情商能力和胜任力

1985年，沙洛维创造了"情绪智力"这个术语，现在情商作为一种能力的定义如下：

1. 准确地觉察情绪；
2. 评价和表达情绪；
3. 当情感促进思考时接近并产生情感；
4. 理解情绪和情绪知识；
5. 调节情绪以促进情绪和智力的发展。

沙洛维博士提出的情绪智力包含了许多种能力，例如，倾听我们自己情绪的能力。

研究表明，每六个人中就有一个患有述情障碍（alexithymia），即与我们的情绪切断联系的状态，而情商是管理他人必须具备的一种能力。当我们把自己与情绪讯息切断之后，我们不但失去了有价值的信息，而且也把我们的健康置于危险的边缘。研究表明，人们恰当地承认并表达他们的情绪，则遭受的身体疾病也较少。否认我们的情绪和情绪讯息将阻碍一种必然的过程，进而会对我们的身体造成压力。

1995年，当戈尔曼博士的书《情绪智力》(*Emotional Intelligence*）开始畅销时，他提升了公众的情商意识。戈尔曼描述了很多人一直以来所知道的一条真理：人际技能是良好的管理所必不可少的。沙洛维将情商视为能力（例如，训练出来的阅读非语言线索的能力），而戈尔曼将情商更多地视为拥有情绪智力的人展示出来的特征，例如诚实、正直、直觉和当责。戈尔曼（Goleman, 1995, p.28）解释道：

> 在某种意义上，我们有两个大脑、两种心理和两种不同的智力类型：理性和感性。我们在生活中如何做取决于这两者的相互作用——而不仅仅是智商，情商更加重要。实际上，如果没有情绪智力，智商则不能以最好的状态工作。

情商和社会情绪智力

对早期儿童保育和教育领域的研究由来已久，这也促进了儿童的社会和情绪智力（SEL）的发展。霍华德·加德纳博士的《心智的结构》一书界定的"人际智力"包括自我意识、社交能力和同情心。儿童在安全、舒适和支持的关系中，将会最好地发展这些智力，以倾听、分享和建立个人界限。幼儿教育中心努力创造所有有利于孩子学习的班级环境和氛围，确保孩子的情感被"听到"，并确保孩子与其他人的关系是健康的。人际智力与学习识别大小写字母的能力同样重要。

情商证实成人关系也需要关注情绪交流，通常是非言语的交流，并且智力也要求人们读懂这些讯息。这表明，儿童教育管理者需要努力创设利于形成情绪智力的成人工作环境，如同他们为儿童创设社会情绪智力的教学活动一样。在下一章，我们将检验社会情绪智力，即在更深层次上检验"解读"他人以及与他人建立关系的能力。

例如，主管如何在一定程度上推动员工会议，以使每一个员工展示出最好的一面？女性尤其擅长解读非言语信息。还记得艾米在升职时，简疏远了艾米的信息吗？当老师们第一次听到艾米反对他们做临时保姆的政策时，她们收到了什么样的信息？

当我们反刍式地自我怀疑时，将会严重削弱我们有效使用情商的能力。如果艾米重视社会情商，通过邀请每个班级的老师分别与她会面，并分享她对中心变化的忧虑和希望，她就能够创设一种更具支持性的工作环境。一旦艾米倾听了每一位员工的心声，并作为一个团队解决了问题，她很有可能轻松过渡到新职位。

> 伟大的领导者会说出无形的憧憬并深深体会到他人的需要。
>
> ——罗伯特·库伯＆萨沃夫·艾曼，《经理人情商》

测量情商

正如智力可通过标准化测验测得一样，情商也可以通过许多评价性工具进行测量。最可靠的情商测量工具是 MSCEIT，它包含了编制者姓氏的首字母，即由梅耶（Mayer）、沙洛维（Salovey）和卡鲁索（Caruso）博士编制的情绪智力测验。MSCEIT 是建立在情商包含许多可测量的能力这一理论基础上的，例如，解读自己情绪和他人情绪的能力。MSCEIT 包括一些特定的情境，要求测验参与者决定在这些情境下将做什么。

"巴昂"（Bar-on）是另外一种测量情商的工具。与 MSCEIT 不同，巴昂采用自我报告法来测量情商。巴昂测验假设情商由特质组成，如诚实、同情和当责。巴昂测验让被测者评价他们自己，而 MSCEIT 让被测者解决问题并展示他们的情商。两种测验都是评定情商的有效工具。老师们可选择这些测验中的一种，从而更好地了解你的班级学生的情商分数。

使用附录中戈尔曼的情绪智力测验评估你的情商，或者使用本章后面的网址在线进行评估。

智力：先天遗传还是后天形成

科学家经常争论先天（或天性）和后天（或教养）的问题。我们是先天就拥有某些能力还是后天发展了这些能力？答案不能一概而论，我们的能力是遗传（天性）和生活经验（教养）两方面的共同结果。例如，每5个孩子中就有一个天生具有"害羞、恐惧"的气质。有研究表明，通过养育者耐心的鼓励能帮助大多数沉默寡言的孩子在3岁时变得自信和开朗。在这项研究中，先天特征被后天教养因素所改善，甚至实际上被后天所改变了。

智商经常被假设为一种先天的特质，其实一个孩子的智商不一定与其父母的智商相匹配。使用精子捐赠的父母经常要求捐赠者具有大专以上学历，这些父母因为想要一个聪明的孩子，可能希望"暗中布局"。实际上，智商能够经过后天的训练而提高。

同样，情商经过后天的培养也能提高。实际上，在支持性的关系情境下，学习能够更快速和更有效。父母拥有情绪智力并不能保证孩子天生也拥有情绪智力。再者，孩子和父母都需要后天的帮助来发展他们的情商。

思考一下在标准化测试中表现优秀的学生，他们的能力或技巧来自先天还是他们可能掌握了考试的技巧呢？两者皆有可能。许多人很早就因为他们的智商分数被贴上了不公平的标签。我的姐姐卡伦被告知智商不高，当她完成了博士学业，后来又取得了法律学位时，她自己和别人都感到惊讶。这是先天的作用还是后天的作用，或者两者皆有？像"闯入瓷器店里的公牛"一样行事鲁莽的人们，在情绪智力上会被贴上消极的标签。迟早，"闯入瓷器店的公牛们"将被贴上缺乏情商的标签；但如果谨慎小心的话，一头"公牛"也会更加老练并很少撞翻东西。

> 伟大的想法一经说出，就如同鸽子一样温柔地来到这个世界。
> ——阿尔贝·加缪

学习情商技巧

幸运的是，情商是可以习得的。我们能学习怎样感觉、识别和运用我们的情绪讯息。想象一下每个人都拥有情商技巧的世界会是什么样子！如果你和你的同伴以及家人经常"检查"以识别你们的情绪，今天你们的生活将会发生怎样的变化！我们应在做出必要的改变中更多地承担责任。

正如前面所讨论的，运用情商的第一步是承认我们的情绪信号，而不是让它们跑掉。许多幼儿教育课程都包括快乐、愤怒、难过、内疚、恐惧以及爱这样一些"情绪原色"的展示内容。在帮助孩子如何感觉、识别和管理他们的情绪方面,《自我科学》(Self-Science,1988)是一本特别有帮助的资源手册。《自我科学》的实践假设是:

1. 没有感受就没有思考,没有思考就没有感受;
2. 对我们的体验觉知得越多,我们学到的会越多;
3. 自我知识是一种必不可少的学习。

作为成年人,我们经常告诫自己要忽略我们的感受。我们会觉得"咬紧牙关"比哭泣更成熟。尤其是在幼儿保教中心,许多管理者试图将所有的东西给予所有的人。他们将过多的关注放在满足他人需要之上,以至于留给自己很少或者根本没有时间去发现自己的需要。例如,我们中有多少人放弃了吃顿营养午餐或者冲个澡放松一下的时间?艾米,本章案例中的新主管,可能认为她需要展现一个笑脸,而不是允许自己承认其实她很愤怒、很难过。

我们掩饰自己的恐惧,这样才不致于受到批评。例如,我们中的一些人害怕在公众场合被认为是愚蠢的。我记得曾经有一次自己在高中同学面前假装知道怎样解一道数学题,其实那时我一无所知,好不尴尬。在众人面前丢脸的确是件令人痛苦的情绪。否认我们的情绪不仅使我们感受不到自己,并且也引起他人怀疑我们的真诚。真诚或真实性,即我们真正是谁,是成功管理者的一种重要品质。这就是为什么《有目的地领导》一书要求我们首先要认识自己。许多领导者报告说,他们一直感觉自己像个冒名顶替者。

我们如何识别情绪

我们的身体感官提醒我们要注意我们的情绪。通过留意这些身体线索,我们能识别自己正感受到的情绪。例如,手心出汗意味着害怕的感觉。有些人经历过恐惧时,甚至感觉脖子后面的汗毛都好像竖了起来。重新审视情绪的"原色图"和情绪伴随的身体线索,成人和儿童会同样受益。

每时每刻,情绪讯息都是我们解决问题可以利用的天赐的线索。

你可以练习识别情绪的身体信号。问问你自己,"此刻我的感受是什么?"

审视你的身体来寻求线索。你累了吗？疲倦吗？这些信号通常是对难过或愤怒的掩盖。表1.1中列出了身体感觉的检查清单。如果你正经历悲伤，这种情绪将给你提供什么信息？如果你愤怒，什么样的身体感觉是你要避免或试图拒绝的？

当感觉无聊时，我们往往正在经历一种潜在的愤怒情绪。毕竟，这种体验并不应该出现。我们愤怒可能是我们的时间被浪费掉了。承认愤怒是我们使用情商的第一步。下一步是在我们的感受传递给我们的讯息面前解放自己。"如果我无聊或愤怒，我能做什么才能联系到我现在所做的事情上来？"

> 相比任何事情，我们更需要的是情绪的真相。
>
> ——唐·罗宾逊

复合情感

情感经常是联合在一起的。例如，你有过同时感到高兴和难过的时候吗？

表1.1 我们如何识别情绪

情绪	从我们身上如何识别这种情绪
恐惧	口干，手心出汗，吞咽困难；肌肉紧张，特别是脖子后部；像一只弓着背的猫的形象
愤怒	脸发热，心跳和肾上腺素增多；有立刻采取行动的冲动（"战斗或逃跑"）
难过	喉咙发堵，胸口发紧，"视线模糊"或者眼中噙着泪水，能量丧失，心痛。科学家最近记载了心碎的症状，包括挤压心肌的生理变化
孤独	冷淡，渴望接触或联系他人，心痛；与他人隔离，感觉被遗弃、被拒绝、被冷落
内疚	需要向下看，远离人群，遮挡或保护你的身体
羞愧	有一种想要消失的强大压力，或者赶走引起你感到羞愧的人或事；感到无价值、无用、不值得；类似内疚，但更难动摇
高兴	心情轻松、畅快，高度自信，头高昂，"大步走"，呼吸自由，能量迸发，感觉世界上所有事情都是对的，"感激的态度"

我们经常在婚礼上体验到这种复合情感。我们可能对结成夫妻感到高兴，而对即将出现在我们面前的一些挑战感到发愁。我们越习惯于倾听我们的感受，我们就越能够认识到感受传递给我们的这些复杂讯息。

另外一种复合情感涉及妒忌和同情。想想选美大赛中那些未能赢得冠军的参赛者的笑脸。她们的笑容可能是为获胜者真正感到高兴，而笑容中缺乏光芒则显露出她们失利后的妒忌和难过。你经历过某种复合情感吗？

情商在幼儿保教管理中的价值

幼儿保育和教育是一种服务性的职业。服务性的职业建立在人际关系而非生产实际产品的基础上。从某种程度上来说，在幼儿保育和教育中，人是我们的产品。主管苏珊·通布利

> 当我敢于强大时——使用我的力量服务于我的愿景，那么无论我是否害怕，它都变得无关紧要。
>
> ——安德烈·罗伊德

说过，"我们能帮助每一个孩子发展成为其注定要成为的人。"正如你所想象的一样，成功的服务性职业依赖于情绪智力。健康护理的提供者，例如护士、医生、针灸师和营养师，都是服务提供者。他们为顾客提供了一种治疗服务。如果不具备情绪智力，即使是最优秀的提供者也不能满足顾客的需要。这也是为什么"态度亲切"的医生更被欣赏，因为他们恰当地运用了智商和情商。

幼儿保育和教育管理者的工作包括几个对象群体：儿童、家长、董事会成员、教师、保管员、班车司机、供应商、志愿者和社区成员。他们经营的产品是高质量的保育和教育服务。正如你在下面几章中将要看到的，最好的管理者在他们工作的方方面面都将用到情绪智力。

情商是免费的，它提供的帮助无需付酬。然而，否认情商的代价却是高昂的。当涉及情绪智力时，明智的管理者知道正如广告所告诫的："没有它不要离开家"。只要将情绪智力作为主管工具包的一部分，你将永远有选择权。尤其是在主管因感觉有太多的事情要做但时间不够用而烦恼时，情绪智力将特别有帮助。

在后面的章节中，当检验社会情绪智力时，我们将构建我们的情商知识。

反思性问题

1. 回顾一下你的老师或导师，描述其中最大程度展现了情商的一位。请举例说明他（她）以何种方式展示了情商？在与这位老师的相处中，你收获了什么知识或生活教训？
2. 用一篇日志记录半天中你练习"解读"你的情绪讯息的次数。记录（a）情绪，（b）提醒你有某种情绪的身体感觉，（c）情绪提供给你的讯息，（d）你做出的选择，注意你的感受。这一天与你通常一天的收获有何不同？你更喜欢哪一天？
3. 你认为一位成功的幼儿保育和教育管理者必须具备的技能是什么？请列出五种。一旦你列出了，再描述这些技能是否为情绪智力的重要组成部分。

团队项目

1. 阅读下面关于波西亚的案例研究并回答问题：波西亚对有特殊需要的儿童"情有独钟"。在成为主管之前，波西亚做了8年的特教工作。有时，波西亚会暂时接管伊内兹的班级，这个班级中有许多注意力缺陷/多动障碍（ADHD）的儿童。虽然波西亚认为她是在帮助伊内兹，但是伊内兹却被波西亚的某些行为激怒了。波西亚经常拖延其他的行政责任，像配送用品订单和预算等工作。她说她"只爱那些孩子"。

   a. 请描述伊内兹使用情绪智力解决波西亚挑战的步骤。
   b. 从伊内兹和波西亚自身来看，波西亚正在否认的情绪线索是什么？
   c. 如果波西亚感到一些事情可能是错的，根据所学知识，你会给她什么建议？你认为波西亚会怎样使用她的情绪讯息？你建议波西亚采取什么措施？

2. 假设你处在艾米这个新主管的位置上，你将如何使用情绪智力去预防问题并发展与简以及其他同事的关系？与你的同学组建一个小组，来创建一份怎样预防与同事发生不必要权力斗争的策略清单。

3. 访谈一位幼儿教育主管，请他（她）讲讲与难以应付的人（家长、员工、社区成员）打交道的成功经历。首先，与同学创建一份列表，列表中包含你希望主管回答的3~5个问题；其次，访谈主管（每个同学选择一位不同的主管）；

最后，与你的同学讨论你们学到的各种知识，特别是主管如何使用情商去处理这些困境。

参考书目

Cooper, R., and A. Sawaf. 1997. *Executive EQ: EQ in leadership and organizations.* New York: Grosset/Putnam.

DiMasio, A. 1994. *Descartes' error: Emotion, reason, and the human brain.* New York: Putnam Publishing.

Gardner, H. 1993. *Frames of mind* (10th ed.). New York: Basic Books.

Goleman, D. 1995. *Emotional intelligence.* New York: Bantam Books.

Rogers, F. 2005. *Life's journeys according to Mr. Rogers.* New York: Hyperion Books.

Salovey, P., M.A. Brackett, and J. Mayer. (Eds.). 2004. *Emotional intelligence: Key readings in the Mayer and Salovey model.* Port Chester, NY: National Professional Resources.

Shapiro, L.E. 1997. *How to raise a child with high EQ: A parents' guide to emotional intelligence.* New York: HarperCollins Publishers.

Stone-McCown, K. 1998. *Self-science: The EQ curriculum* (2nd ed.). San Mateo, CA: Six Seconds.

网络资源

情商在线测验

http://www.queendom.com/tests/access_page/index.htm?idRegTest=1121

神经科学学会

http://apu.sfn.org

组织中的情商研究联合会

http://eiconsortium.org

情商网站的导航

http://eq.org

情绪智力

http://WIKIPEDIA.org/wiki/emotional_intelligence

情绪智力和 MSCEIT 测验信息

http://www.unh.edu/emotional_intelligence/

情商测验的比较以及重要评论

http://eqi.org/eitests.htm

第 2 章

社会智力：人际关系的神经科学

学习目标

1. 界定社会智力。
2. 讨论我们理解社会智力的历史。
3. 考察社会智力的神经科学。
4. 总结群体动力学的神经科学。
5. 解释关系中的连接或断开效应。
6. 列举从"有毒的"感受和人群中解脱出来的方法。
7. 理解被角色锁定而脱离真实性的危险。
8. 阐明如何运用社会智力进行领导。

我不相信照料者和孩子之间存在类似无意义交流这样的事情——不管是第一次接触还是温柔亲切的对话。每一次，不论看起来多么微不足道，都会添加到所有以前信息的存储经历中。所有这种存储经历会影响如何理解每一次新的交流。

——弗雷德·罗杰斯

你在生活中能走多远，取决于你能否温柔地对待幼者、慈善地对待长者，以及以同情对待奋斗者和以宽容对待弱者和强者：因为有一天你将经历所有这些阶段。

——乔治·华盛顿·卡弗

案例研究：这里谁负责

玛维拉知道她是一个脾气暴躁的人。在班级中当老师时，只要她的脾气一上来，就需要依靠团队中其他老师来提醒她做出让步。玛维拉对"难伺候"的家长很不耐烦。现在，玛维拉已经是"Count Your Blessing"幼儿教育中心的主管，这是一个以信任为基础的学前教育机构。当上主管后，她发现有许多人惹她搓火。因为没有一个团队老师去帮她冷静下来，所以玛维拉会情不自禁地抱怨家长们缺少"宽容之心"。

现在，一批家长依靠玛维拉来指导他们如何养育孩子，另一批家长却告诉马修牧师，他的这位主管变得无法自控。马修想方设法避免家长们与玛维拉之间产生冲突。他看重玛维拉作为一名教师的丰富经验，并欣赏她纪律严明的管理方式。由她负责的文件档案、预算更新和交给国家的报告总是及时且有效。马修的儿子埃兹拉，也是"Count Your Blessings"中心的一名学步儿。

现在，马修牧师意识到，他需要向玛维拉建议如何把握好她与家长关系的尺度，他发现自己害怕玛维拉会不留情面地教训他！马修与你的主管支持团队分享了这一问题，并向你们寻求帮助。他问道："如果你是我，你会怎么做？"

成功解决问题和冲突要求个体具备情绪智力和社会智力。在第 1 章中，我们集中关注了作为个体的我们，并讨论了情绪智力的发展和使用情况。在本章中，我们将把情绪智力扩展到我们的关系之中，并确认社会智力对于领导力的重要性。

参加聚会时需要的情商

家有梧桐树，引来金凤凰。
——中国格言

为了掌控自己的情绪并使用这些信息做出明智的决策，主管需要拥有高超的情商。"主管，认识你自己"是我们这个专业领域的第一条忠告。在与他人建立起真诚的关系之前，先与你自己建立真实的关系。

你与自己建立了一种怎样的关系？莎士比亚戏剧中的哈姆雷特和拉尔夫·埃利森笔下的"隐形人"都努力塑造了与他们自己的关系。哈姆雷特的著名问题"生存还是毁灭？"说明了他的内心与外部世界的抗争。埃利森小说中的人物——一个黑人——遭受了被周围的人忽视和不被欣赏的痛苦。这两个人物分别与自己进行了丰富的内心对话，这带领他们度过了危险时期，并帮助他们形成了自己的同一性。当外部世界变得冷漠和充满矛盾时，你就能发现你内心世界的平静。

你进行过内心的"对话"吗？这些对话有趣、令人舒畅并具有启发性；有时也可能是困难的。你可以忽略内心的声音，但否认它意味着关闭这种诚实的内心对话。幼儿教育的领导者，应该像莎士比亚戏剧中的领导者一样，

> 事物的表象根据我们的情绪而变化，当神奇和美丽真正存在于我们自身时，我们也会觉得它们神奇而美丽。
> ——卡里·纪伯伦

进行独白。与自己进行内心对话能发现哪些问题对自己来说是最重要的。清楚如何采取行动，通常是在我们的独白中真诚对待自己的结果。是的！你将会听到一种声音：与自己交谈是对的。

领导者需逐步锻炼更真诚地对待自己的能力。真诚会照亮我们的盲点。我们针对这些盲点进行的内心对话会使我们摆脱它们。我们越多地承认自己的盲点，就越能更好地欣赏他人。十二步恢复组，即互助依赖者匿名会（CODA），对成员唯一的要求是，愿意与自己和他人建立一种健康而充实的关系。

社会智力是我们在人际关系中对情绪智力的运用

当我们除去虚假的外表，我们中的大部分人只是想让"不加掩饰"的自己被看到、被喜爱和被欣赏。特别是，如果我们最初雇佣别人时并没怎么上

> 人们会忘记你所说的和你所做的，但是人们从来不会忘记你给他们留下的感受。
> ——玛娅·安杰洛

心，但是现在我们带着真诚和好奇心去倾听他人，那么我们之间的隔阂之墙就会被推倒，阻力也会随之化解。我写本书的目标之一是，希望在你我的情商之

间形成社会情商，也就是社会智力。

回忆第 1 章中提到的领导者需要精通的情商。作为领导者，你需要了解：

- 你的动机和目的；
- 利于你成长的优势和领域；
- 什么能激励他人；
- 他人的优势和盲点。

领导力始于自我意识，对他人的认识随之而来。通过与你自己发展出一种真实的关系，你会更可能与他人建立起真诚的关系。

> 我不能给你成功的秘诀，但是我能给你失败的秘诀，那就是：总想取悦每个人。
> ——赫伯特·斯沃普

对大多数领导者来说，最棘手的挑战是如何有效地与他人一起工作而不失去自我。皆大欢喜的愿望如同一个无底洞。如果你都不能照料好自己，怎么可能照料好他人呢？情绪智力开始于自我理解和自我关爱。我们更好地关爱自己，也就能更好地关爱他人。在我们为他人建造的桥梁之上，情绪智力变成了社会智力。

反思会给你的生活带来所有快乐的事情。请至少列出 3 件。

与特定人物的关系很可能在你的列表上。愉悦地对待自己会让你轻松地对待他人。作为领导者，如果你能够直面你的盲点，那么在帮助你的员工面对盲点时，你可能会更具同理心。在那些可能导致你崩溃的关系中，社会智力让你能够保持好奇心、反思性和非防御性。

你可能正在想："这些我早知道！"许多我们直觉是正确的事情现在已经被神经科学研究证实了。跟我来了解一下我们的"细胞"已经知道了些什么。

社会智力的界定

通过与情绪智力进行比较，戈尔曼界定了社会智力。情绪智力是管理个人情绪的艺术和科学，而社会智力是建立并管理与他人关系的艺术和科学。社会智力不仅能洞察我们的关系，而且也擅长这些关系。社会智力把行动和意识联合起来。主管需要后退一步，以洞察如何与整个团队一起工作；也需要无时无

刻不自发地与他人一起工作。神经科学是一个蓬勃发展的新领域，它主要通过我们的细胞传达的信息来研究情绪，经常会运用到社会智力中的有用信息。

> 社会智力作为智慧的简略术语，不仅涉及我们的关系，也存在于这些关系之中。
> ——丹尼尔·戈尔曼

"神经科学已经发现，我们的大脑结构使得它善于交际，每当我们与他人互动时，它会不可抗拒地参与脑与脑之间的亲密联系。神经桥梁使得我们能够影响与我们互动的每个人的大脑和身体，如同他们对我们的影响一样"（Goleman，2006，p.4）。

玛格丽特·惠特利（Wheatley，2002，p.24）提醒我们：技术的进步并不会让我们远离那些源自我们相拥而坐、品茶、聊天和分享生活的快乐。惠特利指出，人与人之间面对面地分享愉悦，从而不必迷失在网络空间中。我们使用

表 2.1　情绪智力和社会智力的比较

情绪智力	社会智力	术语界定
自我意识	社会意识	
	• 原始的同理心	能够深深地体会他人的感受；感知别人的非言语线索
	• 准确的共情	"解读"他人的思想和感受；准确地理解他人
	• 同频共振	全然接受地倾听；"深深地"聆听
	• 社会认知	善于理解社会是如何运作的
自我管理	社会能力（关系管理）	
	• 同步性	与周围的人和谐共处
	• 自我表征	能够管理我们情绪的外部表达；"说到做到"
	• 影响力	塑造社会情境的结果；有技巧并巧妙地使用我们的能力
	• 关心	表达帮助他人的愿望并采取实际行动

资料来源：摘自 Goleman, D. 2006. *Social Intelligence*. New York: Bantam Dell, p.331.

> 这是我个人创造气候的方法：正是我每天的心情影响了天气。
>
> ——哈伊姆·吉诺特（教师）

社会智力由来已久。"当我们想要开始一段谈话时，我们从这个事实中得到勇气，即我们都知道如何完成这个过程。我们正在重新唤醒一种古老的实践，即一种被所有人都记得的方法。一位在丹麦的同事这样陈述社会智力：'它提醒我人是什么'"（p.17）。我们首先澄清社会智力和情绪智力之间的差异，然后开始探讨相关的神经元。

社会智力的简史："在人际关系中明智行事"

正如惠特利所提醒我们的，长久以来，社会智力一直是人类的一种特质；但是这个术语相对较新。第一次世界大战中大批士兵被征召入伍，美国政府需要一种快速而有效的方法将新兵安置到最适合他们的工作中。智力测验应运而生，它被用来测量士兵的能力倾向。接下来发生的事情就众所周知了。智商测验通常是被用来界定智力的。

1920年，心理学家爱德华·桑代克（Edward Thorndike）提出一种并行的智力：社会智力。根据他的观点，社会智力是"在我们的关系中明智行事"的能力（p.228）。试图采用智商测验的方式去测量社会智力是不可取的。因为没有一种情商测验像智商测验一样，所以社会智力的发展在桑代克那里停滞了。士兵们没有被测量处理相互之间关系的能力，而对当时和现在来说，这种能力都是一种至关重要的能力。

19世纪50年代，戴维·韦克斯勒（David Wechsler）开发出了一种新的智力测验形式，简称韦氏智力测验。对于进一步理解社会智力，该测验对我们几乎没有可借鉴之处，并且韦克斯勒贬低社会智力的重要性，宣称它并不比智商更适合应用于社会情境。韦克斯勒不屑地表示，他人的理性评估就足够了。试着告诉伴侣咨询师。

19世纪60年代末，心理学家吉尔福特（J.P. Guilford）提出了一种包含120种智力形式的复杂模型，该模型也很快退出历史舞台。智商而不是社会智力或情绪智力，继续作为智力的标准。

感谢霍华德·加德纳（Gardner, 1985），他提出的多元智力理论得到认可和尊重。幼儿教育者很快将多元智力理论整合到了他们的项目和课程当中。即使是在每一个孩子都擅长的某一领域，也没有一个孩子的智力形式是与其他孩子完全相同的。

最初，加德纳提出了七种智力领域，包括：

- 语言
- 逻辑—数学
- 身体—动觉
- 空间
- 音乐
- 人际
- 内省

> 有效互动的主要来源是真实而亲密的关系。真正的关系是对他人和自己的需求负责。
>
> ——杰里·格林沃德 博士，
> 从《美国商业核心》得到的教训

后来他又补充了两种智力：自然智力和存在（精神）智力。

在加德纳描述的这九种多元智力中包含人际智力。这种社会情绪智力由此进入了我们的专业词汇和标准中。加德纳的理论为我们提供了用来描述儿童不同发展优势的术语，同时也提供了在不同领域全面发展的新观念。奇怪的是，很少有人关注成人是否也像儿童一样，表现出多元智力和需要运用多元智力。

我在写作本书时，有关研究正在尝试开发一种有效的测验，来测量成人的情绪智力和社会智力。设想有一天，这样的测验也会像韦氏智力测验一样知名和被广泛使用。19世纪70年代末，研究者开发出来的非言语敏感性测验（PONS）和面部运动编码系统（FACS），为我们提供了如何准确解读面部表情的反馈和信息。

尽管正在出现新的选择，但迄今为止，还没有综合性的情商或社会智力测验被编制出来并得到验证且被广泛地认可（见第1章）。不管这种综合且有效的情商和社会智力测验是否有益，我们的工作主要是理解对社会智力进行神经科学研究的意义，以使这些信息能服务于我们的工作。

社会神经科学

神经科学是一门新兴学科，其研究正在世界范围内展开。神经科学研究大脑与我们的关系之间的联结。它考察了我们在面对他人时细胞的反应性。人类个体之间的每次冲突都会引发复杂的细胞反应。在我们与某人握手、拥抱或拒绝做出此类动作前,我们的细胞会"计算"他人的安全程度。

> 我们通常认为出生时我们就具有所有的神经元;如果确实如此,那么我们也通常认为超过一定年龄改变它们是困难的。但是现在已经很清楚:任何人的大脑在任何年龄,当学习发生时神经元都会发生物理改变。大脑的可塑性一直持续到生命的结束。我们的确是终生学习者。
>
> ——约翰·梅迪纳,《聪明者的思维科学:神经科学可以给经理人展示提高生产力的方法》

神经科学的发展比"社会智力"研究的速度更快。如果你曾平躺在一种被称为磁共振成像(MRI)的医疗设备中做过检查,那么你已经亲身体验过这种科技了。磁共振成像技术可在细胞水平上测量我们对刺激的反应。

最初,磁共振成像技术被用来探测我们身体中已经发生的变化。后来,磁共振成像技术的一种新用途诞生了,即功能性磁共振成像技术(fMRI,f=功能性的)。这种功能性磁共振成像技术记录并测量我们对刺激当下的生理反应。静静地平躺在功能性磁共振成像的设备中,你对他人声音的瞬间、复杂的反应将出现在计算机屏幕上。

神经元的反应像烟花一样在屏幕上散播,表明了你大脑中活动的部分。你的杏仁核,即"战斗或逃跑"的脑区是否显示恐惧?或者你的前额叶皮层表明智力距离?(见"杏仁核劫持,"第26页。)

在我们说出某些事情之前,我们的神经元就已经"知道"它们了。例如,给某个人听《神色》*会触发整个身体反应系统。我们可能有这样一种感觉——一些事情正在我们的身体里发生;然而,我们的身体反应是先于我们的思维的。将这种观念应用到幼儿教育主管的工作中,我们就准备就绪了!

梭形细胞和门铃

我们的大脑警觉地扫描我们周围人的情绪。在每一纳秒——对某些人来说,

---

* 《神色》(the look)是罗克赛特乐队(Roxette)真正走出瑞典、迅速走红世界的主打曲目。

不到 1/200 秒——我们的神经元就能从周围人的神经元中挑选出信号（Wraga et al., 2006）。最细微的撇嘴可能都具有意义。我们所说的可能与我们的身体和皮肤下面所泄露出的信息毫无关系。这是带有混合信息的生物等效物。当忙碌的一天即将结束，跟前来接孩子的家长们交流时，一位主管可能面带微笑；然而，她身体中的每一个细胞可能都在叫喊："不要占用太长时间，我需要休息！"正如戈尔曼所指出的（Goleman, 2006, p.43）："在无意识水平，我们总是在与每个和我们互动的人对话，我们的每一种情绪和举止都因应着他们的情绪和举止。"社会智力是解读潜台词和恰当行事的艺术。

最近的研究发现，梭形细胞是对环境反应最迅速的神经元。人类大脑比其他任何物种都拥有更多的梭形细胞，比类人猿大脑中的梭形细胞多 1000 倍。梭形细胞体积很大，大约是其他脑细胞的 4 倍（Goleman, 2006, p.66）。在它们大大的细胞体中，梭形细胞"富含血清素、多巴胺和加压素的受体"，这是大脑用以与其他人建立联系的关键化学物质。为了快速地解读刺激并判断大小优势，梭形细胞"迅速做出判断"。在第 3 章中考察决策时，我们将会看到梭形细胞的反应如同我们"眨眼之间"做出决策一样。

梭形细胞按响我们身体内的门铃。按响的门铃提醒我们存在危险或者放心地打开大门。相比于周围的物体，梭形细胞对我们周围环境中的人能更快地做出判断。我们对人的快速判断比对物的判断快 0.1 秒。梭形细胞会给出谁安全和谁不安全的信号。

镜像神经元——细胞中的镜子

与梭形细胞合作的是镜像神经元。镜像神经元感知"他人的动作和他们的情绪，并且立即让我们准备好模仿这些动作和感受"（Goleman, 2006, p.9）。

> 当一个好人受到伤害时，所有的好人必将与其同历磨难。
>
> ——欧里庇得斯

镜像神经元的作用如同它们的名字所意指的：反射我们周围人的情绪线索。镜像神经元让我们完全反映周围人的情绪。当某人寂寞时，我们也和她一样感受到她的孤独。一个人的笑声也能引发我们微笑或大笑。镜像神经元在实践反思性监督中特别有用，其中同理心扮演了重要的角色（见第 9 章）。

你看过一群鱼在水中迅速穿梭、融洽得像一条鱼一样吗？你可能看过大雁在春天和秋天来回迁徙时排成"人"字形，像喇叭一样鸣叫着，互相拍打着翅膀掠过天空的场景。可能在某原始时代，群居的人们需要快速形成细胞和谐以利于生存。镜像神经元允许我们模仿他人的情绪波动和心绪。

我们的大脑包含许多镜像神经元系统，它们不仅能模仿动作，也能解读意图，还能从某些人的所作所为中获取社会意义和解读这些人的情绪。意大利神经科学家贾科莫·里佐拉蒂（Giacomo Rizzolatti）发现了镜像神经元。里佐拉蒂解释说，镜像神经元系统"不是通过概念推理，而是通过直接模仿让我们把握他人的思想，即通过感受，而不是思维"（Blakeslee，2006，F1，F4）。丹尼尔·斯特恩（Daniel Stern，2004，p.76），一位传统的皮亚杰主义者（见第 12 章）补充说，我们的神经元系统"被他人的神经元系统所捕获，因而我们能如同在他们的皮肤下面一样感受到他人。"

通过有意选择或者无意的邀请，我们与我们遇到的每一个人"共舞"。我们的舞蹈可能像华尔兹一样优雅，像探戈一样性感，像街舞一样律动，或者像交谊舞一样稳重。在生活中，我们通过神经功能的连接与他人互动。梭形细胞指导着我们，而镜像神经元促使我们协调一致。

杏仁核劫持

我把杏仁核（amygdala）称为艾米·G·达拉（Amy G. Dala）。在我们给她命名之前，她是我们大脑中部的一种体积很小、但作用强大的腺体，她会引发我们的心怦怦直跳和掌心出汗。艾米·G·达拉（这是我发现的一种容易记住如何拼写杏仁核的方式）有能力取代其他的神经通路。当杏仁核登记了一种威胁时，一股肾上腺素或皮质醇将被释放到我们的身体中。在这种加强的状态下，我们失去了洞察力。我们的注意力被固着在了当前的危险上。我们会投入战斗还是逃跑？

我们对杏仁核的反应存在性别差异。当紧张时，女性的大脑分泌奥施康定[*]的速度和频率显著超过男性的大脑。奥施康定能让我们处于平静状态。释放的

---

[*] 一种镇痛剂，成分为盐酸羟考酮。

奥施康定刺激我们与他人建立联系的渴望。面对威胁时，女性更可能去保护儿童、寻求朋友的帮助或者喝一杯茶。加州大学洛杉矶分校的心理学家谢利·泰勒（Shelley Taylor）确认了女性对恐惧的独特反应，即"照料和结盟"（tend and befriend）反应。弗洛伊德的术语"战斗或逃跑"被泰勒的结果加以更新和修正。男性更可能一个人独处，并依赖一个用来消遣的分心物，例如电视或者视频游戏。女性往往会给朋友打电话（Taylor et al., 2000）。

> 我们要感激那些让我们高兴的人们。他们是有魅力的园丁，使我们的灵魂开满鲜花。
> ——马塞尔·普鲁斯特

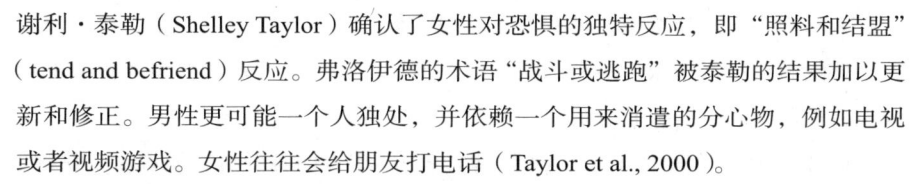

在其他情况下，杏仁核腺体也引发了这种反应。

开展营救行动的前额叶皮层

幸运的是，我们的大脑装备了OFC，即前额叶皮层。前额叶皮层位于眼睛的上部和前额的右后部，能够减弱和取消杏仁核的警铃。当前额叶皮层被调用时，我们会恢复到一种更平静的状态。有了前额叶皮层，我们能重新调整自己，深吸一口气并进行反思。大脑的这个部位让我们重新获得了被"艾米·G·达拉"所抢走的洞察力。感谢前额叶皮层，它恢复了我们的洞察力，让我们能更清晰地看问题，从而恢复我们的专业水准。

请保持前额叶皮层在大脑中的力量。在幼儿教育领导者的工具箱中，一种最有力的工具来自于我们关于前额叶皮层的知识。更多的内容请参见本章的后续部分。在接下来的章节我还会列举关于前额叶皮层的例子，如果前额叶皮层被激发，它能使领导者明智行动，而不是默认下意识的本能反应。

> 重要的事情是：我们能够在任何时候为达成目标而做出牺牲。
> ——查尔斯·杜波依斯

人群控制：群体动力学的神经科学

迄今为止，我们主要关注的是在两个人之间的关系。现在，我们将考察群体的神经科学。群体中的个体之间有相同的生物系统和反应吗？非群体中的个

> 我生气时请不要插手。
>
> ——威廉姆斯·莎士比亚

体之间呢？看看下面的例子：当在某个角色身上发生令人震惊或感动的事情时，你还能无动于衷地坐在座位上观看电影吗？最可能的反应是全场观众集体叹息或者发出一片惊诧之声。你与一群人一起观看足球赛或篮球赛时体验过群体焦虑吗？在一场大型的比赛开始前会伴随着群体兴奋或者赛后的集体泄气现象。观看世界级的赛事或者电视超级晚会的观众们，他们的情绪会像波浪一样蔓延。

群体行为可以像个体行为一样，时好时坏或者两者皆有。演说家演讲时，他调动起了他的听众；当演奏自己国家的国歌时，人们激情澎湃；当家乡的团队赢得大型比赛时，人们簇拥一起为之欢呼；当团队失利时，集体失控会导致出现掀翻汽车或打群架等行为。

> 传递到群体的情绪可能会对所有成员如何加工信息产生偏见，因此也会影响决策。这表明在群体决策时，任一群体如果想顺利做出决策，不仅要留心现场每个人说了些什么，也要注意分享他们的情绪。
>
> ——西加尔·巴尔萨德，《涟漪效应：情绪感染和它对群体行为的影响》

想象一下，当你第一次走马上任并遇到你的员工时，一种集体情绪正等着你。这种集体情绪可能是焦虑、希望、怀疑，或者是这些情绪混合在一起。相信当你踏进办公室门口的瞬间，你能注意到这种集体情感。现在，神经元的舞蹈开始变成了一种集体舞。

戈尔曼指出，这种现象是人际的"Wi-Fi"，即人际间通过无线方式互相连接。他说，我们在群体中与每一个人的联系如同单个个体间的联系一样。心境如同幼儿的笑声一样容易被感受到。周围的人乐观将会感染你的乐观情绪，周围的人消极也将影响你的心情。当一个组织的士气低迷时，组织中的每个人都会变得沮丧。

戈尔曼继而指出（Goleman, 2006, p.24），"在情绪的人际流动中，权力至关重要。"从神经学方面看，那些权力欲较强的人会对那些感觉自己权力较小的人施加更多的影响。现在，我们认识到心境或情绪具有传染性，这表明领导行为中正在发生的一些变化。那些认识到自己对他人有潜在权力的主管，能合理地使用他们的前额叶皮层去践行这些权力。

群体动力学中的塔维斯托克理论:"请勿射杀信使"

经历了第二次世界大战的灾难之后,许多专家聚集在英国伦敦,讨论如何更深入地理解人们在群体中的作用。因为这次会议是在伦敦市的塔维斯托克召开的,所以他们创造的著名理论被命名为塔维斯托克理论(www.tavinstitute.org)。下面的例子说明了该理论在实践中的应用。

在群体中,大部分在表面掩饰之下发生的事情无法用言语表达。(现在,我们知道各群体成员的神经元都倾向于共同行动。)从某种程度上来说,群体中的每个人都知道要回避什么。有人承受着难以言表的压力。在当前群体中自愿承担任务的人,往往在过去无数多个群体情境都曾是真相的讲述者或"预言家"。预言家将他人不愿承认的感受用语言表达出来。

如果预言家的表述及时且合适,那么将给该群体带来安慰,并推动其向前发展。然而,如果讲述时机是错误的或者表达出的信息是令人痛苦的,那么通常整个群体会躲避这位预言家,或者让其保持沉默。让真相讲述者保持沉默的动力学通常被称为"射杀信使"。

你遇到过"射杀信使"的情况吗?你曾当过信使吗?请描述你在实践中观察到的应用塔维斯托克理论的经历。预言家的陈述给群体带来的是宽慰还是痛苦?作为一名有潜力的领导者,你会如何运用这一理论去帮助你的团队?

发现自己过多地担当危险的预言家角色的领导者们,最好让他人站出来大声说出真相。起初,放弃预言家的角色可能很难,特别是感受到说出真相的压力令人难以承受。对某种变化保持沉默会给他人出头的机会,通过让他人讲述尽管不舒服但需要被听到的真相,发挥他们的领导力。当你依靠前额叶皮层来有意识地站到一边时,他(她)的神经通路会警觉地注意到这点。

关系的连接或断开

根据马斯洛的理论,人类具有多层次的需要。(我们将在第 9 章深入探讨马斯洛的理论。)一旦我们的生存需

> 笑是两个人之间最短的距离。
>
> ——维克托·伯厄

要（衣、食、住和安全）得到了满足，我们就会表现出"高级"需要（爱、自尊和精神需求）。努力成为充满爱、具有支持性和有意义的团体中的一员，这种愿望是一种更高层次的需要。感受到自己是团体的一分子，这种连接对我们的健康和幸福至关重要。没有建立连接或者被排除在团体之外，就会引起我们深度且持久的痛苦。一只被狼群孤立的孤独的狼，只能徘徊在领地周边，不能依靠其他伙伴获得舒适的生活或生存。因为被孤立，大部分孤独的狼注定会生病，甚至死去。

幼儿教育专家有能力确保没有一个孩子会像一只孤独的"狼"那样被对待。我们应该鼓励羞怯的幼儿去学习怎样表达他们的需要，而教会那些霸道的幼儿如何更好地感受自己而不是去威胁其他小朋友。教师们接受并尊重每一个孩子。在整个课堂上，孩子们和老师的神经元达到了积极的同步，因而一切进展顺畅。

幼儿教育领导者的工作是构建丰富的连接，包括成人与成人、成人与群体以及成人与幼儿之间。我们如何使用来自神经科学家的这些新信息，以便更好地建立连接和修补断开的关系？

有害的或健康的关系

> 当一个人说谎时，他的反应会比一个人讲真话时晚十分之二秒。这种差异表明，说谎者需要努力编造谎言以及对情绪和身体通道进行管理，真相可能会通过这一差距无意地泄露出来。成功的谎言更费神。
>
> ——肖恩·斯彭斯，《欺骗性的大脑》

长久以来，心理治疗师们一直让来访者去改变或结束不诚实的、伤害性的关系。伤害性关系会降低我们的自尊，危害我们的身体。研究表明，处于一种压力关系中，我们的免疫系统会受到损害（Elias，2007）。当我们在破坏性的关系中感觉"不适和疲劳"时，我们的身体就会被消耗，因而生病。玛丽莲·艾利亚斯（Marilyn Elias）针对"如何摆脱你的烦恼"给出如下建议：

- 结交乐意帮你解决问题的朋友，而不是那些沉浸于相互绝望情绪中的朋友。
- 定期冥想或祷告。
- 用日程表限制"反刍思维"的时间：直至在其他任何时间都不再有这种反刍思维。

- 宽容或降低不切实际的虚高期望。

建立在希望而非恐惧基础之上的治疗关系会提高个体的自尊和良好的身体状态。在充满爱的关系中人们会长寿。关系中的压力越小，满意度就会越高。戈尔曼（Goleman，2006，p.26）发现，"当我们尽力使自己与他人相协调时，虽然我们并没有帮到他人，但会觉得与他们在一起；甚至在我们并未想这么做时，也会有这种微妙的感觉。"

这种神经镜像模仿表明，我们会采取行动去构建诚实、健康的关系，远离有害、不健康的关系。说比做容易吗？幸运的是，近来的神经科学研究证实，我们会采取措施，构建积极的关系。在后面的章节中，你会发现更多有关这些行动措施的实际应用。下面，我们要了解将有害的关系变成健康关系的基本神经通路过程。

"闪躲"有害的情境和人

打太极拳不需要花费很多力气。太极拳的核心不是接招或直接对抗，而是移动到旁边寻找机会以击败对手。如果有人要打你，你快速闪躲，那么攻击者可能会失去平衡而跌倒。你让攻击者的愤怒能量从你这儿穿过，但你的镜像细胞不会模仿他的这种负性状态。只需闪躲，其他什么都不用做，你就能保持好自己的平衡和良好状态。

> 如果你是谦卑的，没有什么能触动到你，无论赞扬或耻辱，因为你知道你是谁。
> ——特蕾莎修女

这条原则反映了我们的神经功能，正如我们闪躲而非接受其他人的负面能量。我们获得了保持平衡的洞察力：即便这种负性能量在我们的内心蔓延，我们仍能闪躲并重新复原。如果说有所收获的话，我们开始能够更清楚、更客观地看待外部环境。一首瑞格舞曲*的歌词描述了这一过程："雨天已经过去，现在我能看清楚了。我能看见路上所有的障碍。飘走的是曾经遮住我视线的乌云，即将到来的是阳光明媚的日子"（Jimmy Cliff，1972）。在前额叶作用的帮助下，我们的神经元能使环境和我们恢复正常。

---

* 编者注：西印度群岛的一种舞蹈及舞曲。

当我们的杏仁核腺体被劫持时,我们丧失了洞察力。杏仁核调节我们身体系统中的肾上腺素和皮质醇。肾上腺素和皮质醇都是酶,它们可以加快我们的代谢,因此,迫使我们中的许多人进入了"战斗或逃跑"的状态。我们身体中的每一个细胞都会受到肾上腺素和皮质醇激增的影响。当杏仁核被劫持时,它剥夺了我们看清事物全貌的能力。我们会进入一种超警觉和自我保护的生存模式。

杏仁核用反攻取代了被劫持。"阻止"是描述我们能够选择防止杏仁核劫持这种调解的更准确的词语。我们能够"用我们的大脑",即前额叶的执行功能,去阻止肾上腺素的激增。然而,在紧急的情况下,反攻(快速行动并有力地缩短杏仁核被劫持的环路)会起作用。

用我们的大脑去阻止我们的理智被劫持,这与闪躲他人对我们身体的攻击道理相同。在某次杏仁核劫持时,外部的危险(有威胁性的人或情境)引发了我们内部的危机反应。让杏仁核失控不是我们这些专业人士的选择。我们很少遇到幼儿教育领导者"杏仁核失控是一种适当反应"这种情况。

当运用大脑功能闪躲时,我们能保证身体系统有充足的时间从威胁性的有害情境中平静下来。下面是我们的神经元的"工作过程":

1. 梭形细胞向我们的系统发出警告:我们正处于危险之中;
2. 镜像神经元引发我们去模仿威胁性人物的情绪或行动;
3. 杏仁核腺体释放肾上腺素或皮质醇让"所有的系统警觉起来";
4. 前额叶皮层向杏仁核发出自上而下的禁令以防止最初的情绪激增。

我们的神经元在执行 1~3 步骤时,对某个可能的错误步骤会"视而不见"。我们在这一过程中可能会做或说一些令自己后悔的事情。通过步骤 4,我们会闪躲,并进行深呼吸来抑制反应。这时就要求大脑的前额叶参与进来,于是我们的心跳恢复正常,我们的手掌停止出汗,我们的专业素质开始发挥作用。这是情商、社会智力和智商协调运作,帮助我们成为最好领导者的过程。

当我们受到威胁或者受困于某种情境或关系中时,我们能使用这种闪躲的方法去补救。采用闪躲的方法能

> 强者与弱者会犯同样多的错误。不同的是,强者承认他们的错误,笑对错误,并能从错误中学习。强者就是这样练成的。
>
> ——理查德·李约瑟

使我们从有害的人或环境中解脱出来。"通过反复迫使我们的大脑进入某种确定的记录中，一些强有力的塑造就会出现在我们的主要关系中。实际上，我们每天都会接受一些他人的慢性伤害、愤怒或者情绪滋养，若干年之后，便可重塑我们的大脑回路"（Goleman, 2006，p.171）。

我们对大脑回路新的理解告诉我们，这种锁定的、不知所措的情绪不是一种"生命判决"。某位团队教师对他人做出的消极判断能够被解除。改变习惯是困难的，但是，在帮助员工将不健康的工作习惯改成卓有成效的习惯的过程中，领导者起着重要的作用。如果我们愿意冒险一试，我们便可以从深陷的窠臼中解脱出来。

第 14 章列举了困境中的一些案例研究，如在醉酒的影响下，一位女性可能会无意中怀孕，而她并未计划要孩子。类似的紧急情况会促使我们的神经元进入杏仁核超速运转的状态。幸运的是，我们有选择的机会。我们能暂时"闪躲"到"提问和聆听"的过程中来建立伙伴关系，而不是站在敌对的立场上权衡利弊。

"闪躲"是唤起情商和社会智力的一条领导原则。你经常会被邀请去拜访这一原则。

角色的危险性

我们需要扮演各种角色，不是吗？例如朋友、兄弟姐妹、母亲、叔叔、老板、员工和唱反调的人等等。这些角色都带有某些期望。扮演某一角色可能会让我们舒服，因为期望被设定在里面。当这些期望被满足时，事情就会顺利发展。

> 当人们不能再扮演为自己选定的角色时，许多人的生活中会到来一个时刻。当那种情况发生时，像演员一样，我们发现有人改变了剧本。
>
> ——布莱恩·摩尔

例如，每个周日萨赫拉都被盼着能够带一家人一起去她母亲那里吃晚餐，萨赫拉需要扮演孝顺女儿的角色。在职工大会上，如果曼妮扮演的是唱反调的人，那么，曼妮被期望要对所有可能存在的问题提出新观点。如果法比安叔叔的工作是悄悄地在孩子们的口袋中放 5 美元，则他扮演了施主的角色。

角色会带给我们舒适，但是同时也会限制我们。在职工大会上，如果其他人不去质疑一种新想法，是不是因为他们都在等着唱反调的曼妮呢？如果萨赫拉想和家人在自己家中吃周日晚餐,她就需要去打破角色期待。萨赫拉的妈妈可能会这样委婉地表达不悦:"可是一直都是周末在我这里共进晚餐的!"

我们有权利选择是否扮演某一角色。例如一位母亲,孩子希望她待在家中一起玩,丈夫希望她外出工作养家糊口,或者她可能被期望既能养家糊口又能做一位好母亲。她会选择哪种角色?她的选择决定了她快乐与否。打破期望做真正的自己:虽然具有破坏性,但这会让我们前进的道路更顺畅。

我们的神经元了解我们扮演的所有角色。我们重复性的行为在大脑中产生了路径。习惯是刻画在我们神经元中的老套常规。当同样的路被一遍又一遍地走过时,常规就被刻画出来了,就像被人们踩出来的通过公园的一条小路一样。由于这些常规深深地印刻在我们神经元中,所以,我们的行为和大脑通路常常保持一致。无论如何,每个周日在妈妈家吃晚餐也就成为一种约定俗成的常规。同样,在职工大会上不发言也成为另一种因循旧习。

我们的神经元也能产生出另外的路径。实际上,成人的大脑也像儿童的一样,具有一定的"神经可塑性"或灵活性。肯定的一点是,儿童的大脑比成人的大脑更具可塑性。然而,认为我们的大脑持续发育生长的假设也是错误的。美国PBS电视台策划了系列"大脑健康节目",该节目于2007年首播。它为我们勾画出了成熟的大脑不断适应、发育和学习的方式。如果你失去了优势手,你可能会经历大脑的再适应和发育过程。一段时间之后,你可能发现,如果不要求姿势优雅,你也能用你不常用的手准确地书写。

> 成为主管是一种角色;成为领导是每一个人的道路。

角色也可以互换。这如何应用到幼儿教育的领导力中呢?想想这种情况:工作中的每个人都要扮演一种角色。但是,那个角色准确定义了他(她)是谁了吗?我们也将自己带到了工作中。两个不同的主管在行动上差异很大,这是由于他们自己的同一性、个人经验和工作热情的不同所致。

如果我们把个人(或者我们自己)视为一位演员,而不是作为一个普通人,我们可能会发现一种神经病学的变化。由于我们的神经元以预期的方式刻画了我们看待他人的常规,神经元便不再创造新的路径,因而它们将关闭一些活动。

如果我们采用角色扮演的方式生活,最终,我们将关闭无数的神经元。大多数人将饭店服务员视为一种角色,而非一个人。我们的互动方式是可以预见的：服务员问候我们，递过菜单，并询问我们想喝点什么。直到走出饭店的那一刻，我们一直扮演着"顾客"和"服务员"角色。

下次你点菜时，可以先询问服务员的名字；问她（他）最喜欢的菜是什么；通过名字叫服务员。换句话说，把服务员当作人，而不是一个角色扮演者。直到你离开饭店前请一直这样做。反思你的经历。与其马马虎虎地扮演一种预期的角色，倒不如建立一种联系。

设想一下，在你的职业生活中，如在开会、问候他人以及在工作时，将每一个人都看成一个人而不是一种角色所产生的魅力。你的神经元将会变得兴奋起来，并不断促使你进行交谈。你毫不厌倦，每天，你都发现这种方式挑战着你的神经元，并用惊喜来填补你的生活。当然，有时，重新扮演某种角色也会带给我们舒适感。

> 与被起诉的医生相比，从未被起诉过、多花在每个病人身上3分钟的医生（18.3分钟与15分钟）……他们更可能积极地倾听，更可能说这样的话"继续，告诉我更多"，在整个看病过程中他们会微笑和开玩笑。差异竟完全存在于他们如何与病人的这种谈话之中。
> ——马尔科姆·格拉德维尔，《眨眼之间》

幸运的是，我们更好地理解了神经元是如何工作的，这让我们有了更多的选择。

运用社会智力去领导

作为一名幼儿教育管理者，每天你都会开启一扇新门，每天你的挑战会像天气一样多变。成长的机会从未结束，对你来说，职业倦怠毫无意义。我们的工作具有重要意义，工作时我们无暇打盹小憩。像蜜蜂酿蜜一样，我们的梭形细胞、镜像细胞、杏仁核和前额叶皮层将一直忙碌不停。

> 幸福的大门向外打开。
> ——索伦·克尔凯郭尔

请考虑以下问题：

- 如果你践行情绪智力，那么，你正在通往一条发现"最好的你"和"最真实的你"的道路上。
- 如果你实践社会智力中的"闪躲"原则，那么，你构建的各种伙伴关系以及有支架和路障的"桥梁"会大受欢迎。

你拥有机会，但你做好探索的准备了吗？

反思性问题

1. 用一天时间调查：每天你与他人交往时，使用自发的、好奇的和开放的方式的频率；你与他人（自己）交往时被锁定到角色扮演中的次数。一旦你收集到了这些信息，请至少选择一种关系，尝试让它变得更真诚、更自然，试着将角色扮演变为真诚的投入。在一种"原有"的关系或角色中试验这种新行为。反思这种差异，在从角色到真实的转换过程中，我们按照神经科学的信息构建了新的大脑通路。写一篇关于你的经历和收获的反思性论文。

2. 我们都有杏仁核，在我们的系统中，它处于捕获危险迹象并激发我们做出警觉反应的准备状态。一旦杏仁核被劫持，我们就丧失保持冷静的能力。你在工作或学习中经历过杏仁核被劫持的情境吗？请至少回忆两种，这种情境可以是你的或者其他人的。当时发生了什么？描述你的内心感受和行动（或他人的行动）。重新阅读第 31 页的闪躲信息。现在，反思这些经历，并想象你如何使用闪躲方法（在前额叶皮层的帮助下）。使用录音、录像或者写作等方式记录下这些反思，以便将来你运用这种方法。

3. 在后面的章节中，我将提供机会帮助你践行情商，或者对你的感受和他人传递给你的信息做出判断。我也将邀请你使用社会情商学会"闪躲"，并在挑战性情境中发现具有治疗作用的观点。思考你今天面对的挑战，如一道你没有解决的难题，运用你的情商和社会情商帮助你识别并采用三个步骤解决这一问题。正如你创作一个剧本一样，在过程中捕捉你的内心独白。

团队项目

1. 作为一个小组，讨论每个组员与不同文化和种族的人交往时的舒适感。在什么情境下你感觉放得开，或者在哪种情境中你感到焦虑？哪些额外的表露或经历会帮助你？现在，作为个体，请在网站 www.implicit.harvard.edu 上完成内隐联想测验。完成后，再次分享你对测验本身及其测验结果的所想所感。构建新的大脑通路需要更多的努力，这些努力取决于大脑已经在适当位置中的习惯化。该测验与这种观念有何关联？与同学分享你的观察，给他们提供内隐联想测验的在线信息。

2. 幼儿教育专业人士同时需要情商和社会情商。作为一个团队，在使用情商和社会情商的许多情境中，大脑风暴是有帮助且必要的。选择三种最重要的情境（如团队或父母关系领域），这些情境中的幼儿专业人士需要情商和社会情商。设计三个案例研究（描述模糊或者棘手的真实状况）来探索这些挑战。做一个列表记录每一个案例研究中伴随的问题。在老师的帮助下，与同学分析这些案例研究以解决问题。

3. 智力测验，如韦克斯勒测验，已经存在多年。选择某一智力测验，并和你的团队讨论该测验测量了什么，包含什么类型的问题。讨论之后，团队再以不同的方式研究智力测验（每一组员用一种方式）。例如，访谈一位智力测验的管理者。你可能会发现一些在线的智商问卷，或者阅读智商的文献以及有关情商测验的文献，并与每个人分享你的研究：智力测验使用的哪些方式与幼儿教育专业相关。在班级中报告你的重要发现。

参考书目

再次感谢丹尼尔·戈尔曼博士在《社会智力》一书中列出的许多书目，从中我选择了以下这些参考文献。

Anderson, C., D. Keltner, and O.P. John. 2003. Emotional convergence between people over time. *Journal of Personality and Social Psychology* 84 (5): 1054–68.

Blakeslee, S. 2006. Cells that read minds. *The New York Times,* January 10.

Brüne, M., H. Ribbert, and W. Schiefenhövel (Eds.). 2003. *The social brain: Evolution and pathology.* Sussex, UK: John Wiley.

Canetti, E. 1973. *Crowds and power.* New York: Continuum.

Chartrand, T., and J. Bargh. 1999. The chameleon effect: The perception-behavior link in social behavior. *Journal of Personality and Social Psychology* 76: 893–910.

Codependents anonymous: CODA. 2008.

Denby, D. 2004. The quick and the dead. *New Yorker* 80 (March 29): 103–105.

Ekman, P., and W.V. Friesen. 1978. *Facial action coding systems, Parts 1 and 2*. San Francisco, CA: Human Interaction Laboratory, Department of Psychiatry, University of California.

Ekman, P. 1985. *Telling lies: Clues to deceit in the marketplace, politics and marriage*. New York: W.W. Norton.

Elias, M. 2007. Brooding weighs on mind and body: How you handle stress could be shortening your life. *USA Today*. May 8, 7D.

Ellison, R. 1952. *Invisible man*. New York: Random House.

Finley, B., and A. Aron. 2004. The effect of a shared humorous experience on closeness in initial encounters. *Personal Relationships* 11: 61–78.

Gardner, H. 1985. *Frames of mind: The theory of multiple intelligences*. New York: Basic Books.

Gladwell, M. 2005. *Blink: The power of thinking without thinking*. New York: Little, Brown and Company.

Goleman, D. 2006. *Social intelligence: The new science of human relationships*. New York: Bantam Dell.

Hall, J., and F. Bernieri. 2001. *Interpersonal sensitivity: Theory and management*. Mahwah, NJ: Erlbaum.

Hatfield, E., J.T. Cacioppo, and R.L. Rapson. 1994. *Emotional contagion*. Cambridge, UK: Cambridge University Press.

Insel, T., and R. Fernald. 2004. How the brain processes social information: Searching for the social brain. *Annual Review of Neuroscience* 27: 697–722.

Maslow, A. 1943. A theory of human motivation. *Psychological Review* 50: 370–396.

McCraty, Rollin, R. T. Bradley, and D. Tomasino. *The resonant heart*. Online pdf. Boulder, CO: Institute for Heart Math.

Medina, J.J. 2008. The science of thinking smarter: Neuroscience can show managers ways to improve productivity. *Harvard Business Review* (May): 51–54.

Neucombe, M.J., and N.M. Ashkanasy. 2002. The code of affect and affective congruence in perceptions of leaders: An experimental study. *Leadership Quarterly* 13: 601–04.

Neuman, R., and F. Strack. 2000. Mood contagion: The automatic transfer of mood between persons. *Journal of Personality and Social Psychology* 79 (2): 322–514.

Putnam, R. 2000. *Bowling alone*. New York: Simon and Schuster.

Rosenthal, R., J.A. Hall, M.R. DiMatteo, P.L. Rogers, and D. Archer. 1979. *Sensitivity to nonverbal communication: The PONS test*. Baltimore, MD: Johns Hopkins Press.

Seigal, D. 1999. *The developing mind: How relationships and the brain interact to shape who we are*. New York: Guilford Press.

Stern, D. 2004. *The present moment in psychotherapy and everyday life*. New York: W.W.

Norton.

Taylor, S.E., L.C. Klein, B.P. Lewis, T.L. Gruenewald, R.A.R. Gurung, and J.A. Updegraff. 2000. Female responses to stress: Tend and befriend, not fight or flight. *Psychological Review* 107 (3): 411–429.

Thorndike, E. 1920. Intelligence and its use. *Harper's Magazine* 140: 227–35.

Whalen, P. J., L.M. Shin, S.C. McInerney, H. Fischer, C.I. Wright, S.L. Rauch. 2001. A functional MRI study of human amygdala responses to facial expressions of fear versus anger. *Emotion* 1 (1): 70–83.

Wheatley, M. 2002. *Turning to one another: Simple conversations to restore hope to the future.* San Francisco, CA: Berrett-Koehler Publishers.

Wraga, M., M. Helt, E. Jacobs, and K. Sullivan. Neural basis of stereotype-induced shifts in women's mental rotation performance. *Social Cognitive and Affective Neuroscience*, Advance Access published on December 7, 2006, DOI 10.1093/scan/nsl041.

网络资源

什么是社会神经科学？

http://www.cognitiveneurosciencearena.com/whatissocialneuroscience.asp

大脑健康节目

http://www.positscience.com/newsroom/news/news/120207.php

你能提高你的社会智商吗？

http://www.parade.com/articles/editions/2006/edition_09-03-2006/Social_Intelligence

在线面孔编码系统（FACS）

http://face-and-emotion.com/dataface/facs/description.jsp

现在的新兴科学：镜像神经元的视频

http://www.pbs.org/wgbh/nova/sciencenow/3204/01.html

内隐项目：参加演示测验，说出你的想法！

http://www.implicit.harvard.edu

社会智力：影响他人感受的能力

http://www.timesonline.co.uk/tol/life_and_style/article640746.ece

解除有害关系的时刻

http://www.clubmom.com/display/245147

第3章

有目的地领导：
一条成就卓越之路

学习目标

1. 确定你的工作目的。
2. 为了有所作为而表达愿景。
3. 发展使命宣言。
4. 描述拥有核心价值的重要性。
5. 实践如何帮助你的团队发现其使命和核心价值。
6. 使用 S.M.A.R.T. 方法将梦想变成现实。
7. 识别你的领导风格、优势和挑战。
8. 理解如何与和你相反的人沟通。

对我来说，生命中的主要工作之一似乎是，认识到我们中的每一个人都是那么珍贵和有价值——我们中的每一个人都拥有他人不曾拥有的一些东西，即使有——其中的某些东西也总是独一无二的。

——弗雷德·罗杰斯

树林里分出两条路，而我选择了人迹稀少的那一条，从此，它改变了我的一生。

——罗伯特·弗罗斯特，《未选择的路》

案例研究：脱颖而出的"贾米拉街区"

贾米拉的班级气氛活跃。经验丰富的公民志愿者梅奇在读他最喜欢的小说《托马斯》；乔舒亚和特雷伊正在用闪闪发光的珍珠和金色流星描绘太阳系；伊莉莎和咪咪正绞尽脑汁思考在哪里挖个池塘，以便青蛙在那里产卵。

虽然，贾米拉对她的工作还是满意的，但是她还想做得更好。她梦想着建立自己的学校，并将它命名为"贾米拉街区"。

在她的社区周围，贾米拉看到有许多幼儿教育中心、开端计划项目、以诚信为本的幼儿园和家庭式托儿所。"他们都想去帮助孩子，"贾米拉想，"我的梦想与他们有何不同？"贾米拉开诚布公地问你："所有这些机构都有什么样的愿景和使命呢？所有这些项目听起来与我的都一样！我想让'贾米拉街区'脱颖而出，与众不同。"

在情绪和社会智力理论产生之前，识别我们的目的、愿景、使命和核心价值的常见做法是直线式的，也是理性的。一位领导者首先要清楚她想产生的影响，然后集中制定她的工作使命，并不断调整这些使命。新近的管理理论表明，发现我们的愿景和使命是一种更为内在、主观和个人化的过程。卡特和柯蒂斯（Carter & Curtis, 1998, p.8）鼓励我们去探寻我们的内心，以发现什么对我们来说是最重要的。为了激发你的领导潜力，本章将邀请你进行一场探寻你内心的冒险活动。

> 目的是我们存在的重中之重。

目的："内心的渴望与你同在！"

要想具有号召力，领导者必须首先寻找和挖掘其能够鼓动人心的号召力之源，而"目的"（purpose）是我们最深的动机源，它源于我们的生命故事，并被我们所面临的困难进一步深化。2007年2月发表在《哈佛商业评论》

> 把阳光带给别人生活中的人不会让自己的生活充满阴霾。
>
> ——詹姆斯·巴里 爵士

上的一篇文章，鼓励领导者要直面他们职业生涯中的种种痛苦经历和失望：真实性就是一种回报。

深受员工信任的领导者，也能真实地对待他们自己，面临挑战时也能保持复原力。"听到教师对两类截然不同的主管进行的描述令人吃惊，他们分别是带着愿景工作的主管和满足于现状的主管。'愿景'这个词的使用频率很低，但是教师们用它准确地描述了他们的主管在实际工作中是如何激励他们的，'她的眼中经常闪烁着光芒'，'她总是给我们展示图片和简短的引述以扩展我们的思维'，或者'即使当预算短缺时，她也会一如既往地奖励我们'"（Carter, 2005, p.1）。目的能够给予我们生活的意义和工作的动力。目的能让我们在混乱中变得清晰，在挫折中看到希望，并鼓励我们做正确的事情。

在本章的案例研究中，思考一下贾米拉的目的会怎样影响她的行动。如果你让她去界定她的目的，贾米拉可能会告诉你：她"天生"愿意给孩子们带来快乐、尊重和自信。这个目的会激励她离开原来舒适的工作去创立自己的学校。后来，当她为她的早教中心确立了愿景、使命和目标时，她将再次回归到她的目的，再次像远足者一样，拿出指南针去寻找她的目的地。

发现你的目的："内心的渴望"

如何发现你的目的？畅销书作者史蒂芬·柯维认为，从直觉上来讲，每一个人都会知道自己的目的。"每一个人的内心都有一种深深的渴望，渴望过一种伟大的、有贡献的生活——真正有所作为，真正与众不同"（Covey, 2004, p.28）。我们中的一些人比另一些人会更努力地挖掘这种内心的渴望，这种探索过程通常会贯穿一生。不管你付出了多少努力和时间，请善待自己。终有一天，你的努力会让你做出有价值的发现："知之者不如好之者，好之者不如乐之者"（孔子）。（见表3.1。）

为更清楚地了解你自己的目的，请完成下列活动：

1. 说出你从儿童时期就有的三种品质。这些品质将有助于你识别自己的才能和优势。
2. 回忆你生命中的这样时刻：你感到你所做的事情正是你想要去做的。这就

表 3.1　有帮助的定义

1. 目的是你生活的理由，最大的热情所在。
2. 愿景是你如何改变你的世界的梦想。
3. 使命是你将自己的梦想变成现实的实践方法。
4. 目标是你完成使命中的特定里程碑。
5. 客观化是你采取的步骤，是一种测量你完成目标进度的方法。
6. 核心价值观提醒我们在做决策的时候，时刻明了什么才是我们为之奋斗的。

是人生的"目的"。

3. 找出能认识到你潜能的人。那个人在你身上看到了什么？他人经常提供一些信息，来帮助我们看到存在于我们自身而我们自己却看不到的那些东西。
4. 描述你所经历的"心流"体验的时刻，即不需要思考必须做什么，你可能已经感到一切都自然而然地来到了你的身边（Csikszentmihalyi，1991）。
5. 问三个你信任并关心你的人："你觉得我什么时候看起来是最高兴的？你认为我可以对我周围的世界产生什么影响？"
6. 你最想做出什么贡献？一些人发现，这一问题有助于书写他们的墓志铭；另一些人认为，这个问题可能会在他们的退休晚会上被提到。

现在轮到你了。让需要变得完美、恰到好处，并让每个人都满意。现在，请补充完整下面的句子。

我来到这个世界上的目的是：

_____。

对于一些人来说，目的如同小溪一般从他们的笔尖不断流出；另一些人可能有被卡住的感觉；还有一些人发现自己眯起眼睛看目的，似乎目的已经超出了他们的视线。请善待你自己。在这个过程中无论你处于哪个位置，那都是你注定要在的地方。正如儿童需要时间去成长一样，个体也需要时间去发展目的。问问你自己："我究竟想做什么？"这将帮助你发现你的目的。然后再问自己："了解了我的目的会如何帮助我搞清楚我想成为什么样的领导者？"

> 当我们内心的渴望捕获到了我们个人的愿景火种，我们就能成为自己的领导者。

愿 景

当你认真对待你的目的时，愿景就是你对世界的梦想。有愿景意味着有远谋，并且能够看到事情的全貌。因为你希望世界改变成像你预想的那样，所以你会在与他人的交往中或者每天做决策时，真正地遵从自己的目的。有目的地领导就是每天有承诺地生活，以使你的愿景成真。回忆本章的案例研究，其中贾米拉的目的是使儿童获得快乐、尊重和自信。她接下来的行动是，设想在一个特殊的世界里，让每个孩子都感到自己是有价值的和可爱的。

> 你越早相信自己，你就越会知道该如何生活。
> ——约翰·沃尔夫冈·冯·歌

史蒂芬·柯维最畅销的书，《高效能人士的七个习惯》（1990 年）分享了在个人的和职业的情境中成功解决问题的方法，这也是幼儿教育管理者的关键性技能。后来，柯维在另一部书中讨论了第八个习惯，即"发现你的心声"。柯维邀请你培养这些良好的行为习惯：

习惯 1：积极主动。

习惯 2：以终为始。

习惯 3：要事第一。

习惯 4：双赢思维。

习惯 5：知己知彼。

习惯 6：统合综效——创造性合作。

习惯 7：不断更新——保持清晰和开放的可能性。

习惯 8：发现你的心声，并激励他人也这样做。

每一个习惯都会帮助你发现并实现你的愿景。

每个人的发展道路都是独特的，如何改变世界的愿景也各自迥异。对于幼儿教育专业人士来说，他们的愿景主要聚焦在使孩子和他们的家庭变得更好、更安全和更快乐方面。当你知道你的目的并且知道究竟该如何展示你

> 每个人的工作总是他自己的一种画像。
> ——塞缪尔·巴特勒

的愿景时，你已经准备好了通过实践这些步骤来完成你的使命。

清楚地表达你的使命

使命是你将梦想变成现实的实践方法，从而实现你的独特目的。贾米拉的目的是帮助每一个孩子了解其自身的宝贵。贾米拉的愿景是创建一所幼教机构，在那里孩子们被视为珍宝。她创建机构的使命是："在她的机构中，儿童通过对其周围世界的探索来了解自身的价值。"（见表3.2。）

使命的标准。当满足以下要求时，使命会变得强大和真实：

- ✓ 激励听到使命的每一个人。
- ✓ 授权员工在更大的使命中发现自己的目的。
- ✓ 使命的光泽会像咆哮的暴风雨中的灯塔一样稳定。
- ✓ 为确保业绩质量设定标准。
- ✓ 反思我们最深刻的核心价值观。
- ✓ 告知每一项决定。
- ✓ 自始至终，坚定不移。

表3.2　早期幼儿教育的使命宣言的例子

- "我们的使命是给儿童提供无穷无尽的爱，这些儿童的父母必须工作以满足社会的要求。对于这个儿童保教中心来说，我们的蓝图是优秀的教育、爱、指导和宾至如归的感受。"
  ——贝克雷斯特学院的儿童保教中心
- "'有目的的游戏'指导着我们设计独特的、针对特定年龄儿童的方案和课程，在一个温暖的、丰富的和有趣的环境中，每一种设计都会促进你的孩子在智力和社会性方面超前发展。"
  ——拉帕蒂学院
- "一个塑造和激发儿童未来的社区。"
  ——幼童学院
- "一个致力于提高生命质量的教育社会。"
  ——美国19个地区的开端计划
- "提供一种安全的、令人兴奋的和丰富的环境，让儿童能够学习和成长……同时集中能量通过爱、支持和稳定性治疗儿童曾遭受的创伤。"
  ——救世军海港大厦儿童护理中心

最重要的是，使命是个人的，它必须符合某个体的目的和愿景。

《富有远见的导演》（1998年）的作者玛吉·卡特和德布·柯蒂斯，将帮助你发掘你作为一名幼儿教育领导者的使命。思考你会最优先选择以下哪些事情：

- 为有工作的父母提供一项照看孩子的服务。
- 给准备上学和学业成功的孩子提供良好的开端。
- 当儿童学习如何与世界相处时，提高他们的自我概念和社会技能。
- 确保儿童拥有一个充满游戏、冒险和探索的童年。
- 创建一个成人和儿童都有归属感的社区，并使世界变得更加美好。
- _____

（请在横线上写下你认可的使命）

找出并考察你所在的组织、学院和大学的使命宣言。每天，这些组织在多大程度上反映了其使命宣言的目标？现在，设想你是一名幼儿保教中心的主管，并写下你自己的使命宣言。使命如何支持你的目的和愿景？

"核心价值"的价值

我们都需要试金石。试金石让我们脚踏实地。我们触摸它们以提醒自己是重要的。试金石是价值的对象，它帮助我们反复澄清自己的目的。试金石就像一块珍贵的蓝宝石、红宝石或者光滑的大块绿松石。触摸这些珍贵的石头令人欣慰、冷静和舒缓。核心价值就是你工作中的试金石。

> 梦想是我们的品格的试金石。
> ——亨利·大卫·梭罗

核心价值，就像一块试金石，时刻提醒你是谁，以及你想如何让它引领自己的生活。被核心价值引领的领导者以正直的方式行事。正直让你的决定与你的核心价值保持一致。

诚实是一种核心价值。具有这种核心价值的领导者对他们的机遇、挑战和盲点不会一叶障目。将诚实作为试金石的领导者不会用否认和拖延来掩饰自己。无忧无虑、保持客观、立足长远以及不把自己太当回事儿的能力是另一些核心价值。轻松愉悦的领导者具有幽默感，是乐观且充满希望的。

其他的核心价值包括：

- 尊重
- 勇气
- 包容
- 同情
- 谦逊
- 希望和乐观
- 努力工作
- 创造力
- 及时化解冲突
- 融入社区
- 家庭优先

> 核心价值是我们生活中不可或缺的一种标准。核心价值使我们记得我们的目的、愿景和使命。当我们的决策与我们的核心价值相一致时，我们的行为才是完整的。

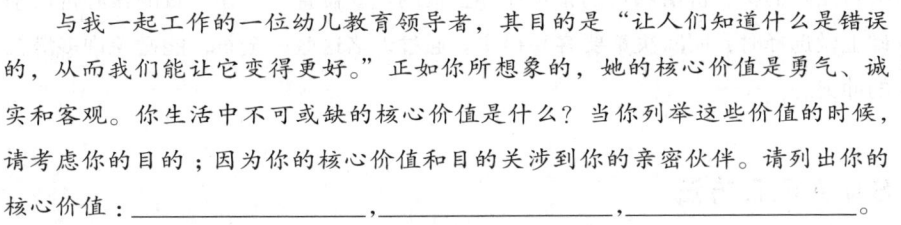

与我一起工作的一位幼儿教育领导者，其目的是"让人们知道什么是错误的，从而我们能让它变得更好。"正如你所想象的，她的核心价值是勇气、诚实和客观。你生活中不可或缺的核心价值是什么？当你列举这些价值的时候，请考虑你的目的；因为你的核心价值和目的关涉到你的亲密伙伴。请列出你的核心价值：＿＿＿＿＿＿＿＿＿＿，＿＿＿＿＿＿＿＿＿＿，＿＿＿＿＿＿＿＿＿＿。

你的团队目的和核心价值

与领导者一样，团队也需要有自己的使命和核心价值。让员工写下他们的个人核心价值是一种有效的练习。

> 诚实是智慧之书中的第一章。
> ——托马斯·杰斐逊

那么，接下来的练习是，他们可以按照集思广益的方法收集团队的核心价值。

鲁比·马丁是纽约和宾夕法尼亚基督教女青年会项目与服务的主管，她通过寻找团队的愿景、使命、目标和对象的过程，领导着儿童保教组织：

我使用的过程非常简单。首先，中心的负责人主持一场由所有员工参加的会议，并且要求大家集思广益，考虑为了中心的前景他们喜欢做什么。有人在整个会议中匆匆记下雇员希望看到的所有关键项目。其次，中心负责人采纳会议中提到的所有信息，并将其加入到一段长长的愿景宣言中。所有的雇员会收到一个复本去审查和编辑这份宣言，并将意见反馈给主管。

然后，在下次员工会议中根据这些愿景提出目标。这些目标来自于大家的愿景：提高、解散和启动的领域。将每一个目标分解成行动的步骤，这样员工有权承担责任以实现目标。时间期限一旦被设定，过程就开始了。

在整个行动阶段，我总是鼓励中心反复召开小组会议以确保不会偏离目标。在愿景实现之后，我鼓励他们每年再重复一次这样的过程，以确保他们总是关注重要的方面，并在这些方面有所提高和改进。这一过程对于创建每个班级的愿景也是有帮助的，只不过班级中仅仅涉及教师和主任而已。(《个人的责任》，2007年9月19日)

鲁比也会要求团队确认他们的核心价值。作为对员工的一种励志提醒，她会将团队的核心价值和目的张贴在办公楼的显要位置。当在一致的核心价值基础上做选择时，团队决策要容易得多。通过诉诸这些试金石，能避免许多潜在的冲突。

S.M.A.R.T. 方法

每天，关于愿景和计划的 S.M.A.R.T. 五步法会帮助领导者将他们的梦想变成现实（见表3.3）。"目标管理"的概念应归功于彼得·德鲁克（Peter Drucker, 1954），从这一概念演变出了 S.M.A.R.T. 方法。第一步是去识别与使命宣言有关的目标。为了取得成功，领导者可创立带有时间限定的可衡量的行动项目。

S：发展具体（specific）的目标，这样的目标将使你更接近自己的使命。
M：决定如何衡量（measure）你的成功。
A：制订一份行动（action）项目的列表，它将引领你更接近自己的目标。
R：识别你需要的资源（resources）。
T：建立一个时间表（timeline）以实现你的目标。

表 3.3　S.M.A.R.T. 方法

- 我想要实现的具体目标是什么？
- 我将如何衡量成功？
- 我需要采取哪些行动？
- 我需要什么样的资源？
- 我的时间表是如何安排的？

现在，让我们用本章的案例研究来检验 S.M.A.R.T. 方法。贾米拉的目的会通过下面的 S.M.A.R.T. 方法逐步变为现实：

- *S*：贾米拉计划促成社区成员积极参与到其学校的日常运作中。
- *M*：她将通过监督每周家长和社区志愿者的签名单来衡量成功。
- *A*：她需要给家长和社区组织写电子邮件和信函来招募志愿者。
- *R*：她将阅读一些关于建立有效的志愿者项目的相关书籍和文章，并识别需要在哪些方面争取项目工作人员的帮助。
- *T*：她和员工将在六个月内建立一个持续的志愿者项目。

试着使用 S.M.A.R.T. 方法去设定和完成一个目标。你可以将这个程序应用到很多情境中，例如学校作业、工作项目或与一个同学或同事争论的问题。使用这五个步骤，识别自己的目标并计划出实现它的途径。

愿景、目的和领导力

领导者，具有做出与众不同之事的信心，会激励他人加入他们具有重要影响的旅程中。高效率的领导者拥有强大的愿景，这个愿景包含了与其共事的其他人的愿景。明确了他人的目的，领导者激励他们做到最好，并邀请其他人也能够"有目的"地生活。

思考一下本章的案例研究，贾米拉热情地将她的商业计划书提交给了当地银行。贾米拉的愿景和她的 S.M.A.R.T. 方法将会促使银行信贷官员满足她的要求。在收到贾米拉项目的进展情况时，该银行的工作人员会很高兴，也将被邀

> 最好的和最高尚的生活属于有崇高理想的人。
>
> ——雷内·奥美拉斯

请出席贾米拉街区的开业典礼。

领导者每天都是真正的"完美的不完美"主义者（Pia Mellody, 1989）。老师是班级中的领导者，父母是家庭中的领导者，孩子是了解自己世界的领导者。领导者会与追随者保持联系，共同创造成长的环境。彼得·圣吉（Peter Senge）博士称这些为"学习型组织"，在这些组织中每个人都会进行学习、获得发展，并支持他人的成长和学习。这听起来还像幼儿教育专业吗？你当然相信。

服务型领导："先行付出"

在认识到自己作为一名领导者之前，先思考另一种有价值的管理理论。该理论被称为"服务型领导"（servant leadership，也译作仆人式领导）（Greenleaf, 1970）。理解服务型领导不仅有助于你了解自我，而且知道如何激励其他人，正如你的情商增强了你的社会情绪智力一样。

> 仆人式领导者不需要自我提升式地关注自己。他们知道如何帮助其他人成长，这意味着帮助每个人，包括他们自己。谦逊是仆人式领导者的核心价值。

一种领导力理论鼓励我们成为服务型的领导。这样的领导者会把自己的精力用于倾听和提高周围人的良好状态上。服务型领导者会问，"这些服务有助于个人成长吗？被服务的人会变得更健康、更聪明、更自由、更自主吗？他们自己更可能成为仆人吗？"

对于女性和有色人种来说，"仆人"一词通常不具有正面的内涵。许多团体都有被强制为他人服务的历史，而享受服务的人将服务视为理所当然。个人的梦想被另一个人阻断。"仆人式领导"这个术语揭示了领导力的复杂性。

被迫成为一名领导者的个体很少体验到满足感，工作效率极低。然而，当你选择成为一名领导者时，你正在做的事情就是你想做的。从最友善的角度来讲，仆人式领导者代表着随时准备去为更大的利益服务。仆人式领导是自主选择的服务而不是被迫的；仆人式领导者了解他们所提供服务的价值。幼儿教育专业的仆人式领导者会致力于改善他们照料的儿童、家庭和员工的生活。

利他主义者为他人着想，如果能够摆脱相互依附，他们将会获得解放。利他主义者正慷慨地、自由地，以不期望被表扬或被认出来的方式回馈世界。相互依附是指我们的自我价值依附于他人。相互依附的人会操控他人，以获得他人的表扬和认可。

服务型领导摆脱了强迫和相互依附。服务型领导者是最好的利他主义者。"先行付出"是描述服务型领导的另一种方法。就像你为自己和你后面的人付了通行费一样，你的无私照亮了他人的生命。当我们"有目的"地工作和生活时，我们用我们的天赋装饰了我们的世界。服务型领导者通过无私地将自己最好的一面奉献给儿童和他们的家庭、员工以及社区，展现了英雄主义。利他主义者倾向于怀有一种内心的宁静和成就感。

回顾一下你的目的、愿景、使命和核心价值。明确这些会让你明白，作为一名领导者你是谁。现在，你可以了解自己的领导风格了。了解你的风格有助于你与他人交流自己的愿景和目的。

迈尔斯—布里格斯领导力问卷

每个人都有自己独特的领导风格。虽然主管之间不可替代（一个人替代另一个人，如优柔寡断的人），但是主管之间可以分享彼此相似的倾向。你会发现，这样做有助于了解你与他人共同的地方以及你自己的独特之处。一项关于领导风格的研究具有启发意义，其目的在于找到你在领导力的连续体上所处的位置。通过学习领导风格，你可以洞察你的收获，从而提高你的领导情商能力。

——一生的特权正是你是谁。

——约瑟夫·坎贝尔 博士

卡尔·荣格是瑞士的著名心理学家，他周游世界并观察了不同的文化和人群。荣格总结道，"虽然我们是独特的，但我们也有共同点。例如，其中之一便是，我们每一个人要么是右利手，要么是左利手。"

荣格（Jung，1961）还识别了人类的其他共性或偏好。他发现，一些人倾向于过安静和反思性的生活，从他们的内部积聚力量（内向型的人）。一些人喜欢社交，性格外向且奔放，从环境中积聚力量（外向型的人）。荣格把这些倾向置于有着相反两极的连续体上。右利手和左利手在利手连续体相反的两端。同样，内向和外向也存在于倾向性连续体的相反两端上：

> 右利手 ·· 左利手
> 外向型的人 ·· 内向型的人

母女团队的伊莎贝尔·迈尔斯（Isabella Myers）和凯瑟琳·布里格斯（Katherine Briggs）将荣格的工作变成了一份高效度、易使用的领导力问卷。自从 1943 年这份问卷问世以来，世界上数百万人采用了迈尔斯—布里格斯问卷。迈尔斯—布里格斯类型指标（简称为 MBTI）研究给我们提供了关于领导者和团队成员如何发挥功能的重要洞悉力。

纵观接下来的部分，你将有机会去探索自己的个人倾向和气质类型。虽然这些材料不会作为一种科学有效的评估工具使用，但是这里提供了对 MBTI 的详细论述。我担任 MBTI 执业者已经 20 多年，也是通过认证的 MBTI 管理员，下面我对 MBTI 的描述就是建立在这些工作的基础之上。关于 MBTI 额外的信息和在线测评，请参见迈尔斯和布里格斯基金会网站（www.myersbriggs.org）。

使用下面的信息，你可以评估自己的领导风格和气质类型；使用这种信息能帮助你成长为一名领导者，同时也会帮助他人成长。

你的领导风格和气质

让我们考察世界上存在的四种不同倾向的人（Kroeger & Theusen, 1992；Myers, McCaulley, Quenk, & Hammer, 1998）：

- 外向（E）·· 内向（I）
- 感知（S）·· 直觉（N）
- 理智（T）·· 情感（F）
- 判断（J）·· 感觉（P）

当你读到这些信息时，你可能发现你符合每一种倾向的描述。例如，一位性格外向的领导者可能也需要安静的时刻。一位天性率直、奔放自由的教师也能满足最后期限的要求。然而，荣格发现，大多数人倾向于把自己更多地放在某一连续体的一端而不是另一端。领导者每天所处的环境要求他们真实、可信。荣格称之为"真我"。当你研究下面的倾向时,问问你自己,"当我不再扮演父母、学生、主管或女儿的角色时,我是谁?"根据表 3.4,评估 MBTI 的哪一种类型的描述更符合你。

外向（E）和内向（I）

家长们都喜欢充满活力的古斯塔沃老师,他永远都能给放学后的孩子们设计出新的活动。他的同事——艾玛老师——喜欢待在后台,辅导个别孩子完成家庭作业是艾玛最自在的时候。每当古斯塔沃和艾玛一起设计课程时,古斯塔沃热情地分享着他的一个又一个想法,而艾玛总是安静地坐着听他讲。

如果让你帮助这两位老师互相取长补短,你会如何建议古斯塔沃聆听艾玛的讲话,又如何帮助艾玛大胆说出她认为重要的事情?

你注意到很少讲话的员工了吗?就像艾玛,当她最后分享她的想法时,她的深刻见解让每个人都感到惊奇。这是一个内向的人!她从内部积聚能量,倾向于安静地思考事情。内向型

> 通过与他人交往或者独处,你能有更多的能量吗? 内/外倾向识别了我们的能量来源。

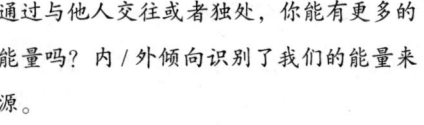

的人占美国人口的 51%,外向型的人稍微少些（49%）。外向型的人因充满活力、友好和健谈的特点而出名。他们具有社会交往的倾向,喜欢与他人谈论事情。

内向型的领导者

优　势

内向型的领导者通过深思熟虑解决问题。性格内向的人善于创设安静、反思性的工作环境,在这样的环境中,个体能够自由地专注于他们的工作或游戏。内向型的人创设的活动场所会让儿童内心平静,容易安抚。内向型的人是有技巧的倾听者,家长和老师们认为内向型的主管会聆听他们的心声。内向型的人

表 3.4　MBTI 概览

倾向	特点	优势	挑战
内向（I）	安静，反思性，有一两个很深厚的关系，喜欢独处	有技巧的倾听者，会安慰人，言简意赅的交流者	在公众面前讲话时易被他人误解，被视为清高的人
外向（E）	友好，喜欢社交，慷慨，受欢迎度高	喜欢团队会议，头脑风暴，爱与他人分享	不甘于沉默，难于聆听他人讲话，召开太多会议
感知（S）	运用五种感官去观察，注意力集中，脚踏实地，很现实	注意事实和细节，文件记录准确	易错失"大局"，讨厌冗长乏味的会议
直觉（N）	有远见，对所有可能发生的事情持开放态度，"眼睛盯住真正有价值的事物"	喜欢变化，总想做"大"事情	忽略细节，对实践缺乏兴趣
理智（T）	客观，爱挑剔，具有任务指向性	客观一致的决策者，直接的交流者	忽略人际动力，爱"责备"他人
情感（F）	有人情味，注重过程，以人为本	能"站在他人的立场"思考，能促进工作氛围和谐	事必躬亲，逃避冲突
判断（J）	喜欢清晰和秩序，守时，有序	制订计划并坚持，满足期限要求，整洁	武断，完美主义，不喜欢意料之外和模棱两可
感觉（P）	随和，对所有可能发生的事情持开放态度，倾向把事情堆积在一起去处理	善于发明替代品，创建有趣的工作环境	犹豫不决，无序，办事拖沓

资料来源：摘自 Otto Kroeger Associates (OKA), Fairfax, VA.

经常"斟酌"他们的谈吐用词，花时间去选择最准确、最简练的方式来交流。内向型的主管多倾向寡言。

挑 战

持续不断的口头交流会耗尽内向者的能量。公开讲话，即使是在一个父母小组中演讲，都会让内向型的领导疲惫不堪。这类人容易被误认为是清高的或者对他人的想法不感兴趣。员工认为内向型的管理者很难开诚布公。内向的人需要花些时间给自己充电。内向型的领导者可能会避免参加头脑风暴一类的会议，他们为了履行自己的职责，有时会"假装"外向。

小贴士

1. 每天给自己留出安静的时间；及时给自己的内心充电：散步或者读一本书，关上门冥想。
2. 告诉员工："感谢与我分享你的想法。我需要时间去考虑你所说的。我明天早晨会给你答复。"
3. 在员工会议上提前分发会议议程。内向型的个体需要时间去思考议程上的项目。
4. 当需要召开员工会议时，可邀请内向的员工参加小组会议，特别是两个人的小组会议。这种实践能保证内向型的人有讲话的机会。

如何与外向型的人交流

1. 向外向型的人请教问题。听取主要观点。放开自己，让自己说出的话更像一个外向的人说的。
2. 找到外向者的优点，而不是刻板地认为他（她）是"大嗓门""爱出风头"或者"恐吓者"。
3. 找到一种享受外向的人乐观能量的方法。对其想法表现出热情。
4. 尽可能用你认为自然的方式进行交流。避免长时间沉默。

外向型的领导者

优　势

> 外向者与内向者的能量来源不同。外向者倾向通过与周围的人交流、参与身边的活动获取能量；内向者倾向于从内心激发他们的能量。

外向型的领导者友好、合群，受欢迎度高。外向的人与他人积极互动，并参与每件事情。他们倾向于轻松地表达自己的想法，通过讨论事情来了解自己正在思考什么。相比较而言，内向型的人在说之前先思考；外向型的人在诸如头脑风暴会议、团队会议和社交活动中能够轻松自如，他们适合在活跃的环境中发展。

挑　战

外向型的人凭借他们的活力以及善与人接触的优势，能压倒内向型的人。这种类型的人几乎占美国人口的一半，他们认为每个人都应该是外向的健谈者。外向型的人经常向内向者提出问题，但没有耐心等待内向者的缜密回应。实际上，他们经常替内向者回答问题。外向型的领导会频繁地召集会议，并不顾忌这样做会对同事中内向型的员工产生多大压力。外向型的人不能忍受沉默，并且当与他人分离时会丧失能量。

小贴士

外向型的人能将乐观、积极、热情奔放（耍宝）的活力带到工作场所。他们需要与项目之外的不同朋友和熟人保持接触。如果你是一个外向型的人，需要与内向型的人一起工作，那么，你可以使用电话、电子邮件或者即时消息等方式保持高能量。在与内向型的人相处时，先锻炼你积极倾听的技巧。请记住，65%~90% 的情绪是通过非言语交流的！使用社会情商去欣赏内向型的员工。充分倾听内向型的人，以使其信任你。

如何与内向型的人交流

1. 在回答内向型人的问题时,请慢慢数到 10,从而给内向型的人一定的思考时间。
2. 在会议中提前分发会议议程,给内向型的人留出足够的准备时间。
3. 安排一些个人的和一对一的活动,以平衡小组会议。
4. 花时间去邀请内向型的人理解并信任你。

自我评估

你从哪里获取能量?你是喜欢参与到他人的活动中,还是安静地自己反思?你可能感觉自己既是一个内向型的人,也是一个外向型的人。为了达到评估目的,请选择能准确描述你的字母。

问题 1:你是一个内向型的人,还是外向型的人? E＿＿＿或 I＿＿＿?
将最能描述你的字母填写在右边的第一个空白处:＿＿ ＿＿ ＿＿ ＿＿

现在,你的选择已经决定了你的 MBTI 类型的 25%。如果你感觉自己处于这种倾向的中间位置,问问自己:"我生活中可以没有哪种倾向?"例如,外向者需要他人围绕着他们转;内向者的生活中不能缺少经常且有规律的独处时间,因此需要远离喧闹。

感知(S)和直觉(N)

塞丽娜正在聚精会神地为《班级通讯》准确地记录每一个细节,而罗克西却不断提出新的想法。塞丽娜觉得罗克西像个"捣乱鬼",而罗克西认为塞丽娜是个"扫兴的人"。实际上,当罗克西不得不关注细节时,她感到很烦;而塞丽娜面对罗克西不断的创新时,也感到很困惑。

在为家长们创建每月一期的《班级通讯》时,这两位教师可以如何取长补短呢?

关注特殊细节的人被称为感知型的人(S)。善于把握关系、意义和可能性的观察者是直觉型的人（N）。感知型的人"只见树木不见森林"。直觉型的人"只见森林不见树木"。

荣格曾说过，我们观察世界时只会用两种不同方式中的一种。一些人熟练于准确观察，运用我们的五官接收事实和细节。其他一些人观察世界时，倾向于凭借我们的想象力。这些人寻找意义、灵感或某个具体的故事。荣格的第二种倾向确认了我们是如何接收信息并认识我们的世界的。

73% 的人倾向于以"感官的方式"接收信息，注重事实和细节。感知型的人会观察周围环境中形状、大小、气息、味道、质地、颜色和声音。

感知型的人

优　势

感知型的领导者善于记住细节，包括名字。感知型的人是现实的，他们的观察具体又实际，他们以准确详细的方式报告他们观察到了什么。在学习风格方面，当信息有秩序地按照详细的步骤呈现时，感知型的人会学得更好。感知型的人活在当下，并运用常识创造实际的解决方法。美国的大多数总统都是感知型的人。

一个开端计划的口号是："如果没有记录，它就没有发生！"文档会记录事件中的人、事、时间和地点，却很少被要求记录原因。用事实准确地描述发生了什么，这在报告儿童的行为时是必不可少的。感知型的人以这种具体的方式来认识世界。

挑　战

因为感知型的人习惯注重细节，因而感知型的主管可能错失大局。对感知型的人来说，制订长远的计划是困难的。他们倾向于将重点放在直接摆在面前的事情上。当一位感知型的老师与团队中的一位非感知型的同事一起工作时，感知型的老师可能认为他的队友不切实际，或者是一个不着调的人。当工作指示模糊或很少时，感知型的人会感到迷茫。在被要求为假期的聚会做计划时，如果不能给其全部的细节，感知型的人将会漫无目的地飘摇。与此相反，直觉型的人更喜欢随意行事。直觉型的人对所有可能性感兴趣。

小贴士

找到学会欣赏你的直觉型同事那种自由精神的方法。让他们帮助你看到"森林"，而不仅仅是"树木"。让他们帮助你理解他们是如何看待事物的。感知型的人往往是悲观主义者；直觉型的人关注将来，常常是乐观的。要学会享受直觉型的人的乐观方法。同时，"实事求是"地评估你的倾向，并准确地观察你面前的事物。对你而言，做记录可能比其他人来得更容易。运用你的优势去创立有用的模板和报告形式。

如何与直觉型的人交流

1. 首先，总结你的主要观点；然后，做出详细的解释。
2. 识别你的想法将如何创造一个更光明的未来。
3. 期待直觉型的人在追求新奇和创新的同时，也能有条不紊地工作。
4. 允许直觉型的人发挥想象力：不要固执于细节的、序列式的解释。
5. 向直觉型的人学习，去发现你可能错过的事物间的联系。

直觉型的人就像飘在空中的色彩明亮的气球；而感知型的人会在适当的时候拽住拴气球的线。感知者和直觉者彼此相互需要。

直觉型的人

优　势

直觉型的人具有远见，总能看到发展的可能性。直觉型的领导者会把他们的眼光放在难能可贵的事情上。感知型的人喜欢熟悉的事物，直觉型的人却欢迎新奇和变化。虽然只有27%的美国人为直觉型的人，但作为有远见的人，他们对社会产生了重大的影响。马丁·路德·金、圣雄甘地、约翰·肯尼迪、罗伯特·肯尼迪和亚伯拉罕·林肯都属于直觉型的人，他们梦想着把世界变得更加美好。直觉型的领导者能够带领员工暂时后撤一步，换个看问题的角度，展望积极的变化，从而帮助组织走出低谷。

挑　战

正如感知型的人"为了树木失去了森林"一样，直觉型的人"为了森林失去了树木"，直觉型的人为了寻找更深刻的意义，迷失在了他们面前的水坑里。直觉者虽然喜欢新颖，但并不善于采取实际的、务实的行动。直觉型的人和感知型的人会听到彼此截然相反的话。直觉型的教师和团队中的感知型教师通常会有这样的常见争论："这不是我的意思，"直觉者示意说。"但是，那就是你说的，"感知者争辩道。

小贴士

承认大部分人看待事情的方式与你有所不同。注意情境的细节，并寻找事实。如果你想更好地被理解，你得准备好用"感知者的语言"来表达自己的观点。即使别人对此嗤之以鼻，也要保持自己富有远见、乐观的特点。记住，情绪具有传染性！保持你对未来充满希望的特点，你将会振奋和激励其他人。

如何与感知型的人交流

1. 保持实际、务实的态度；
2. 使用事实和图表去支持你的想法，给出具体的例子；
3. 详细地记录下你的经验；
4. 按照顺序陈述实现目标需要采取的步骤。

直觉型的学生不同于感知型的学生，他们不需要教师连续地呈现信息。当教师和课程问题激发出了直觉型学生的想象火花时，他们就是在学习。

自我评估

你习惯于采用何种方式观察情境？你是务实的和现实的（S）人，还是具有想象力（N）、并探寻更深层意义的人？在文案记录方面训练有素的幼儿教育专业人士通过记录学习感觉技能，并得到提升。具备感知者的技能并不能说明你是一名感知型的人。问问自己："当我看待一些新事物时，我是倾向于看到它的可能性，还是关注细节？"

问题2：你是一位感知型的人，还是一位直觉型的人？_S__或_N__？将能描述你的字母填写在右边的第二个空白处：E/I__ __ __

此时，你已经决定了自己MBTI类型的50%。

理智（T）和情感（F）

领头的老师菲利普好像对每件事情都不在乎。他对人们的流言蜚语不屑一顾，也不想告诉人们他的想法。实际上，当菲利普与他人产生问题时，他会径直走到那人面前说："我们需要谈谈。"团队的其他老师都被菲利普的这种让人难堪的直率所伤害，因此躲避他。雷琳老师坚决避免与菲利普说话，认为他对人们的感受竟如此的迟钝。

你将如何指导上面案例中的教师相互交流？荣格的第三种倾向能帮助我们识别人们做决策时的差异。其中一些人（40%的美国人和56.5%的美国男性）通过采取客观的、批判性的方式，倾向于做出对事不对人的决策。荣格将这种倾向命名为理智倾向（T）。其他一些人（60%的美国人和75.5%的美国女性）通过考虑个体的需要、情境和历史，倾向于做出更人性化的决策，即她们喜欢有情感倾向（F）的决策过程。

理智型的人

优　势

> 理智型的人"公平地"决定事情，即具有一致性；而情感型的人做决定时关注个体所处的环境。理智型的人擅用"法律条文"，而情感的型的人喜欢使用"法律精神"（第4章）。

理智型的领导倾向于抛开个人情感，做出客观、明晰的决策。理智型的人对每个人能一视同仁，即他们对某个人的喜欢程度不会超过另一个人。理智型的人会通过预测的方式快速地、无障碍地做决策，他们的表达直率，并不考虑真相是否会伤害他人的情感。这并不是说理智型的人没有人情味，而是"超越"了他们的情感去做客观的决策。实际上，理智型的人会孜孜不倦地追求客观真相，与看重过程相比，他们更注重任务本身。

挑　战

理智型的人专注于完成自己的工作，从而忽略了人际之间的信息和动力。他们相信有果必有因，因而会"责备"那些应该承担责任的人。理智型的人往往会忽略同事的非言语线索，在团队中或个体之间，他们往往意识不到那种能够建立信任的微妙的动态关系。理智型的人视情感型的人为"烂好人"。

小贴士

在高度人际互动的领域，理智型的人可能被视为"冷酷的"或者"较真的"。因此，需要认真思考如何提高你的情绪智力和社会智力。练习去关注和解读非言语行为。根据劳动统计部门的调查，大多数人辞职是因为他们感到怀才不遇。作为一名领导，要承认员工的优势和贡献，要更多地表扬员工。实践积极倾听的技巧。放慢你的步伐！你需要花费时间与同事互相磨合，搞清楚如何在一起合作。如果你能与同事建立起很好的信任关系，任务将更容易完成。

如何与情感型的人交流

1. 花一定时间建立关系。找出并询问对方对他们来说什么是重要的。
2. 关注一种决策如何能够提高人们的生活质量,而不是仅仅注重决策的逻辑。
3. 承认大多数同事面对冲突时都会感到不舒服。帮助情感型的人在解决分歧中关注共同目标。
4. 注意你的交流方式和技巧。
5. 在员工会议上"融入些个人和感情色彩"。给员工一些时间来与你谈论他们的想法,并尊重他们的情感。

情感型的人

优　势

　　情感型的人致力于构建一种和谐、舒适和支持性的工作环境。他们会主动走上前去欢迎一位新员工,并帮助他(她)安下心来。情感型的人非常关注非言语的线索和信息,例如语调、眼神和肢体语言。我们可以设想,一位情感型的领导者会从许多层面上解读他人。情感型的领导者会考虑每个人的需求和个体的具体情况,从而做出富有同情心的决策。

挑　战

　　对于情感型的人来说,冲突总是痛苦的,他们会比理智型的人更容易受到情感上的伤害。情感型的人会想方设法尽量避免对抗,但避免冲突会导致误解、疏远和间接的行为,例如,与另一个人诉说,而不是与当事人直接交谈。情感型的人与他们信任的人能很好地合作,这种信任建立在分享个人好恶的基础上。理智型的人倾向于聚焦任务而非关系,因而与情感型的人一起工作会感到太麻烦。情感型的人会经常面带微笑;然而,如果他们不信任你,他(她)是不会轻易与你共事的。

小贴士

经常提醒自己不要太"感情用事"。不是所有问题都与你有关。情感型的人太在意他人的需求，以至于常常忽略自己的需要。花时间去做你喜欢的事情，即使它并不意味着你的付出和帮助总是"对的"。说到底，做自己喜欢的事情会让你获得精气神，这会让你发现自己有更多的能量可以与人分享。情感型的人会感到像悲愤的壮士一样乱了方寸，因而，请尝试使用直接处理冲突的方法。怨恨会将情感型的人从其一贯亲切、友好的方式中击败。

如何与理智型的人交流

1. 列出你的每一种想法的正反两面，因为理智型的人是在客观分析的基础上做决策的。
2. 快速且准确地表达出你的主要观点。
3. 用客观的观点和支持性的事实来证明你的想法。
4. 致力于用直接的方式解决与他人的冲突。你可以通过设定时间限制来准备面对每一次冲突。
5. 使用你的情商去识别你的情感，并对情感提供的信息持开放的态度。如果发现你正在抚慰着自己受伤的情感，那么，请"跳到一旁"，客观地观察一下这件事情。
6. 用理智者的眼光去看待问题。如同你是一位"遵照法律条文"的法官，批判性地、不带感情地分析问题。

领导者需要同时使用理智和情感这两种方式，因为两者各有所长。由于男性比女性更多地使用理智型的方式，因而在商界，女性能感觉到她们在做决策时擅长的人际互动方式不被欣赏。理智型的主管可能会被员工评价为"冷酷无情"。幼儿教育专业中的男性，由于他们特有的同情心和敏感性，专业之外的人可能会对他们抱有消极的刻板印象。学会使用这两种决策过程，根据需要选择其中一种，那么你的工作将会得心应手。

自我评估

问题 3：你倾向于用理智的方式还是情感的方式来做决策？__T_ 或 __F_？
将能描述你的字母填写在右边数第三个空白处：E/I S/N __ __
你现在已经决定了自己 MBTI 类型的 75%。

判断（J）或感觉（P）

主管吉恩别无选择，只能给主管助理特瑞分配更多的任务，特瑞的名字在"吉恩接班人"的名单中。虽然吉恩清楚，他不能指望特瑞会达到他的高标准要求，但是总是在最后时刻，

> 生活方式倾向表明我们喜欢如何经营我们的生活：要么是一种有条理、有计划的方式（判断型），要么是一种自发的、"顺其自然"的方式（感觉型）。

吉恩不得不承认特瑞完成了工作。特瑞一副"无所谓"的样子让吉恩发疯。

递给特瑞一份需要回访的电话清单后，吉恩盯着特瑞打了多少个电话，他担心电话清单会被特瑞扔进桌子上的一堆文件中弄丢了。特瑞声称她知道每份文件都在哪里。面对吉恩"居高临下、无比神圣"的态度，她很气恼。吉恩和特瑞如何建立相互信任并利用彼此的优势呢？

根据在美国收集到的 MBTI 数据显示，54% 的人喜欢做事有条理；46% 的人持有"为什么要担心，开心就好"的倾向。在幼儿教育领域中，许多领导者与自身的领导地位所要求的相比，更倾向于顺其自然、跟着感觉走。即使我们喜欢自发地参与到儿童的活动中，我们也要学会有组织、有条理。

判断型的人

优 势

完成评审表格，起飞时间一到，飞机从正确的跑道上起飞了。这一切，都得感谢判断型的人。判断型的领导者喜欢提前制订计划，喜欢组织性和秩序化，

通过提前完成任务来避免压力。判断型的人"与理智型的人相交叉,并兼有内向者的特点"。判断型的老师负责的班级整洁、干净、纪律性好。判断型的人清楚自己的立场,会快速地做出决策。他们为完成了任务清单上的每一件事情而倍感自豪。

挑 战

判断型的人对那些需要花时间检查他们所做决策的同事缺乏耐心。无组织性和混乱会惹恼他们。判断型的人往往在搜集到所有可能的信息之前就过快做出决定。这种类型的人会早早到达会场,并且蔑视迟到者。判断型的人不适应模棱两可的生活,完美主义是他们的死穴。他们不喜欢惊奇,灵活性较差。

小贴士

从当下的生活中能学到很多,判断型的主管可以通过活动安排表和利用空闲时间来放松自己。判断型的主管经常纠结于任务分配。很少有人能达到判断型领导者设定的高标准,他们的焦虑会成为他人完成工作的障碍。判断型的领导者在委派任务时,需要后退一步,假定他人能完成任务,即使不是按照你的高标准完成的。他们要意识到其他人喜欢多样性的任务,就像杂技演员向空抛出许多球那样舒适自如。

如何与感觉型的人交流

1. 学会欣赏同事的创造力和趣味性。
2. 请感觉型的人帮助你识别可替代的选项和备选项。
3. 让感觉型的人清楚,你相信他(她)能完成工作,即使是在最后一分钟。
4. 留出探索所有可能性的时间以及调整计划的时间。
5. 在员工会议中纳入轻松、有趣的活动。

感觉型的人

优 势

感觉型的人对他们的选择持开放态度。他们往往会考虑到许多可能的变化因素，善于创造替代品。感觉型的人对工作饶有兴趣，悠闲自在的工作环境非常适合他们。感觉型的人会将自发性和幽默感带到工作中。他们享受沿途的风景，不仅仅是目的地。突然冒出个新课程经常是感觉型教师的首选课堂风格。感觉型的人描述自己是活生生的人，而不是"只会干活的机器"。

挑 战

感觉型的人为了保持他们选择的开放性，故而推迟做决策。在他们身上，整洁和有序不是他们的优先选项。感觉型的人经常会搁浅事情；尽管如此，他们知道在哪儿能找到想要的东西。感觉型的人认为，只有在他们到场时会议才算真正开始，所以可能会令准时参会的同事懊恼。感觉型的人会对判断型的同事紧密的工作安排不满，他们在完成任务时经常拖延时间。

小贴士

将工作分解成可管理的不同任务，并对每一项任务设定一个最后期限。当你提前完成任务时庆祝一下。当你改变计划时不要让你的同事措手不及，尽可能多地通知他们。由于灵活性对你来说更容易些，尝试做不同的事情，并使每一项任务流程化。努力增加你对判断型人的同情心。使用你的幽默感去帮助你的同事放松。

如何与判断型的人交流

1. 当你完成一个项目时就划掉它。
2. 比平时更快地做出一个小的、无关紧要的选择。

3. 证明你有能力完成任务。
4. 自愿地清理一些杂事或把杂事放到一边，组织好手头上的事情。

在任一专业领域中，大多数高级管理者是判断型的人。即兴发挥的戏剧专业人士和发明家们经常是感觉型的人。感觉型的人能从判断型的人的预测力和可靠性中获益；而后者能从前者自在、俏皮的方式中获益。哪种描述更符合你的倾向：你更倾向于有组织的和有条理的方式，还是更倾向于悠闲的和自在的方式？

自我评估

问题 4：你的生活方式倾向于判断型还是感觉型的？＿＿＿J 或＿＿＿P？
将能描述你的字母填写在右边第四个空白处：E/I S/N T/F ＿＿

祝贺你！你已经写齐了自己 MBTI 类型的四个字母。在表 3.5 中列出了 16 种类型的总结，看看你的四个字母代表的类型（Otto Kroeger Associates, 1997）。

关于更多的每一种类型的完整描述，请登录 typelogic.com 查阅，或者阅读我的 MBTI 顾问，奥托·克劳格和珍妮特·苏森合著的《赢在性格》(*Type Talk at Work*, 1992) 一书。在《领导力方程式》(*Leadership Equations*)（Barr & Barr, 1989）一书中，你也将发现对每一种领导风格的深入描述。

为了获得对 MBTI 的简略描述，请登录网站 http://www.teamtechnology.co.uk/mmdi-re/mmdi-re.htm。完成问卷之后，你将得到关于自己类型的描述。你的指导老师也可能会告诉你，MBTI 专家能全面管理和评估你的 MBTI。

从我们的短板中学习

荣格注意到，除了上面提到的四种倾向之外，我们每个人都有一块"短板"。我们的短板是我们自己发展最弱的那一部分，在大多数人面前，我们把这部分隐藏了起来。压力会把我们推到我们的短板中。当我们感觉"今天很糟糕"时，

表3.5 MBTI类型总结

ISTJ	ISFJ	INFJ	INTJ
"做应该做的" 组织者、强迫性的、内向的、值得信赖的、规则和章程的遵守者、实际的 最负责	"高度的责任感" 和蔼的、幕后工作者、为了责任随时准备做出牺牲、"实干家" 最忠诚	"他人的激励者" 反思的（内省的）、默默地关心、有创造性的语言天赋、精神性的 最爱沉思	"每件事情都有改进的空间" 以理论为基础、质疑的、"我行我素"、对能力有很高要求 最独立
ISTP	**ISFP**	**INFP**	**INTP**
"随时准备尝试一切事情" 细心、冷静和超然、实用性、随时应对发生的一切、谦逊 最务实	"懂得多，但分享得少" 温暖和敏感、谦逊、短期计划者、优秀的团队成员、善与自我和自然联结 最具艺术气质	"看重服务以帮助社会" 严格的个人价值观、持续寻求内心的秩序、和平创造者、非指导性的 最理想主义	"热衷于解决问题" 挑战他人的思维、心不在焉的专家、能力需要、社交谨慎 最概念、学究
ESTP	**ESFP**	**ENFP**	**ENTP**
"终极的现实主义者" 善用非常规方法、对社交感兴趣、活在当下、擅长解决问题 最自然、随性	"一生仅有一次" 善交际的、自发的、喜欢惊喜、减少繁文缛节、多重任务、妙语生花 最慷慨	"给生命一个额外的拥抱" 以人为本、创造性、寻求幽默、生活的聚会、虎头蛇尾 最乐观	"一个接一个的令人兴奋的挑战" 对观点的正反两面都进行辩论的边缘策略、测试界限、热情、新点子多 最具创意
ESTJ	**ESFJ**	**ENFJ**	**ENTJ**
"生活的管理者" 秩序性和结构化、合群、自以为是、受结果驱动的生产者、传统的 最坚韧进取	"男主人和女主人" 亲切、良好的人际交往技巧、深思熟虑、渴望取悦他人 最随和	"能与说服者顺利交谈" 有魅力的、对他人有同情心、能忽略不愉快、理想主义 最具说服力	"生活中的自然领袖" 有远见、爱交际、爱追根究底、尽责性、对低能者不够宽容 最威严

资料来源：经允许摘自Okacotto Kroeger Associates。

我们很难使用我们相反的倾向，因为我们对它不熟练。在压力之下，友善的人也会变得退缩；随和的人可能会变成"苛刻的工头"。我们从自己的短板一面学习得越多，就越能接受我们变成与自己相反的人。

现在，你已经知道你的 MBTI 倾向和类型了，接下来，你就可以识别出你的短板。写下代表你的类型的四个大写字母。在每一个字母下面，写下 MBTI 中相反类型的小写字母。

例如： ESTJ   ISFJ   ENFP   ISFP
          infp   entp   istj   entj

四个小写字母就是你的短板倾向。ESTJ 的短板是 infp，ISFJ 的短板是 entp。现在，回到 MBTI 描述的 16 种类型中。读一读关于你的短板类型的描述。使用你的情商去关注你的反应。当你处在短板中时，你提醒自己是另一个人了吗？感到"癫狂"是另一种描述我们开始处在短板中的方式（Quenk，1993）。

最初，当我们处在短板状态时，我们感到古怪和尴尬。为了说明这一点，请在一张纸上写下你的名字；然后，请用另一只手再次写下你的名字。感觉怎么样？看起来如何？当我们处于短板中时就像这样，尽管我们感觉不舒服，但是我们能完成任务。把你的短板当成一种途径，去学习如何与那些和你倾向相反的人相处。

虽然最初并不舒服，但是外向型的人可以通过冥想，内向型的人通过在公共场合练习讲话以使自己变得更自在。通过练习，感知型的人很可能成为一位梦想家；感觉型的人可能变得更具条理性；理智型的人能富有同情心。

荣格提到，当我们接纳发展较少的短板方面时，我们会发掘出我们更深的灵性。越了解自己的短板，我们就会越开放，越能接受自己成为不同风格的人。为了进一步发展自己的情商，领导者可以练习使用自己的短板倾向，糟糕的一天也可能会成为一种学习机会。

领导气质

很容易将 MBTI 转换成四种气质类型（Bates & Kiersey，1984），这有助于你更好理解领导力。气质是我们行动时青睐的方式。当你确定了自己的 MBTI 类型时，你同时也识别了你的气质类型。四种气质分别是感知判断（SJ）、感知感觉（SP）、直觉理智（NT）和直觉情感（NF）。

为识别你的气质，请再次写下代表你的 MBTI 类型的四个字母。

E/I S/N T/F J/P

现在，写出四个字母类型的第二个字母（S 或 N）。如果你写的字母是 S，接下来请立即写出你所属类型的最后一个字母（J 或 P）。如果你写的第一个字母是 N，请立即写出你所属类型的第三个字母（T 或 F）。

祝贺你！你已经确认了你 MBTI 的气质类型，如 SJ、SP、NT 或 NF。

在表 3.6 中找到符合你的气质类型。了解了你的 MBTI 气质的优势和挑战，这会提高你的情绪智力。请特别关注如何成为领导者的小贴士。若想更深入地解读这四种气质类型，请参阅大卫·凯尔西（David Kiersey）的《请理解我 II》（*Please Understand Me II*, 1998）一书。

表 3.6　MBTI 的气质类型

SJ	NT
工作努力	有远见
焦点集中	大局观好，精于系统思考
传统主义者	独立性和科学性
完美主义者	有威严
乔治·华盛顿	**埃莉诺·罗斯福**
SP	NF
问题解决者	乌托邦式的思想家
谈判高手	变革的推动者
着重实践经验，行动导向	以人为本
喜欢动手类工作，不喜欢文字工作	试图拯救每个人
西奥多·罗斯福	**圣雄甘地**

SJ 型的领导风格

SJ 型的领导者是传统主义者，他们会给组织带来稳定性、有序性和可预测性。具有权威的 SJ 型的领导者喜欢指导别人如何开展工作。他们看重努力工作和忠诚度，欣赏严肃的和"我能行"的态度。SJ 型的人尊重权威，看重责任。他们做事细致。美国总统乔治·华盛顿就是一位 SJ 型的领导者。

致命的弱点

SJ 型的人期望精益求精，有时有完美主义的倾向。SJ 型的领导者对员工要求苛刻，责备和训斥员工的错误，而不是表扬他们的优秀表现。SJ 型的人对那些懒散的、没有职业道德的人缺少耐心。SJ 型的领导通常被视为像军事将领一样行事。

如何成长

SJ 型的领导者会从放权和不再期待完美的结果中获益。他们需要发展关注员工优势的能力。学习"顺其自然"气质型领导者的优点。表扬并感谢员工的努力。

SP 型的领导风格

SP 型的领导者是有创造力的问题解决者。他们善于与自己观点冲突的人进行谈判并达成一致。SP 型的人有能力处理烂摊子。他们擅长开展活动，注重实践经验，喜欢动手类的工作；他们乐于工作，并能快速使工作环境井然有序。SP 型的人喜欢逗乐、随性、身体动作灵活，这些特点深深地吸引了孩子。被誉为"莽骑兵"的美国总统西奥多·罗斯福就是一位 SP 型的领导者。

致命的弱点

如果没有烂摊子需要处理，SP 型的人就会开始制造乱子。处理诸如文书一类的安静的工作是 SP 型人的致命弱点。坐办公室、听讲座很容易使 SP 型的人感到厌倦。关注细节不是 SP 型人的优势。

如何成长

工作时放慢节奏，寻找处理问题的其他方法。教会同事如何解决问题，而非凡事亲力亲为。SP 型的人通常是具有艺术气息的工艺师。SP 型的领导者需要时间去完成他们自己的手工艺品，或者找到方法让同事和家人也加入到这些创造性的活动之中。

NT 型的领导风格

NT 型的领导者是有远见的逻辑学家。他们追求的是胜任力和精通，能给他们的组织带来客观性、理性和长远的眼光。NT 型的领导者喜欢建构体系以使工作简化、流程化，他们是务实的，NT 型的领导者期望其他人向他们学习如何做事。这类领导很少恰当地表扬别人。美国总统理查德·尼克松就是一位 NT 型的领导者。

致命的弱点

NT 型的领导者对理论的全神贯注使得他们看起来是超然的、威严的。这种类型的领导者往往会低估人际的动力系统。他们会判断他人是否有足够的能力，以赢得自己对他们的尊重。NT 型的领导者对社交和团队建设缺少耐心。

如何成长

NT 型的领导者可以通过学习和提高他们的情商与社会智力获得成长。要时刻关注同事们工作时的感觉状态，而不是仅仅关注工作本身。NT 型的人可以从搜寻和学习如何解读非言语交流线索的过程中获益。思考发展具有高度功能性团队的基本原则，在其项目中找到促进团队成长的方法。

NF 型的领导风格

NF 型的领导者是有远见的变革推动者。他们的核心愿望是为了孩子和其家庭，让世界变得更美好。NF 型的人是为了更大的利益而促使变革的乌托邦式的思想家、理想主义者和乐观主义者。他们通过鼓励其他人实现他们的潜能来进行领导。与独裁的 SJ 型的人不同，NF 型的人是平等主义者，通过表扬和热情支持来激发每个人的最佳表现。NF 型的领导者是具有启发性和魅力的领导者。美国总统约翰·肯尼迪就是一个 NF 型的人。

致命的弱点

内疚感和不可能实现的崇高理想会使 NF 型的人精疲力竭。NF 型的人，像 F 型（情感型）的人一样，他们逃避冲突。对 NF 型的领导者来说，直面不适当的行为是困难的。当时代是保守的，社会变革不受欢迎时，NF 型的人就会失去乐观精神。

如何成长

学习和实践冲突解决与有效对抗的技巧。借助平静的祈祷："让我平静地接受我不能改变的事情，让我有勇气去改变我能改变的事情。"这会帮助 NF 型的人停止试图以一己之力来改变整个世界。因为 NF 型的人喜欢采取说教的方式，所以他们不太可能与 SJ 型的人建立联盟；虽然后者同样喜欢说教，但是他们是站在实用主义的立场上。

自知之明的力量

领导者必须学会与每个人，特别是不喜欢他们的人进行交流。一位幼儿教育管理者清楚了他（她）自己的MBTI类型、气质和发展短板，就为尊重和表扬他人的不同才能做好了准备。MBTI帮助领导者"解读"和理解他人，并提高自己的情绪智力。

> 无论你的天性如何，记住：从来不要奢望自己是个天才。你的天性为你而存在，也会使你成功。
>
> ——悉尼·史密斯

有目的地去领导，将决策建立在核心价值基础之上，并且理解领导风格能帮助个体成为真实的、有天赋的主管。自知之明是情绪智力的核心。贾米拉知道她想要什么，你呢？我希望本章能帮助你更清楚地了解作为一位领导你还需要做出哪些改变。套用一句座右铭："主管，认识你自己。"

反思性问题

1. 当我们做决策时核心价值围绕着我们。我们可以通过比较我们的决策和核心价值，来探知我们是否真实地面对了自己的价值观。想一想你需要做的决策，接来下写下（至少三条）你的核心价值，然后写出你的目的。现在，做出你的决策。使用适合你的任何过程：回头看看你的核心价值。你的决策与你的核心价值一致吗？你的决策与你的目的一致吗？回忆另一项你最近做的决策。你的决策是否遵循了你的价值观和目的？写一篇文章（或者记录一段陈述），阐述你从决策过程中学到了什么。

2. 让S.M.A.R.T.法成为你工作的方法。这种方法会帮助你将梦想变为现实。反思一种你想要完成的具体目标。针对S.M.A.R.T.法的每一步，记录为了实现你的目标，你将采取的行动。做出不晚于这个周末开始第一步的承诺，并遵循你为自己设定的时间表。与你的同学或同事分享：作为领导者，S.M.A.R.T.方法是如何帮助你的。

3. 调查对立面如何相互吸引。探索你的短板倾向和类型。首先，阅读你的每一个短板字母代表的信息。其次，在线阅读你的短板类型。当你读这些信息时你感觉如何？你会对那些和你的发展短板一样的人做何反应？在"最糟糕的一天"中，你表现出短板行为了吗？短板是你了解很少的部分。你对短板学习得越多，你与那些与你具有相反倾向的人相处将会越容易。回想你是如何与你相反的人进行交流的。请记录，作为一名领导者，对短板的理解是如何帮助你的。

团队项目

1. 请翻到第42~43页，那里有发现我们目的的步骤列表。在小组中实践这些过程，在每个步骤中提出一个问题。当整个过程结束时，写出你的目的。与你的同学讨论你的工作或学习与目的相一致的程度。采用头脑风暴法，你可以改变你的日常活动，以更好地切合你的本意去做你想做的事情。一些人发现，为了"有目的地领导"，我们需要改变职业。如果你是这些人中的一员，你的观点是什么？
2. 团队像个体一样，也会表现出MBTI倾向。向同事们解释MBTI。邀请自愿的团队成员在线测试他们的MBTI。问问他们是否愿意与你分享他们的MBTI结果。收集并整理结果。相比内向，你的团队更外向吗？团队成员更喜欢感知还是直觉？连续列出MBTI四种倾向中每一种倾向所占比例较高的字母。这些字母表明了你的团队倾向和类型：写出团队的四个字母类型，并识别团队的短板字母。解读你的团队类型，反思每一种主要倾向如何准确或不准确地描述了你的团队。你自己的倾向与你的团队类型的一致程度如何？向你的团队报告你的结果。
3. 在小组中，识别每个人的领导力倾向、类型和气质。讨论每一种气质呈现出的优势和挑战。你的气质表现占小组总体的百分比是多少？请讨论，作为一位领导者，你的倾向和气质如何帮助和阻碍了你。你采取什么行动以便于你与那些有着与你相反倾向和气质的人顺利交流？通过使用你的MBTI信息，列出能够改善与团队成员交流的五个步骤。

参考书目

Barr, L., and N. Barr. 1989. *The leadership equation: Leadership, management and the Myers-Briggs*. Austin, TX: Eakin Press.

Bates, M., and D. Kiersey. 1984. *Please understand me* (4th ed.). Del Mar, CA: Prometheus Nemesis Book Company.

Carter, M., & D. Curtis. 1998. *The visionary director*. St. Paul, MN: Redleaf Press.

Carter, M. What do teachers need most from directors? Staff challenges: Practical ideas for recruiting, training, and supervising early childhood employees, as referenced in *ExchangeEveryDay* e-newsletter, August 15, 2005, *http://www.ccie.com/eed/issue.php?id=1224*.

Covey, S. 1989. *The seven habits of highly effective people*. New York: Simon & Schuster.

Covey, S. 2004. *The 8th habit*. New York: Simon & Schuster.

Csikszentmihalyi, M. 1991. *Flow*. New York: Harper Perennial.

Drucker, P. 1954. *The practice of management: A study of the most important function in American society*. New York: Harper & Row, Publishers.

Greenleaf, R. 1970. *The servant as leader*. Published essay.

Hesse, H. 1932. *Journey to the east*. New York: Picador.

Jung, C.G. 1961. *Memories, dreams and reflections*. Edited by A. Jaffe. New York: Vintage Books.

Kiersey, D. 1998. *Please understand me II*. Del Mar, CA: Prometheus Nemesis Book Company.

Kroeger, O., & J. Theusen. 1992. *Type talk at work*. New York: Delecorte Press.

Martin, Ruby. 2007. Personal correspondence. September 19.

McCaulley, M. H. 1982. *Jung's theory of psychological types and the Myers-Briggs Type Indicator*. Gainesville, FL: Center for Applications of Psychological Type.

Mellody, P., and A.W. Miller. 1989. *Breaking free: A recovery workbook for facing codependence*. San Francisco, CA: HarperOne.

Myers, I.B., M.H. McCaulley, N.L. Quenk, and A.L. Hammer. 1998. *MBTI manual: A guide to the development and use of the Myers-Briggs type indicator*. Mountain View, CA: CPP, Inc.

Quenk, N. 1993. *Beside ourselves: Our hidden personality in everyday life*. Mountain View, CA: Consulting Psychologists Press.

Thoreau, H. D. 1854. *Walden; or, life in the woods*. Boston, MA: Ticknor and Fields.

第一编 组 建

网络资源

每日更新：免费电子时事通讯

http://www.ccie.com/eed/

如何写你的使命宣言

www.entrepreneur.com/management/leadership/businessstrategies/article65230.html

设定个人目标

www.mindtools.com/page6.html

设定 S.M.A.R.T. 目标

www.thepracticeofleadership.net/2006/03/11/setting-smart-objectives

团队技术

www.teamtechnology.co.uk/mmdi-re/mmdi-re.htm

类型逻辑

www.typelogic.com

第 *4* 章

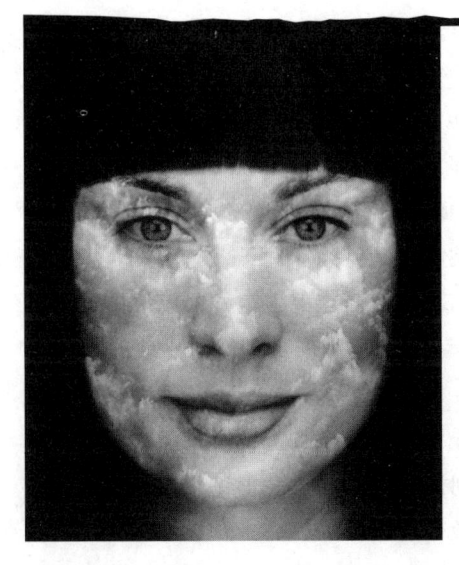

决策的艺术与学问

学习目标

1. 总结至少三条有效的决策方式。
2. 描述基于"法律条文"和"法律精神"的决策的构成。
3. 提高"薄片撷取"的决策能力。
4. 设计一种程序,告知员工某项决策是"我的、我们的或你们的"。
5. 描述两种团队决策的不同途径,包括每种途径的优缺点。
6. 考察领导的决策风格是如何影响项目的结构和功能的。

"当你将自己的直觉与对他人的情感和心境的敏感性结合在一起时,你将接近于诸如慷慨、利他、怜悯、同情及同理心等有价值的人类属性的起源。"

——弗雷德·罗杰斯

"我们是自己生活的创造力量,如果我们是通过自己的决定而不是我们所处的环境,来认真地学习去做某些确定的事情,我们就可以达到这些目标。"

——史蒂芬·柯维

> **案例研究：老师对于迟到的态度**
>
> 贾思敏是一名幼儿园老师，被要求每天早上 6:30 到达教室。星期一，早上 6:45 她到达教室；星期二，早上 7:05 她才出现；今天早上，她 6:50 才到。跟她一同带班的老师疲惫不堪，家长们也焦急地等待与她沟通孩子的情况。主管需要完成一份重要的申请表，但是为了达到既定的师生数量比例，主管不得不亲自替代迟到的贾思敏。今天，贾思敏蹑手蹑脚地走进教室，对主管说：“将我上班的时间调整到早上 7 点吧，我一定能在 7 点钟准时到达！”
>
> 主管回答说：“贾思敏，请在早上 6:30 准时到达教室。如果我为你放宽了规定，那么我也不得不为其他人放宽规定。”贾思敏感觉很烦，并且开始抱怨她个人生活中的各种负担：1991 年购买的雪佛兰汽车的电瓶出了故障，女儿患病，男朋友问题，以及还要为患有老年痴呆症的母亲操心。贾思敏还提醒主管：在自己与丈夫离婚之前，也没有感到抑郁，那时自己是多么地准时。
>
> 如果你是贾思敏的主管，你该怎么做？

为了从历史的观点看待决策，现在，假设你是 12 世纪的一名法官，在封建制度的英国主持一个乡村法庭。威廉是一名佃户，他的土地是从当地的一个地主那里租来的。他来找你，要求允许他和他的家人保留他家的地产。

相关法律规定：从地主那里租种土地的佃户必须每个季度按时缴纳租金。如果不缴，就会丧失对土地的使用权。威廉应该在 4 月 15 日缴纳租金，但是他 4 月 20 日才缴租。你会对他说些什么？

不管是作为 21 世纪的幼儿教育专业人士，还是 12 世纪的法官，我们随时都需要做出决策，就像我们的呼吸一样频繁。决策既是一种艺术，又是一门科学。本章给大家提供了如何做出"足够好的"决策的观点，有了这些决策，我们的生活才可以继续前行。

决策的历史观

当你在思考应当如何处理威廉的案例时，你可能会想起一些相似的情况，例如本章案例研究中贾思敏的行为。我们都想要做出"感觉上是对的"而又不至于受到批评的决定。

在威廉的案例中，那位法官的决定是"没收财产并且离开土地"。威廉没有遵守法律规定，而违反法律会导致很明确的后果：没收财产。法官没有考虑威廉的个人状况，而是采取了一种符合逻辑的、合法的和科学的方法。

在过去五年中威廉都按时缴纳租金，并且他需要养活自己的妻子和11个孩子，但是这些事实有意义吗？洪水摧毁了威廉缴租必经的桥梁，虽然他夜以继日地赶路，希望能找到另外一座可以通过的桥梁，但是这又能怎样呢？法律条文不会考虑个人的状况。基于法律条文的决策过程，体现的是"法律毕竟是法律"。公正是由法律面前人人平等来证明的。

在贾思敏的案例中，依据"法律条文"的决策，应该对贾思敏老师做出惩戒处理，例如给她一段试用期，或者解雇她。另一方面，主管应该考虑到贾思敏的情况是情有可原的。根据美国残疾人法案，患有慢性抑郁症的员工在执行基本的工作职能时，可能需要进行一些合理的调整。

贾思敏期望主管能考虑她的个人状况。但是孩子们、家长们以及同班级的老师们需要她尽到自己的职责。怎样的决定才是公平的呢？

基于法律条文或基于法律精神的决策

不管是对贾思敏还是对威廉来说，做出依据"法律精神"的决策可能比基于法律条文的决策更恰当、更人性化。当你做出一项基于法律精神的决策时，你会将个体的全部境况考虑在内。你会更深入地去寻找问题的根源，做出一项更适合每个个体状况的决策。

基于法律条文的决策是公正无私的，其公正常常带有普遍性，法律面前人人平等。基于法律精神的决策将考虑个人状况，被称为"公平的"决策。公平的决策会将每个人作为独特的个体来对待。相比做出科学的决策，做出公平的决策更是一种艺术。基于法律精神的决策并不存在适用于所有人的标准。

做出基于法律条文的（合法的）决策比较便捷，而做出基于法律精神的（公平的）决策则比较耗时，需要深思。同样地，合法的决策要求我们运用智商，而公平的决策则要求我们同时运用情商和智商。要学会分辨哪种决策过程更适合，需要领导者具备智慧理解能力和感知非语言信息的能力。我们做出两种类型的决策都是为了达到更深层次的目标：做对孩子和其家庭最有益的事，同时有目的地领导。

设想一下，如果你做所有决定时都像12世纪的那位法官一样，你的工作将会多么高效。贾思敏和威廉将会被拒之门外，无权追索。而作为一位具有情绪智力的21世纪的专业人士，我们需要投入大量时间和精力来满足个人的需求。在法律和公平之间是否存在中间路线？做出公平合理的决策能否少花一点时间呢？

随我回到12世纪去找寻答案。伦敦有一个大法官法庭（下称公平法庭），像威廉这样有争议的案例可以在那里重新上诉。国王内阁的教会成员被指定在教堂出席，根据法律精神来判定案例。大法官法庭又被称为"星法院"，因为其大厅的天花板上绘满了群星。

在这些群星之下，公平的大法官法庭推翻了法院（下级法院）的判决，将财产还给了威廉，因为他面对"天灾"（洪水）做出了"有诚意的努力"（夜以继日地赶路）。大法官对于威廉的请求采用了艺术的决策方式，在两可的情形中选择了公平。在这个案例中，法律精神在官方的决策过程中变得合法化。

做出"公平的"决策

由公平法庭创造的格言，如"做出有诚意的努力"，至今仍是常用的说法。由大法官法庭发展而来的公平原则包括：

- 公平不是亡羊补牢。
- 公平更尊重实质而非形式。
- 追求公平的人，必定做公平的事。
- 公平是对个人而言的（将个体的状况考虑在内）。
- 公平乐于做出公正的审判，不会半途而废。

威廉、贾思敏和几个世纪以来无数的其他人，都从这种"更柔性的"、更具精神层面的（寻找更深层含义）的决策过程中受益。

在 21 世纪的复杂背景下，幼儿教育的领导者们掌握着衡量正义的标准，在公平和正义之间寻求一种平衡。通常，我们是感到盲目的，对于要使用的标准感到茫然，我们的决策所导致的无法预料的后果会困扰着我们。我们渴望回到从前那些日子，那时做决策更为简单。法律就是法律，无须考虑其他的。

事实上，这种情形在过去也并不简单，如今也并不见得更困难。我们通常面临两种相互矛盾的现实：公平意味着将个体的具体情况考虑在内，同时也要坚持专业的标准。在某些情况下，客观的、分析性的决策方式比较合适；在另一些情况下，富于同情心的、针对个体的决策方式更为合适。这其中的差别在哪里呢？

通过权衡利弊做出决策

基于法律条文的决策是通过对每个选项进行利弊权衡而做出的。决策理论中的传统主义者建议我们遵从以下三个步骤：

1. 客观地列出某种情况下的利与弊。
2. 对列出的表单进行分析：哪边有更实质性的因素？
3. 做出支持更重要一边的合理决定。

在某些时候，这种方法很奏效。对于需要做出紧迫性决策的管理者来说，这种客观的方法非常有用。当某位领导者做出一项不偏不倚的决策时，她可以很快地决定，因为她不需考虑人类情绪的复杂性。这位领导者的决策可以基于已有的政策和程序，遵循先例或者是固有的传统，因而她的决策是稳定的、可预测的，具有一致性。

但是很多时候，做出一项公正的决策也具有挑战性。一位管理者会因为在做决定之前没有听取大家的意见，或者是没有向员工通知即将发生的改变而遭到抱怨。基于法律条文的决策如果未考虑社会智力，也有可能会遭到抵制。思考下面的这个例子。

> 幼儿教师乔安妮决定告诉艾莉莎的妈妈，她的女儿需要进行一项关于学习障碍的评估。乔安妮煞费苦心地列出了证明艾莉莎需要进行评估的所有行为。她觉

得自己的决定利大于弊：艾莉莎需要帮助，所有的证据都指向这一点。

当乔安妮与艾莉莎的妈妈交流这一合理的决定时，她很快就被拒绝了，这让她感到十分震惊。哀伤的家长哭着说，"艾莉莎在家里从来都没有这样的表现！一定是你使她感到心烦！"乔安妮的决定是纯理性的，但是在情感上却是盲目的。她没有运用她的情商去发现和理解家长对于艾莉莎的看法和感受。

今后，乔安妮会将更多的注意放到与家长们建立关系上去，经常与他们分享信息。乔安妮将会试着站在家长们的角度来看待问题。

如何与艾莉莎的妈妈这样的家长合作不仅仅是一门学问，更是一种艺术。教师们在决定如何最好地帮助孩子和其家庭时，需要将家长们的自豪感、恐惧、否认、愤慨、羞耻等情绪考虑在内。

领导者不仅需要培养使用两种决策方式的技巧，更重要的是分辨在何时应该使用哪种方式。当需要做出不会直接影响他人的那些确定的决策时，通常可以使用基于法律条文的方式。对于与他人直接相关的决策，领导者应倾向于选择基于法律精神的方式。这两种决策方式都需要智商和情商。如果缺乏社会情商，领导者就无法做出基于法律精神的决策，这些决策要求我们既要学习书本知识，也要学会读懂他人。

两种决策方式之间并无优劣之分。迈尔斯—布里格斯类型指标（MBTI）的数据有助于我们理解，为什么员工对于使用哪种决策方式会有强烈的感受。情感型的人期待得到个性化的对待，更可能将公平与同情等同起来。理智型的人期待得到一致性的对待，容易做出没有人情味的决策。了解MBTI偏好的领导者更能预见他们选择的决策方式所产生的影响。

根据MBTI提供的信息，回想你偏好的决策方式。反思一下你的偏好（T或F）是如何帮助或者阻碍你的。今后，你会如何使用这两种决策方式？谨记的一点是，其中一种决策方式可能会令你不太舒服，多练习使用这种风格会对你有帮助。

通过直觉的"薄片撷取"进行决策

新近关于决策的研究，能让我们使用21世纪的新途径来解决这个存在已久的困境。根据马尔科姆·格拉德威尔博士的著作《眨眼之间：不假思索的思考力量》(Blink: The Power of Thinking without Thinking，2005)，我们最佳的决策是在"眨眼之间"凭直觉做出的。根据他的观点，翻来覆去地反刍思考以及事后猜测别人如何看待我们，这些都只会起到反面效果。我们本能地"知道"应该做什么。我们的工作就是信任自己的直觉并且毫不犹豫地去行动。

格拉德威尔将这种决策过程称为"薄片撷取"*。我们的大脑在做出某个结论时会进行薄片撷取，而不是立即告诉我们正在得出结论。大脑中撷取薄片的部分是"适应性潜意识……快速处理大量数据的巨型电脑，以保证我们作为人类的机能"(Gladwell，2005，p.11)。薄片撷取就是在自我怀疑的嘈杂声中听取我们内在的声音。

> 薄片撷取能力不是一种外来的天赋，它是人类的一种核心组成部分。不管是遇见一个陌生人，还是在快速弄清楚某件事的意义，或者是遭遇某种新异的情境时，我们都会进行薄片撷取。我们之所以这样做，是因为我们不得不那样做，并且变得依赖这种能力……
>
> ——马尔科姆·格拉德威尔

你如何才能从成千上万种其他的声音中辨别出自己内在的声音？格拉德威尔说，我们可以"教会我们自己做出更好的快速判断"(Gladwell，2005，p.16)。

对自我怀疑的挑战

做决策时，过度地反刍思考或事后猜测他人如何看待我们，会损害我们采取行动的能力。我们担心，"如果我做错了该怎么办？如果人们误解了我的意图该怎么办？如果某人的情感受到了伤害会怎样？"类似这样的思考就是在浪费时间，焦虑会降低你的信心。当产生一些疑问时，过多的事后猜测会削弱我们的决策能力。员工将会怀疑：这样的主管能够做出决策？格拉德威尔博士警告说："我认为这种方法是一种错

> 我完全不完美。
>
> ——派雅·梅乐蒂

---

* 编者注：指可以在极短的时间内，仅凭着少许的经验切片，就能搜集到必要的资讯，并做出内涵丰富的判断。

误，如果我们想要了解我们做出决策的质量，我们需要接受快速决策的神秘的自然力量。"（Gladwell, 2005，p.52）

我们如何才能从自我怀疑的泥沼中抽身呢？"积极的自我对话"不失为一种方法。当令人不安的、重复的声音妨碍你做决策时，使用自信的话语让这些负面的声音安静下来。

当发现自己陷入事后猜测时，我们应该发展出自己的话语不断肯定自己。回想那些使你信心削弱的情景，然后大声地说出对自己的肯定：

- 每一项决策都是正确的，因为我从每一项决策中都有所收获。
- 与孩子在一起时，我能果断地做出好的决策。跟成人在一起时，我同样可以。
- 一旦做出决定，整个宇宙都会让它发生。（拉尔夫·瓦尔多·爱默生）
- 别人怎么看待我与我无关。
- 写出你对自己的积极肯定：_____

_____

使用积极的自我对话，而非自我怀疑的信念，相信自己有能力做出"足够好"的决策。"事后猜测"是一种惯性，是一种已经被建立起来的大脑通路。经过有规律的练习之后，积极的自我对话可以帮助我们摆脱这种惯性。当你提醒自己"我是一个足够好的决策者"时，你就已经建立起了新的大脑联结。今天尽你的全力，然后继续前行。有经验的主管推荐了另外这些解决自我怀疑的方法：

1. 设定决策的最后期限，并严格地遵守这个期限。
2. 将问题留待第二天解决。在工作日结束之前做出一项暂时性的决策，然后考虑一个晚上。也许第二天早上你就会发现自己已经做出决策了。
3. 停止事后猜测的惯性思维，采用"薄片撷取"的方法进行决策。写出你瞬间做出的决定，然后去做别的事情。过一段时间再看你写下的决定，你会发现你已经做出决策了。

正确的决策或足够好的决策就存在于我们内心之中。这种消除自我怀疑的方法可以帮助主管当机立断。领导者有很多机会来练习使用积极的自我对话消除焦虑。许多主管发现，应该放弃他们为自己设定的不可能实现的或完美的标准,即做出不会受到质疑的绝对正确的决策。我们只需做出足够好的决策,然后就可以去解决下一个问题了。

通过"有天赋的即兴表演"进行决策

除了事后猜测这种问题之外,薄片撷取还让我们看到了另一种危险信号,即偏见。要使切片经验更好地发

> 我在听中看,我在看中听。
> ——禅宗公案

挥作用,决策者需要发展一种良好的内在风景。这种内在风景是我们的生活经验和决策信息的总和。与各种不同的人交往或者进行冒险活动,能促使我们的内在风景成长。如果没有一种发展良好的内在风景,我们会倾向于根据自己的想象来看待世界,期望别人都和自己有相似的价值观和观点。如果用一个词语来精确形容,就是"唯我主义",即错误地认为自己是整个世界的中心。为了消除这种唯我的、偏见性的态度,我们需要全面而真诚地开放自己,暴露给不同的人、文化和环境。

提升我们的内在风景是毕生的功课。哈佛大学的博士生参与了一项研究,该研究要求他们采用薄片撷取的方式进行决策。给每位学生都会呈现一些照片,并要求他们对每张照片做出即时反应。结果表明,无论是白人学生还是黑人学生,都对白人的照片表现出了一致性的偏好。当他们获知这一结果时,学生们感到非常震惊。

如果我们所处的世界不足以大到可以包容、见证以及体验其他的文化,将会怎样?如果像哈佛实验所揭示的那样,这个更大的世界传达了哪些偏见?我们薄片撷取的能力会受到我们经验的有限性和大量不明确信息的限制。

格拉德威尔提出了一种超越这种偏见的建议。他建议我们超越我们自己的专业,去关注另一种专业:即兴剧场。他研究了成功的即兴表演的基本规则。

他发现,成功的即兴表演只有在演员能接上前一位演员所说的话茬儿时才会起作用,不管前一位演员的话听起来多么荒谬。如果第二个演员挑剔第一个演员的言论,他就失去了即兴表演的机会。如果即兴表演者能够用一种创造性的方式"跟上"前一位演员的话,奇迹就会出现。观众被吸引住了,创新也就发生了。生活中的难题可以通过幽默与创意来解决。当你下次在剧场里或者电

视上观看即兴表演时候，可以观察一下这条原则。

为了支持"即兴表演是建立在能接上话茬儿的基础之上"的这条原则，格拉德威尔引用了即兴表演专家基思·约翰斯顿的话："在生活中，大多数人都很熟练于抑制自己的行为。即兴表演的老师要做的仅仅是减少这种熟练程度，创造出'天才的即兴表演者'。拙劣的即兴表演者熟练于抑制自己的行为，而优秀的即兴表演者则放任自己的行为"（Keith Johnstone, p.114-115）。在眨眼之间，我们能够发现有价值的机会，或是与之擦肩而过。

思考一下这种即兴表演的原则在你的专业领域中的应用。当一位苗族父亲向我们描述，他通过压制咳嗽来治疗咳嗽的方法，我们会如何反应呢？我们是该感到惊讶，还是该做出判断？如果我们判断这位家长的做法是错的，我们就会失去了解苗族文化、了解这个家庭和了解他的孩子的机会。如果我们抓住了这个机会，就能与对方分享信任和知识。

作为一位决策者，为了远离偏见，我们可以探索和接纳与他人的差异，而不是拒绝这种差异。珍妮特·冈萨雷斯·米纳（Janet Gonzales-Mena, 2001, p.42-43）建议："做一个敢于冒险的人。如果有足够的把握，你就会觉得自己经得起犯错。当你冒险和犯错时，拥有良好的社会支持系统对你是有所帮助的。提出问题，验证假设，承认你自己的好奇心。但是要注意的是，你必须谦卑与恭敬。"

幼儿教育的专业人士也擅长即兴表演。处理多重任务是我们的特点。每当一位老师运用"生成课程"的方法时，其实他（她）就是在进行即兴表演。孩子们为此而着迷，渴望能学到更多。老师就是抓住了这种让他们学习的机会。当主管与家长交流时，他（她）很可能会自动地放弃某种方式，而采用另一种更合适的方式。

为了更好地做出即兴表演式的决策，我们可以将自己暴露于我们未知的事物、想回避的人以及未经历过的生活经验当中。在这个过程中，我们能加深自己的经验，扫除盲点，发现我们内心深处的想法，使我们内在的风景得到更为丰富的发展。

作为幼儿教育的专业人士，我们应该坚决地鼓励孩子们珍视自己，相信自己独特的内在价值。如果我们对孩子们进行言传身教，结果会怎么样呢？安全专家盖文·贝克在美国9·11悲剧发生之前就曾写下这样一条忠告："我们具有一种内在的保护天赋,能够对我们发出警告,并且引导我们躲避危险"(Gavin De Becker,1997,p.13)。作为领导者,首先要自信,相信自己是一位好的决策者。也许,通过薄片撷取的方式,最后你对基于法律条文和基于法律精神的这两种方式的决策都能得心应手。

将他人卷入决策过程:我的,我们的,你们的

现在,我们已经了解了领导者如何进行决策;接下来,我们将学习如何将他人卷入重要的决策过程。不同于军队、天主教会或者君主制的国家,幼儿教育项目并不涉及将军、教皇或女王。将军、教皇和女王有权自己做出所有决定。

相比之下,幼儿教育的领导者是在一个由利益相关者组成的团体中工作。利益相关者是共同分享决策所带来的利益的一群人。教师、父母、董事会成员、厨师、司机等都是幼儿教育项目中的利益相关者。在决策做出之前,他们期望决策者会征求他们的意见。利益相关者要求"正当程序"(见表4.1),即他们有权发言,他们的意见在决策时要被考虑进去。

基于此,有经验的主管需要提前让员工知晓谁负责做决策。主管做决策之前,她需要决定:这项决策应该由我来完成,还是由我们一起完成,或者由你们来完成?"对于谁有权做出决策"有明确预期的领导者,能够避免许多误解。

卷入组织成员的决策有三种类型:我的,我们的,你们的。对于谁有权做出决策设置明确的预期,告诉大家决策是否是:

表4.1 正当程序

正当程序受美国宪法第十四条修正案保护。正当程序是为了给利益相关者:

1. 通知会影响到他们权利的可能变化;
2. 有机会听到并阐述他们对这一变化的观点。

如果一位管理者未给她的员工行使正当程序的机会,那么她可能会预料到她的决策将会遭到拒绝。"你从来没有告诉过我们这件事!"

我的：

1. 这项决策由我来负责，一旦做出决定我会立即通知你们。
2. 我很感激你们在我做出决策前的参与工作。
3. 给我三条你们认为最重要的建议，做决策时我会加以考虑。

我们的：

1. 我们将以团队的形式做出这项决策，希望我们达成一致的意见。我们将从听取每个人的意见开始。
2. 我们对这项决策具有同等的决定权，你们是想举手表决还是投票决定？

你们的：

1. 你们可以决定想如何处理这种情况，我会支持你们。
2. 你的团队将是这个问题的最终决策者。告诉我你们的决定。

思考你最近遇到的一项有他人卷入的决策。以上哪种类型最恰当地描述了谁将负责做出这项决策？你认为大家都清楚应该由谁来做出决策吗？

群体决策

员工对于他们参与做出的决策具有高度的责任感。就像个体需要理解自己的决策过程一样，团队也需要明确他们的决策过程。一般情况下，团队通过两种方式做出决策：（1）一致通过，（2）少数服从多数。领导者希望确保每个人都能明白应该采用哪种方式进行决策。

在会议上讨论将要采取哪些行动时，团队成员可以达成一致意见。他们表现得如同一个人一样，无需进一步的讨论。对于达成的意见也无需再进行投票表决。需要注意的是，最好在所有人都发表了对该问题的看法后再达成一致；在达成一致之前，先确定所有的问题都已列出，并且得到了解决。运用你的社会情商去把握团队准备好达成一致的时机。仓促地达成一致，可能会导致不温不火的承诺，或者妨碍做出决策。

投票表决的方式可以让更多的人参与整个团队的决策，但是，这种方式也会引起少数投反对票的人的不满。因此，达成一致的决策比较好。但是，如果你的团队足够成熟，投票的方式也是可行的。投票失利的少数人也会接受这个结果。再次确认所有参与投票的人是否都接受了这个结果，询问大家："有谁不同意这个结果吗？如果有的话，让我们在结束前再次进行讨论，我们必须达成一致。"

决策的结构

你的决策风格能够预测你将如何建构你的组织。主管们从内部来建构他们的项目，通过让每位员工了解对他们产生影响的决策是如何产生的，让每位员工清楚自己在组织中的位置。预期越清晰，权力斗争就会越少。对于决策权的野心会引发权力斗争。

你所选择的组织结构会影响你的行政管理系统。在行政管理系统中，每个人都是决策链的一部分。每位老师都知道自己的上级是谁，也知道自己的上级向谁负责。这种行政管理系统明确地告诉我们，谁该为某项决策负责。

一个组织的行政管理系统明确了谁向谁负责。一位"流动的"教师尤其需要知道自己该向谁汇报。每位老师都想知道谁将会对自己进行年度评估。董事会的人事委员会是由董事长任命，并且直接向董事长负责。清晰的行政管理系统能为重要决策者提供安全性和可预测性。

借助一种清晰的行政管理系统，领导者可以选择她想要的组织结构。有三种类型的组织结构可供选择：

1. 等级式结构（见图 4.1）；
2. 扁平式结构（见图 4.2）；
3. 复合式结构（见图 4.3，等级结构和扁平结构的结合）。

当你研究各种组织结构时，注意你在每种结构中的责任。你是否发觉自己比较喜欢其中的某一种组织结构？

等级式结构：倾向于自己做决定的主管偏爱"上级—下级"这种结构，也就是等级式结构。在等级结构中，主管位于行政管理系统的顶端，其他员工通过某种方式向主管负责。在等级结构中，一般由位于组织最高层的人做出重要决策。这种结构的管理形式就像军队的将领宣布一项命令，所有人都必须遵从命令。

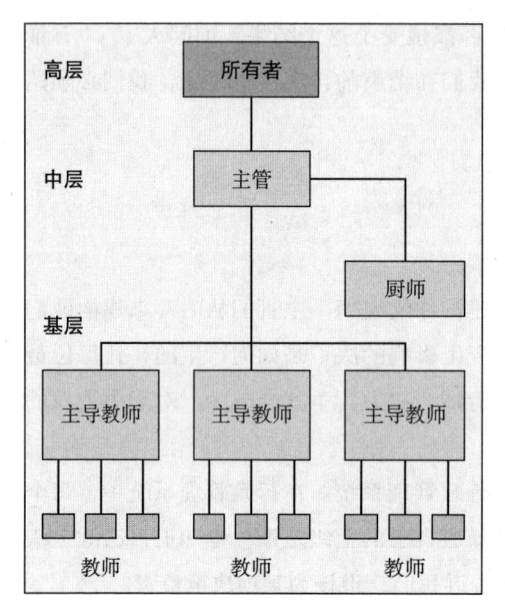

图 4.1　等级式决策模型

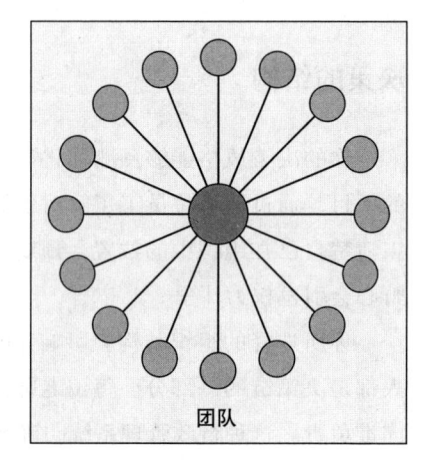

图 4.2　扁平式决策模型

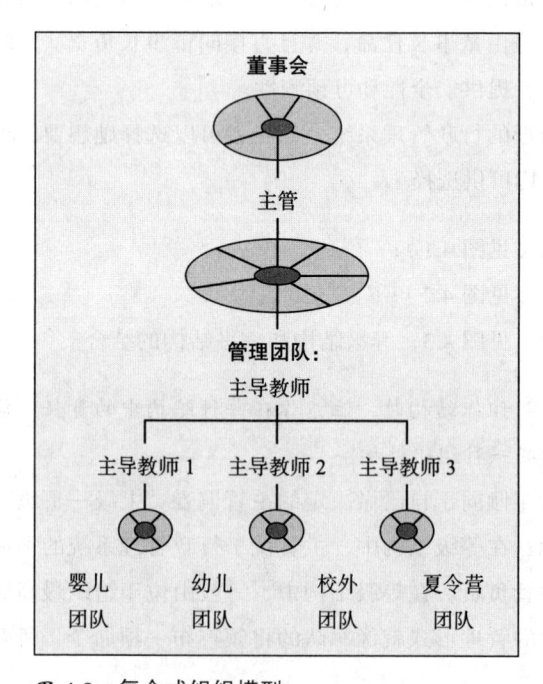

图 4.3　复合式组织模型

扁平式结构：在扁平式结构的组织中，团队共同进行决策。评委会、贵格会[*]会议、全面质量管理的质量圈[**]（见第 15 章）以及 12 步恢复小组都属于扁平式组织结构。扁平式结构的团队成员达成一致，并做出决策。这种组织中的成员的参与性和归属感是最强的。

复合式结构：在复合式结构组织中，一些决策由领导做出，另一些决策则由团队决定。例如，主管对预算进行决策（等级式的），团队则决定如何开展与家长有关的活动（扁平式的）。

你所在的组织是如何进行决策的？画一张图（表）来表示你的组织如何看待局外人的。

用圆圈来代表做决策的团队。在每一个圆圈的顶部画一条竖线指向它的负责人，在每一条竖线上面写出决策者的姓名或者职位作为标记。

举例：画一个圆圈代表一个幼儿教育团队，然后从这个圆圈顶部向上画一条竖线连到写有管理者名字或头衔的方框。

重复上面的操作，直到所有的团队和个人都被包括进来。画完你的组织是如何完成决策的图表后，与组织给出的"官方图表"进行比较。在申请经费时往往需要呈现这样的图表，因而，每位主管都应该有一份这样的图表作为参考。你画出的图表与官方图表相一致吗？这种概念上的差异可能会引起生动且有益的讨论。

等级式结构：高层领导、中层主管和基层员工的决策

在等级式结构团队中，自上而下的决策过程对组织士气有强烈的影响。等级越低的员工对组织的忠诚度越低，他们认为自己的工作仅仅是为了孩子和薪水。只有具有魅力的领导或者是让他们着迷的使命才能激发他们对等级式组织的忠诚。

管理顾问巴里·奥施瑞（Oshry，1986，p.21）描述了等级式结构组织中可预测的动力学。他将等级组织中的员工分为位于高层、中层的和基层的三种。

---

[*] 编者注：贵格会是基督教新教的一个派别，成立于 17 世纪的英国，创始人为乔治·福克斯。
[**] 编者注：20 世纪 50 年代末由日本质量管理专家石川馨于提出，又称为质量控制圈、问题解决小组等。在团队人员自愿的基础上解决与质量有关问题的模式，员工共同努力提高产品质量。

位于高层的行政决策者拥有最多的权力。位于高层的人或组织（所有者、所有者主管或董事会）在决策时几乎不需要他人的参与，通常使用基于法律条文的方式来做出决策。在决策过程中走"正当程序"，听取下属意见，则会降低他们决策的速度。

在奥施瑞看来，高层的成员是"只认数字的、疏远的、随心所欲的，难以接近的和没有人情味的"。位于组织高层的人只致力于自己的兴趣，而不关注组织中其他人的兴趣。

助理主管、现场主管、教学组长等位于组织中层的成员向高层的上级领导汇报，他们只能做出有限的决策，他们的工作主要是负责协调组织的高层领导和基层成员之间的关系。如果你曾体验过"夹在中间"的感受，你就理解作为中层管理者的处境了。奥施瑞认为，中层成员是"勤奋的、考虑周全的，但也是弱势的、易背叛的，并且无权做出关键的决策。"中层领导所做的决策往往是暂时性的，需要由上级批准。一位中层管理者通常说："我回头再回复你"，或者"看看我能做点什么。"

教师、助理教师、校车司机以及家庭联络人员，这些位于基层的员工无权做出决策。他们将自己标榜为"工蜂、小卒或当差的"，被有权力的人所支配。在这种类型的组织中，上级并不关注底层员工的需求，底层员工有权做出的决策只有罢工或者辞职。底层员工可以撂挑子，走出组织大门。受挫的底层员工通常以"这不是我的分内工作，同工不同酬"等理由来拒绝他们上级的要求。

当一位主管独自做出决策时，他（她）就是将自己作为高层领导在行事。中层和基层的员工可能会因为高层领导的意愿而随时被雇用或者解雇，他们因而缺乏安全感，觉得受轻视。这种独裁式的组织结构既有优点也有缺点。优点包括决策便捷、命令清晰、角色明确。缺点主要有僵化、不灵活，缺乏自上而下的交流。

扁平式结构与决策

在扁平式结构的组织中，每个人都有机会参与到决策当中。主管了解组织内的每一个人，他们也都可以接近主管。员工之间保持信息通畅，信息在组织内可以快速地进行传递。正当程序是扁平式结构的核心。当每位员工都被告知或者都参与了讨论后，领导才会发挥作用。幼儿教育的组织几乎都属于这种扁平或团队式结构。

正如等级式结构一样，扁平式结构也存在于每个时代。美国土著居民使用"发言棒"来保证每个人都有发言权。法庭的陪审团围坐在桌子一圈讨论，直到达成一项共同的决策。我们的法律系统假定这种扁平式结构的陪审团能够确保"人民的声音"被听取。

幼儿教育组织多为扁平式结构。家长顾问委员会、教师团队以及其他协作形式通常是幼儿教育组织中决策的主要方式。这种结构组织的优势包括员工有较高的承诺、参与性、归属感和授权。

然而，扁平式结构的组织也面临着挑战，尤其是对于那些在等级结构组织中成长起来的人而言。在扁平式结构组织中，要达成一致需要组织成员间有相同的成熟度和责任感。如果成熟度存在差异，某些个体间就会产生权力斗争，要求其他成员遵从他们的领导。与等级式结构相比，扁平式结构组织中分工不够明确，命令不够清晰，做决策的时间比个人单独决策的时间要长。主管很可能会听到这样的哀嚎："别再开会了！"

复合式结构组织的决策

正如你所设想的一样，几乎不存在某个组织会采用纯粹的等级式结构或扁平式结构来进行决策。那些想要培养未来领导者的主管会鼓励员工自己做出决策。反思型的监管（见第 9 章）就是一种复合式决策的例子。员工在指导下会更加自信和积极地参与到日常决策中，而监督者掌握着对员工进行评估的权力。

另外一种复合式结构决策的例子是团队教学。每位教师在教学功能上有着同样的发言权，助教也被鼓励分享自己的观点。在决策过程中，即使是主导教师，也与其他教师扮演着同样的角色。尽管如此，每位教师最终都要向主管汇报工作。主管最终决定是否继续聘用或者解雇员工。

谁会希望由委员会来进行一场大脑手术？我们当然希望是一位有能力的医生来主刀。以此推及，大多数主管都不会希望在没有听取教师们的意见和感受之前就贸然改变员工手册。很显然，毫无争议的紧急撤离计划是必要的，但是，如果没有员工参与到这份计划的制订过程当中，员工们很可能不愿意接受这份计划。

主管有权决定与下属分享多少决策权或保留多少决策权。作为未来的领导者，不管你选择了何种决策方式，请记得告知你的员工，这项决策是"我的""我们的"还是"你们的"。员工将会对此心存感激，并且项目也会开展得更加顺利。

我们进行决策的方式将会影响到组织的士气、效率和我们的组织结构。现在你已经知道了自己的观点，哪种方式对你而言是最好的呢？你是更倾向于做出基于法律条文的决策，还是基于法律精神的决策？你在进行决策之前会对利弊进行权衡，还是更依靠自己的直觉，使用薄片撷取的方式做出决策？许多管理者喜欢根据不同的情况整合以上各种方式。你会如何选择？

反思性问题

1. 根据你的项目，完成类似于第92页所示的组织结构图。你认为你所处的组织是等级式结构、扁平式结构还是复合式结构？其中的行政管理系统是否清晰？你自己处于组织结构中的哪一层级？如果你可以改变组织结构中的一项，你将改变什么？这项改变会带来什么结果？把你的组织图和对这些问题的思考都写下来。

2. 反思你曾经做过的一项重要决策。例如，你是如何决定选择某门课程的？去哪里完成你的学业？怎样解决最近的一次冲突？选择谁作为你最亲密的朋友？在这些决策中，哪些是根据法律条文做出的，哪些是基于法律精神做出的？你是否从你的决策偏好中发现了某种模式？对于幼儿来说，法律条文式的决策和法律精神式的决策哪种更适合？通过口头讲述、视频录像或者书面写作来描述一下你学到了什么。

3. 你对薄片撷取式的决策感觉如何？举出一个你使用薄片撷取进行决策的成功例子或失败的例子。格拉德威尔博士认为，我们在面对越是陌生和未知的情况时，越能更好地使用薄片撷取的决策方法。尽可能详细地列出可以提高你使用薄片撷取做决策能力的方法。

团队项目

1. 把你画的组织结构图和其他同学的比较一下。请找出在幼儿教育组织中决策结构的共同点是什么?每个人至少研究和分享一篇关于"什么会让幼儿教育团队富有成效"的文章。在你的组织中,为了确保组织决策能够卓有成效,你能提出三条创新意见吗?整理好讨论内容,然后与指导教师进行讨论。
2. 员工在决策过程中的卷入程度和卷入质量既可能鼓舞士气,也可能降低士气。讨论幼儿教育项目中哪些决策应该是"我的""我们的"或者"你们的"。你所负责的项目中的员工是否清楚,谁应该为项目负责?该项目是否由高层的、中层的以及基层的成员构成?如果是,这种结构会如何影响士气?开展小组讨论,确定三种通过改变决策过程从而改变士气的方式。
3. 从网上或电视上找出一段即兴表演。其中一个即兴表演的电视节目的例子是"*Who's Line Is It Anyway*?"注意观察这些即兴表演。课下分享你们观察到的在本章中讨论过的关于即兴表演的理论。最后,在你的小组中练习即兴表演,快速地接上别人说的话茬儿。把你们小组在日常的幼儿教育决策中使用的即兴表演的方法记录下来。

参考书目

Americans with Disabilities Act of 1990. Public Law 101-336.

Bruno, H.E., and M.L. Copeland. 1999. If the director isn't direct, can the team have direction? *Leadership Quest* (Fall).

Bruno, H.E., and M.L. Copeland. 1999. Decisions! Decisions! Decision making structures which support quality. *Leadership Quest* (Spring).

Buchanan, L., and A. O'Connell. 2006. A brief history of decision-making. *Harvard Business Review* 84 (January): 32–41.

De Becker, G. 1997. *The gift of fear*. New York: Dell Publishing.

Dobbs, D.D. 1993. *Law of remedies hornbook* (2nd ed.). Eagan, MN: West Publishing Company.

Gladwell, M. 2005. *Blink: The power of thinking without thinking* (2nd ed.). New York: Little, Brown & Company.

Golman, D. 1995. *Emotional intelligence: Why it matters more than IQ*. New York: Bantam

Books.
Gonzalez-Mena, J. 2001. *Multicultural issues in child care* (3rd ed.). New York: McGraw-Hill.
Greenspon, T. 2001. *Freeing our families from perfectionism.* Minneapolis, MN: Free Spirit Publishing.
Oshry, B. 1986. *The possibility of organization.* Boston, MA: Power & Systems, Inc.
Senge, P. 1990. *The fifth discipline: The art and practice of the learning organization.* New York: Currency Doubleday.

网络资源

眨眼之间：薄片撷取的能力
www.gladwell.com/blink/

创建组织图表
www.office.microsoft.com/en-us/powerpoint/HA011327501033.aspx

群体决策工具包
www.extension.iastate.edu/communities/tools/decisions/

提高技术和领导力
www.salesopedia.com/content/view/1173/10479/

决策
www.career.berkeley.edu/Plan/MakeDecisions.stm

思想意识、合理思维和积极思维
www.mindtools.com/pages/article/newTCS_06.htm

个人成长的工具：克服完美主义
www.coping.org/growth/perfect.htm

第二编

激 荡

确认、干预，以及解除阻力以求改变

第 5 章
准备启动：无论你身在何处，从这里启程

第 6 章
与变化为伴

第 7 章
预防法律问题：政策和程序

第 8 章
创建问题解决者共同体：做人生赢家而非抱怨者

第 5 章

准备启动：无论你身在何处，从这里启程

学习目标

1. 列出成为主管的多种路径。
2. 运用能帮助新主管入门的检核清单。
3. 总结策略，用以预测和解决对新领导力的阻抗。
4. 识别组织中"创始人综合征"的动态。
5. 描述组织发展的四个阶段。
6. 讨论幼儿保教项目所表现出的"法人实体"类型。
7. 解释非营利性和营利性组织之间的差异。

作为人，我们毕生的工作就是帮助人们认识到每一个人都是独特的、有价值的，拥有着或曾经拥有着别人所不具备的独一无二的东西。鼓励他人发现自己的独特之处，并提供各种方式使其表现出来，这都是我们的工作。

——弗雷德·罗杰斯

在我看来，无论在哪里锻炼，胆识都是领导能力的主要特征之一。胆识通常意味着冒一些风险，尤其是对全新的事业而言。

——沃特·迪士尼

案例研究：家庭关系

塞尔吉奥的母亲任命他来管理她的一个幼儿教育中心。不久，塞尔吉奥就发现凭证报告、开支和授权记录中存在诸多错误。其中一些错误甚至严重到触犯法律，而他的母亲作为创始人，却没有发现这些记录中存在的问题。她告诉塞尔吉奥应该做一个好儿子，并服从她的领导。

如果塞尔吉奥向你求助，你会给他什么建议呢？

对新的幼儿教育管理者来说，成为领导者的第一步总是让人既兴奋又忐忑。当柔和的柠檬式婴儿房还未完工时，她就开始担心婴儿保教费用了。第一次管理一个中心让其格外兴奋；然而，她还心系课堂中的孩子。当我们接受一项新的挑战时，经常会出现这种复杂情感。为了保持清醒，我们需要使用一些有效的情绪和社会情商技能。持有自己的目标，尽力追求卓越，这些都可以让你精力充沛。

实用的工具可以帮助你。在这一章，各种清单和指南能够帮助你记录成为一名幼儿教育管理者的过程。记住！如果在开始阶段就事先讨论了各种潜在的挑战和两难问题，那么"有目的地领导"的乐趣会远远超过它所带来的困难。你将会使孩子们的生活与众不同。

从教师到主管

90%的主管最初都是教师。他们有着在教室中与孩子们一起学习和玩耍的经验，并且学会了如何与孩子们的家长以及同事合作。通过承担其他的职务，例如顾问、班主任、活动策划人、工会代表或者中心董事会的教师代表等，教师们将会获得各种管理经验。通过帮助安排工作表、监督出勤率、更新免疫报告，以及在主管休假时临时代其履行职责等方式来获得管理经验，

> 大约90%的主管都曾经是带班老师；但是只有20%报告说，他们希望成为本中心的一名主管并孜孜以求。
>
> ——《研究笔记》，
> （摘自某幼儿教育领导力中心）

教师们可以涉足助理主管的工作。许多教师将管理工作视为她们可以提升的机会，而这种改变机会在课堂上是不可能有的。

> 要真诚面对自己离开课堂的后果和回报……因为两者同时存在。如果你喜欢每天待在教室，那么就请回归教室！工作永无止境（就像做一名教师），所以你需要设定一些底线，来维护自己以及自己的业余生活。总有一天，你将不得不丢弃你在阁楼里保存的所有课程资料。
> ——文迪（一名主管、前任教师）

然而，那些直接被提升为行政管理者的教师们，感觉自己对管理还未做好准备。超过四分之三的主管报告说："他们并未做好准备来面对升为主管后的处境"（Resarch Notes, 1998, p.1）。就像地球表面下的板块构造一样，动力在一夜之间进行了转移。作为一名领导者的确需要做出改变。

突然间，那些曾经是你朋友的教师会偷偷地审视你。一些人会期待从你这里得到特殊的恩惠，另一些人则拒绝接受你的新权威。他们希望你仍然是他们当中的一分子，为他们能得到好处开方便之门。还有一些人则可能会对你心生妒忌，甚至尝试间接地蓄意破坏。菲利斯·切斯勒（Phyllis Chesler）博士的研究证实，大部分处在领导岗位的女性不得不直面其他女性的捣乱。

为了消除潜在挑战，你需要在开始新工作之前，采取一些措施来强化你的自信和信念。如果你在新的领导岗位上高效地处理了每种挑战，你将会获得新

表 5.1　从教师转变成管理者的步骤

1. 列出作为教师时你所执行的管理功能；识别你所获得那些可转换的技能
2. 评估你在管理方面的优势和劣势；计划如何改进你的劣势。迈尔斯—布里格斯类型指标（MBTI）对你会有所帮助
3. 请其他主管分享他们的经验，尤其是那些与你有着相同经历的主管
4. 研究如何满足评审机构和国家对于主管的认证要求
5. 通过本地学院或网络注册学习幼儿教育管理课程
6. 寻找并参加领导力和管理方面的工作坊和会议
7. 每周至少阅读与领导力相关的一篇文章或一本书（本章结尾给出了一些参考书目）
8. 给自己找一位顾问或教练。如果合适，可以让你的主管来指导你
9. 邀请你信任的同事和朋友作为你的支持团队

团队成员的尊重和支持。当你的自信增加时，他们对你的信心也会增强。那些已成为主管的教师们发现，表 5.1 中的清单是卓有成效的。这些步骤将会提高你的信用度，帮助你评价自己的管理才能，提供给你一个宽广的视角，同时鼓励你建立起自己的外部支持系统。

直面和拥抱新岗位所遇到的阻抗

作为学步儿班的主导教师，塔尼娅受到了其他老师的尊敬。塔尼娅和你的前任，也就是原主管玛吉，意见不一致，经常针锋相对。塔尼娅认为，主管不关注老师们的建议或需求。在与塔尼娅第一次会面时，你就能感觉到她不是那么好相处。玛吉小声对你说："塔尼娅是一个闹事者"。可家长们告诉你，他们选择这所学校的理由之一就是塔尼娅这个好教师的声誉。你会采取什么措施来与塔尼娅相处？你将设置什么过程与玛吉交接工作，以确保权力顺利过渡？

然而，适应新的岗位，你还会需要更多的东西。这些东西更多的是一些政治手腕或情商，以应对因更换领导而引起的权力斗争。"老板的麻木不仁不仅会增大人才流失的风险，还会破坏认知效率。具有良好社会智力的领导者能够帮助员工从他们的情绪应激中恢复过来。"（Goleman, 2006, p.276）。

许多幼儿教育项目受环境的影响较深，尤其容易受到私下激烈斗争的影响。女性组织中的冲突通常需要采取间接的方式解决，有时候需要用"间接与亲密的攻击"方式来解决（Chesler, 2001, p.121）。提醒自己不要进行无理的抵抗："这与我无关。"任何迈入领导岗位的人都需要面对某些对其权威性的抵抗。改变就是一种挑战，我们的神经网络总是与新鲜事物进行对抗。为了成功，我们需要做到以下几点：

1. 提醒自己保持内心深处的目的；
2. 整合并使用你的内部和外部支持系统；
3. 介绍将权力斗争转变成生产性行动的方法；
4. 在整个过程中始终如一。

> 昨天已成历史，明天非常神秘。那么今天是什么？今天是一件礼物。这就是我们称它为"当下"的原因。
>
> ——巴巴通德·奥兰托基

描绘一种像山间小溪一样运作顺畅且清晰的组织蓝图。除了是一个好的工作场所外（Bloom，1997），幼儿教育组织能够站在积极的社会变革的前沿。当令你恐惧的问题一出现，就直面它。美国前总统富兰克林·罗斯福提醒我们，面临重大挑战时："除了恐惧本身之外，没有什么事情值得害怕。"你的团队会因为你的勇气而感激你，虽然并不一定立即发生。诚信是你的赏赐，莫过于此。有目的地领导即为解放。

赢得舆论领袖的支持

为了团结你的内部支持系统，首先确认其中的舆论领袖。在组织中，舆论领袖有一批追随者，他（她）的言论往往影响着他人的思考。最好在办公场所之外，通过个别接触来建立自己与舆论领袖之间积极、牢固的关系。请和某位舆论领袖到咖啡厅等中立的场所，以避开同事们的眼光，然后和他（她）重新开始建立关系。

> 作为主管，我曾面临过很多挑战。哪些挑战对我有帮助？至少要有一个人可以依赖并告诉你真相；有人愿意追随你的梦想并和你一起去实现；雇用那些致力于幼儿教育事业和他们自身专业发展的个体；清楚自己不可能让所有事情同时发生；喜欢所有的孩子、家长和各种关系。与3~5岁的孩子每天一起吃早饭是最高兴的事！
>
> ——洛丽（一位主管）

一旦你与像塔尼娅那样的舆论领袖建立了个人关系，你就可以与他们谈论他们所关心的问题。请留意舆论领袖对于以下问题的回答：

1. 为了更有效地领导这个组织，你感觉什么东西对我来说是最重要的？
2. 你希望我了解组织中的哪些历史/挑战？
3. 你对该组织的梦想是什么？你个人的期望是什么？
4. 为了完成对组织的承诺，我可以采用何种方式与你一起工作？哪些因素会妨碍你的支持？

无论是口头的还是书面的，舆论领袖对以上问题的回答都能够提供丰富的信息：你能够信任谁，什么困难需要你特别注意，你的愿景如何与他人的希望相一致，等等。这些信息能够给你提供很大帮助。

如果发现有人抵制你的领导权威,你要持欢迎的态度。组织中经常会有员工对被选为领导的是你而不是他(她)而心怀抱怨。关注这些人的长处,把他们视为自己强有力的潜在支持者。让他们知道,你会重用并帮助他们发展自己的领导才能,而作为回报,你需要他们支持你的愿景。

当有人对你持不同意见时,请尊重他们,并直接约请他们沟通。让他们知道,你相信存在不同意见有利于创造性地解决问题,而掩饰分歧将会扰乱工作。最终,你和塔尼娅会朝向一致的目标前进:对孩子和家长无微不至的照顾。

处理员工的反抗

通过询问他们对以下问题的看法,解决每位员工在工作中表现出来的差异:

1. 描述问题的本质。采用"置身事外"的方式去客观倾听潜在的问题,同时使用你的情商技巧去解读这些情绪数据。
2. 请他(她)告诉你,为了能够建设性地解决这个问题,他(她)需要哪些支持。
3. 一起讨论尊重组织使命、你的愿景以及他(她)的需求的解决方案。
4. 尽你所能,寻找并执行你和员工之间达成的共识。

如果舆论领袖以某种方式破坏你的领导职能,立即约见他(她),并且使用循序渐进的纪律措施(见第8章)。如果他(她)并没有直接过来表达其心声,再次约见他(她)。记住,你可以将违抗作为合法的理由去解雇一名员工。"指示性的监管"方法(见第9章)能够提供一种礼貌的、严格的、逐步实施的方法来对待这些有着非专业行为的员工。

注意文化差异。有些员工受文化的影响好面子,所以可能不会直接与你分享他(她)所关注的事情。有些员工可能当面会同意你的意见,但是私下还有所顾忌。如果让有些人直接告诉你他们并不赞同你,这会让他们感到不舒服。花时间去观察和倾听每一个员工和教学团队。运用你的社会情商去注意他们的愿望和你的愿景之间的差异。提出可能的方式来促进员工愿望与你的愿景达成一致,并寻找到可供选择的其他方式。通过尊重个体和文化差异,领导者获得专业化的成长,并建立一支能更好反映员工共同体诉求的团队。

等待过渡期结束

> 行善者不要期望人们会消除他前进道路上的障碍；如果人们在其前进路上设置了新的障碍，他必须冷静地接受他的命运。
>
> ——艾伯特·施韦策 博士

组织是一个有机体。在适应并拥抱变化之前，有机体总是倾向于排斥"外物"。一旦你实施了这些基础步骤并扫清前进道路上的障碍之后，你就能够与你的员工建立起个人的和团队的关系。请记住，幼儿教育组织是一个充满关系的组织。通过情商来帮助自己建立和维持各种关系，你可以进一步引入你自己的组织愿景。确定你的首要愿景在多大程度上包含了员工们的个人使命。

为了让其他的组织系统能够适当地开展工作，你需要使用一些指导方针来帮助自己理清相关的发展路线。财政、物资设备、营销宣传、课程体系——这些都有赖于你的人事制度的有效性。作为一位新领导，要融入团队需要花费时间、耐心和长远的眼光。在过渡期，你可能会感到孤独，尤其是与你离开的教室里的舒适相比而言，这种孤独感将更加突出。但是，请将目光放长远，时刻关注你要拿到的成果。

三条不同的路径

通往领导岗位的"内部路径"

那些在组织内部成为主管的人走的是"内部路径"。这条途径有其优缺点。内部人得益于与组织、家长和社区之间的相互熟知。回忆艾米和简的关系（见第1章），当艾米被任命为主管时，那些与她合作教学了很多年并一起奋斗的同事怎么了？同伴有时很难接受那些从内部人变成管理者的人。为了能够在组织内部成功晋升，作为一位内部人士请考虑以下指导：

1. 在你成为主管之前，请密切注意该职位的竞聘过程。都有哪些人可以参与这个竞聘过程？哪些内部人还申请了该职位？竞聘过程中老师们会有哪些"谣言"？

2. 与现任主管合作，计划和主持员工会议来廓清并讨论领导权的过渡和交接。在会议中，形成几个小组以了解不同员工的恐惧、希望和一些实际的问题。及时解决那些直接暴露出的问题。
3. 与之前的同事进行私人性的会面。请他们描述在你成为他们的上司后，他们希望从你这里获得什么。如果问题太直接，可以尝试这样提问："我成为主管后，你会怀念哪些事情？作为新的团队，我们需要如何继续合作？"
4. 清晰地认识并专业地解释作为老板与作为员工之间的差异。首先，你需要根据组织的需要来做出不同的决策。这样一来，工作中的友谊会变得更加专业化，但这并不意味着你不再关心每个人。

组织内部人士逐步成功地通向领导岗位的事实告诉我们，在同事们不认同你的期间也要一直陪伴他们，这有助于专业地巩固你的领导地位。

通往领导岗位的"外部路径"

作为一个外来者，会面临与内部人不同的机会和挑战。你可能听说过这样一句格言："明枪易躲，暗箭难防。"就像宗族一样，组织倾向于喜欢内部人而怀疑外来者。同样地，一位外来者成为某个组织的新领导之前都需要忍受这种不舒服的起始过程。最初的仪式通常包括各种测试和不适感。外来者最需要的是耐心。在等待适应期结束的过程中，请保持长远的眼光。

> 苏珊这样描述她的过渡："不断地与董事会成员会面是很有价值的。董事会的支持帮我度过了一段原本孤独的过渡期。保持幽默感能够让其他人知道我笑对自己的缺点，也使我放松了紧张。我用了三年的时间才做到让员工完全接受我的领导。"

作为一位外来者能够体会到被拒绝和背弃的痛苦。你可以求助你的外部支持网络，并与那些值得信赖的同事分享你的感受和挫折。记住，提前去做这些事情。你的员工会因为失去前任领导而悲伤，这在导致他们痛苦的同时还会表现出一些愤怒。一次联系一个人，你真诚的言论慢慢会在组织中传播。

创始人综合征

> 创始人就好比父母,将组织烙上自己个人的模式和期待。创始人的愿景、身份和风格形成了组织的愿景、身份和风格。取代一位创始人是通向领导岗位最棘手的路径之一。

幼儿教育项目,通常就像从一个人的梦想的茎干上发出的淡紫色的芽。创办这样一个有希望的新项目需要浓厚的生活激情。项目的创办者通常是首任主管。这些创始人,就像组织的父母一样,把组织当成自己的孩子。最初的员工会感觉自己更像是家庭成员而非雇员,这样高度的忠诚就形成了。那些不知疲倦地创办组织的过往珍贵回忆能够唤起各种思绪,让人眼眶湿润。有强烈依恋的一个"内部"群体就此形成,任何一位没有参与组织创建的个体都会感觉像个局外人。

离任主管的风格将会以书面或非书面的方式在员工中形成一种稳固的期待,这种期待是关于下一任主管如何行使职责,这就是"创始人综合征"。这可能会造成组织管理失败,因为任何一位后来的领导者不可能成为那个"创始主管"。对员工来说,与创始人说再见是一种内心重创。员工会感到他们丧失了一位家庭成员,就好比失去了照顾他们的双亲。这种丧失的痛苦必不可少。即将离位的主管能够做一些事情以使替代者的上任之路轻松一些。例如,与她的员工为自己的离任举办讨论会或仪式。

接替创始人担任领导职务,你需要了解以下有用的要点:

1. 当创始人在任时观察组织的动态变化。
2. 评估自己的风格和愿景是否与创始人一致。只有当你的新愿景与创始人的相一致时,才可能被员工所接受。
3. 与创始人商讨他(她)轻松离任的活动计划。
4. 确定创始人还想与你和中心继续保持哪些关系,并搞清保持多少联系才合适。
5. 与创始人一起举办一些活动,例如员工、家长、社区以及团体会议等,来表示领导权的交接。
6. 承诺你对组织的领导将会开创一个与众不同但却是非常重要的组织生活新阶段。

组织发展的阶段

组建、激荡、规范和执行

成为领导时，不管你选择了哪条路线，了解组织的动态将会是一种有用的情商工具。组织，从课堂团队到儿童家庭再到幼儿教育项目，经历着可以预测的发展阶段（Tuckman，1965）。从某些方面来说，你所参与的每个团队或项目的工作有着类似的动态变化。通过认清组织目前所处的阶段，并指导下一阶段的工作，领导者能够在组织成长阵痛中形成自己的观点。对于主管来说，了解这些阶段是一种有用的社会情商工具。

组　建

在这个"蜜月期"，每位员工处于最好的状态：看起来很好，感到有希望，对未来充满期待。团队中的老师们彼此相互尊敬，急于分享各自对孩子们的梦想和主意。（见"组建"，第1~4章）

激　荡

当蜜月期结束，所有之前看起来很迷人的事情都开始困扰着我们。员工们可能微笑着欢迎新主管，然后像平常一样返回工作岗位，但是他们会抵制这种突然的改变。在组织关系中，需要处理以下可预见的问题，来帮助团队成员继续前进（见"激荡"，第5~8章）。

- 领导（谁当家做主）；
- 任务（我们的工作是什么）；
- 基本原则（要清晰，写下合作时的期望，尤其是如何进行决策以及由谁负责等）；
- 成员关系（谁是团队成员，谁不是）；
- 完成任务的时间框架（目标和可以客观测量的对象）。

规　范

现在，那些在激荡期达成一致的决策需要形成组织规范，并在这一阶段付诸实施。对于谁将做什么的期待变得更加清晰（见"规范"，第 9~13 章）。

执　行

伴随着系统的形成和问题的解决，每一个人都准备着手开展组织工作（见"执行"，第 14~15 章）。

再组建

事实上，第五阶段开始出现，即再组建阶段。当新的课题出现，组织需要招聘新员工，伴随实践变化提出新的政策方针，组织又开始回归初始阶段。伴随新员工和新挑战的到来，团队重组会产生"带有威胁性的冰风暴"，在新团队能够有效执行功能之前，有一系列类似的问题需要解决（见"再组建"，第 16 章）。

几年以后，新的发展阶段可能会被补充到这些组织发展模式中（Tuckman & Jensen, 1977）：休整期。不是每一个团队、伙伴关系或项目都会经历这个阶段。一个委员会在结束它的工作之后就会解散；聘请一位新教师后，教学团队也会发生变化；主管也会更换。在某些情况下，学校或某个项目也会关闭或终止。休整，与再组建一样，会发生在新的阶段。然而，休整是一些组织生命中的最后阶段。因为存在一些变化，领导需要关注整个组织的氛围和个人感受，以更好地引导他们度过这段转折期。

反思一段长期的友谊、关系或者你曾经待过的团队，看它们处于以上哪个阶段。你曾经历过组织的"蜜月期"吗？你是如何忙于"激荡期"的？现在你处在哪个阶段？

下面是对组织如何从组建到激荡、再到规范阶段的演变的详细描述。这样的描述为我们提供了某位领导者在这些阶段中工作的一种洞察（Greiner, 1998）。组织发展要经历（1）初创阶段和（2）管理阶段。初创阶段是描述组织组建期或蜜月期的另一种方式。管理阶段发生在组织蜜月期结束之后，包含了组织长远兴旺发展过程中所需要做的事情。如同你所想象的，并不是所有的组织都能生存至管理阶段。当创始人离任后，一些组织就土崩瓦解了。

组织发展的初创阶段

组建期是组织的诞生时期。这个初创阶段具有这样的特点：高效能、强烈的献身感和工作流动性。创造新生事物的兴奋感造就了这一切。创始人的言论和自发的行为变成了组织的核心价值。员工履行着必要的职责，但他们扮演的角色和履行的职责是不合规则的。工作程序和工作原则、工作形式和职位描述需要迫切创建。决策和问题解决过程也迫在眉睫。组织的初创阶段适合于有远见、灵活且精力充沛的领导者。员工经常报告说他们感觉自己像是创始人家庭的一分子。

组织发展的管理阶段

在创始人离任后如何稳定组织并使其持续生存是最重要的，这一阶段又称为组织的"整顿"阶段。每一项重要任务完成之后，接下来的任务就是文字性工作了。将组织制度和工作程序编制成组织规范，记录工作描述，创建或重新编写员工和家长手册，提前设定会议议程安排。一系列的行政命令将会取代一些特别的决策过程。管理阶段适合于那些喜欢稳定、具有预见性和条理性强的领导人。

这些有关组织发展动态性的知识能够帮助你成为一名优秀的领导者。通过了解任一群体或组织成长阵痛的可预见阶段，你能够给员工们提供建设性的意见以及实用的技巧，来帮助他们完美地行进到下一阶段。

记住这些原则之后，让我们寻找通往领导岗位的另一些路径。

我们是一家人：成为家族式组织的主管

成为家族式组织的主管需要另一套"入门指南"。你是否注意过供职于同一个幼儿教育组织中的兄弟姐妹、叔叔阿姨、表亲和其他姻亲的数量吗？家族

> 家族企业新主管的工作就是扩建功能性的家庭动力系统，同时解决或减少功能较少的家庭动力系统。

> 我的三个姐妹都是我的员工。我们在一起工作得很愉快，因为我们都有幽默感。尽管有时候我觉得自己对她们比对其他教师要严格得多。我想这是因为我不想让别人感觉到我表现出了对家人的偏袒。我的姐妹让我知道什么时候应该这样做。
>
> ——特丽萨（主管）

式的组织总是聘请那些他们最了解和最信任的人。超越家族成员，会成为家族式企业主管必须面临的独特机遇和挑战。

决心保持企业的"家族模式"，家族分离计划才可能起作用。当其他的因素不能奏效时，什么才能保证家族分离计划发挥作用呢？大部分家庭，就好比人类系统，会表现出一些功能性和功能失调的特点。这些失调的功能会继续存在于整个项目中，破坏它的质量和日常运作。通过强调职业水准，一位新领导会更加关注家族式组织的质量提升。

领导家族式组织的小贴士

1. 通过邀请所有人参加家族式企业的会议作为开端。
2. 引进一些外来的促进者使讨论富有成效。
3. 让所有人反思这些问题："这个组织是主要依托什么而建立的？需要用什么方式彻底改造我们自己？"邀请每一位家族式成员分享自己的经历。
4. 使用你的情商，辨别员工的哪些心声表达了出来，哪些还未表达出来。观察谁的贡献引起了最多的关注。家族成员中总有一两位成员的意见是最重要的。你的工作就是与这些人一起共事，以确保领导权顺利过渡给你。如果你向促进者寻求帮助，记着索要他（她）的观察报告和推荐信。
5. 与家族成员讨论专业化。当做决策时，如何保证决策的客观性和公平性？如果家族会议不是项目文化的一部分，请单独会见每个成员并遵循相似的步骤。
6. 最后，请注意"内部人对外来者"的动态。非家族员工就好比外来者。单独会见每一位非家族成员员工，共同讨论他们对自己和组织的希望及目标。

第5章 准备启动：无论你身在何处，从这里启程　　**113**

吸收他们参与到组织的任务中来，尊重他们的希望和目标。介绍员工评估系统，并用它来评价每一位员工。

最重要的是，要保持幽默。幽默能够带来新的视野，并缓解尴尬的家族局面。

创始主管：创建幼儿保教组织

每一年，选修这门课程的学生中，有小部分想致力于这一事业的人憧憬着开设自己的幼儿保教中心。这种趋势遍及全美国。如果你想成为一个献身于这一事业的创立者，表5.2中的内容能够给你提供帮助。记住，你不必重蹈覆辙！向有类似经历的前人学习会受益良多，希望你能站在巨人的肩膀上前行。

> 你一定要了解自己的愿景并相信它，这才是最重要的。
>
> ——格温
>
> （一位有30年经验的创立者和主管）

每一位新主管都能够从事先了解创办幼儿保教组织必然会遇到的一些基本情况中获益。不是每一位创立者都拥有课堂教学经验。创立者往往是一些因为

表 5.2　开办幼儿教育组织的清单

1. 问自己："我的梦想是什么？"设想5年、10年、25年后你中心的运作情况
2. 联系国家的许可部门和立法机构以获取信息、法规和帮助
3. 评估市场需求。你的中心如何丰富了当前的幼儿教育项目？询问你的资源及转介（R&R）服务机构和其他主管："哪些需求没有满足？"
4. 会见当地的小商业联盟：利用他们的服务来启动你的新组织
5. 学习认证标准
6. 与值得信赖的经纪人一起工作。评估可能被用来建设、提升和使用的场地
7. 在律师的帮助下进行决策，什么样的法律实体与你的目的最契合（见下面）
8. 制订你的商业计划
9. 寻求资金支持。哪种选择最适合你
10. 加入当地的商会并寻求帮助，尤其是市场营销和网络创建方面

怀有开拓属于自己事业的梦想而离开之前职业的人们。零售商、会计师、家长、律师、财务规划师以及音乐制作人，他们都可能创办幼儿教育组织，来自这些职业的许多工作技能可以迁移到幼儿保教工作之中。

幼儿保教组织的类型

幼儿保教项目的创办者可以选择各种组织类型，从非营利的到特许经营的中心。每一种类型都成为一个正式的法人实体。法人实体意味着什么？实体意味着一个可以签订合同的机构（比如出租场地或者接收凭单），同时也可能因为其行为而被起诉。法人实体的形成在个人和专业领域之间设定了有用的界限。多年来，不同类型的幼儿保育和教育组织被创建（和即将被创建）。每种法人实体都有适合于它的一套标准。

美国政府通过管制企业，以确保基本的公共安全标准得以实现。在决定什么样的实体最适合你的目标时，你可以寻求当地的小企业协会的帮助。与律师一起草拟和填写符合不同类型组织要求的法律表格。

考虑你的选择时，问问自己是否想：

1. 独自承担，还是与你的合伙人一起承担投资风险？
2. 建立你自己的项目，或作为已建项目比如一家有特许权公司的一部分？
3. 向董事会的董事汇报吗？
4. 与股东一起举办年会并作出年度报告？
5. 获得政府批准的资格认证？

你对以上问题的回答表明了最适合你的商业实体的组织类型。选项包括以下几类。

个人业主制企业

如果你独自创建了属于自己的幼儿保教中心，并且对所有决策负责，那么你就是个人业主制的独资经营者。这与独自经营的商人是一样的。"所有人"

意味着你拥有自己的组织，你不需要成立一个董事会，也不需要适应和满足一个大的主办机构的要求。独资经营者倾向于制定与他们的个人愿景相一致的项目或规划。那些不喜欢与老板共事的人作为独资经营者会体验到最大的愉悦感。

因为独资经营者创建了一家企业，所以该企业必须服从国家或政府的法律和要求。合法的组织形式要完整，并在当地和国家的政府机构中注册备案。独资经营者可以给自己的组织命名，但是必须确保自己所选择的名字没有被注册，否则就可能被视为"商标侵权"。你可以通过联系小企业联盟或者律师来完成这类工作。

在第3章的案例研究中，想一想商标问题会如何影响贾米拉。如果贾米拉担心其他中心会注册"贾米拉街区"，接下来她应该怎么做呢？

独资经营者需要独自面对挑战。独立的所有者经常渴望与同侪有更多的联系。在参加会议或工作坊时遇到其他的主管（或所有者），从而为其提供一个同侪团体。与其他的主管形成主管（或所有者）支持团队，能够帮助独资经营者结束这种孤立的状态。

当一位独资经营者拥有自己的中心时，他（她）不一定非要成为主管，他们往往会聘请那些能够向自己汇报的主管。当职责描述和权限都厘清时，这种"企业所有者—管理者关系"将会发挥最大的作用。否则，员工会搞不清楚谁是真正的负责人。

合伙制企业

如果你不希望独自承受组建企业的风险，那么就选择与可以共事的人合作。两个或更多人形成的一个法人实体被称为"合伙制企业"。当几个人一起合作开发项目或者一个人不能独自承担花费时，合伙制形式就应运而生。

无论是在经济上还是管理上，合伙人可以选出谁是最有责任心的人。一些合伙人倾向于公平地分摊所有事情。想象一下，三位想要合伙创业的教师，在资源缺乏时开始创办自己的实体，他们每个人对该中心要承担33%的责任。

在企业中，合伙人也可以拥有不同的经济利益份额。比如，一位合伙人能够拥有60%的企业股份，而其他两位则各占20%的股份。另一个选择是拥有一位"沉默"的合伙人，这位合伙人仅仅出资并共负盈亏，但并不参与日常的项目运作。家族式成员往往扮演着"沉默"的合伙人角色，他们仅提供让某新项目开始运作的种子基金。

特许经营中心

如果你曾向当地的一家国家税务服务分支机构报送过个人所得税申报表，那么你可能就熟悉特许经营。快餐行业是我们最为熟悉的特许加盟中心。在加盟中心，消费者可以期待在每一个地方都能够享受到相同标准的服务。

幼儿教育组织也可以"特许经营"它们自己。最初的项目方可以特许经销它的物资设备、课程设计、使命、员工和家长手册等。其他个体或组织可以购买这种特许经营权以及所附带的一切。加盟方必须合法地依附于最初组织的标准和实践方式。此外，这些特许加盟机构需要向最初的组织按照盈余的一定比例缴纳费用。

特许经营适合于那些有着良好基础的组织来拓展自己的业务。其中，如何在每一个新的加盟中心都维持较好的服务则是一项挑战。

公　司

由于组建公司必须满足许多标准，所以这项工作尤其复杂。创建一家公司需要管理者完成和备案"公司章程"。规章制度，即一个组织需要遵循的规则，必须在州政府的办公室备案。公司需要成立董事会，明确写出项目监督责任（确信每件事情都合适地被实施）。

与个人业主制和合伙制企业不同，公司设有股东。股东可以分享公司的利润，选举出总经理来管理公司。这样的总经理与幼儿保教中心的主管有所不同，公司总经理会选出一批委托人来监管整个组织。总经理对公司的运营负责，并可能被追究责任。如果你想成立一家公司式的法人实体，请与其他的公司总经理探讨你的计划，并学习他们的经验。

每年，《育儿交流》的负责人罗杰·诺伊格鲍尔（Roger Neugebauer）总会列举一些大型公司的幼儿保教项目。美国著名幼教公司光明地平线的家庭解决方案（Bright Horizons Family Solutions）和让·帕蒂特（La Petite）的项目总是位居公司项目排名的前五名。

非营利组织

非营利组织也能赚钱！然而，这一类型的组织赚得的利润只能用来达成组织的目标。比如，设想让 St. Bartelemeo 家庭服务系统的盈利多于开销，额外的收益必须直接用于该项目的进一步发展。教师津贴、增加课堂书籍或设备、机构扩展等等，这些都是非营利型幼儿保教项目需要使用其利润的地方。在非营利组织中，一般由董事会管理和监督组织的工作。

非营利组织的例子包括：

1. 由机构赞助的项目。例如，以基于信仰而聚集在一起的社区机构（如 St. Bartelemeo）和社区服务机构（如社区行动项目 CAPs）；
2. 由个人赞助的项目。幼儿教育组织依赖于资金赞助并服务于善举。美国马萨诸塞州多切斯特市的希望工程就是很好的例子，该机构主要服务于无家可归的孩子和家长。

非营利机构作为 501c3*组织而被大家熟知，这一名称源自政府立法机构，这些机构负责设定非营利组织承诺遵循的标准。申请、备案并被批准成为 501c3 组织后，方可获取资金赞助用于开展非营利组织的工作。

营利组织

营利组织的目标很明确：赚钱。相比于非营利组织，这类组织有着不同的组织标准。营利组织设有股东，他们有权分享组织的红利，分红的比例不一，一部分股东可以获得更大份额的分红。如果一个营利组织的年终净利润为 1 万美元，那么这笔钱将分给各位股东。股东大会决议如何分配这笔利润：是用于组织再投资，比如翻新、升级操场？增加新的"育儿房"？还是单纯分红？

---

* 编者注：501c3 是美国税法的一个条款，该条款是给宗教、慈善、教育等组织以免税待遇，有两种：一是组织不需缴纳所得税；二是捐赠者将钱捐赠给 C3 机构，捐赠的钱数可从个人所得税中扣除。

人们对营利组织和非营利组织的刻板印象都是有问题的。其实，营利组织也并不都是一心只为自己谋取利益，也会经常回报它们的社区。例如，光明地平线公司的家庭解决方案建立了一个提高目标区域儿童生活质量的项目。非营利组织也并不都是"经营不善的烂好人"式组织，这类组织往往有着健全的商业模式，而且会聘请有能力的领导者。无论是哪种类型的组织，都有做善举的义务。

准备好了吗

当你因梦想而意气风发，准备成为一位新的领导者时，这意味着你需要做出现实的选择。温斯顿·丘吉尔，这位带领英国走出世界大战困境的领导人说过："悲观者总在每一次的机遇中只看到困境，而乐观者则会在每一次的困境中找到机会。"有关脑研究再次肯定了乐观的力量（Kliff，2007）。你的乐观能够顺利将你带向通往领导之路吗？

反思性问题

1. 思考成为一名学前和学龄儿童保教项目领导者的所有路径和方式，你最可能选择哪条路径？请用文字描述并记录在你成为领导者的过程中，什么最具有（a）挑战性、（b）鼓励性和（c）特殊性。
2. 回想第3章中有关迈尔斯—布里格斯类型指标的内容，并反思你的领导风格。识别你的领导风格将如何帮助你开启你的领导之路。对你来说，哪些步骤最具挑战性？当你与新团队成员建立关系时，你是如何使用小贴士来促进自己与有着相反喜好的人进行交流的？写下你的思考：你学到的迈尔斯—布里格斯的领导风格是如何帮助你成为一位领导者的。
3. 法律条款难以用解释性语言表达。请回顾相关网页条文和小企业联盟手册。写出一份3~5页的常识性指南，指南可以是关于：（a）组织的不同类型；或（b）如何选择最适合你的法人实体的小贴士。

团队项目

1. 你们的老师会根据你们已选择或期望选择的成为领导者的路径，在班级中组织具有亲和力的小型团队。回顾本章所提供的各种路径和方式。与你的团队成员一起研究和讨论共同的问题以及可利用的资源。总结你的发现并介绍给你的同学。当你在听其他小组的报告时，找出你们的异同点。
2. 寻找更多关于成为领导者的内容，草拟一份访谈问卷，将现任的主管们作为一个团队进行访谈。在他们成为领导者的过程中，你最想了解哪些内容？每个人至少做一次访谈。总结访谈结果并在课堂上报告。
3. 讨论创始人综合征或者家族式组织的动态变化。根据你的估计，哪种模式将呈现出更多困难？对这些特殊情形做一个专题研究，并在课堂上分享，共同探讨可能的解决方案。同时，将你的案例与本章案例研究中塞尔吉奥的情况做比较（见本书第 101 页）。在你的报告中运用美国幼儿教育协会（NAEYC）的伦理责任规范或美国儿童保育专业协会（NACCP）的伦理规范（见本书251 页）。
4. 莎士比亚曾经说过："位高心不宁。"对于领导权力改变的阻抗通常会很激烈。研究、讨论、记录和准备一个辅导会议或视频材料来帮助潜在的新主管有效地处理成为领导者后所面临的阻抗现象。思考源自你自身以及外部他人的阻抗。请在课堂上与大家分享你所学到的经验。

参考书目

Bloom, P.J. 1997. *A great place to work* (revised ed.). Washington, DC: NAEYC.

Brinkman, R., and R. Kirschner. 2002. *Dealing with people you can't stand.* New York: McGraw-Hill.

Carter, R.T. 2000. *Addressing cultural differences in organizations.* New York: Sage Publications.

Chesler, P. 2001. *Woman's inhumanity to woman.* New York: Plume Books.

Click, P. 2004. *Administration of programs for young children* (6th ed.). Clifton Park, NY: Delmar.

Dalai Lama. 2003. *Destructive emotions: How can we overcome them?* New York: Bantam

Dell.

Goleman, D. 2006. *Social intelligence.* New York: Bantam Press.

Gonzalez-Mena, J. 2001. *Multicultural issues in child care* (3rd ed.). Mountain View, CA: Mayfield Publishing Company.

Greiner, L. 1998. Evolution and revolution in organizational growth. *Harvard Business Review* (May 11).

Jordan, J.V., ed. 1997. *Women's growth in diversity.* New York: Guilford Press.

Kliff, S. 2007. This is your brain on optimism. *Newsweek,* October 24. http://www.newsweek.com/id/61572.

Neugebauer, R. 2007. Annual review of for-profit child care organizations. *Child Care Information Exchange* (January).

Research Notes Center for early childhood leadership. National Louis University. *Centerforearlychildhoodleadership.com* (Summer 1998).

Sciarra, D., and A. Dorsey. 2003. *Developing and administering a child care center* (5th ed.). Clifton Park, NY: Delmar.

Shapiro, A. 2003. *Creating contagious commitment to change.* Hillsborough, NC: Strategy Perspective.

Shoemaker, C.C. 2000. *Leadership and management of programs for young children.* Upper Saddle River, NJ: Prentice Hall.

Tuckman, B.W. 1965. Developmental sequence in small groups. *Psychological Bulletin* 63: 384–399.

Tuckman, B.W., and M.A. Jensen. 1977. Stages of small group development revisited. *Group and Organizational studies* 2: 419–427.

网络资源

法人

Lectric 法律图书馆（*www.Lectlaw.com*）

投资者词汇投资术语表（*www.Investorwords.com*）

501c3's

legalZoom 法律在线服务商（*www.Legalzoom.com*）

基金团体（*www.501c3.org*）

美国国家税务局：慈善机构 & 非营利组织（*www.irs.gov/charities/*）

汤普森 & 汤普森交易律师事务所（*www.t-tlaw.com*）

管理资源

免费的管理图书馆（*www.Managementhelp.org*）

非营利组织的帮助 4：社区驱动研究所（*www.help4nonprofits.com*）

幸存的创始人综合征（*www.Ccfbest.org/management/survivingfounder.htm*）

维基百科（*www.Wikipedia.org*）

第 6 章

与变化为伴

学习目标

1. 讨论变化的本质。
2. 解释"管理"变化和"与变化为伴"之间的差异。
3. 强调从内到外的改变而并非从外到内的改变。
4. 考察人们对变化的欢迎和抵制程度。
5. 解释痛心损失和经历变化之间的关系。
6. 总结与变化为伴的模型。
7. 描述在变化过程中培养韧性的方法。
8. 认识面对未知情境时乐观的作用。

人类的发展充满飞跃和倒退;所以这一过程一定包含退步、对抗和愤怒等不同时期,就像它既包含眼泪也包含笑声一样。

——弗雷德·罗杰斯

如果你不喜欢一些事情,那么就去改变它。如果你不能改变它,那就改变你自己的态度。请不要抱怨。

——玛雅·安吉娄

案例研究：过渡问题

新主管阿玛利亚想出了许多的新点子，以期令"挚友幼儿园"充满生机。第一次召开员工会议时，她满怀希望地走进会议室。"我们将会开始令人兴奋的一套新课程，研究表明，孩子们很喜欢它，……"阿玛利亚滔滔不绝地说。

她充满期望地环顾整个会议室以寻求认同，吃惊地发现，老师们像墓碑一样僵硬地坐着，面无表情。阿玛利亚自艾自怨："他们到底怎么了？"

变化包含很多东西。对于那些像阿玛利亚一样发起变化的人来说，变化能让他们充满活力；而对于那些被迫接受变化的人来说，变化是一种威胁，是不受欢迎的。我们对待变化的态度源于我们是否可以有所选择，以及可供选择的数量，我们可以创造、接受、拒绝或者调整这种变化吗？

尽管我们渴望稳定和安全，但我们无时无刻不处于变化之中。古希腊的哲学家赫拉克利特曾说过："人不能两次踏入同一条河流。"河水川流不息，

> 变化就是现状。
> ——格温·摩根

所以你再踏入的就不是同一条河流了。每天当我们开始工作时，事情都在发生改变。幼儿之间很可能会因为一个好玩的霸王龙玩具发生争吵；天空也可能会突降大雨，浇坏操场上放在野餐桌上的杯形蛋糕；厨师也可能会突然休产假。

不管我们做何感想，河水依然不舍昼夜地奔流不息。这一章会给大家提供一种有用的模型，指导大家面对不可避免的变化。

变化带来的挑战

大脑和变化

人们抗拒变化，是因为当新事情发生时，我们的大脑通路会发出预警信号。创新可能是一种威胁。肾上腺素促使我们的反应系统加快运转。我们由最初的舒适感跳转到随之而来的紧张感，接下来会感到些许不适。赛车手和做空中造

型动作的跳伞运动员可以将肾上腺素引起的心跳加速作为一种愉快的体验，而对其他人来说，这种变化的生理作用远没有那么大的吸引力。自我保护是最原始的动机之一，"如果东西没有损坏，就不要去修理它。"

为了体验这种源于你自身的阻力，你可以用平时惯用的方式将十指交叉紧握双手。这种感觉是正常的。现在，请用一种不同的方式重新交叉十指紧握双手，你感觉如何呢？即使是将如何交叉双手的方式稍作改变，我们都会感觉到不舒服。设想一下，面对一种重大的全新变化时，我们的身体会有何反应呢？

> 预期好运将至，这样你就能享受它。
> ——埃塞俄比亚谚语

我们的大脑通路习惯于日常的模式。改变那些模式会使我们感到不适。我们需要建立新的大脑通路来适应每一种新模式，并且需要时间和实践来适应这些新模式，使其像原有的模式一样让我们感到舒服。你曾迁入新居或重新布置过房间吗？你能回忆起如何意识到并提醒自己需要适应这种变化吗？这时你的大脑正在建立新的联结。

变化的定义

根据梅里亚姆—韦伯斯特的《韦氏词典》，变化作为名词的定义如下：

a. 改变
b. 转型
c. 替换
d. 通路
e. 更年期

作为动词，韦伯斯特将"变化"界定为"去改变、使转移……打破"。关于变化的这些定义，其中哪些引起了你的注意？

对于我而言，"打破"和"更年期"唤起了我的身体反应。哎哟！在我还是个孩子时，我扭伤了双手的手腕。我从校园的秋千上掉下来造成左手腕骨折，在和弟弟扳手腕时又扭伤了右手腕。现在每当阴天时，受过伤的双腕还会给我发出"警告"。

更年期？噢！女人们对这种变化最有发言权。你听过百老汇的音乐剧《更年期》吗？作者兼制片人珍妮·林德斯把女性这段不可回避的生活（通常是紊乱的）改编成歌舞喜剧。据说，林德斯已经创作了另外一部喜剧《一瓶酒和一次潮热之后》。他在话剧中表现的顺应变化的方法，着实让我看到了幽默所带来的治愈效果。

很显然，变化是不可避免的，也是让人不舒服的。这种动力学再次让我们认识到我们需持两种相反的观点。一方面，变化正在发生；另一方面，我们抵制变化。领导们如何才能够意识到这种似是而非的矛盾，怎样才能以一种充满希望的、有效的、有用的方式来利用变化呢？你准备好了吗？让我们一起了解一下。

谁是变化的主人

在我上小学的时候，我的母亲就警告过我，"世界上唯一能够确定的事情就是死亡和税收"。当我环顾四周时，我发现临近的街区充满了可预测性。我家的榆树不是已经像蜡烛一样笔直地立在那里100年了吗？每年十二月，漫山的大雪不是也让我能乘雪橇飞快地滑下吗？母亲无法否认马杰里圣人农场的紫色丁香花在每年五月开花；也无法否认热巧克力圣代曾经是最美味的甜点。棕仙小精灵也可能会变成真正的小姑娘。每年九月，我都遗憾地告别能够采摘黑草莓的暑假，然后不情愿地去上学。我幼小的眼睛从来看不到死亡和税收。

我的母亲当然知道这一点。我纯真地认为，孩子的心智还没有准备好去接受"事物处于变化之中"这一概念。正如我的同事格温·摩根所提到的："变化就是现状！"甚至在我刚成年时，如果一位资深的老师问我"你已经掌握了什么？"，我会写一份很长的清单。如今，我仔细思考了这一问题后，我只会把一件事情列入清单。你将如何回答那位老师的问题呢？

我承认，那些像我一样的人也认为自己可以控制事件、结果以及人们的行为等，如今我已逐渐明白，关于变化，我能够控制的唯一事情就是我自己的态度。我敬佩作家维克多·弗

> 人最后的自由是有能力在任何既定的情况下选择自己的态度。
>
> ——维克多·弗兰克尔
>
> 《人对意义的找寻》

兰克尔。第二次世界大战期间，尽管弗兰克尔在德国法西斯的集中营中遭受了巨大的痛苦和折磨，可他依然清楚地记得自己的自由。即使他已经失去了控制身边任何人和任何事情的能力，他仍旧充满希望。

神学家雷茵霍尔德·尼布尔（Rheinhold Niebur）在访问了饱受战争蹂躏的欧洲后，写下了这番话："上帝，请赐予我平和，去接受那些我不能改变的事情；请赐予我勇气，去改变那些我能够改变的事情；请赐予我智慧，去分辨这两者的不同。"12步成瘾戒除项目，如匿名戒酒者协会（AA）和互相依赖者匿名会（CODA），均信奉"静思祷告"，当面临困境时，可以将此作为日常提醒来保持洞察力。

思考你试图改变的或希望你能够改变的情境，并写下这些挑战。接下来，在静思祷告中思考这些挑战：你能够改变些什么，又有哪些挑战超出了你的能力？

分析尼布尔的话，找出关于你能"改变的"、有用的领导洞察力列表：

1. 只有当我放弃了想要控制他人或某些事物这样的想法时，平和或宁静才真正属于我。这些都是"我不能改变的事情"。
2. 勇气是我用以改变思想、态度和行为的美德。"我能够改变的事情"存在于我的内心。我的力量更多地来源于放弃试图控制其他人的念头，而非坚持我能够控制其他人的信念。
3. 智慧源于学会识别哪些是我能够改变的，哪些是超出自我能力范围而需要放弃的。

对于经理、主管以及任何类型的领导者来说，控制力似乎是基本的权威。管理者必须控制好预算支出、按时完成任务、遵守相关的法规，以及与董事会保持积极的关系。然而，当你进一步理解这些管理职能时，你就会发现你所能掌控的是你自己的行动，而非他人的反应。

漫步在彩虹间……
踏着一连串的歌声……
你周围的一切都充满了美丽……
　　　　　——纳瓦霍人的歌谣

例如，一位主管努力工作，期望与董事会成员之间建立富有成效的关系；然而，她并不能控制董事会成员对其努力的反应。同样地，直到三月的大风吹倒大树并砸坏校车前，一位主管可能会认为他能够有效地控制财政支出。

"这次大树砸毁校车"事件会花去一部分交通预算。主管必须预留出足够的资金来应对可预料的油价上涨。奇怪的是，管理者的控制力竟然在于承认什么超越了我们的控制能力。

领导力和控制力

谁是变化的主人？回到我们谈及的领导力的挑战问题上：每一方面都可能存在相反的现实。一方面，主管们制订并控制预算；另一方面，他们又不可能完全准确地预测预算开支。一方面，主管们认为他们已经安排得面面俱到，以便于应对许可人的随机检查。多年之后，许可人和主管们建立起一种强有力的合议性工作关系。但是，当一位新的许可人出乎意料地上任，并且她的工作重点不同于其前任时，事情会在瞬间发生改变。于是"冲突"超出了我们的预期。

> 收藏那些值得拥有的，然后用温柔的气息将其余的都吹散。
> ——黛娜·马洛克·克瑞克

许多主管告诉我，刚上任时，他们深信："如果我工作足够努力，工作时间足够长，我最终将把诸事安排得井井有条，一切尽在我的掌控之中。"于是，新主管们勤奋地工作，一件接一件地完成他们分内的事情。

就像雨后的蘑菇一样，未预料到的挑战一项接一项地冒出来。幼儿主导老师在开学第一周请假；能源费用飞涨；既定的标准发生变化；为操场提供树荫的大树被蝉吃光了嫩叶。安迪·格赛尔谈到她早年做主管的经历时说："作为一个主管，对于我来说，最困难也是最重要的一课是，主管的挑战永无止境。我一踏上这个岗位，就想我要努力工作，直到所有事情全部解决。最终，我负责的项目将再无问题。我已经学会坦然面对这一事实——新的挑战随时都会存在"（见表6.1）。

下面是一条有用的原则，请牢记

> 领导者的工作永无休止。不管是对于组织还是个人来说，"救火""达到巅峰""斩妖除怪"都是为迎接更大的挑战清除障碍。
> ——唐·莫伊《哈佛商业评论》

表 6.1　来自变化的挑战

---
1. 变化是永恒的
2. 无论是否做好准备，变化都将发生
3. 面对变化，我唯一能做的就是：选择自己的态度和行动

于心：别人的行动未必能预测我的反应（引自 2005 年 6 月出版的《罗杰斯的生命之旅》）。如果一位家长疯狂地向老师发脾气,那位老师会"以牙还牙"吗？尽管家长的行为让人恼火，这位老师可以选择一种职业化的反应。还记得杏仁核劫持吗？肾上腺素可能会在我们的血管中迸发，导致我们在那一刻失控。然而，在我们做出让自己后悔的行动之前，我们可以选择等待那种激烈的、惊心动魄的时刻过去，否则我们会为自己的行为感到遗憾。使用这种方式，我们可以成为"变化的主人"。

了解何时以及如何"关注自己"

"关注自己"可能听起来有点儿自私。"这就是我的一切"这句话是不成熟的标志。例如，在员工忙于解决生存问题的这个阶段，老师们是看不到超越自身需求之外的其他事情的。想象一下，一位新手老师每天焦头烂额地忙于备课，因此不会有更多的精力去关注家长们关心的儿童开放日的问题。对处于该阶段的老师来说，"这就是我的一切"是一种真实的描述。

即使是主管，也会陷入"这就是我的一切"这一思想的困境。设想一下，如果一位主管纠结于害怕面对员工们的流言蜚语，她是不可能看到除了恐惧之外的其他事情的。然而，那些搬弄是非者们却在不断传播未经检查的、破坏性的和不真实的谣传。"这就是我的一切"这种自我中心的思维模式会让个体忽略其周围正在发生的一切，从而也就丧失了洞察力。如果一位主管看不到其焦虑之外的其他事情，她也就意识不到她有责任来处理那些消极行为。

美国新泽西州的一位主管告诉我："内疚是一种自私的情绪。"我听了感

> 当你身陷某个漩涡时，为了改变快速旋转的所有方面，你只需改变一件事情。
>
> ——克里斯蒂娜·鲍德温

到很震惊！我一直以为内疚是接受我需要做出改变的这种责任的第一步。对于她来说，一味的内疚只会阻碍为达到更好而去变化的行动。"内疚就是我的一切"，在那种情况下我们麻痹了自己。我逐渐理解她的观点了。就像桑德斯所发现的："担忧是一种控制未来的意图"（Sanders, 2005, p.55），而内疚则是一种控制过去的意图。我们无法控制过去，担忧对于未来也毫无裨益。

当变化刚开始时，"这就是我的一切"预示了一种积极、成熟的观点。关注我们自己，关注我们改变事情的能力是一种优点。

> 其他人怎么看我，并不是我要关心的事情。

那些只是等待其他人去改变的主管，可能需要等上一辈子；而那些关注自己以及自己所能采取行动的主管，才是真正有所作为的人。将精力浪费在担心别人做或者不做什么的人，实际上就是在浪费自己的宝贵时间。正如我的一位雇员所发现的："这就好像尽力去推一根绳子，你根本不知道它的前进方向是哪里。"关注你可以改变的事情，放弃试图改变他人的想法。

在我的演讲中谈及变化时，我喜欢问："谁结过婚或者有一段较长时间的伴侣关系？"最初，很多人都举手。"好，那么谁的伴侣关系超过了20年呢？"一些人放下了举着的手。"30年呢？35年呢？"我继续追问直到举手的人寥寥无几。而此刻的听众都为那些仍然举手的人鼓起掌来。之后，我问那些一直举着手的人"你能改变自己的伴侣吗？""不！"他们坚定地回答。还有些人补充说"我不想改变"，或者说"我们一起相互改变"。当主管和其团队学会一起改变时，这就是给"有目的地领导"的一种回报。

如何让变化受欢迎

改变我们能够改变的和放弃试图控制或改变他人的这种想法，这是一位有魄力的主管的常态。根据你的经验，一种新观念是如何被接受的？受这种新观念的影响并渴望追随的人的百分比是多少？"但我们之前一直都是这样做的"听起来是否很熟悉？让我们一起来看看面对变化，人们是如何反应的。你的经验是否与尼丽亚·康纳斯（Nelia A. Connors, 2000, p.47)的相符呢？

适用于任一变化的事实：
5%的人会立即接受变化，

表 6.2　和员工交流过渡期时应记住的 4P 原则

1. 目的（purpose）：为什么我们必须这样做
2. 蓝图（picture）：当我们达到目标时会是什么样的，会有怎样的感受
3. 计划（plan）：我们如何一步一步地达到目标
4. 角色（Part）：我们可以（以及需要）做些什么来推动我们前进

资料来源：William and Susan Mitchell Bridges, 2000.

　　　　25% 的人会慢慢适应并接受；

　　　　60% 的人会持"等等看"的观点，如果发现这一新想法对他们有益，最终会选择接受；

　　　　10% 的人最终都不会接受变化。

　　　　最机敏的领导者认识到了这一点，他们不会去浪费时间去给石头施肥，或者给杂草浇水。日语词汇"Kaizen"（持续改进）具有永不罢休的追求之意，它意味着永无止境地追求提高和改善。高效率的领导者提升了这一哲理。

　　反思一下，当他人想改变的事情影响到你时，你会作何反应。你是立即热情地接受、慢慢地接受、持观望态度，还是拒绝变化呢？这个问题的答案经常取决于这种改变是由谁发起的以及是如何发起的？当感到某人将变化强加于他们时，人们通常会拒绝这种变化。

　　那些鼓动员工对其新想法"买账"的领导者，通常会拒绝改变他们自己。结果，这些领导者最终会明白"正当程序"的力量。在准备做出改变时就邀请其他人参与进来，这样，领导者就能避免遭到抵制。还记得在本章开头案例研究中阿玛利亚的例子吗？当她的员工感到在整个过程中被忽略时，于是她们顽固地拒绝改变。如果阿玛利亚能够征求和听从老师们关于新课程的意见，老师们很可能会以更加开放的态度来对待这种变化。事实上，将老师引入变化的过程，将会有助于大家集中观点、创新思维、提升思路。接受变化取决于一种开放的、积极的、肯定的和欣赏的过程（见表 6.2）。

创伤和转变

在创伤中幸存下来的人，无论是成人还是儿童，都发现变化是很折磨人的。为了有个安全的栖身之地、可靠的日常生活以及舒心的亲子关系，孩子们常常要遭受一些不可预测的痛苦，这些痛苦有被忽略的心痛，有源自父母暴力的身体之痛。不幸的是，统计显示：孩子越小越容易遭到虐待（Center for the Study of Social Policy，2004）。事实上，在1999年被证实的825 000件儿童受虐或被忽视的案例中，14%的孩子不满1岁，24%的孩子年龄在2~5岁之间（2004，p.23-24）。幼儿教育专家提出的一些指导性原则能够帮助有创伤性经历的儿童，参见《教师可能永远不知道：在治疗中与孩子和其家庭建立一种专业关系》（Bruno, *Southern Early Childhood Association Journal*, Fall 2007）。

如果你注意到变革会给员工带来巨大的焦虑和抵触情绪，那么抽出一些时间和他们谈论一下其内心的恐惧，以及那些他们没有说出的心里话。当看上去只是一个普通的日常问题压垮了一个成年人时，这是在提醒我们：过去的遗留问题仍未解决。治疗师比主管能够更好地帮助有创伤性经历的个体。然而，从长远来看，用关切的方式聆听员工的心声可能会帮助员工从紧张中放松下来。而此时，这样的员工也许会成为变革的强有力的支持者。

变化和"认知失调"

一天，我下班后开车回家，听到美国国家公共广播电台（NPR）正在采访心理学家埃略特·阿伦森，他是

> 谁会认错？
> ——塔夫里斯与艾略特·阿伦森

《谁会认错：我们为什么会为自己的愚蠢看法、糟糕决策和伤害性行为辩护》（2007年）一书的合著者。阿伦森强调使用"认知失调"（cognitive dissonance）一词，即当我们未遵循我们的价值系统而行事时，我们会体验到一种来自内心的疯狂的紧张感。

假设一位主管的核心价值观是诚实。当他发现自己喜欢某个婴儿教师超过另一个时，他可能会感觉到一种认知失调的紧张感。他或许会说服自己：他对员工没有表现出偏爱。尽管他面带微笑，但是从他的非语言线索中，员工们仍

旧能够感觉到他的内疚和不自在的状态。在幼儿保育和教育的环境中，认知失调不是一种可以用沉默掩饰的秘密。即使我们习惯于隐藏我们的情绪，但高情商者仍能够"读懂"它们。

依据阿伦森（Tavris & Aronson，2007）的观点，当伴随着内部冲突随之产生焦虑时，一些不可能发生的事情开始出现，一些人选择伪装或者遗忘我们存在问题。否认是描述认知失调的另一种方式。对于一位自以为完美的主管来说，工作失误会导致她产生认知失调。即使在工作中已经出现了失误，那位主管也一定不会认错！当我们不能面对我们犯错的事实时，就会开始否认。

变革产生的骚动不亚于地震，地壳在我们脚下运动。我永远不会忘记1980年8月在缅因州发生的那场地震！当时我办公室的椅子在地震中来回移动，到现在我都能清楚地记得当时的情景。我们的大脑有一种强大的性能，能够回忆起生活细节中有关情绪的巨大变化。

地震过去之后，我们中的一些人就像什么也没发生过一样继续正常工作。此时，否认是有益的。然而，否认并不能忽略正在发生的现实，生活在认知失调中或者否认中会对我们的精力产生负面影响。思考一下这个案例：员工凯西感到她的主管不高兴，原因是主管对她打电话沟通方面的礼节不满意。如果主管不直接对凯西表态，凯西很可能会不理睬这种不愉快的信息。当主管在场时，她可能会避免接打电话，凯西否认这个问题并不意味着她解决了这个问题。因为凯西和主管在开始时都不主动讨论这个问题，那么存在于她们之间的这一问题就会像杂草一样蓬勃生长。两人之间的信任也将每况愈下。

接下来，"与变化为伴"的模型为我们提供了一种很好的途径。根据这个模型，我们能承认内部冲突、走出否认以及采取行动来拥抱变化。当不可避免时，对变化的抵制也可以转变为可接受的、最终的具有建设性的行动。接受和采取行动之前一定是先意识到问题的存在。

与变化为伴

你是否曾把一个新的画框悬挂在你所熟悉的一面墙上？如果是这样，你可能会发现经过改造的画框的颜色和形状，而这是你从前所没有注意到的。在过去，组织发展咨询师们通常会将"管理变化"的策略作为一种可接受的程序呈现。过去流行并沿用至今的思维是，"你能够主宰变化，而不是让变化主宰你"。做变化的主人看起来似乎很理想，有谁希望像一条小皮艇一样在未知的急流中风雨飘摇呢？

多年来，不管我是否能预料到，我已经学会感激所经历过的风风雨雨。现今，我更喜欢的方式是跟着变化走，而不是相信我能够预测并管理这些变化。

> 我们无权强迫他人理解我们前进道路上的真理。
>
> ——圣雄 甘地

"如果生活给了你柠檬，你就用它做一杯柠檬汁"，我十分受用这句格言。

我的儿子尼克教会我很多东西。当尼克很小并且力不从心时，他会耸耸肩，绝望地说"我真傻"；当他的实验不能按照预期进行时，他依然会说"我真傻"。我一直以来都很喜欢尼克这种自我接纳的方式。这一章的内容就是源于年复一年的"我真傻"的经验，以及那些让我想起我知道如何管理变化的时刻。现在我愿意与变化为伴。

选择与变化为伴，而非管控变化，我们就会在变化当中抓住先机。我对这一点深信不疑：只有我能够选择我的态度。

坚持变化的观点

模式甚至在最不可预料的时候出现。惠特利博士提醒领导者们要注意隐藏在现象下面的东西（Meg Wheatley, 1999）。惠特利深刻的观点给我们提供了全新的视角，并且她的工作揭示了一个又一个的"分形"。分形（fractal）是在自然界中随处可见的模式，我们可将树的叶子视为一个分形。每一片橡树的叶子都呈现出相同的形状，每一片棕桐树叶都根据相同的模式伸展，每一种晶体都始于相同的元素结构，脑细胞都是由神经元开始的。分形无处不在！注意观察你的身边，看你能否分辨出一个分形或者像蜂巢、花瓣那样重复出现的模式。

让人欣慰的观点源自在变化中发现可循的模式。人们对变化的抵制反应是可以预料的，紧接着是不情愿的接受，最终接受变化并且这种变化成为一种新的常态。于是，一种模式似乎出现了。理解这种模式能够帮助我们确定我们的位置以及我们所做的选择。坚持变化的观点是与变化为伴的第一阶段。

关于情绪分形的一个例子是：每一种变化都会导致一种丧失。当然，一种变化也可能会让我们拥有新的收获。我们必须放弃一些旧的东西，然后用新的观念取代它。当我们关掉那扇熟悉的大门，我们经常会产生一种失落感。伊丽莎白·库伯勒—罗斯（Elisabeth Kubler-Ross）描述了当我们经历丧失，特别是心爱之人死亡时的悲伤过程。

有时，我们喜欢惯例和熟悉的想法，就像我们喜欢某个个体一样。当这种惯例发生改变或者某种想法变得过时了，我们就会感到失落。在下一阶段中，这种"与变化为伴"的模型包含一系列由库伯勒—罗斯所描述的悲伤的过程，例如否定、生气和接受。

威廉·布里奇斯提出了一些关于转变的观点（William Bridges，1991），给我们提供了关于变化模式的另一种分形。就像库伯勒—罗斯所描述的悲伤过程一样，布里奇斯描述的是我们面对变化时所需要的勇气。布里奇斯发现，人们更喜欢去拥有已知的东西，甚至不惜以失去更好的东西为代价。这种"已知的"即使是令人烦恼或者是不够完美的，却仍然比那些"未知的"东西更受人青睐。如果没有足够的勇气，哪些未知的、更健康、更愉快、更充实的选择是难以被发现的。

布里奇斯喜欢用表演高空吊架的演员所面临的挑战来比拟人们对变化的抵制。为了能够荡到马戏团帐篷的另一边，表演高空吊架的演员必须放弃他正抓紧的吊架。只有具备了勇气，他才能在空中以最为放松的姿态飞到新的吊架上。由于害怕冒险而变得麻木，表演高空吊架的演员就会陷入不得不用他那苍白的指关节和疼痛的胳膊紧紧抓住吊环，在空中来回不停地摇摆。

> 你见到许多东西并问"为什么是这样的？"但我梦想许多陌生的东西并反问"为什么不是这样呢？"
>
> ——乔治·伯纳德·肖

就像表演高空吊环的演员一样，我们中的很多人紧紧地抓住我们已知的，有时，这样做需要付出巨大代价。布里奇斯把这种处在新旧之间的空白称为"中立地带"。为减少处于"中立地带"的时间，布里奇斯（William Bridges，1991）提供了一个关于如何获得"信念飞跃"的实用方案：

1. 学会描述变化以及理解为什么在一分钟或者更短的时间内变化一定会发生。
2. 理解谁必须放弃什么，让员工明白哪些是即将结束的，哪些是即将开始的。
3. 采取措施，帮助员工谦恭地放下过去。
4. 给员工们需要改变的那些技能和态度命名，并提供培训和资源来帮助员工发展新的技能和态度。

下面我将介绍"与变化为伴"模型，它会让我们从关节疼痛、胳膊酸麻以及灵魂虚弱的状态中走出来。

与变化为伴的模型

花点时间确定你需要做出的某种变化，这种变化或许可以避免。你是怎么想的，你有何感受以及你想做些什么？根据下面的模型来确定你正处于变化过程的哪一阶段。

与变化为伴，第一步是承认你所处的变化阶段。一旦你确定了自己在变化过程中所处的阶段，你将会更加从容地选择你的发展方向。采用这一模型能够让我们自由地以一种自信的、幽默的方式迅速采取建设性的行动。

图 6.1 阐明了变化的模式，这是参考了库伯勒—罗斯、布里奇斯的模型以

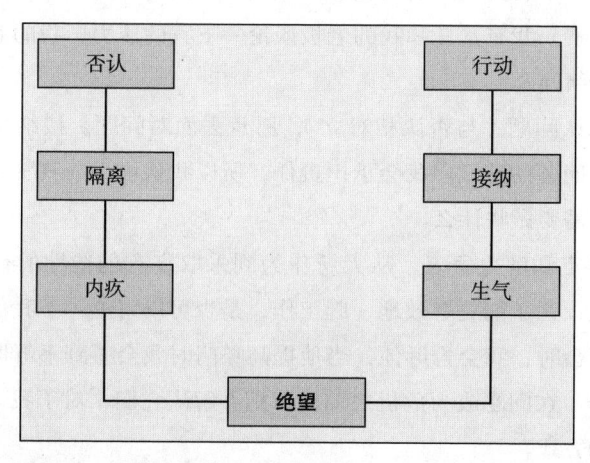

```
否认 ──────────── 行动
 │                │
隔离 ──────────── 接纳
 │                │
内疚 ──────────── 生气
 │                │
 └────── 绝望 ────┘
```

图 6.1　与变化为伴

及我自己的观察所得出的。

我内心回避的事情有很多，你呢？有时这会带来麻烦。下面有一种方法可以给予我能量，让我可以直面我所回避的事，从而让我可以正常的工作和生活。

例如，我所回避的问题是我与老板的管理风格不一致。特别是每次我们的老板发脾气，朝我咆哮时，我内心就会焦虑不安。当面临怒气冲冲的老板敲我们的门这类情境时，我们可以遵循下面这种可以预测的模式。

1. 否认：回避问题，假设问题不存在，一切事情都安好如初。如果我不总想着它，问题就会自行消失。否认和小憩很相似，我能暂时逃离我必须面对的事情。我安慰自己：也许老板那天恰好不顺心。

2. 隔离：切断自己与其他人的联系，不告诉任何人你的问题。在隔离阶段，我在他人面前表现得很放松，然而只有我自己知道心中藏有秘密：我害怕老板发脾气。这个秘密让我和大家之间有了疏离，我感到孤独。

3. 内疚：事后责备自己没有采取行动，或应对的不恰当。当我违背了自己的核心价值观——诚信时，我会感到内疚。我所关心的事情对于我自己和老板来说都是不诚实的。内疚也涉及责备他人，从而使自己能逃避变化。

4. 绝望：达到了谷底，感到无助和无望。不去面对问题，任凭问题发展。随着问题的发展，我的自尊降低。大多数人难以忍受长时间的绝望，否则我们会生病，或者因为不舒服而倍感疲惫。

5. 生气：因为未能直面问题而愤怒。生气让我们清晰地了解到谁该负责以及为什么负责。我有责任和我的老板谈论一下我的压力，我的老板有责任处理我的情绪问题。

6. 接纳：承认问题（与否认相对立），愿意去面对问题。接纳带给人一种冷静和解决问题的感觉。我会承担责任，所以我认可不为我赞赏的行为。我能决定我需要做些什么。

7. 行动：界定和解决争议，从无所作为到采取富有创造性的行动。我询问我的老板，为了能更有效地一起工作，是否可以讨论一下我们不同的工作风格。开会时，我会告诉他，当他提高嗓门时我会感到不舒服，并且工作效率下降。在问题成为危机之前就识别并解决它们，对于我来说，这是一种更好的方式。

你也许已经注意到，在我采取行动前我花费了多长时间。你能估算出我因逃避、恐惧和隔离浪费了多少时间吗？我们不必踏上这条曲折而漫长的道路。思考这个问题：每个阶段（否认、隔离、内疚、绝望、生气）都提供了一条通往接纳和行动之路。领导者要学会跨越鸿沟，而不是坠入失望的深渊。

以下是主管们可以借鉴的工具：

1. 承认胜过否认：勇于直面事实，承认我正面临问题，承认我正在否认困扰我的事情。当我承认和老板一起工作会心烦意乱时，我其实就是接纳了这种感觉，这将会为我下一步采取行动做好准备。
2. 联系替代隔离：走出去，寻求别人的帮助。足智多谋的同事们做好了准备，等着我去向他们请求协助。当我向他人求助时，我就获得了采取行动的力量。
3. 承担责任胜过内疚。深陷内疚并不能改善任何事情。由于我接纳了采取行动的责任，我能够打破僵局，走向行动。
4. 信任能缓解绝望。你曾经感到不舒服或者疲惫不堪吗？没人能够长时间地忍受绝望。任何行动都胜过疲惫不堪或不知所措的状态。信任或者信念能让我们走出遗憾、得到提高。我们每个人都有获得信任、信念或者两者兼而有之的自己的资源。
5. 澄清是生气的礼物。最后你终于生气了，你是否曾经因此而心存感激？我们生气时，肾上腺素会流遍全身，让我们明白需要采取哪些行动。我们的右侧前额叶皮层（OFC）使我们能够闪躲肾上腺素，并快速获得澄清。
6. 接纳能让我们心平气静。在美国俄亥俄州，和我一起共事的一位女士描述自己面对必须要做一个外科手术时的极度精神紧张。似乎没有什么能够安抚她，她害怕死亡。去住院的那天，她却出奇地平静。她接纳了不得不做手术的现实。研究显示，那些消除了手术前紧张的病人，通常手术后身体也能较快恢复。
7. 行动让我们获得释放。当我们把无法解决的难题扛在肩头时，我们的身体会被压垮。当放下包袱，我们也可以像美国新罕布什尔州的开端项目的一位主管一样大声感叹："我站起来了！"

为了"站得更高"，请描述一种你正在面临的变化或者需要处理的难题。回顾这种变化过程的每一个阶段。现在你处于哪一阶段呢？你否认过这一问题吗？你对它感到内疚吗？不管处于哪一阶段，你都可以使用上面提到的七个工具中的任何一个来跨越这些鸿沟，直接采取行动。请选择对你现在来说最有用的工具。

> 如果一个人不害怕变化，拥有永不满足的求知欲，对大事情感兴趣并且在小处也能发现乐趣，那么尽管疾病缠身，尽管面临大敌之患，一个人也能在艰难转型的日子里生存下来。
>
> ——伊迪丝·华顿
>
> 1921年，第一位获得普利策奖的女性

为了与变化为伴，你现在需要采取哪些措施呢？就像表演高空吊环的演员一样，你信念的飞跃将会帮你到达另一端，并避免跌落底部。

关注所失去的。为了实现飞跃，领导者必须放弃一些已知的和可以预料到的东西。为了实现飞跃，领导者需要勇气。害怕失去将会阻碍个体前进。我告诫自己，失去是生活的一部分，但是失去的痛苦仍会让我哭泣。如果我前进得太快，无暇为过去的失去而悲伤，那么当我面对其他损失时，我将会感到恐惧。因此，与变化为伴将会涉及接纳悲伤、生气、恐惧、孤独和绝望等各种感受。谁会乐意体验这些情绪呢？

情商，对于理解我们的优缺点很有帮助。通过承认我们对待变化和失去的感受，我们将会更加清楚自己需要成长的部分。这就是我们需要寻求帮助的第一步。

例如，如果我习惯于将自己与大家隔离，那么我知道我需要采取的步骤是向他人寻求帮助。如果否认是我的代名词，那么我需要面对现实。通过建立支持系统，主管们在与变化为伴的各个阶段都会感到轻松自如。

当和老板的关系需要改变时

"向上管理"*或者试图改变与监督者之间的关系时，需要潜在的社会情商。我们小心翼翼地行走在超越自己的界限，以及加强和老板保持有效关系之间的"钢索"上。老板可能认为我们是不顺从的、相对诚实的或者介于两者之间。

---

* 编者注：著名管理学家杰克·韦尔奇的助手罗塞娜·博得斯基提出了"向上管理"（managing up）的概念。她认为管理需要资源，资源的分配权在你的上司手上，因此，当你需要获得工作的自由资源时，就需要对上司进行管理。这实际上是与上司进行最完美的沟通。

幼儿教育专家告诉我，他们经常面临这样的困境。他们问："如果老板传播谣言，而我的职责正是管理员工的这种行为，我该怎么办？""如果上司推翻了我的决策，或者如果员工们向领导抱怨我的决定，我该怎么做？"

当感到你和老板的关系产生问题时，可以使用下面的情商小贴士进行"向上管理"：

1. 尽可能加强你和老板之间坦诚的关系；
2. 问问你的老板，他（她）喜欢你以何种方式提出困难；
3. 找出最佳时间和方式与你的老板分享你所关心的问题；
4. 表明你希望做出的改变；
5. 识别变化可能带来的利与弊；
6. 尽可能客观地听取老板的观点；
7. 如果老板无意做出改变，那么考虑在不能获得其支持的情况下，你是否能够有效地完成你的工作；
8. 如果你觉得无法使工作取得进展，那么请准备好放弃或者离开。

在监督与被监督的关系中，如果被监督者发起改变，并不是每一位监督者都会对变化持开放态度。在那种情况下，你应该让老板觉得你提出的改变是他（她）很感兴趣的。让你的老板感觉到这种改变是他（她）的主意而非你的。

领导组织的变革

约翰·加巴罗曾坦率地说："空降到任何地方任何情境都能取得成功，这样的万能总经理是一个神话"（Gabarro, 2007, p.116）。即使他的研究样本是17位男性商业行政主管，但是在很多方面，加巴罗的研究主要是关于幼儿保教方面的。加巴罗提出了新的管理者试图做出改变时所经历的那些可预测的阶段：

1. 站稳脚跟
2. 沉浸
3. 重塑
4. 巩固
5. 精炼

表 6.3 做一名管理者的五个发展阶段

站稳脚跟 定位和评估 改进的措施	**任务** ● 理解新形势和新情境 ● 采取改进措施 ● 发展最初的优先事项以及厘清新形势"地图" ● 确定最初的对主要下属的期望 ● 建立有效工作关系的基础 **困境** ● 如何快速地应对显而易见的问题？ *行动太快的风险：* ● 因为缺乏足够的信息和知识，导致决策失误 ● 所采取的行动限制了不可预料的后续决策 *行动太慢的风险：* ● 丧失了最佳时期的优势 ● 因为明显的优柔寡断失去信誉 ● 失去了宝贵的时机
沉浸 细化，探索学习，管理企业	**任务** ● 对新情境和新员工形成更深层次的、更细化的理解 ● 评估站稳脚跟阶段所采取行动的结果 ● 重新评估优先发展的事项 ● 解决主要人员的疑问和难题 ● 重新布局新形势"地图"，丰富或者修订一些观念 ● 准备重塑措施
重塑 基于修订的观念而采取行动	**任务** ● 在更深入的理解基础上对组织重新布局 ● 解决遗留问题的潜在原因 ● 对第二轮变革所产生的不可预知的问题持开放态度
巩固 评价性学习，坚持，改进措施	**任务** ● 坚持重塑措施 ● 处理重塑阶段出现的不可预知的问题 ● 对新发展保持开放性
精炼 精炼运营，寻求新的机会	**任务** ● 专注于需微调的运营 ● 寻求新的机会，例如员工发展、课程改革和技术整合

资料来源：摘自 John J.Gabarro, Taking Charge: Tasks and Dilemmas (2007, p114)。

每一阶段的具体内容参见表 6.3。"对新发展持开放态度"和"解决遗留问题的潜在原因"是较高要求，开放性和勇气是必须具备的。

挑选你的挑战时，先问问你自己"它有多重要？"你对这个问题的回答将有助于你迎接几乎所有关于领导力的挑战。凯瑟琳·里尔登教授（Reardon，2007，p.61）曾提出："这种情境是要求即时的、高调的行动，还是更加细致入微和低风险的行动？勇气是指不要把政治资本浪费在低优先级别的问题上。"一个动用你的"政治资本"的例子是请你认识的某个人帮忙，反过来，那个人可能期望你也能帮她的忙。

韧　性

韧性（resilience，也译作复原力、恢复力）是一种神奇的特性！它是一种能够卷土重来、维持希望、看到光明、从不丧失信任感并且保持元气的能力。对一位主管来说，韧性是一种基本的情商能力。主管们如何才能变得具有韧性？如何在挑战中保持韧性？

关于韧性的研究令人振奋。哈佛大学的一项研究显示，一个成年人毫无保留的爱的支持能够帮助一个经历过虐待或忽视的人修复韧性。同样地，

> 如果你丧失一切，面对责备仍能昂首挺胸，那你比我强大。
> ——拉迪亚德·吉卜林

对在子宫内（出生前）受到皮质醇破坏性影响的儿童来说，成年人对其无条件的关爱能够帮助这个儿童的神经末梢恢复正常。这个孩子可以健康地成长和发展，她的情商和智商也将得到发展，这在很大程度上取决于成人悉心的照料。

乐观在韧性中的作用

我欣慰地发现，孩子们对自己的乐观比其学术能力评估测试（SAT）分数能更好地预测他们第一学期的学业成绩。我可爱的女儿，莉莉·珍熙，是一名出色的学生。她具有天赋（不是每个儿童都拥有自己的某些天赋吗？），但是莉莉在标准化测验中得分并不高。幸运的是，她的分数足以让她拿到她所选择的

> 开怀的笑是房间中的一缕阳光。
> ——威廉·梅克皮斯·撒克里

大学的通行证。在大学第一学期，莉莉根据她的优势，选择了化学和微积分课程，这一选择使得她第一学期的总体平均水平为优秀。我惊喜地发现上面的研究结果被验证了：莉莉（或者说每个学生）对自己的乐观态度，比任一学术能力评估测试分数都能更好地预测其大学第一学期的学业成绩。

> 成功不是幸福的关键，而幸福是成功的关键所在。如果你热爱你所做的，那么你必将成功。
> ——艾伯特·施韦策

在我们生活的每个时期，乐观是一种强大的推动力。研究表明，相对于悲观者来说，乐观者能看到更多的机遇，回忆起更多的内容，思维更加灵活。乐观主义者善于分享他们的幽默天赋。幽默提供给我们重新看待事情的不同视角。

乐观使人长寿，预防疾病；如果乐观者生病了，他（她）会比悲观者更快地痊愈。同样的半杯水，如果你看到的是杯子满了一半，而不是空了一半，那么你会成长为一名更具韧性的领导者。

> 一项由545名荷兰男性参与的为期15年的研究显示：乐观的男性死于心血管疾病的风险比那些悲观者要低50%。
> ——《内科医学文献》

研究者在一项对荷兰男性进行的研究中指出，积极乐观者会向他人寻求帮助，能够更好地应对困难，并且能够坚持他们的治疗计划。乐观的男性似乎花更多的时间开心地追忆过去。这项研究表明，每天抽出20分钟时间回忆那些快乐的时光而不是那些愁苦的日子，我们将变得更加愉悦和积极乐观。

情绪是可以捕捉的。你出现在哪里，那里的人们就能够感受到你的乐观。一个距离你1.5米远的人能够感受到你的心跳。心跳可以传达你是乐观的还是悲观的，你是受欢迎的还是被拒绝的。面对任何挑战，乐观的领导者能看到积极的一面，为其团队示范了恢复力。

乐观可以学习吗？你是否曾将悲观的观点转变为乐观的观点？如果你能做到这一点，那么你将能在令人不适的变化的"中立地带"获得成长。在很大程度上，从消极悲观向积极乐观的转变是通过选择实现的。俗话说："当我们改变了看问题的方式，那么我们看待的问题也会相应发生变化。"这并不是放弃了原有的信念和态度，从而对困难视而不见。"放下"从来都不是一条容易的途径。

超级主管？不是！

那些认为应该为所有事情、对所有人负责的主管，常常把自己给忽略了（Bruno, 1999, p.8）。你是否注意过飞机上的乘务员是如何向乘客介绍怎样使用氧气面罩的？"请先把面罩带到脸上"，她们提醒我们。大多数人都是先帮助身边的人，然后才照顾自己。这是情绪智力的一种缺陷——那些能敏感地意识到他人需求的人，往往容易忘记满足他们自身的需求。这听起来是否很耳熟？

支持系统让关爱自我变得更加容易和有趣。支持系统的成员分布在不同的地方——在我们的社区、专业组织、我们的家庭和朋友圈子以及我们的工作中。下面的支持系统模型确定了一位主管保持韧性需要具备的一些条件。

请用你能够想起来的人名填写表 6.4 中的表格。谁是你的"啦啦队长"？谁"让你保持坦诚"，并鼓励你去面对你想回避的事情？谁会用一张贺卡、一封邮件或一场聚会为你庆祝？

在表格的顶部你会发现这些人，他们存在于你的个人生活中、职业关系中，或者你所在的街坊和社区之中。纵向看，左边一列是我们为了保持韧性必须满足的。主管们需要无条件地接纳，"严厉的爱"或者给予我们走出否认的推动力，庆祝我们自己的"改变"和"成就"。

准备好了吗？写出目前你的支持系统的成员：

表 6.4 变化的支持系统

	个人生活中的	职场中的	社区中的
无条件地支持你			
推动你走出否认			
为你庆祝			

现在，被你填进表 6.4 中的人就形成了你的支持系统。你知道了该向哪些

地方的哪些人求助了吗？你是否曾经像我一样，只依赖一个人满足你的所有需求？当时，我只填写了我最好的朋友！如今，我的支持系统更加广阔，这部分得归功于像电子邮件或者群发服务这样的通信技术。

请不要据此给自己下定论！在你准备与变化为伴时，把你的回答视为衡量自己的资料和信息。

提高他人的韧性

幼教学者吉姆·格林曼（Greenman，2004）提醒我们：每个人由于接触的变化不同，会产生不同的观点。每一种观点都需要被聆听。只要主管听取了每一种观点，"关于计划、设计和实施等参与性事宜就不会意味着一种没完没了、平等主义的过程，也不会在一种所有人都不满意的妥协中结束"（Greenman，2004，p.334-335）。员工会议前的非正式谈话能够节省会议时间。

正如员工们感受到被承认、被聆听和被欣赏，他们的韧性会提高一样，如果员工们感到被忽略、不被认可和欣赏，那么他们就会退出组织。

下面的实用小贴士将会促进员工接受变革：

1. 表明你的愿景：表达变革的愿景要清晰、强烈。
2. 确定利益：说出变革为员工和项目所带来的利益。
3. 使用"正当程序"：让员工参与变革过程的每一阶段。询问他们的意见、他们预料到的问题以及他们推荐的方法。
4. 调动"具有舆论影响力的人"：雇用那些对变革充满热情的人，让他们与那些抵制变革的人多沟通。
5. 表现出调整的意愿：通过调整变革来与员工们的工作投入达成一致，以此表达你愿意听取他们的意见。
6. 走"婴儿步"路线：我的学生格温·摩根提醒我，如果把变革分解成一个个很小的部分或者采取"婴儿步"路线，那么员工们将会更加乐意接受这种变革。

在执行上面的每个步骤时，高效的领导者都会用到情商。他们不仅能关注员工们用语言表达出的信息，而且也能关注到员工们所表现出的活力、行为举止以及其他的非言语线索。

照顾好自己

幼儿保教管理和领导工作总会伴随压力。每天需要工作 10~12 个小时，没有自己的一点休息和放松时间。即使这样努力工作，我们还是不能掌控未来。然而，我们能够建立起支持系统，为持续改进打下基础，采取措施让事情朝着更好的方向发展。当我们在推动一项建设性的变革时，我们需要花些时间来照顾好自己，让自己保持充沛的精力和活力。每个人都会找到适合自己放松和解压的方式。

> 休息一下：田有休耕，方得丰登。
> ——奥维德

用安慰来取代压力

锻炼身体也是照顾好自己的一种方式。我们都知道丰富的营养、充足的休息以及有规律的身体锻炼的好处。你是否知道我们有在 30 秒之内降低自己血压的潜力呢？《哈佛女性健康通讯》为我们提供了在任何地方都可以进行的这种练习。在根据下面的步骤进行练习之前，请先检查你的感受如何。完成练习后再次检查你的感受。如果你感觉内心更加平静、情绪更加稳定，那么这次练习是成功的。健康能让我们宽心，从而能够缓解我们狂怒时的压力。

首先，如果条件允许，先选择一处现实的物理环境，在那里，你能感到像在家里一样安全、舒适和放松。是在海滩上悠闲地漫步看落日，在烛光下洗一个泡泡浴，坐在火炉边品味一本好书，还是安静地给婴儿唱首摇篮曲，所有这些都符合条件。我会想象我抱着我的爱犬托比，每当它看见我时，整个身体都会摇摆。

其次，确认那些一直在我们脑海中出现并使我们的注意力分散的事情。控制注意力分散几乎是不可能的。充其量，我们可以通过说"谢谢，不用了，这是我的放松时间"来承认这些干扰。再次，我们需要找到一个远离干扰的地方。

在以上三条原则的指导下，遵照以下步骤就可在 30 秒内降低血压。

1. 到无人打扰的清净之处。
2. 告诫自己：杂念并不能"偷走"你平静的时光。
3. 想象你正置身于令你放松的、如家一般舒适且受欢迎的地方；如果你感到安全，请闭上双眼。
4. 回想一些味道、周围环境的布局、光线等一切能让自己身心舒适的细节。
5. 吸气呼气，同时把右手放在胸口，感觉呼吸时的心跳。
6. 如果（或当）受到打扰时，就说"谢谢，不用了，这是我的放松时间"。
7. 当你感到心平气静时，你就能跟之前说再见并回归到现实中来。
8. 睁开眼睛，肯定这一刻自己对自己的关爱。

有一种活力、一种生命的力量和精神，通过你转化成行动的一种生机。因为自始至终你都是唯一的，因而这种表达也是独一无二的。如果你阻止它，它将永远消失，再也不会通过其他任何媒介而存在。

——玛莎·葛莱姆，
舞蹈演员、老师、编舞者

曾被提名诺贝尔奖的一行禅师建议我们边呼吸边想这几句话："吸气，放松筋骨。呼气，笑对人生。活在当下，静享时光！"（Thich Nhat Hanh, 1991, p.10）。

记住，首先要照顾好自己才能照顾好他人。对于主管来说，这可能一时难以理解。从照顾别人到照顾自己的转变仅有一步之遥。正如面对任何变化一样，开始时我们都会感到不适应，但在实践自我关爱的过程中，你会逐渐学会如何去关心你的员工。

活力四射还是精力殆尽？

职业倦怠或者丧失能量、热情和乐观是服务行业的一种危险信号。一位心理学家创建了一家网站，专门为患"照料者综合征"者提供帮助，他的主要建议是首先要学会照顾自己。做一个真实的人是自我关爱的第一步。

真实地表达出自己对于变化的希望至关重要。参与项目的人员明白，变化对于主管来说是何等重要。根据《关键对话：紧要关头的谈话手段》（Patterson and colleagues, 2002）一书

你心中的希望与你同在！
——威廉·莎士比亚

作者的观点，管理者需要：

- 开启关爱、充满希望的动机之心；
- 坚持到底，远离权力斗争的诱惑；
- 问问自己：我真正想为自己、为他人以及自己的项目做些什么；
- 反思：如果我执着追求我的梦想，我应该怎么做？

我们多么依赖对变化所持的态度和进行"有目的地领导"的勇气啊！

奖励那些成功做出改变的员工，对谋求发展、营造学习的氛围是必不可少的。2006年9月，艾伦·克利平格（Ellen Clippinger）在接受《学龄期记录》杂志的采访时，谈到了防止职业倦怠的解决方法。鉴于克利平格认识到，很少人能够通过成为项目主管来获得发展，他创造了员工职业成长的五步阶梯法。当员工汇报取得的成绩、参加的研讨会和课程、分享孩子们在课堂上所完成的项目时，项目审查小组要认真聆听。当员工一步一步获得提升时，雇主也会得到认可和回报。你可以通过访问网站 www.SchoolAgeNote.com 来了解更多关于此方法的信息。

幼教畅销书作家葆拉·朱迪·布鲁姆经历过两次癌症磨难，她对领导者提出了如下忠告："一层层地剥离我们的动机是一种令人不适的过程，但如果想成为一位以诚信闻名的高尚领导者，这是必经之路。在这一过程中，关键是搞清楚我们察觉到的生活目的是什么以及如何定义成功"（Bloom，2007，p.2）。

当我们认为工作失去意义时，我们也就职业倦怠了。在幼儿教育领域，我们拥有很多现实生活中的机会，能把事情变得更加美好。如果我们看不到这么多的机会，那么就到了我们需要培育我们自己精神的时候了。

谁是变化的主人？希望作为学习本章的一个结束，你觉得自己被武装起来，也许被鼓励做出改变，以提高儿童、家长以及你自己的生活质量。你就是做这件事的那个人。

反思性问题

1. 你有没有回避或推迟本来应该解决的事情呢？现在，请回顾第 135 页的与变化为伴的模型，分析一下自己正处在哪个阶段？是否认、内疚还是生气阶段？结合第 136 页的内容，思考自己该如何摆脱这一"瓶颈"，并进入接纳和行动阶段。写一篇论文来分析你会如何利用与变化为伴的模型帮你：（a）解决你能够确定的问题，以及（b）未来你可能面临的问题。
2. 你会把自己描述为一个乐观主义者，认为"杯子满了一半"的那种人吗？你会悲观地预设某种变化所产生的问题吗？这种消极的态度会如何影响你为改善某些事情而做出改变的决心？乐观主义者和悲观主义者各自的优缺点是什么？至少进行两项关于乐观主义的研究。写一篇文章分析乐观的态度如何影响你的决策。
3. 你能改变什么呢？你能举例说明你曾成功地改变另一个成人的行为吗？谈到孩子的发展，你认为成人可以改变孩子吗？请写一篇关于静思祷告应用于某些特定情境中的反思性文章，例如，面对成人和儿童的行为都干扰你时的情境。

团队项目

1. 自我关爱对日常领导力的培养具有不可估量的作用。列举目前你正在做的事情的清单，以保持和储存能量。使用数字 1~10 来给自己评分（1 代表忽视自己，10 代表自我关爱得非常周到）。讨论你对自我关爱和自我辅导的感受和想法。算出团队平均分，与其他队员一起开发并呈现以下内容：（a）我们抵制自我关爱的原因列表；（b）日常生活中我们能够进行自我关爱的步骤；（c）长期来看，我们在生活中如何兼顾自我关爱和自我辅导，特别是在忙乱的、充满压力的时期。
2. 识别和分享这样的情况：你所认识的人（包括你在内）期望做出改变以求更好的发展。期望做出的改变是什么？改变是如何呈现的？描述人们对相应变化的反应。以团队为单位，回顾内拉·康纳斯声明（Neila Connors' statement, pp.47-48）中关于人们对变化的反应。根据你的观察，她的数字令你吃惊还是让你信服？重温一遍如何促进员工接受变革的实用小贴士（见第 144 页）。回头看看每个人确定的情境以及期望面临或可能面临的情境，你是如何促成对于变化的一种更加积极的反应的？

3. 伊丽莎白·库伯勒—罗斯定义了悲伤过程的各个阶段。威廉·布里奇斯用表演高空吊环的演员抓住摇摆的吊环的危险来比喻变革的冒险。两位作者都是在 20 世纪提出了以上的观点。充分地研究他们想要表达的寓意，哪一位的见解至今仍然正确呢？先进的技术如何影响我们的冒险精神和悲伤过程？你相信存在永恒的哲学或价值吗？当你在讲述库伯勒—罗斯和布里奇斯时，让你的学员讨论上述问题。

参考书目

Bloom, Paula Jorde. 2007. *From the inside out: Self-mentoring*. National Louis University Press.

Bridges, William. 1991. *Managing transitions: Making the most of change*. Reading, MA: Addison-Wesley.

Bridges, William, and Susan Mitchell Bridges. 2000. Leading transition: A new model for change. *Leader to Leader* 16 (Spring): 30–36.

Bruno, Holly Elissa. 2007. Teachers may never know: Building professional relationships with children and families that heal. *SECA Journal* (Fall).

Bruno, Holly Elissa, and Margaret Leitch Copeland. 1999. Professionalism in challenging times: A new child care change management model. *Leadership Quest* (Fall).

Bruno, Holly Elissa. 1999. SUPERDIRECTOR: All things to all people but one. *Leadership Quest*: 8.

Clippinger, Ellen. 2006. Staff "lifers" in after-school and summer programs. *School-Age Notes* (September). www.SchoolAgeNotes.com

Connors, Neila. 2000. *If you don't feed the teachers, they eat the students*. Incentive Publications.

Frankl, Vicktor. 1959. *Man's search for meaning*. Boston, MA: Beacon Press.

Gabarro, John J. 1985. When a new manager takes charge. *Harvard Business Review* 63(3): 110–123.

Greenman, Jim. 2004. *Caring spaces, learning places: Children's environments that work*. Oregon: Child Care Exchange Press.

Kubler-Ross, Elisabeth. 1969. *On death and dying*. New York: Macmillan.

Moyer, Don. 2007. The final test. *Harvard Business Review,* January, p. 128.

Patterson, Grenny, McMillan, and Switzer. 2002. *Crucial conversations: Tools for talking when the stakes are high*, New York: McGraw-Hill.

Protecting children by strengthening families: A guidebook for early childhood programs. Center for the Study of Social Policy, 2004.

Reardon, Kathleen. 2007. Courage as a skill. *Harvard Business Review.* January, p. 61.

Rogers, F. 2005. *Life's journeys according to Mr. Rogers: Things to remember along the way*. New York: Hyperion.

Sanders, H. B. 2005. *The subconscious diet: It's not what you put in your mouth; it is what you put in your mind!* Azusa, CA: Liberation Press.

Tavris, Carol, and Elliot Aronson. 2007. *Mistakes were made but not by me: Why we justify foolish beliefs, bad decisions, and hurtful acts*. New York: Harcourt Brace.

Thich Nhat Hanh. 1991. *Peace is every step: The path of mindfulness in everyday life.* London: Bantam Press.

Wheatley, Meg. 1999. *The new science: Discovering order in a chaotic world revised*. San Francisco, CA: Berrett-Koehler Publishers.

Work and Family Life (December 2006). *Workfam@aol.com* (summary of "Archives of Internal Medicine").

资料来源

Bridges, William. 1980. *Transitions: Making sense of life changes*. New York: Addison-Wesley.

Co-dependents Anonymous, Co-dependents Anonymous, Phoenix, AZ (1995).

Harvard Business Review, January 2007.

网络资源

领导组织变革的文章和工具

http://www.beyondresistance.com/change_migraines/leading/articles.html

让员工不仅拥抱变化，而且要求变化！

http://www.zeromillion.com/business/managing-change.html

情绪复原力：乐观主义

http://www.mentalhelp.net/poc/view_doc.php?type=doc&id=5789&cn=298

减轻压力和获得内心平静的基本自我关爱

http://www.mentalhelp.net/poc/view_doc.php?type=doc&id=5789&cn=298

库伯勒—罗斯的悲伤周期

http://changingminds.org/disciplines/change_management/kubler_ross/kubler_ross.htm

第 7 章

预防法律问题：政策和程序

学习目标

1. 在处理潜在的法律挑战中保持洞察力。
2. 确认项目领导者具备常识性的法律原则。
3. 当要求提供以前雇员的相关证明时，要了解你的权利和义务。
4. 对所有的应聘者提问合适的面试问题，包括那些有"已知"缺陷的应聘者。
5. 理解美国残疾人法案（ADA）中的主要内容。
6. 防止下午放学时关于谁有权接孩子回家的争吵，特别是防止那些因为喝酒或不具有监护权的父母被拒绝而勃然大怒。
7. 预备并演练如何处理当家长接送孩子时出现的潜在危机。

如果我们的人生不是为了减少他人的困苦，那么我们又是为什么而活呢？

——乔治·艾略特（原名玛丽·安·伊万斯）

案例研究：家长接送政策

当卢佩·埃尔南德斯－琼斯在为她的女儿罗莎和伊薇特做入园登记时，在接送孩子的授权名单表上只填写了她哥哥和姐姐的名字。她两个女儿对入园这种变化，既期盼又掺杂兴奋、顺从和恐惧。每天，卢佩一如既往地接送两个女儿，她的哥哥姐姐从未接送过孩子。

第一学年结束时，卢佩焦虑地来到你的办公室，要求召开一次秘密会议。她含泪告诉你，她和女儿其实是从坦帕市逃出来的，是为了逃离丈夫伯斯特对她和两个女儿的虐待。在入园登记时，卢佩并没有提及孩子们的父亲。当时，负责主管也没有询问过卢佩有关他的信息。卢佩哀求你阻止伯斯特来看望孩子。在你做出答复之前，伯斯特手拿棒球帽礼貌地出现在你的办公室门口，要求带女儿们去吃冰淇淋。

你如何阻止这种情况发生？

主管需要采取措施来阻止问题像爆炸的蘑菇云一样蔓延。作为领导者，他们采取的预防措施越多，他们的工作就会越有效，他们也会更加自信。通过提前制订计划，主管能够保护他们所负责的项目、儿童和家长。当然，有些问题是阻止不了的。对于那些危机，主管们可以通过准备就绪和练习示范危机程序来做好准备（见表7.2）。

本章通过提供法律上的指导、案例和背景知识，以此来帮助你创建示范政策和未来行动方案。请注意，本章（或本书）的内容不作为法律咨询服务。有问题请直接向律师咨询法律建议。

诉讼行使权

仅仅一个诉讼就有可能使某个幼儿保教中心关张。对不道德行为的指控，即使指控是错的，也会导致家长们从该中心带走自己的孩子。对于性虐待的指控不可避免地会引发强烈的群体反应。那些成功的幼儿保教中心，虽然多年以来一直谨慎地与家长和员工维持一种共创关系，但是它们会在法院对诉讼进行判决之前就可能被摧毁。

美国现有的法律制度确保犯罪在被证实之前是没有罪的，即所谓的"无罪推定"。在证据不足之前，舆论经常会迅速地确定犯罪。幼教领域的主管们报告说，他们担心诉讼结果会损害他们作为领导者的信心。

当新英格兰某幼教中心的老师被控告虐待儿童时，其主管悲哀地说："我最担心的事情发生了。"该中心的每个人，特别是主管和被控告的老师，都想找到证据来证明从未发生过虐待。从儿童到老师、家长和管理者，每个人都对这种可能的诉讼案件感到焦虑。

通过为家长和员工们提供连续且公开的论坛来讨论他们所关心的问题，该中心幸免于难，而且还得到了更大的发展。最后，控告被撤销了。尽管如此，该中心在刚被提起诉讼时还是失去了很多家庭的支持。

常识性的原则可以阻止法律纠纷的发生。与幼儿教育领域的员工法有关的判例法复审（由法庭所做的判决）表明，我们需要遵循常识性的原则。熟练掌握这些原则的领导者，在制定政策和做决策时会更加自信地确定他们是对的。这些原则体现了情商和社会情绪智力在实践中的应用：

- 一致性或一视同仁。用相同的标准对待每一位雇员。偏袒是不可取的。法院希望确保每一位雇员有相同的权利。
- 坚持客观和行为合理。使用冷静旁观的方法来阻止杏仁核劫持我们专业的洞察力。做决策时，心中要保持一个长远的考虑。在行动前静静地等待，直到肾上腺素的冲动减弱。
- 记录并报告事实。记住开端计划的格言："如果事情没有被记录，那么它就没有发生过。"记录具体的和重要的事实。其实并不需要你写一篇小说

表 7.1　尊重公民权利

考察你的国家和居住地对谁的权利进行保护的规定。例如，在美国新泽西州，关于就业和公共场所反歧视法的规定比联邦法律的规定更为广泛。新泽西州反对歧视的类别包括种族、信仰、肤色、原籍地、国籍、血统、年龄、性别（包括孕妇和性骚扰）、婚姻状况、家庭伴侣关系现状、情感或性取向、非典型遗传细胞或血液特质、遗传信息对服兵役的义务以及精神或生理上的缺陷（包括艾滋病和相关疾病等）。

或简短的故事，仅仅记录事实就行。
- 遵循既定的政策和程序。员工和家长手册说明了程序的标准和实施要求。这些都是应该根据实际需要随时补充和修订的"动态"文件。
- 尊重公民权利。确保每个人都是受欢迎的、被尊重的以及无偏见地被对待，特别是对于民族、宗教、文化和年龄方面的差异（见表7.1）。
- 践行"正当程序"。在进行某项改革时，提前与涉及的所有人进行沟通，或者给他们提供相关信息。通过给员工提供"知情权"，从而使他们有机会来分享他们对变革的反应。

高情商的领导者在受到威胁时，他们仍会坚持原有的观点。高情商的领导者宁可做出新选择也不愿被危机压垮。掌握这些原则后，领导者会表现得更加自信。在面对威胁情境时，高效率的领导者不仅反应镇定，而且接下来也会采取相关的预防政策和措施来减少类似情况的发生。

预防政策和实践

在被诉讼的恐惧笼罩之前，应该先问自己："我有哪些选择可以超越我的反应？"躲避开潜在的巨大威胁，能让领导者更好地使用他们的情绪智力。你可以选择不去做或者说一些让你以后会后悔的事情。作为领导者，你也可以制定下面列出的一些政策，它可以为你提供更多的选择和更长远的视角。

表7.2 主管面临的三个常见问题

---
1. 给前雇员写推荐信
2. 在招聘过程中提出合适的面试问题
3. 放学时出现的混乱：喝醉酒的或不具监护权的父母前来接孩子而引发的纠纷

通过制定一些预防措施，管理者可以把潜在的问题扼杀在萌芽中。如果不能提前预防并处理好，那么每个问题都可能会发展成诉讼案件。当提前做好防范工作后，潜在的问题也就不能对主管或整个中心产生不良后果。

给前雇员写推荐信

思考一下在下面的情境中你会如何做。然后，想一想你可以操作并阻止类似事件发生的政策。

另一个城市的幼教主管伊文杰琳向你提出了一个请求："你的前员工詹娜准备应聘做我们的幼儿主导教师。詹娜说你可以为她写一封很好的推荐信，你是如何看待詹娜的表现的？"在下面四种情境中，你会分别对伊文杰琳说什么呢？

1. 你很庆幸詹娜辞职了，你早就打算辞退她，因为她上班总是迟到。
2. 詹娜的课堂技能很丰富；但是，她爱散布谣言和消极情绪，这会给其他的老师带来烦恼。
3. 詹娜曾经是你们中心最好的老师之一。你认为詹娜也愿意成长为一名主导教师。但是，你并不能给她提供这样的职位。
4. 一些有关詹娜的事情你还不能完全证实，但让你很烦心。坦率地讲，当她离职时你感到很轻松。

通常，主管们希望自己能根据以往的经验，对离职的员工做出真实而全面的判断。表现好的员工应该获得热心的推荐。主管们也想提醒后来的雇主们，以防止他们雇佣能力较差的雇员。领导者的公正感告诉她，她应该与其他的主管分享准确且记录在案的信息。毕竟，如果詹娜的表现对于儿童来说存在潜在的危险，那么，从法律角度来说，难道我们没有责任去提醒未来的雇主吗？有时，法律和常识并不一致。

从法律角度看，不管哪种情境是真实的，主管对伊文杰琳问题的回答都是相同的。大多数幼儿保育和教育中心都会在律师的指导下来遵守表 7.3 中列出的书面政策。

这项政策阻碍我们分享有关詹娜表现的任何信息。詹娜将来的雇主伊文杰琳，将不能获得帮助她做出关于是否雇佣詹娜这样重要决策的信息。另一方面，詹娜获得了保护，因为没有泄露一条关于她的负面信息。这项政策如何服务于儿童和家长的利益呢？有没有其他的政策允许主管在写推荐信时分享准确的信息呢？请参考表 7.4 中列出的要求新雇员和在职员工签字的推荐同意书。

表7.3 针对要求写推荐信的政策

在被要求为在职或离职员工写推荐时，我们的组织政策只提供以下的相关信息：
1. 确认或者否定应聘者的职业。例如："是的，詹娜·赖特森女士曾经为我们组织效力过。"或"不，我们的组织从未雇佣过赖特森女士。"
2. 陈述某员工的职业生涯。例如："从2007年3月15日到2008年1月10日这段时间，赖特森女士受雇于我们公司。"

表7.4 推荐同意书

我是_____，_____公司（中心）的一名员工，同意_____组织在我受雇于该组织期间为我写推荐信的免责协议。
（雇员，下面的主题是你授权我们讨论你在这些方面的表现。我们不会评论你未打钩的方面。）
特别地，我授权_____来评判我的
_____守时
_____课堂管理能力
_____发展适宜性实践（DAP）的运用
_____与家长沟通的能力
_____专业化程度
_____团队合作技能
_____教学能力

　　如果詹娜签了这份同意书，表明她将同意你分享有关她的表现的准确信息。这种同意书可以帮你避免回答伊文杰琳类似的问题："你会再次雇佣詹娜吗？你对詹娜表现的评价有所保留吗？你用什么方法来发现詹娜具备成为幼儿主导教师的能力？"

　　管理者终将会用一种正确的无偏见的方式来传达信息，这种方式也尊重了雇员的隐私。推荐同意书的使用确保了道德和法律标准相一致。只要主管根据准确信息分享其专业观点，他（她）就不会犯下诽谤的罪名。诽谤是说一些会导致他人名誉在团体中受损的错误事情。如果某位主管分享了前雇员的错误信息，那么，他会因为诽谤而被起诉。说出真相是预防被控诉诽谤的最好方式。

　　和员工一起制定并签订推荐同意书（见表7.4），这样可以回避不能分享你对前雇员表现的专业评价的问题。采取这一预防措施，主管们可以确保优秀的人被聘用，能力差的人不会被推荐。

提出合适的面试问题

《平等就业法》要求主管们公平地对待每一位应聘者，不管他们是何种族、宗教信仰、年龄、性别或（大多数情况下）原籍地。在面试时，主管们被要求给每位应聘者相等的机会来回答同样的问题。如果其中一位应聘者被问及："你能描述一次你所遇到的课堂纪律受到挑战的情形吗？你是如何处理这次挑战的？"所有申请该职位的其他应聘者必须都有机会来回答同样的问题。如果面试官针对不同的应聘者使用了不同的面试问题，他（她）可能会因偏袒某位应聘者而被指控。这也是为什么许多主管会选择一套书面的面试问题和场景来对每一位应聘者进行提问。思考在以下的情境中你会如何做：

詹森提交的学前教师的书面申请表表明他可以胜任这个岗位。他在幼儿教育方面的专科毕业证书显示他毕业于附近的一所社区大学。在求职信中，詹森提到，他在中东服兵役的经历强化了他想从事幼教事业的意愿。当他面带微笑出现在面试现场时，詹森扭身脱掉外套，他的右臂被截肢了。面试组的成员们很担心，他们该如何向詹森询问有关这一明显的缺陷呢？你会提前做哪些准备工作，让所有的参与者觉得这场面试是受欢迎的和准备充分的？

工作的基本职能

当主管面试申请某职位的应聘者时，他们力求雇佣那些可以最好地"履行该项工作基本职能"的人。婴幼儿看护法律中心的手册《雇佣残疾人》界定的工作的基本职能为："描述工作的任务和责任，但这仅仅是履行工作职能最基本的部分。"例如，一位婴儿教师要会给孩子换尿布。在面临火灾或类似的危机时，老师们要迅速果断地对这种紧急情况做出反应，并协助孩子们从建筑物中疏散，婴儿要被带到指定的安全场所。换尿布和危机中的协助作用都是幼教工作的基本职能。

工作职能应该根据雇员将要完成的任务来规定，而不是界定为一种身体素质。这就允许应聘者像詹森一样来证明他们能用自己的方式来完成任务，只不过詹森的方式可能与别人的不一样。婴幼儿看护法律中心建议："身体素质和心理特质，以及建立在其基础之上的技能（如举起、驾驶和阅读），应该最大可能性地避免出现在工作基本职能的清单上。在从事某项工作时，如果某种身体素质是必需的，那么需要用对计划完成的任务和目标的描述来补充这种素质。"

例如，熟练地给婴儿换尿布就是这项工作的一项基本职能。这种技能与关注老师能举起9公斤东西的身体素质不同。为了完成这种从身体素质到技能的微妙转变，领导者们可以为那些有潜力的、合格的求职者敞开大门。作为面试过程的一部分，包括詹森在内的所有求职者都将被要求演示他们如何给婴儿换尿布。如果詹森能够安全且恰当地给婴儿换尿布，并且也满足这项工作的其他职能要求，那么他就与其他展现出相同能力的求职者有相等被雇佣的机会。

美国残疾人法案（ADA）

《美国残疾人法案》支持雇主为寻找到最适合某项工作的员工而付出的努力，同时也确保了那些残疾的或者有其他缺陷的应聘者有相同的机会被雇用以及维持雇佣关系。《美国残疾人法案》并非要求招聘者们在有着相等资格的求职者中偏袒残疾人，而是要求他们做出"合理的便利"以允许合格的求职者能从事该工作。例如，詹森一旦被雇用，他可以要求合理的便利以更好地履行他的职责。

残疾和合理的便利

根据《美国残疾人法案》，残疾"限制了基本的生活活动。"基本的生活活动包括呼吸、坐下、站立、行走、看和听等。法案要求雇主给那些胜任工作的残疾人提供便利，以方便他们履行工作职责。

求职者赛琳娜，除了是一名糖尿病患者外，在其他方面都符合做一名助教的条件。为了更好地从事工作，赛琳娜说她需要每天定点去测血糖水平，还需要摄取或注射必要的胰岛素。如果你打算雇用赛琳娜,你会提供哪些"合理的便利"?

赛琳娜的雇主必须提供合理的便利,以方便赛琳娜测量和维持她的血糖水平。她的雇主要同时为其提供两种便利:确保有一个安全的储存场所来存放她的测量工具和胰岛素;提供足够的时间去测量和维持她的血糖水平。如果赛琳娜和她的医生认为,赛琳娜需要在身边有一个储存冷藏橙汁的储存器,她的雇主也将要满足此要求。

管理者们经常担心他们的预算是否包括提供便利所需的花费。有趣的是,美国联邦统计数据显示,每项合理的便利平均花费大约是240美元,超过一半的这种费用为500美元或略低一些。

如果赛琳娜在其他方面都符合从事幼教工作的条件,应聘单位才会给其提供这些合理的便利;如果赛琳娜缺乏从事幼教工作所必需的学历和经验,那么她就不符合从事该工作的要求,也不会被纳入该职位的考虑范围,直到她满足工作描述清单上所列出的基本要求。这也是工作描述为什么必须是书面的原因。

ADA对于提供合理便利的例外

过度的负担:根据《美国残疾人法案》,设想建立一家工厂,在这里,不管是否存在缺陷,每个合格的人都被给予平等的就业机会,并持续从事具有生产性的工作。在某些情况下,为具有某种缺陷的潜在员工提供的便利花费太大,以致于有些组织难以承受。《美国残疾人法案》并不要求一个组织为了某个雇员的利益来承担过度的负担。

在另一些情况下,即使被给予了必要的便利,某些求职者可能仍会对自己和他人造成直接威胁。一个患有慢性进展型多发性硬化的雇员由于不能排除她对自己和他人的安全会造成直接威胁这种明显的可能性,所以她不能照料儿童。

如果存在这些例外中的任何一种情况,如负担过重或有直接威胁,《美国残疾人法案》就不会要求雇主雇用或继续留用该雇员。在这些情况下,组织的良好运转重于个体的需要。

为防止这类难题发生,主管可以关注两项预防性的措施。第一,写明对工作的描述,作为需要履行的基本职能或任务的清单。避免列出需要的身体素质。

用"必须会给婴儿换尿布"代替"必须能举起9公斤重的东西"。一种可供选择的方法是将身体素质与需要完成的任务联系在一起,"必须能举起9公斤重的东西以便于给婴儿换尿布"。

第二,让求职者展示他们如何完成那些任务。一致性非常重要。让我们回忆一下詹森的例子。如果每一位求职者都被要求展示如何给婴儿换尿布,詹森将不会被单独要求做这项演示。詹森可能会很好地证明用他的方式能够安全并有效地给婴儿换尿布。如果这样做,每个人都会从招聘过程中受益。如果詹森提出为了完成任务要求为其提供便利,招聘者可以与其探讨更多的细节,如这些便利包括什么。但是,如果詹森没有主动要求提供便利,招聘者也不必首先提及这一话题。

附录A包含了一个工作描述的范例,该描述关注任务本身而并非求职者的素质。通过修订工作描述来关注任务,管理者可以防止在招聘时出现两难困境。招聘过程也可以从问答的形式调整为包括场景和示范等形式。这样,求职者可以分享他们用来满足工作基本职能的特有方式。

预防父母接送孩子时因监护权发生争执

有时,离婚判决就像"行走在浑浊的泥坑中"一样混乱不清。法庭可能会判定父母双方具有共同监护权,但并不规定具体细节。如果父母双方在同一天都来接孩子放学并因此而争吵,将会出现什么状况?如果儿童的父母双方都还未再婚,谁有权来决定接送孩子的授权名单?其中一方可以将另一方排除在接送名单之外吗?如果一位母亲就孩子父亲是否能接送孩子这一问题频繁地改变主意,将会发生什么事情?夫妻离婚时,双方想的最后一件事情是中断彼此的关系,这会导致孩子产生不安全感和动荡感。

主管的工作不是去决定谁拥有接送孩子的权利,相反,他(她)的任务是在入学注册时就应获取全面的信息,以防止发生父母权力斗争。表7.5涉及一项关于父母手册的政策,明确界定了入学注册的事宜,从而防止日后发生监护权的争执。

思考一下,我们运用这项清晰的监护权的政策,能如何改变本章案例研究

表 7.5 父母双方接送孩子的权利

在＿＿＿＿＿＿＿＿法律的规定下，父母双方都有权接送孩子，除非某项法庭文件限制了这项权利。负责入学注册的家长，如果打算不将另一方家长的名字列入可以接孩子的授权名单中，必须提供一份官方的法庭文件（如当前的法庭禁止令、单方监护权判决、离婚判决中关于单方监护权的声明、收养判决）。若一方父母不能提供这些文件，而另一方父母能够提供与孩子具有生物学上的亲子关系或领养关系的证明，幼教中心则可以将孩子单独交由另一方父母。

中出现的不良后果？如果在入学注册时，卢佩提供了最新的法院判定的关于伯斯特对女儿监护权的禁止令，你将能更好地开展工作。如果伯斯特前来接孩子，你可以告诉他，你们不能把女儿单独交给他，因为法院禁止令反对他前来接孩子。如果在入学注册时，卢佩没有给你提供合适的文件来证明她对女儿的监护权，伯斯特可以声称是卢佩从他身边抢走了女儿。

为了防止幼教中心和孩子们被卷入其中，主管可以采取一些预防措施。将涉及"父母双方谁有权接送孩子"的政策补充到家长手册中。在入学注册时就可以强制执行这项政策，因此，父母会在最初时就提供必要的法庭文件（法庭禁止令、单方监护权判决或离婚判决）。有了这些文件的证据，幼教中心的领导和员工可以有的放矢地应对接送孩子时出现的监护权争执问题。把谁列入可以接孩子的授权名单上的权利也会确定，享有监护权的一方拥有这项权利。

也许卢佩和伯斯特享有孩子的共同监护权。然而，他们彼此迁怒的做法将难以决定谁来接送女儿。更糟糕的是，他们的女儿可能会撞见卢佩和伯斯特在幼教中心门口发生的激烈争执。

为了使所有的孩子远离伤害，可以将表 7.6 中的父母共享监护权的协议政策补充到父母手册中，作为对享有共同监护权的父母的一项可选方案。

表 7.6 共享监护权的父母协议

我们，＿＿＿＿＿和＿＿＿＿＿，是＿＿＿＿＿的父母，同意＿＿＿＿＿（一方父母）从周一到周三将接送＿＿＿＿＿；＿＿＿＿＿（另一方父母）从周四到周五接送＿＿＿＿＿。如果一方父母打算在另一方父母的接送日接送＿＿＿＿＿，该家长必须提供文件以证明获得对方同意改变时间安排。如果接送时间安排经常改变，父母双方要及时与幼教中心重新签订一份协议。

通过要求父母在入学注册时完成这些表格，主管已经预防了令所有人（特别是儿童）头痛和心痛事件的发生。卢佩和伯斯特有义务遵守他们所签订的书面协议。如果一方父母想要改变协议，在任何改变发生前，他（她）必须直接与另一方父母协商。该方案允许主管和员工将精力放在他们的职责上，而不是陷入一场令人心烦的监护权争夺战中。

计划未预料到的事情：危机预防

主管们不可能每次都能预料到危机的发生。然而，他们能运用情商来尽可能高效率地解决每次危机。正如我们所知晓的，弗雷德·罗杰斯说过：他人的行为，无论多么恐怖，无论威胁性多大，都不能决定我们自主的反应。

为员工提供危机管理的方法

玛格丽特·利奇·科普兰（Copeland，1996）的"Code Blue*！建立儿童保育紧急预案"引领我们一步一步地来准备我们无法预料到的事情。她建议我们：

1. 和员工一起进行头脑风暴，讨论所有可能发生的危机；
2. 借助当地危机管理专家的帮助来制订计划；
3. 制订并有规律地执行后危机预案；
4. 创建一种如何与家长联系和沟通的平台；
5. 为组织任命一位发言人，该人选最好不是主管；
6. 提前思考和准备媒体可能需要的信息，确保发言稿中包括相关的信息；
7. 通知所有其他人向发言人提出问题。

让员工经常练习以上七个步骤，当严重的危机爆发时能有效预防恐惧和焦

---

* Code Blue：美国医院的一种代码。美国医院的每个病房内都有一个特殊按钮，每当此按钮被按下时，此病房外的广播中的就会响起 code blue 这一代码，而距离此病房最近的医生、护士和当天值班的医护人员，带上必要的医疗器械前往此病房对需急救的病人进行急救。

虑。国家许可标准授权了应对自然灾害的程序。有时，"非自然"危机也可能会令人不安。如果发生一条蛇爬进操场、一辆运送危险废品的卡车侧翻在幼教中心前边的草坪上，或者大叔杰克手持一把刀威胁老师之类的事情，我们该怎么办？事先为所有可能发生的事情做好准备是最好的预防机制。

有时，吸毒或醉酒的父母会前来接放学的孩子。主管应该如何帮助其团队提前做好准备来预防这种可能的情况？在接下来的情境中你打算怎么做？

麦克卢尔夫妇对 3 岁的科尔享有共同监护权。科尔曾经是一个很阳光、很有活力、好奇心强和爱玩耍的小男孩。后来，科尔变得退缩、羞怯，这些行为让你担心。科尔的父母通过互相诽谤对方试图赢取你对他们各自的支持，你觉得自己像是肥皂剧《我们的日子》*的亲历者。你试着保持中立并理解他们。圣诞节前夕的周五下午，麦克卢尔先生跌跌撞撞地来到中心接科尔放学。他满嘴酒气，对遇见的每一个人大声吆喝"嗨！嗨！嗨！"。科尔见状，吓得躲在老师的身后。

阻止喝醉酒的家长驾车接孩子回家

如果员工担心儿童的安危，请给授权名单上的其他家长打电话：当员工认为如果父母不驾车能更好地保证孩子的安危，父母们要同意中心打电话给授权名单上的其他人来接孩子。

记住父母在入学注册时签订的同意书可作为预防性的机制。主管们可以考虑将表 7.6 中的"如果员工担心孩子的安危，家长同意该员工打电话给授权名单上的其他家长"这项政策补充到家长手册中。如果麦克卢尔夫妇签订了这项协议，表明他们同意能保证所有人都安全的一种处理方法。在入学注册时和家长一起探讨这项政策，并获取他们对这项政策的支持，确保该政策平稳执行。定期提醒家长们：存在这样一项政策，在入学注册时与他们一起讨论过以及他们所签订的同意书。通过给家长们提供适当的措施，领导者可以防止突发性的干扰。

---

* 编者注："Days of Our Lives"（《我们的日子》）是美国 NBC 播出的最长的肥皂剧，也是美国最著名的肥皂剧集之一。

表 7.7 化解危机程序的示范

该危机管理系统能够全面地指导员工解决在接孩子放学时可能发生的危机。这项程序可补充到员工手册中，提前在员工会议上进行练习。邀请员工们进行头脑风暴，讨论家长接孩子放学时可能发生的任何混乱局面。你可以借鉴下面这些化解危机的程序示范。

在家长接孩子放学时出现了突发危机，为了保障每个人的权益，主管们可以采取以下步骤。

- ✓ 不要马上把孩子交给前来接送的家长。先和这位家长讨论你的担忧，期间让孩子和另一位老师玩一些游戏。
- ✓ 联系另一方父母或授权名单上的其他有义务的成年人。让他们参与解决这个问题。
- ✓ 提供选择。给当事家长提供联系授权名单上的其他人前来接孩子的选择。
- ✓ 有保留地放走孩子。作为一个被委托管理的报告者*，可以选择给当地适当的相关部门打电话，告诉他们你的担忧。例如，请求警察跟踪醉酒的父母驾驶的车辆。
- ✓ 向权威人士求助。当某人的权益或安全受到威胁时，通知警察、社会服务部门、中心的认证颁发者或其他相关的权威人士。
- ✓ 提供替代方案。提出通知另一位授权名单上的人前来接孩子。

谚语"防患胜于补救"对于儿童保育和教育机构来说是至理名言。主管们要致力于保持前瞻性和专业性。

他们可以采取很多措施以预防危机发生。员工手册和家长手册中的书面政策和程序能规避日后的争执。建立防范措施，如"化解危机程序的示范"，以指导中心解决无法预防的危机。在儿童放学时发生的突发事件，不管它是一种潜在的诉讼还是一种感情上的纠纷，提前做了计划的主管可以有的放矢地解决这些问题，这样做既尊重了每个人的权利，又保障了儿童的安全。

> 并不是我很聪明，而只是因为我和问题相处得比较久一点儿。
> ——阿尔伯特·爱因斯坦

---

* 被委托管理的报告者是指对儿童的权益和安全负有责任的专业人士。美国的州法律规定，如果一个儿童可能面临或处于受虐待或忽略的危险中，被委托管理的报告者有责任联系相关的权威人士。醉驾也可被视为是对儿童的忽略或虐待行为。

反思性问题

1. 回想你曾遇到的一个与工作有关的问题。描述该问题以及当时你是如何处理的。思考一下，你当时采用的政策、程序或步骤是否阻止了问题的产生或减少了问题的破坏性？描述一下那些政策或程序。
2. 你想对应聘你中心某职位的求职者提问哪些问题？请列出包括 10 个问题的清单。回顾并重新改写这些问题，使它们对存在某种缺陷的人来说是受欢迎和无偏见的。你如何确保这些问题只是关于工作任务本身而不是个体的身体素质的？创建好这些问题后，你能推荐一些方法去改写工作描述，以使它们与《美国残疾人法案》的要求更一致吗？
3. 假如一位单亲爸爸托马斯想让他的双胞胎儿子——瑞恩和罗科——在你的中心入学。托马斯填写完谁可以接孩子的授权名单，结果你发现孩子的母亲没有被列在名单上。描述一下你将采取的平衡父母双方权利的措施，同时谨记要保障这对双胞胎孩子的最大权益。

团队项目

1. 讨论你曾有过的专业经历，比如你行动得如此之快以至于他人来不及反应。通过头脑风暴与他人交流你的想法，而不是立即采取行动；运用网络资源或其他资源进行压力管理。提出一份包含五种工具的清单，用来提醒你在必要时刻需要后退一步思考问题，而不是反应过快。为你的同学准备一份录影资料或其他形式的示范，用来说明如何在压力情境下保持镇静。
2. 阅读关于麦克卢尔夫妇的案例研究。通过角色扮演来表现如何运用"化解危机程序的示范"来解决麦克卢尔先生的问题。在该案例中，你能发现多少种预示潜在问题的征兆？说出你可以提前对家长们采取的步骤，以预防事件的发生。通过头脑风暴法讨论在家长接孩子时可能发生的其他潜在危机。挑选其中危害最大的一种危机，并讨论如何运用"化解危机程序的示范"来解决它。
3. 研究你所在组织给现任或前任员工写推荐信的政策。如果有改变，你能改变这项政策的哪些方面？设想一下你的手机响了：伊文杰琳给你打电话请你给詹娜写一封推荐信（见第 156 页）。根据你所在组织目前关于推荐信的政策，你会写些什么呢？如果詹娜签署了"免受损害同意书"使你写推荐信时可以自由地发表意见，对于每一种有关詹娜的假设情境，你将如何反应？

参考书目

Bruno, H.E. 2005. At the end of the day: Legal and ethical issues at release time. *Child Care Information Exchange* (September–October): 66–69.

Child Care Law Center. 1996. Employing people with disabilities: The Americans with Disabilities Act and child care. San Francisco, CA: Child Care Law Center.

Copeland, M.L. 1996. Code blue! Establishing a child care emergency plan. *Child Care Information Exchange* (January–February): 23–26.

Copeland, T., and M. Millard. 2004. *Legal and insurance guide: How to reduce the risks of running your business*. St. Paul, MN: Redleaf Press.

Copeland, T. 1997. *Contracts and policies: How to be businesslike in a caring profession*. St. Paul, MN: Redleaf Press.

Podell, R. 1993. *Contagious emotions*. New York: Pocket Books.

网络资源

美国残疾人法案主页

http://www.usdoj.gov/crt/ada

美国平等就业机会委员会

http://www.eeoc.gov/

关于危机计划的实用信息

http://www.ed.gov/admins/lead/safety/crisisplanning.html

伦理学习和发展资源

http://www.businessballs.com

第 8 章

创建问题解决者共同体：做人生赢家而非抱怨者

学习目标

1. 定义什么是谣言以及为什么人们要传播谣言。
2. 检验用于创建对谣言零容忍的工作环境的步骤。
3. 描述如何建立关于终止抱怨和悲观的界限。
4. 用问题解决的实践来取代流言蜚语和悲观。
5. 讨论如何帮助员工，使他们为解决自己的问题负责。
6. 为所有的儿童、家长和员工们构建一个更友好的多元文化共同体。

每当我小时候看到新闻中出现令我害怕的事情，母亲都会对我说："去寻求帮助，总会有人愿意帮你的。"

——弗雷德·罗杰斯《你是特别的》

己所不欲，勿施于人。

——中国谚语

案例研究：团队教师嘉贝拉和莫德间的紧张局面

嘉贝拉是一个无拘无束的人。每当她走进教室时，孩子们都会在那里又蹦又跳。嘉贝拉很享受用"生成式课堂"（emergent curriculum）的方法来教学。例如，当哈维尔在操场上发现了一只活蹦乱跳的蛤蟆时，嘉贝拉就会不由自主地请孩子们来想象跳跃的蛤蟆的世界是什么样子的。埃玛和埃丝特甚至会弯下身来模仿蛤蟆的跳动。泽维尔则想要给蛤蟆找点食物。由于嘉贝拉必须在下午3点离开，以准备她的第二份工作，因此她快速地给孩子们发了颜料和纸，"让我们想象蛤蟆先生的世界！"嘉贝拉轻唱着。嘉贝拉让孩子们将自己还未干的作品分散放在教室靠边的地板上晾干。"明天，"她笑着说，"大家要给其他人讲一讲蛤蟆先生的一天。"她向助教蒂雅拉挥挥手，轻松地离开了教室，却忽略了接下来上课的同事莫德的感受。

习惯了有序和组织的莫德认为，孩子们在结构化的环境中结合有顺序的课程计划才能够进行最好的学习。孩子们在莫德的课堂上会集中注意力，这是因为她总是在课堂上开展一些吸引人的、有相关性的、有计划性的活动。莫德为每一节课努力地收集和组织材料。当莫德注意到地板上散落的湿画纸时，她吃惊地说："有人会滑倒的！"，于是她迅速地赶在家长来接孩子之前将这些湿滑杂乱的纸张扔进了一个大垃圾袋中。"又避免了一次家长的投诉！"她自豪地深吸一口气。

嘉贝拉和莫德向她们的同事互相抱怨对方并散布对方的谣言。嘉贝拉称莫德为"刻板的控制狂"，莫德却光明正大地想要让大家相信，与"邋遢的嘉贝拉"一起工作是多么令人厌恶。孩子们也发现了他们老师之间不言而喻的紧张关系。

第二天上午，嘉贝拉瞪着莫德质问："孩子们的手指画呢？"当冲突即将一触即发的时刻，你走进了教室。接下来你会做些什么？

主管们会常说："我只是想让每个人都能快乐地工作。"在理想的世界中，每个人都会相互欣赏。差异会使我们着迷，我们想要学习更多未知的东西。当我们跌倒撞到他人时，我们可能会停下来，面对面讨论如何尊重彼此的空间。我们要尊重他人以自己的方式看待世界的权利。我们需要给孩子做出表率：如

何满怀尊重地去解决问题。作家库尔特·冯内古特追忆了这样一个理想的世界："每一件事都是美好的，没有什么会被伤害。"

在这一章，我们会探讨如何创建一个问题解决者共同体，以及将抱怨者改造成人生赢家的方法。

开放式的交流、热情而友好的共同体

将幼儿保育和教育项目设想为一个开放的、充满关怀的以及生动的多元文化学习共同体是一种理想。为了达到这种目标，我们中的很多人都需要解决一些让人不舒服的挑战。对于大多数从事幼儿保育和教育工作的专业人士而言，冲突是一个可怕的概念。如果我们不能开放地识别、讨论并解决我们之间显而易见的差异，我们怎能成为一个热情而友好的共同体？也许下面的实践对我们有所帮助：

1. 我们能求同存异；
2. 我不必去爱每一个人，只要做到尊重每一个人即可；
3. 对我的盲点可以忽略不计；
4. "不听我的就走人"是通向孤立的快速通道；
5. 我有犯错的权利。

我们应该如何创建一个问题解决者的共同体？想象一下，在这里每个人都会被尊重。

当我们关心同事的专业行为时，我们首先应该让他知道我们所关心的，用这样一种方式来表明我们会尊重个人尊严和同事之间存在的多样性，然后再尝试解决问题。

——NAEYC 的专业责任准则

管理性格、传统、价值观以及背景完全迥异的教师就像养一群猫一样。每个人都认为自己是正确的，没有人想要妥协。相互之间的冲突会被视为粗鲁的、具有侵犯性的和令人厌恶的。教师们可能会拉帮结派，互相传播他人的流言，向主管抱怨以及向儿童的家长诉苦。

儿童会模仿我们所做的每一件事。他们的"镜像神经元"已经在努力模仿成人扮演的角色榜样。想象一下，学龄前儿童埃玛对她的伙伴埃丝特悄悄地说："今后的一百年我都不会再跟泽维尔一起玩了，你呢？"埃丝特已经学会了她该做出的唯一反应是"不"。儿童很快能够习得不成文的规则："如果你向我传播别人的谣言，你也会向别人传播我的谣言。"

自我核实一下：你相信我们的项目能够摆脱谣言、悲观、背后中伤和抱怨吗？或者，你相信我们不得不逐步解决它们吗？

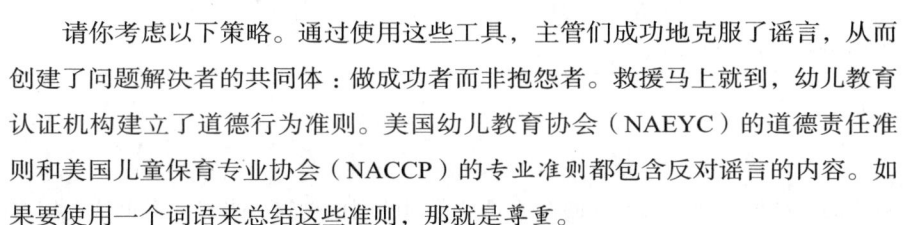

请你考虑以下策略。通过使用这些工具，主管们成功地克服了谣言，从而创建了问题解决者的共同体：做成功者而非抱怨者。救援马上就到，幼儿教育认证机构建立了道德行为准则。美国幼儿教育协会（NAEYC）的道德责任准则和美国儿童保育专业协会（NACCP）的专业准则都包含反对谣言的内容。如果要使用一个词语来总结这些准则，那就是尊重。

谣　言

什么是谣言

谣言是一种以牺牲团体利益为代价来获得和维持权力的过时方法。"一些女人不能容忍自身暗淡于人，为了在众人中更加光彩夺目，她们必须先铲除更优秀的人。"（Chesler，2001，p.465）。抱怨共事者会使同事之间产生隔阂。用帮派取代团队，就会出现孤立的群体，随之，权力斗争将会取代问题解决。即使我们建议他们"使用言语"的方式来解决问题，儿童还是学会了如何逃避解决问题（见表8.1）。

为什么会有谣言

就像恃强凌弱一样，谣言传播者掌握了权力。回顾本章的案例研究，莫德使用了"横向暴力"（点对点威胁）以及"友好地"迫使教师们站在她这边来反对嘉贝拉。同事们都害怕对抗一个谣言传播者的后果。任何有勇气抵抗莫德

表 8.1 什么是谣言？

谣言是：
— 关于另一人的交流，
— 当事人不在场，
— 旨在诋毁当事人的名誉，
— 听取谣言。

谣言不是：
— 分享准确的、必要的和恰当的信息，
— 对他人持有一种观点。

胁迫的人都可能会被孤立、回避或是被莫德的同伙嘲笑。当然，嘉贝拉也拥有反对莫德而支持她的小帮派。然而，有谁考虑过孩子们的感受呢？

谣言传播者建立其权力的基础是将自己凌驾于事实之上。

> 如果是为了操纵他人，说谎也算是一种艺术。一个说谎的艺术家常常深信自己的谎言——她所说的一切一定是真实的，没有人能阻止她，她能够逃避错误、不道德的后果，甚至她还会因为谎言而受到奖赏。受到这些奖赏的鼓励，她认为她所说的无疑是真实的……在一个人的小圈子中，心理执行力（psychological execution）是真实的。（Chesler，Woman's Inhumanity to Woman, p.432）

谣言是可以回避和可被操纵的行为。我们使用流言蜚语间接地向他人表达愤恨或不满，而不是与其面对面地发生冲突。女性横向的、间接的暴力会使他人遭受痛苦和长期的创伤。

根据我们对 500 多位幼儿保育和教育领导者的研究发现（Bruno & Copeland，1999），80% 的幼儿教育领导者都是避免冲突型的。他们害怕直接冲突，希望问题最终会自行消失。领导者则希望自己的员工能够通过观察合适的角色榜样，神奇般地了解改进的信息。诸如此类的间接交流滋长了不健康的关系，并产生了不正常的工作环境。

迈尔斯—布里格斯类型指标的数据显示，70% 的女性喜欢感情用事、追求息事宁人、害怕冲突，想去拯救他人，但又会记仇。女性可以原谅，但不会忘记自己曾被轻视过。少数女性（30%）能以一种客观、分析和冷静的方式行事。对于少数的那些"厚脸皮"的女性，人际间的话题不会扰乱她们的心绪。大多数男性（56%），就像这小部分的女性一样，来自人际交往中的轻视并不会影响到他们。他们更关注完成工作，而不是在工作中谁喜欢谁的问题。

幼儿教育机构中的谣言

你认为我们的同事会关注谣言吗？为了验证这一点，我访问了全美范围内超过 700 位各种各样从事幼儿教育的专业人士。超过半数的人认为，谣言、背后中伤、激烈的争辩以及权力斗争是女性的工作动力。相比于他们命名的建设性的动力（友谊、关怀、幽默、同情），受访者承认的毁灭性动力是其三倍。在所调查的样本中，68% 的人在工作时经历过谣言，并且希望它能被继续传播。

男性会像女性一样参与谣言传播吗？研究表明，男性在处理冲突时所使用的神经通路与女性的不同（Cahill & Kilpatrick，2004）。男性间的冲突往往是直接的和具有攻击性的，其目的在于决定谁的地位更高。人类学家马乔丽·哈尼斯·古德温（Margorie Harness Goodwin）注意到，一旦男性参与进"战争"，他们会迅速地向前推进（转引自 Chesler，2001）。作为一名"热心的律师"，我回想起那些在法庭上度过的上午，我为我的当事人辩护，反驳那些难以对付的对方律师（大多数是男性）。辩护结束后，我的"对手们"却愉快地跟我说："我们去吃午饭吧。"然而，我却需要时间从刚才那场紧张的"战争"中恢复平静。与男性不同，女性通常会避免直接的冲突，从其他女性那里寻求支持（Tannen，1990）。

不同民族的群体间的谣言有何差异？有人对三个民族的女性进行了研究：盎格鲁人、拉丁人和非裔美国人（Chesler, 2001, p.273）。根据你的直觉，你认为哪个群体的谣言行为最多？白人女性传播的谣言最多，她们曾被教导"若狗嘴里吐不出象牙，就请三缄尊口"。根据特里萨·柏南德兹（Theresa Bernandez）的研究发现，拉丁人也热衷于传播流言。柏南德兹发现，宗教可能是其中的影响因素之一。在被研究的三个民族中，黑人女性传播的谣言最少。贝弗利·格林（Beverly Green）博士在她的研究中评论说，黑人女性觉察到自己生活在种族歧视和性别歧视的环境下，她们从中学会了直率。

菲尼和弗里曼在谈及美国幼儿教育协会的道德行为准则时强调（Feeney & Freeman, 2000, p.73）:"道德行为需要思考和反思、自豪和谦逊、改变的意愿以及保持坚定的勇气。"取代问题解决者共同体的是会私下笑里藏刀地进行斗争的敌对小圈子。

创建无谣言区

> 创建一种信任和坦诚的氛围，这种氛围能让教师们用对儿童、家长及幼儿保育和教育利益最大化的方式来说话和行事。
> ——NAEYC 的道德行为准则

"休斯敦，我们遇到了麻烦。"当宇航员试图引导他们的喷射式宇宙飞船返航时，他们向休斯敦美国国家航空航天局（NASA）汇报说。"幼儿教育的专业人士们，我们遇到了麻烦。"长久以来，员工和主管们习惯回避冲突，并通过谣言、悲观、蓄意破坏和背后中伤间接地"解决"问题。我们迫切需要改善我们的组织文化。

你准备好考虑改变我们的做法了吗？下面是一些实用的日常方法，能将琐事变得更为职业化。

终止谣言和悲观的策略

- 更新员工的工作描述。作为一种工作的职能要求，补充并强制执行这条声明："保持无谣言的工作环境。"
- 高调且清楚地表明你反对谣言的立场。想象一下，如果一位主管在她的办公室张贴这条标语："这对儿童和家长有好处吗？"那么该主管能够用更恰当的观点来评价每一条谣言。"嘉贝拉，当你与哈维尔的妈妈谈论你团队中的老师时，这对哈维尔和他的妈妈有好处吗？"
- 对散布谣言者应该使用直接监管的五个步骤和原则（见第 6 章）。"莫德使用'邋遢的嘉贝拉'来指代你团队中的老师，这是违反规定的做法。本机构对谣言和中伤零容忍。你打算如何改变你的行为？"
- 明确地表达组织的使命宣言。美国摩城唱片公司的传奇人物艾瑞莎·富兰克林说得对：尊重是关键。幼儿教育的使命和哲学宣言都应当把尊重他人和自己作为最基本的。在有效交流的基础上将组织的目标置于个人利益之上，凸显尊重。

- 在员工会议中使用 NAEYC 的道德责任准则和 NACCP 的道德准则来解决问题。在员工发展会议上专门讨论如何创建无谣言区。要求员工应用道德准则来进行案例研究（在本章中涉及的一些例子）。
- 为同事们提供授权声明并练习阻止谣言。"目前我需要把精力投放在孩子们身上"，或是"讨论不在场的人会让我感觉不舒服"，这些都可以让谣言止步。后面有一个谣言制止者可以遵循的条例（见第 178—180 页）。
- 教育和引导员工学习有效的问题解决技能。我们将在本章的后续部分强调三种相关技能。
- 挑选和训练一个朋辈辅导团队。奖励那些通过委任、培训而展示出自己问题解决技能的员工，并把他们作为朋辈辅导者。
- 签订一个无谣言计划的合约。接下来的时间是有效地解决问题，邀请员工解读、讨论并且签订表 8.2 中的问题解决协议。将这条政策补充到你的教师手册中，并将签订好的承诺声明放入员工档案中。
- 修订你的教师手册。将这条声明添加到你的政策中："我们的项目对谣言零容忍"；或者"本项目要求无谣言的工作环境，我们承诺开展相互尊重的、以解决问题为本的交流。作为专业人士，我们没有时间去传播谣言。"

通过直接监管来消除谣言和悲观

当道德标准没有被强制执行时，谣言就会像病毒一样被传播。特里什，美国光明地平线幼教公司马萨诸塞州分公司的一名主管，谣言对她所负责项目的破坏性影响已经让其饱受折磨并身心俱疲。特里什和她的助理主管召开了专门的会议来创建一种无谣言的工作环境。在激烈的讨论之后，教师们被要求签订表 8.2 中的"问题解决协议"。第二天，当谣言再次被传播时，她把每一位谣言传播者叫到自己的办公室，陪他们逐个明晰直接监管的五个步骤（见第 12 章）。特里什提醒每位谣言传播者，其行为已经被记录在案；下一步就是进入试用期和解雇。在一个月内，一个员工辞职了，而另一个被解雇了。员工们的士气提高了，同时也带动了孩子和家长们的士气。

表 8.2　问题解决协议

我，＿＿＿＿，一个＿＿＿＿＿教师，同意及时且直接地提出我与同事间的任何问题，我愿意与同事一起找到基于我们优势的双方都满意的解决办法。通过诚信的努力后，如果冲突仍未解决，我会请求我的主管（或者指定人员），我们和同事一起召开会议。我愿意参加至少有两种可能解决方案的会议，这些方案是尊重团队和我们双方各自的需求。我不会传播谣言，也不会阻止解决影响幼儿保育和教育质量的问题。我会全身心地参与关于问题解决技能的员工发展会议。

＿＿＿＿＿＿＿＿（签名）　　　　　　　　　　　　　　＿＿＿＿＿＿＿＿（日期）

用朋辈的力量阻止谣言传播

的确，当发现监管者强制推行无谣言环境时，员工们在做自己的分内事务时也会感受到支持。每位员工有什么力量来阻止谣言传播呢？思考一下本章的案例研究，案例中的莫德可以选择今后不再传播谣言，她发誓不与其他人议论嘉贝拉。当其他的谣言传播者向她抱怨嘉贝拉时，莫德也可以选择沉默。在主管的激励下，莫德决定改变自己的行为。

这些策略足以制止谣言？还记得谣言的定义吗？"听取谣言就是在传播谣言"。听取谣言，就会使谣言传播者能够无干预地继续传播负面消息。这些谣言传播者甚至会因他人的默许而颇感得意。

员工需要有效的声明来阻止谣言传播，而不是听之任之。同时，一些同事没有足够的信心来直接对抗谣言传播者。教师们害怕由于挑战了谣言传播者而招致成为他们攻击的目标。

下次有人向你传播谣言时，请尝试某种"谣言塞"（gossip stoppers）。通过使用这些声明中的某一条，你不但能为自己的行为负责，而且也不会成为谣言传播者攻击的下一个目标。

作为主管，你可以提供给教师们这些"谣言塞"以堵住谣言传播者的嘴：

- 谈论一个不在场的人会让我感觉不舒服。
- 目前我需要把精力投放在孩子们身上。
- 你愿意直接与某某某讨论你对她的关心吗？

- 我将和你一起去，这样你就可以分享你对某某某的关心了。
- 我承诺过不再传播谣言。
- 我们不要那样做。
- 既然我无法帮助你解决那个问题，请不要再对我提及它。
- 黛安娜·罗斯说过："以爱的名义，停下来吧，在令我心碎之前！好好想一想。"
- 还记得吗，我们都签订了不能传播谣言的合约？
- 墙上的使命宣言告诉我们要尊重差异。

以上声明中的每一条在阻止谣言和悲观情绪传播的作用上都是有效的且值得尊重。作为一位领导者，通过将这些声明补充到教师手册中或是在员工会议上讨论它们，都可以帮助你的员工们对谣言传播者说"不"。

教师们能真正地反对谣言传播吗？幼儿主导教师丹尼尔·多纳蒂·戈尔登回忆道："我发现与女性共事最困难的问题就是谣言。我曾经像渴求兴奋剂一样地热衷谣言，现在我已经恢复正常了。我让跟我共事的教师知道，我对谣言自有分寸，并能够从是非中脱身。不管我何时听到谣言，我都会对自己说'走开，离远一点儿'。最终，她们放弃将我纳入到谣言传播的队伍中，我从来都没有因为被忽略而感觉这么良好过。"

案例研究：拉沃达

拉沃达被雇用来取代因为偷小额现金而被解雇的贝蒂。老师们都对贝蒂被解雇持有意见。没有人想与拉沃达一起工作。他们回避拉沃达，并编造关于她的谣言，聊天时将她排除在外。今天下午，旺达和特丽克西邀请你下班之后一起去购物。拉沃达就站在你身旁，她们对她视而不见。

想象一下，假如你是上述案例中拉沃达团队中的教师。作为同事，你将如何来制止这种破坏性行为？或者作为主管，你会如何解决这个涉及新教师的矛盾？

你认为这种反应怎么样？"那太无礼了！拉沃达也是这里的教师，请尊重

她。"采用这种直接的方法可以阻止谣言扩散,但是并不是每一位教师都准备好如此直接地面对问题。管理者需要帮助员工们发展在类似情境下的勇气和技能。在团队会议上,主管可以邀请教师们通过角色扮演来进行这类案例研究。结合这样的实践,每位教师都会在阻止谣言的过程中形成自己的风格。

问题解决的实践

> 我们应该给老师们提供安全且具有支持性的工作环境,以便于他们履行自己的职责、执行及时且无威胁的评价程序和书面投诉程序、获得建设性的反馈,给老师们提供继续进行专业化发展和进步的机会。
> ——NAEYC 的道德行为准则

我们已经了解了主管和老师对抗谣言的重要步骤。其他的普通行为也同样会对健康的工作共同体造成破坏。

如果老师们因为不知道如何解决与他人之间的问题而感到沮丧,领导者应该如何来解决老师们面临的这个问题呢?个体如果没有反对同事抱怨的勇气,领导者应该如何做呢?领导者也要考虑到那些处于含蓄文化背景下的老师们。

相对于面对成年人间的冲突会感到不适,但是,很多幼儿保育和教育领域的人士在解决儿童之间的冲突时却游刃有余。所有的这些事例启发我们创建问题解决共同体的核心是:掌握有效的问题解决技巧。我们应该选择解决问题,而不是拒绝或回避冲突。

为儿童做出解决问题的榜样

孩子们可以通过观察成人如何解决分歧,从中学习如何解决他们的冲突,牢记这一点是很有价值的。这鼓励我们对问题要一个正确的认识。放下那种"我说一不二"的心态,虽然一时困难,但是这会回报给我们冷静的视角。关键的问题是:我们如何以一种能够为儿童树立解决问题榜样的方式来解决这一问题?如果儿童正在观察我们如何解决自身的问题,我们想让他们观察到什么呢？通过保持把焦点放在帮助孩子上来帮助我们自己，我们可能会感觉到一种尊重冲突解决的强烈动机。

成年人要求儿童通过使用"有效的言语"来解决问题。当儿童学会使用言语，而不再靠推搡、击打或摔玩具时，他们也就学会了一种解决自己困难的办法。作为成年人，我们是否经常用言语来表达我们与他人之间的问题呢？除非我们能有效地使用语言，否则我们就不能为孩子做出成熟的、合作性的行为表率。当儿童或者成年人感到愤怒、被伤害、充满怨恨、恐惧或无助时，找到可以使用的言语相当困难。基于此，通过授权一步一步解决问题的实践效果最佳。

宣泄提供的是帮助还是伤害

一些员工在能够平静下来解决与他人间的问题之前，他们需要发泄或者表达他们心烦意乱的情绪。有些主管和监管者鼓励员工在解决问题之前"发泄情绪"，公开地释放他们的心烦情绪。当员工感觉受到伤害或对他人怒气冲天时，我们又怎能期望他们能有效地解决问题呢？

在本章的案例分析中，如果嘉贝拉将莫德冠以"敌人"的标签，嘉贝拉并没有处在一种可以与"恶魔"莫德一起解决问题的心理或情绪状态中。嘉贝拉占据了道德的制高点并且假设她是正确的，而莫德完全错了。在嘉贝拉看来，把孩子珍贵的艺术作品扔掉是可恨的。

当然，莫德也将"邋遢的嘉贝拉"视为敌人。"正常人怎么会将儿童和家长置于滑倒和摔伤的危险境地呢？这种事情我无法理解！"莫德坚持说。双方各自宣泄情绪，回归理智的过程需要时间。宣泄就像揭开一锅正沸腾的水的锅盖一样，释放出蒸汽以减少沸腾的剧烈程度。

回忆我们在第 2 章提到的有关杏仁核劫持的概念。1997 年，戈尔曼博士警告说，我们的杏仁核腺体临时的力量会"劫持"我们的情绪智力和智商。当我们感受到威胁时，杏仁核（大脑中部一个杏仁状的小腺体）会引发肾上腺素或皮质醇加速通过我们的系统。如果你曾经感受过来自内部的压力促使你逃离、吼叫或是用拳猛击他人，你就会知道杏仁核劫持是什么样的感觉了。我们进入一种"战斗或逃跑"的状态。职业化地暂时远离冲突，直到我们能够"后退一步"并平静下来。

宣泄的危险在于，虽然它可以让个体得以释放，但是它本身并不能解决问题。因为宣泄是问题解决过程中富有成效的第一步，宣泄需要：

1. 限定时间（例如，不超过十分钟）；
2. 私下的，在监督者在场时进行；
3. 紧接着在同一天内召开会议来解决这一问题。

宣泄本身不但不能解决问题，还会传播谣言。然而，如果坚持上述三步来宣泄情绪，对那些容易处于杏仁核劫持中的个体来说则是有帮助的。

解决冲突的策略

Z 方法

Z 方法是一种有效的问题解决的方法，它源自迈尔斯—布里格斯模型，遵循字母 Z 的轮廓（Kroeger and Thuesen，1992，p163）。将每一个起点和终点连接而成字母 Z，我们可以提出一个不同的问题或者给自己设定一项不同的任务。

当"对手"分享答案时，邀请每个人来聆听他人是如何察觉这种形势的。在这一过程中，每个人将会发现放下"我能控制别人"这种信念的价值所在。

让我们使用 Z 方法的四个拐点来陪嘉贝拉和莫德走一程。

表 8.3　Z 方法

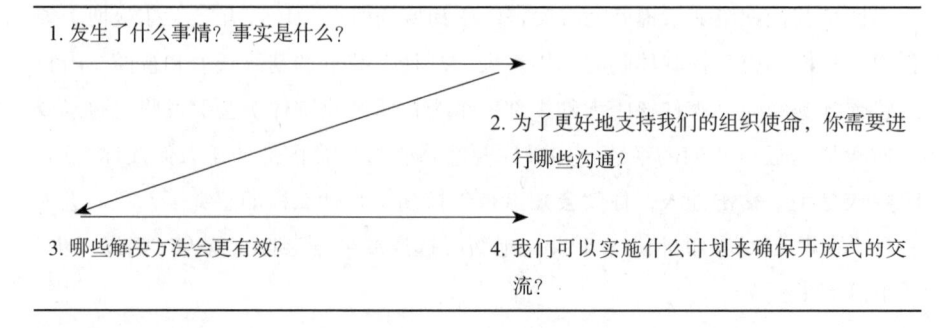

1. 发生了什么事情？事实是什么？	
	2. 为了更好地支持我们的组织使命，你需要进行哪些沟通？
3. 哪些解决方法会更有效？	4. 我们可以实施什么计划来确保开放式的交流？

1. 发生了什么事情？事实是什么？集中于你自己的观察：对他人没有责备、羞愧或是愤怒之心。始终关注你自己以及你体验到了什么。领导者通过问以下问题确保讨论不跑题：

嘉贝拉，你能够描述一下昨天下午你和孩子们在操场上开展了什么活动吗？

莫德，请你尽可能如实地描述一下，在嘉贝拉走后不久你看到了什么，以及你做出了哪些行为？

一旦每个人描述了她的行为和观察，我们将会看到一方或者双方所发生的转变。我们经常要提醒自己：当我们看同样的半杯水的玻璃杯时，有的人认为它是半满的，有的人却认为它是半空的。事实是具体的、毫无争议的。一旦我们确定了事实，我们可以问：

2. 为了更好地支持我们的组织使命，你需要进行哪些沟通？

莫德，如何才能让你觉得教室是安全和有序的，同时也能够开展生成式课堂？

嘉贝拉，如何才能让你觉得课堂对于生成式学习是开放的，同时可以给孩子们提供他们同样所需的可预见性？

在这一步，这两位老师中的一方或双方也许仍然会互相攻击。嘉贝拉可能会认为莫德是保守的和顽固的，提醒她集中精力去寻求解决方法。莫德可能会不停地看表，以此来暗示这场讨论毫无意义。询问她们双方："你们如何才能合作，并以一种给孩子们做出榜样的姿态来解决问题呢？"

3. 头脑风暴法适用于这一步骤并建立在每个人的优势之上。

莫德，你能至少提出一种既尊重嘉贝拉又尊重你自己教学风格的解决方法吗？

嘉贝拉，你认为莫德在教学方面有哪些是你可以尊重的吗？

帮助每个人指出一些其真正觉得对方身上有价值的东西。当一方从"对手"那里听到有关自己积极的方面时，对手看起来也再不像敌人了。邀请她们用头脑风暴法来讨论如何更好地服务于儿童这个问题，从而分享各自的优势，并满足彼此的需求。

4. 制订一份确保不间断、开放式交流的计划。

嘉贝拉，今后你会如何与莫德有效地合作？

莫德，你会采取什么措施来与嘉贝拉更有效地合作？

据我观察，98%的同事矛盾都是沟通不良的结果。当一位老师觉得自己被误解和不被欣赏时，她就会诋毁另一位老师。员工们需要能够进行持续沟通的系统和平台。通过搭建平台，莫德和嘉贝拉的问题暂时得以解决。引导她们发现并认同她们能够持续沟通的方法。例如，每周五下午召开例会？用一本公用的记事本互相给对方留言？嘉贝拉可以给这个记事本装一个漂亮的封皮，然后由莫德安排内部的结构！

朋辈教练法

> 即使用最有效的交流方式，你也不可能总是做出正确的决策，这时反思能够帮助你。在某些事情发生后，你可以重新考虑并了解它。
>
> ——珍妮特·冈萨雷斯-米纳
> 幼儿教育奠基人

朋辈教练就好像是一个随时待命的、值得信任的常驻"专家"，他能够帮助同事解决冲突。主管可以要求这些熟练的问题解决者来担任朋辈教练。

对于所有人来说，从间接到直接行为的转变都是棘手的。一些团队成员会比其他人更快地掌握问题解决技巧。问题解决的初学者可能需要主管花费额外的时间并协助练习他们的技巧。朋辈教练通过加强问题解决的实践来支持主管们为此付出的努力。

除了使用Z方法，朋辈教练还可以借鉴专业教练经常使用的"五步教练程序"，具体包括以下五个步骤：

1. 你对于如何有效合作的愿景是什么？
2. 合作的障碍是什么？
3. 说出你能用来改善现状的三个步骤。
4. 每次进行一个步骤。
5. 再次开会讨论："现在我们的愿景或希望是什么？"

朋辈教练可以询问同事关于他们的期望、限制他们的障碍是什么，他们能够采取哪些措施确保他们的项目顺利实施，以及将教室变为高度功能化的学习环境。在合作过程中要吸纳同事来分担解决问题的责任。朋辈教练提醒每个人把精力集中在解释对儿童和家长最有益的问题上。

应用这五步来对嘉贝拉和莫德进行朋辈教练辅导，你会问什么问题？她们会有怎样的反应？如何才能让她们讨论时不跑题？

"达成共识"和"艰难对话"的方法

这些策略产生于和平解决冲突的"哈佛谈判项目"（Harvard Negotiation Project），他们分享了三种强有力的概念：

1. 不是浪费时间来争论谁该赢，而是致力于理解和接纳我们每个人会用不同的视角来看待世界。
2. 妥协常常会导致"半途而废"和怨恨。更深层的解决办法是尊重每个人的价值。
3. 如果我们看问题足够深刻，我们会找到对立双方的共识点。

美国前总统吉米·卡特在进行和平谈判时使用了这一策略，谈判对象分别是以色列前总理梅纳赫姆·贝京和埃及前总统安瓦尔·萨达特。在下面的概述中，请注意卡特总统是如何帮助两位领导人找到他们的共识点。思考一下，当你应用 Z 方法或朋辈教练法解决冲突时如何使用这一策略。例如，嘉贝拉和莫德共同拥有的更深层的价值观是什么，哪些可能会弥补偏见带来的问题？

卡特总统邀请埃及前总统安瓦尔·萨达特和以色列前总理梅纳西姆·贝京在戴维营会面，他的目的是通过谈判让两位领导人达成和解。然而，埃及和以色列两国领导者之间却存在着深远、持久且难以容忍的分歧。谁都不肯做出让步，萨达特甚至想退出谈判。

此时，卡特总统问贝京："你有孙子或孙女吗？"贝京变得温和并回答说他有。卡特又问："你能给我们看看他们的照片吗？"这位骄傲的祖父在会议桌上传开了他精力充沛的孙子女的照片。"给我们讲讲这些可爱的孩子们吧，"卡特鼓励说。当贝京生动地讲起关于每一个孩子的故事时，萨达特开始慢慢移近，听听和看看这是些什么样的孩子。

接下来，卡特转向萨达特并问了他同样的问题："你有孙子或是孙女吗？能给我们看看他们的照片吗？这些出色的孩子都是什么样的？"当萨达特满怀自豪地讲述时，贝京也不由自主地凑近来倾听。

在这一天即将结束时，两人达成了他们想要给孙辈更好的未来的共识。他们签署了将两国人民从恐惧中解救出来的和平协议。他们从心底认同，所有的子孙后代都应该拥有充满希望的未来，远离战争的恐惧。

"艰难对话"的方法用响亮的"不"来回答"我能换人吗？"这一问题。当我试图说服一个人我是对的或者他（她）是错的时，我无法取胜。如果我注意聆听"另一个人来自哪里"，那么，反过来他（她）也会听取我对现实的看法，我们更可能找到解决问题的办法。你是否曾经改变过他人？

在案例研究的情节中应用这些实践，当嘉贝拉听说莫德担心孩子们的安全时，她有机会从莫德的角度看待当时的情况。当莫德听到孩子们创造性的艺术作品对嘉贝拉非常重要时，莫德也会关注什么对嘉贝拉来说是重要的。通过实践，团队成员开始期待差异，而不是试图拒绝或破坏差异。

艰难对话策略使问题解决者关注三个问题（Stone, Patton & Heen, 1999）：

1. 发生了什么事情？
2. 触发了你什么样的情感，包括表现出的和未表现的？
3. 对你来说，什么是最重要的？

卡特总统知道，萨达特和贝京逐渐认识到为他们的子孙后代创建一个更加美好的社会至关重要。在幼儿教育中，什么最重要？当我们对此达成共识时，我们就会认同站在孩子的角度来解决人际冲突。为了做到这一点，我们需要抛开打败他人的念头。当我们更加深刻地明白我们想要什么，我们就能不忘我们为什么从事这一职业的初心。

应对悲观者的策略

常识告诉我们，情绪是会传染的。你走进一间教室，每个人都在抱怨，在你觉察到之前，你是否发现自己也变得悲观了？神经科学的研究证实，我们的神经元会与周围人的神经元协同共振，否则我们会感到与周围的环境格格不入。通常，悲观者会占据优势。一个抱怨者会破坏整个团队的士气。

我们如何终结抱怨和悲观？布林克曼和科施娜（Brinkman & Kirshner, 2002）认为应该深入了解两类抱怨者：情境性的和习惯性的。"情境性的"抱怨者卡在了一种他们无法解决的情境中。"习惯性的"抱怨者是为了抱怨而抱怨。就像传播谣言，抱怨也是一种获取注意和权力的间接方式。

情境性的抱怨者会在他人帮助他们解决了特定问题后停止抱怨。一旦他们在前进的道路上获得帮助，便会停止哀诉。糟糕的一天就此结束。

而习惯性的抱怨者需要更加明确的方法。布林克曼和科施娜建议我们既不要认同也不要否定抱怨者。无论哪种情况，抱怨者都会继续抱怨，或者是因为她有一个无法回避的听众，或者是因为她要证明自己是对的。根据这条众所周知的格言："授人以鱼不如授人以渔。"两位作者还建议我们不要"固着"于抱怨者的问题。

当习惯性的抱怨者开始抱怨时，可采取以下措施：

1. 打断并询问抱怨者对所抱怨问题的一个具体而特定的例子；
2. 通过关注这个具体的例子，与抱怨者一起找出解决这个问题的策略；
3. 当抱怨者抱怨："没用！事情不会改善的！"你可以用这样的声明来控制局势："既然我不能帮助你解决这一问题，请以后不要再拿此事烦我。"

如果抱怨者发现他们没有听众，抱怨的焦点就会发生转移。任何人都能通过有效的问题解决来示范或者鼓励这种适应性，抱怨者的影响也将消失。

有时，抱怨者可能正在遭受抑郁的折磨。抑郁症患者应该得到帮助。同伴可以建议抑郁者与主管谈话或是陪同抑郁者去见主管。主管或负责人际关系的人事部门能够为其提供帮助、咨询辅导和药物干预，并为其保密。《美国残疾人法案》将长期抑郁归类到"影响主要生活功能"的障碍列表，管理者必须提供合理的调节。通过帮助，曾抑郁的员工可以重新成为一名高效率的同事。

一旦确定范围并开始提供帮助,抱怨的行为最终会转变为成功的行为。

多元文化下的问题解决方案

当恭子还是一名高中生时,跟随她的父母从日本搬迁到这里。后来,她成为一名幼儿教师。作为一名聪明的、有创造力的和敏感的老师,恭子的同事都很尊重和关心她。恭子所接受的文化传统鼓励她去帮助每个人"保全面子"。她小心翼翼地确保冲突不会公开出现。恭子宁愿倾听别人对她的抱怨和谣言,即使这会让她感到不舒服,也不会直接明说让他人停止或走开。恭子所在的幼儿保教中心对构建一个无谣言区的政策刚刚达成共识,因而"如果你听取了谣言,你就是在传播谣言"的说法正困扰着恭子。你会如何在尊重恭子文化的同时来支持该中心的这项政策?

鉴于在我们的工作中会出现文化多样性,我们应该欢迎和期待多样化的冲突解决方法。有的文化鼓励直率,生活在直率的文化传统中的人们,交流时几乎不需保持身体间的距离。以色列的文化可能属于这类文化。另一些文化鼓励有所保留和含蓄。根据这种文化观点,离一个人站得太近会被视为冒犯。日本文化或许属于这类。我们如何既能尊重文化的差异性,又能坚持工作中所制定的问题解决的政策呢?

> 不要让道德观阻碍你做正确的事。
> ——艾萨克·阿西莫夫

要问的第一个问题是,中心所制定的政策是否尊重了文化差异?当介绍一项政策时,如问题解决协议,要在员工会议上邀请员工们讨论这一变化,以及发表对于该变化的个人评论。如果你了解到某项政策可能与某位员工的文化相冲突,你要先邀请她和你来分享她对此政策的想法和认识。

至此,一位领导者至少有两种选择:一是修改政策使之更具文化敏感性;二是寻找方法来制定策略,同时鼓励每一位员工用其自身的文化传统来实践这项策略。也要重视政策的精神。从政策精神方面来说,问题解决协议旨在唤起成人承担责任并共同解决他们的问题。关于前面提及的恭子的情况,你可以问问她,在她的文化中当人们解决冲突时需要哪些过程。然后,你尽可能多地吸收这些做法。另外，你还可以与恭子一起讨论她如何做或如何表达会感到舒服些，以此来提升政策的精神。最后，你可能会发现一些你从未想到的方法。

黛布拉·瑞—埃塔·苏里文（Debra Ren-Etta Sullivan）博士曾撰写了一篇关于成功地吸纳多种文化的西北太平洋橡树学习共同体的报告，该学习共同体是她与同事在华盛顿的西雅图共同创建的，她知道这类工作永无止境。尽管如此，在接受红叶新闻社的一次在线采访时，苏里文博士还是乐观地提醒我们："当我看到，那些从事幼儿保育和教育的人士拥护所有儿童都有权获得一个强壮且健康的人生开端的主张时，我很欣慰，因为不断成长的领导者和他们的领导力使得这个世界千姿百态，而这恰恰是每个幼儿最需要的。"问题解决者的多元文化共同体可以引导一个强壮而健康的人生开端。

共同体

如果没有能力解决不可避免的差异问题，我们就不能生活在共同体中。共同体是指为了支持每个成员以及共同体的利益而共同生活和工作在一起的一群人。"养育一个孩子需要举全社区之力"这句非洲格言与幼儿保教项目十分吻合。

我咨询过全美国的同业者，让他们分享用来建立多元文化共同体的指导策略。下面是针对我这一问题来自美国三个地区的三种答案：为了完全融入一个多元文化共同体中，你认为你的共同体最需要遵循哪三条基本原则？

加利福尼亚州的唐娜·拉芬尼诺

1. 所有的贡献都是受欢迎和有价值的；
2. 参与者应该投入到过程中，愿意积极地参与改变以及愿意被其改变；
3. 参与一些沟通交流，从而意识到他人的思考和处事方式可能与你的一样好，甚至比你的更好。

南卡罗来纳州的凯蒂·琼斯博士

我们将：

1. 坚持共同体的核心：尊重存在差异的权利；
2. 有表达不同观点的自由而不必害怕惩罚；
3. 用爱和尊重解决问题，永不放弃直到达成一致的意见或方案。

俄勒冈州的律师阿瑟·拉富伦斯

我们的共同体必须：

1. 有超越自身的目的或功能；
2. 开始之前需要达成一个关于约定、行动和解散的流程；
3. 为领导设定期限；
4. 承认我是共同体的领导者，谁不喜欢，现在就离开！

阿瑟，谢谢你如此的坦率（我言不由衷，不用当真）！

为了推进一个问题解决者的多元文化共同体，你会至少制订的三条基本原则是什么？反思这一章所有的观点和方法，哪一点最能打动你？你需要付出哪些努力来建立一个问题解决者共同体？

我逐渐认识到，我的幽默感是我最有价值的情绪智力之一。我还认识到，当我超然地放弃，走到阳台洞察某个问题时，我将更能认识到这对每个人都很重要，而不仅仅是对于我。幽默和洞察力：没有它们我无法闯荡世界！至少当我的老朋友"我说一不二"的观念再次冒出时，我会提醒我自己。对于创建问题解决者共同体，你认为情绪智力中最有价值的能力是什么？

反思性问题

1. 你能够在美国幼儿保育专业协会的道德准则中找到哪些短语和原则来支持主管为结束谣言、悲观和其他无效行为而做出的努力？将这些原则用于本章中的案例研究。

> 美国幼儿保育专业协会的道德准则：
>
> 美国幼儿保育专业协会是由幼儿保育和教育领域的领导者组成的一个团体。作为一个协会，我们相信幼儿保育是一门专业，并且作为专业人士，我们的责任是遵循道德准则来领导我们的中心。我们要认识到协会在这一过程中是至关重要的纽带，我们要坚决遵循下列各条来管理个体创办的中心：

（1）坚持NACCP的道德标准以便更高效地为儿童、家长和该领域服务。

（2）牢记我们属于服务行业。我们承诺为儿童及其父母提供高质量的幼儿保育，并将这种服务置于个人利益之上。

（3）我们的工作应该采用这样的方法：既能在该领域内维持良好的运作，又能为家长、团体和同业者建立信心……

……

（8）避免在具有竞争性的员工间传播不满，散布不满只会使其工作难堪或阻碍他们的工作。

（9）避免通过误导家长、团队成员或同业者来损害竞争对手的形象……

……

（11）时刻用为我们的协会和幼儿保育领域带来信誉的方式引导自己。

2. 反思你与女性一起工作、学习或生活的经历。什么力量和困难会在意料之中？当你与男性一起工作，或是同时与男女两性一起工作时，这些经历是否有所差异？你将这些差异归因于先天的、后天的，还是两者兼有的因素？至少找到一项研究来支持你的理论，然后再找到一项与你的理论有分歧的研究。"先天与后天"这一短语，用来承认某些特质是遗传的或是天生的（先天），而另一些特质是习得的或由环境作用造成的（后天）。

3. 了解你的文化背景。从反思你的名字开始（名、姓、中间名或是确认名）。为什么选择这些名字？你的名字是以某个人的名字来命名的吗？你的名字有哪些传统？在你的国家，你的家庭有什么历史？是否这个家族的姓氏在某个时间被改变或者流失？写一篇回顾性的论文来介绍你的文化背景如何影响你对建立共同体和解决冲突的观点。

团队项目

1. 阅读下面关于贝蒂的案例。向你的班级展示你的计划,这份计划是关于如何(a)阻止贝蒂破坏相关流程以及(b)让贝蒂为改变自己的行为负责。

    贝蒂会用什么策略或"武器"来获取权力?贝蒂的行为会对团队成员和团队士气产生怎样的影响?你曾经了解或是处理过类似贝蒂一样的行为吗?回顾一下本章描述的方法:作为贝蒂的同事和她的监管者,你会采取什么样的行动?

    如果艾丽斯(A)冒犯了贝蒂(B),贝蒂(B)会告诉卡罗琳(C)和黛安(D)这件事——贝蒂会告诉卡罗琳和戴安,艾丽斯不仅不公平地冒犯了她,也冒犯了卡罗琳和戴安。通过这种方式,贝蒂说服他们反对艾丽斯。当然,艾丽斯可能没做过这样的事情。贝蒂会小心地管理她对于"过去事件"的表述。她这样做是为了获得小团体对自己的支持,通过灌输正义的愤怒,从而让小团体支持贝蒂在将来任何时候对抗艾丽斯或者疏远艾丽斯。贝蒂不动声色地完成了这一切(Chesler,2001,p.111)。

2. 研究其他(本章中描述的)的问题解决方法,并选择两种最吸引你的方法。在班会上介绍并讨论每种方法,并在嘉贝拉和莫德的案例中应用这些方法。

3. 在至少两种不同于你的文化背景下,调查和讨论冲突是如何被看待和解决的。你是如何思考这些多样化的方法的?从其他文化的冲突解决策略中你学到了什么?作为一位项目的领导者,你会采取什么实际措施,以确保产生冲突时能尊重文化差异?

参考书目

Brinkman, R., and R. Kirshner. 2002. *Dealing with people you can't stand: How to bring out the best in people at their worst.* New York: McGraw-Hill.

Bruno, H. E. 2007. Gossip free zones: Problem solving to prevent power struggles. *Young Children* (September).

Bruno, H.E., and M.L. Copeland. 1999. If the director isn't direct, can the team have direction? *Leadership Quest* (Winter).

Cahill, L., and L. Kilpatrick. 2004. Sex-related hemispheric lateralization of amygdala function in emotionally influenced memory: An MRI investigation. *Learning & Memory* .

Chesler, P. 2001. *Woman's inhumanity to woman.* New York: Plume.

Code of ethical conduct and statement of commitment: Guidelines for responsible behavior in early childhood education. 2005. Washington, DC: NAEYC.

Copeland, M.L., and H.E. Bruno. 2001. Countering center gossip and negativity. *Child Care Exchange* (March).

Feeney, S., N. Freeman, and Eva Moravcik. 2000. *Teaching the NAEYC Code of Ethical Conduct.* Washington, DC: NAEYC.

Fisher, R., and W. Ury. 1983. *Getting to YES: Negotiating without giving in.* New York: Penguin Books.

Goleman, D. 2003. *Destructive emotions: How can we overcome them? A scientific dialogue with the Dalai Lama.* New York: Bantam Dell.

Goleman, D. 1997. *Emotional intelligence.* New York: Bantam Books.

Gonzalez-Mena, J. 2005. *Diversity in early care and education.* New York: McGraw-Hill.

Gonzalez-Mena, J. 2008. *Foundations of early childhood education.* New York: McGraw-Hill.

Jordan, J., ed. 1997. *Women's growth in diversity.* New York: Guildford Press.

Kroeger, O., and J.Thuesen. 1992. *Type talk.* New York: Delacourte Press.

Kyle, A. 2007. *The God of animals.* New York: Scribner.

National Association of Child Care Professionals (NACCP). *Code of ethics* . http://www.naccp.org/displaycommon.cfm?an=1&subarticlenbr=287.

Stone, D., B. Patton, and S. Heen. 1999. *Difficult conversations: How to discuss what matters most.* New York: Penguin Group.

Sullivan, D.R. 2003. *Learning to lead: Effective skills for teachers of young children.* St. Paul, MN: Redleaf Press.

Sullivan, D.R. *Interview with Redleaf Press.* http://www.redleafpress.org/client/archives/features/rl_Aug2005_feature.cfm.

Tannen, D. 1990. *You just don't understand.* New York: Ballantine Books.

Tanenbaum, L. 2002. *Catfight: Women and competition.* New York: Seven Stories Press.

Vonnegut, K. 1969. *Slaughterhouse-five.* New York: Dell.

Woolsey, L.K., and L. McBain. 1987. Issues of power and powerlessness in all-woman groups. *Women's Studies International Forum*, 10.

网络资源

你的员工是抱怨者还是胜利者？

http://www.humannatureatwork.com/Workers_Whiners_Winners.html

解决冲突和谈判的文章

http://www.abetterworkplace.com/conflicts.html

NAEYC 道德行为准则和使命宣言

http://www.naeyc.org/about/positions/PSETH05.asp

多元文化工作场所中的管理

http://www.enewsbuilder.net/theayersgroup/e_article000935108.cfm?x=b11,0,w-a935108

问题解决技巧

http://www.mindtools.com/pages/main/newMN_TMC.htm

停止散布谣言，保护你的职业生涯

http://hotjobs.yahoo.com/career-articles-stop_the_gossip_save_your_career-208

第三编

规 范
建立管理系统

第 9 章
监管与员工发展：社会情商在起作用

第 10 章
财务管理：掌握财政大权

第 11 章
管理设施和设备：杜绝伤害

第 12 章
课程选择：根和翼

第 13 章
市场营销与发展：只要你有影响力，顾客就会来

第 9 章

监管与员工发展：社会情商在起作用

学习目标

1. 给监管下定义。
2. 将"识别能力"解释为一项监管能力。
3. 描述和比较监管的两种类型：指导性监管和反思性监管。
4. 明确和解释员工发展的阶段。
5. 确定哪种监管类型更适用。
6. 实践指导性监管的五项原则和五个步骤。
7. 将"渐进式惩罚"过程与指导性监管的步骤相联系。
8. 确定反思性监管的实践可以激励员工与团队达到最佳表现。

我们都希望能自力更生，希望有能力应对人生旅途中遇到的逆境。但是，多数人都无法做到这点。我相信，我们接受他人帮助的能力与当我们变得强大时的付出能力是分不开的。有时，我们需要帮助却难以开口向他人寻求支持；但是，当我们信赖的人一直陪伴在我们身旁时，这些痛苦的日子也就不再难以承受。

——弗雷德·罗杰斯

如果你的行为能够激励他人梦想更多、学习更多、行动更多和成就更多，那么，你就是一位领导者。

——约翰·昆西·亚当斯

案例研究：调整监管以适应每位员工

弗兰西娅是一位优秀的幼儿教师，同时也是一位对四个孩子尽心的母亲。她的丈夫希望可以每天在家吃晚饭，希望房间整洁，并且拥有和妻子共处的时间。弗兰西娅十分想获得幼儿教育学位。她现在遇到了一些问题，向作为她的主管的你寻求指导：英语不是她的母语，她也没有多余的钱，并且对攻读学位也感到不是太有信心。

贾斯敏是弗兰西娅团队的一名教师，按照规定，每天早上她应该在 6:30 到达教室。星期一，贾思敏在早上 6:45 到达教室，星期二则在 7:05 才到。今天是 6:50 到的，她对迟到丝毫没有歉意。贾思敏的所作所为给弗兰西娅带来很大压力。昨天，克拉伦斯的父母告诉弗兰西娅，他们已经无法再容忍贾思敏了，随后摔门而出。为了保证每个幼儿教室的教师配备率（根据每个教室里有多少名儿童来确定教师人数，以确保有足够的老师在教室中），作为监管者的你，越来越频繁地需要重新安排早间会议和电话接访以迁就贾思敏。一旦贾思敏的上班时间步入正轨，她就是一位富有创造力的、受孩子喜爱的老师。

如果你是弗兰西娅和贾思敏的主管和监管者，你如何看待这种情况？你将采取哪些步骤来解决？

监管可以帮助员工表现出其最佳水平，以服务于组织的使命。监管可以培养每位员工和团队的职业精神。监管者通过与员工和团队建立一种直接的、关怀的、互敬的关系，就可以创建问题解决者共同体。监管不仅提倡而且需要有责任心的、富有创造力的和专注的工作表现。

领导者的愿景将决定其设立何种标准来实施监管。采用这种方式，监管就是实现领导者愿景的一条"超级"途径。就像情绪智力一样，监管是一项常识，但还未形成必要的惯例。当主管有目的地进行领导时，她的监管实践也将很轻松。

本章将帮助你成功地调整你的监管来满足每名员工的需求。你将学会如何识别一名教师何时需要直接告诉她怎么做（指导性监管），以及何时需要鼓励她创新（反思性监管）。这在很大程度上取决于员工与团队的成熟水平。你也将学会如何使用有效的政策、程序和表格来建立一套监管系统。因为监管实践也需要合乎法律要求，所以你还需要在法律与主管行为之间建立紧密并且必要的联系。

虽然监管是一项艰苦的工作，但是也包含快乐和荣誉。经验丰富的监管者通过运用社会情商来指导下一任的领导者。帮助教师发展和成长就像帮助儿童探索新世界一样，同样能让人获得成就感。

监管的成分

社会情商能力

> 我已经从事监管工作40年了，但是我好像才刚开始找到它的诀窍。
> ——杰雷·保罗

对从事儿童保育与教育工作的管理者来说，每年一次的年度总结会议是远远不够的。监管是一项每天甚至时时刻刻需要的工作责任，监管是为员工的职业成长提供支持，以确保组织平稳正常运行。

监管的情商包括以用心和真诚的工作态度持续进行评估，并以下面两条为基础：

1. 什么可以激励员工的动机；
2. 员工的优势、盲点和发展需求是什么。

在监管下，员工被邀请对他们自己的行为、态度和关系负责。监管者只是帮助员工学习钓鱼，正如谚语所说："授人以鱼，不如授之以渔。"

> 如果你刚刚接手监管工作，那么请充满信心。回顾一下你已经掌握的适用于儿童的所有适宜性发展实践（DAP）的知识。在与成年人工作时，也需要依赖这种DAP知识。成年人与儿童一样，也会经历发展阶段，每一阶段都可以预测我们使用何种监管类型。

勇敢的、受过专门训练的监管人员，十分看重品质。果断惩罚一名不作为的员工是需要勇气的。因为儿童通过观察模仿成人来学习，也会从他们教师的职业水准中获益。面对员工的不当行为迅速进行处理，对多数管理者来说是困难的，但这却是监管者必需的一种基本实践。

对监管者来说，洞察力和同理心与勇气一样，也是非常有用的。准确地解读员工，可以帮助我们看到员工自身认识不到的潜力和天赋。在员工已有优势的基础上支持他们，并帮助他们克服不足，就需要监管者具备勇气、洞察力和同理心这三种美德。

成人的发展阶段

主管选择何种监管类型主要取决于员工的成熟水平。正如教师对儿童采用适宜性发展实践（DAP）一样，主管也会根据每名员工的发展阶段来调整监管方式。

正如后面将要呈现的员工发展阶段图所示，确定员工所处的发展水平，可以帮助主管决定采取何种监管类型更为合适。不够成熟的员工可能需要被告知希望他/她做什么；比较成熟的员工已经可以为自己的行为负责，可以要求他们去负责新的具有风险的活动，以及提出更具创造性的活动。年龄不是成人发展阶段的决定因素，成熟与责任心才是更好的预测因子。一名生理年龄为53岁的老教师，其心理年龄可能只有14岁；实际年龄20岁的员工也可能其心智更加成熟。

思考一下，当我们与儿童和成人一起工作时，如何运用适宜性发展实践的原则？例如，我们可能需要通过不断调整发展方向的过程来指导幼儿；我们可能通过平衡青少年的自主需求与坚持性之间的关系来指导他们；我们可能指导一名具有天赋的教师，使其在幼儿教育大会的某次研讨会上有自信的表现。如果我们是本章开篇案例研究中的贾思敏的监管者，我们需要让其遵守准时和为他人着想的一些起码要求。

尊重个人，强调行为

每一位员工就像每一个儿童一样，不管其发展水平如何，都应该得到无条件的积极关注。尽管某个人的行为

> 通过监管，我们可以确定员工所处的阶段。
>
> ——杰雷·保罗

是不适宜的，但是其仍然值得我们尊重。我们需要关注的是个人的行为而非个人的价值。贾思敏老师上班迟到并不能说明她就是一个"坏人"；但是，她的行为是不能令人接受的。学步儿伊斯雷尔咬人的行为是不可取的，不管他是否伤害到其他儿童。就像被伤害的儿童一样，伊斯雷尔也是值得喜爱和尊重的。没有一个人希望或者就应该被人贴上"坏人"或"无价值的人"的标签。如果某位员工或是儿童感觉到自己被贴上了不恰当的标签，不管监管者如何精心准备，他/她都可能会阻抗监管者的努力。

毋庸置疑，作为一名监管者，你需要调动起所有的社会情商技能，并在监管过程中不断发展自己这方面的能力。明确监管者看重什么，将会使你更好地履行监管者的职责。

超级"愿景"中的愿景

问一下自己：我赞成什么？完成句子：我赞成_____。你是否赞成品质、平等、公平、友善、做正确的事以及让员工对自己负责？

不管你赞成什么，毋庸置疑的一点是，你的目的会预测你如何监管他人。当你面对一些特殊的让你头疼的情境时，你是否会迷失掉原本的目的，甚至会"后退一步"（见第2章），重新唤醒你的核心价值观以及为什么你要做这份工作。当你明确这些问题后，你就会重新受到激励，去面对那些你需要面对的问题。

> 进行监管时，在你的内心和头脑中要确保愿景富有生气。设想一下，你的愿景就像是舒适的家一样，不管外面的天气如何，家都是温馨和惬意的。

至少，监管者要确保员工能够遵守认证和许可标准以及人事政策。在他们最繁忙的那段时间，管理者可能觉得自己的工作仅仅就是"看门狗"，或是监管员工以确保他们完成基本的任务要求。监管者就像边境牧羊犬一样，不知疲惫地巡逻以保证羊群在边界内，他们将高度警觉性作为其工作的核心职能。但是，通过看门狗式的监管工作，信任并不能被建立起来，并且长时间"处于警觉状态"反而会令"看门狗们"感到厌倦。

进行监管还涉及很多内容。伴随愿景和运用社会情商的监管是文雅的、动态的、具有创造力的、个体化和系统化的以及有回报的。拉丁语的前缀 *super*

意味着有能力去"位于……之上、超过、超越"。运用情绪智力的监管,可以确保领导者在鼓励每位员工都达到最佳表现时,始终注重品质关怀。领导者对品质的独特愿景,鼓动和贯穿于其与员工的每次互动之中。我们每个人通过真实地面对我们的"超级"愿景都能做到最好(见第2章)。

识别能力——监管者的核心能力

主管们需要做决策,需要识别采取哪种行动是与领导力有关的。不管我们是采用"薄片撷取"还是基于法律条文或法律精神(见第4章)的策略进行决策,决策的有效性都是检验我们决策的标准。在监管时,主管们会针对每位员工的特点采用不同的监管方法。在创建和实施一项监管系统时,主管们通常使用基于法律条文的识别力。不管你采用何种方式进行"切片",监管都是一种连续的主观判断。

根据主管所有的管理和行政责任,一位主管如何抽时间有效地识别出哪些对每位员工来说是合适的。领导者有责任组建一个问题解决者共同体,创设一种让每名员工或儿童都能获得发展的环境。从事儿童保育工作的员工报告说,为了促进职业成长,他们需要从主管那里获得更多的反馈、互动和关注(Kilbourne,2007)。因为主管的时间是有限的,所以监管需要宝贵的时间。

让我们回忆一下本章开篇的案例研究,弗兰西娅和贾思敏分别代表了监管者经常面对的两种挑战:

1. 主动的员工:他们需要有效的支持以实现自己的职业发展;
2. 被动的员工:他们对自己的行为不负责任。

你更愿意监管哪类员工,为什么?对于你不想监管的那类员工,你将如何对待?

贾思敏可能不太看重职业发展,所以作为她的主管,你应该通过监管帮助她变得具有职业精神,或者帮她找到更加适合其风格的职业。能识别出何时需将员工"劝退"也是一项有用的监管能力。

幼儿教育领域的发展趋势是,考取专业证书的标准越来越高。在确定你准备对弗兰西娅和贾思敏采取何种监管策略时,需要牢记的一点是,监管是发生

表 9.1 识别监管的对象、内容和时机

在指导性监管中，我们告诉员工具体怎么做；在反思性监管中，我们只对员工提要求。
当员工的表现没有达到期望时，采用指导性监管让员工为其行为负责。
反思性监管能促进员工与监管者在支持性、反思性的关系中实现共同发展。

在职业标准和期望不断发展的背景之下的（见第 15 章）。例如，2006 年美国幼儿教育协会（NAEYC）提出的关于领导力认证标准和管理标准要求，需要认证的项目必须包含员工职业发展计划。弗兰西娅的个人目标是获得学位，以达到主管规定的目标：截至 2011 年，确保团队成员中有 75% 的人拥有 CDA、副学士学位、学士学位或更高的学位。

监管涉及许多内容：愿景、承诺、风格、系统以及关系。当你识别出你将采取的每一种策略时，你可以依靠监管来为你提供各种成长机会（见表 9.1）。

监管的类型：指导性监管和反思性监管

指导性监管是当员工没有表现出有能力、潜质或意愿对其自身行为负责任时，要求和指导员工为自己的职业表现负责的过程。

反思性监管是在一种坦诚、注重培育关系的基础上，邀请和授权员工检查自身职业表现与职业发展的过程。

你将对弗兰西娅采用哪种类型的监管？对贾思敏采取哪种类型的监管？如果你是一名员工，哪种监管类型对你会更有效？

在本章的后面，当我们详细探讨指导性监管和反思性监管时，届时我们再回来看看你最初所做的选择。

监管系统不仅包含指导性监管，也包含反思性监管。将这两种实践放入更为宽泛的监管系统中，可以帮助主管构思和制订监管计划。监管系统应该包括：

- ✓ 规律的、持续的检测和考评实践，同时还要有
- ✓ 不定期的干预。

反思性监管有助于主管的持续性检测、指导和考评系统。指导性监管需要

不定期的矫正干预，并依靠渐进式惩罚程序系统来进行。有关如何建立职业监管系统，具体的例子和程序详见附录。当建立好一套标准的监管系统后，员工将清楚主管期望他们做什么以及他们的期望是什么。

评价员工的需要

为了成功地开展监管工作，管理者需要一种方法来评价每位员工需要什么以获得自身的发展。对每位员工都有效的监管方式是不存在的。各个员工的发展阶段不同，预示监管者对其采用的监管类型也应该有所区别。哪些措施可以确保老师们准时到岗？哪种监管方式可以帮助他们与家长们建立起合作的关系？

要问的第一个问题是："每名员工需要做什么才是达到最佳工作表现？"

布鲁姆（Bloom，1972）已经为我们提供了一种清晰的测量方法。她提出的员工发展阶段，确定了员工在职业生涯的不同时期的不同需要（见图9.1）。让我们考察一下每一发展阶段的需要，以及成人发展的阶段如何能预测将要采取的监管类型。我们可以从发展阶段示意图的底部开始，依次向上分析。处在底层或者初始阶段的员工人数多于处于顶层的成熟专业阶段的人数。

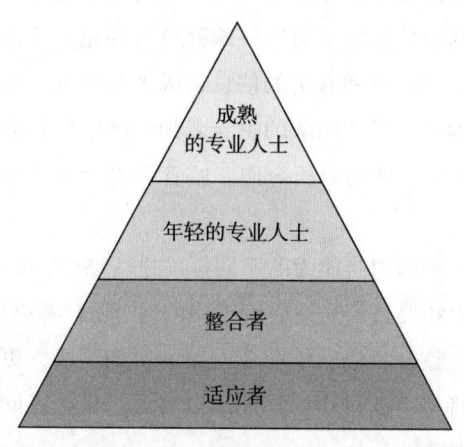

图9.1 员工发展阶段

适应者

适应者熬过每一天。对适应者来说，任何事情都是新的，他们没有值得依托的专业知识和经验。还记得你做第一份工作时或者第一天上学时的感受吗？你可能精疲力尽地回到家，思考着如何才能熬到周末。处于适应阶段的老师会对一些工作要求感到不知所措：家长的需求、课堂管理问题、所需的材料、缺少备课时间、需要一对一照料的孩子。适应者感觉度过一天很难，只会盯着自身的需求。适应者很少有时间或者主动花时间"暂时后退一步"，从更宽广的视角来看待这些问题。

即使是成熟的专业人士也会重新回到适应者阶段。一个人经历一项新的挑战或职位时，他/她不得不从初级阶段开始。一名教师刚刚当上主管时也会感到不知所措，此时，她就处于适应者阶段。一名得"A"的好学生当新学一门课程时，也会感觉自己像一个适应者。幸运的是，我们不会总是停留在这个阶段。当获得专业发展和成长时，我们便迈向了员工发展的下一阶段。

整合者

一旦适应了初始阶段，从业者便准备好"整合"成功经验与不断增长的知识。对整合者来说，不是所有的东西都是新知识。过去的成功是其继续发展的基础。

如果今年某位老师的课程计划包含能引起幼儿兴趣的有关蝴蝶的内容，那么，她能够用其他的教学策略来对这一课程进行补充。整合者可能已经从有关课堂活动的交流文章中收集到有用的信息，或者参加过一些工作坊，并在那里学会了进行课堂管理的方法。团队的主导老师可能已经教会她如何与有注意力缺陷多动症（ADHD）儿童的家长合作。监管者也会为她提供一些可供选择的教学策略。

整合者开始将多种知识与能力的不同标准进行整合，伴随着其技能的发展，他们的自信心也在不断提高。与适应者不同的是，整合者更加享受工作的乐趣；与适应者相同的是，整合者仍处于职业发展的早期阶段，更多地关注自身的需求和发展，还不能将整个项目作为整体加以考虑。整合者同样需要监管者为其提供明确的期望和界限。

处于更新阶段的年轻专家

经过了适应和整合阶段的知识积累，员工在适当的监管下进入了年轻的专业人士阶段。在年轻的专业人士或发展的更新阶段，员工变得更具有工作热情，并且能够进行自我指导。在这一阶段，他/她面对家长、课程和儿童问题时，变得更加自信。

"年轻的专业人士"可能已经 50 岁了。年龄并不是决定是否进入这一阶段的必要因素，技能与能力才是决定因素。年轻的专业人士已经成长为一名具有主动精神的人，是发起者和创造者。他/她具有更加广阔的视野，能够超越树木见到森林。他/她会因为自己是团队的一员而感恩，也会意识到其工作是项目成功的保证之一。年轻的专业人士会首先考虑如何做才会对每个人都有利，而不再仅仅执着于"这就是我的一切"。

在年轻的专业人士阶段，员工需要不断更新，这也是我们将这一阶段称为更新阶段的原因。从理想的角度来说，处于本阶段的个体知道自身存在的不足。在监管者的支持和指导下，年轻的专业人士能够反思哪些方面需要改进和提高。

在这一阶段，为了能够实现对员工的有效监管，监管者需要做出一些转变：从权威型的领导变为指导型的伙伴，从指导性监管变为反思性监管。监管者通过与年轻的专业人士建立合作关系来实现监管，并鼓励他们对自己的表现和目标进行反思。在必要的时候，监管者也会继续提供指导。

但是，并不是所有的年轻的专业人士都能适应反思性的监管方式。你是否与一位年复一年反复做相同事情的员工共事过？他/她可能认为"如果它没坏，就别去修理它"，也会反对新的观点："为什么仅仅为了迎合新的认证标准，就要改变我的教学方式？"持有这种态度的员工依旧是只关注自身而看不到全局，因此，他/她仍然需要指导性的监管。

成熟的专业人士

在美国的原始部落中，成熟的专业人士"年长者"因为其智慧而备受尊重，他们的观点举足轻重。许多幼儿教育项目都很幸运，因为在其团队中拥有这样的"年长者"。幼儿教育领域的成熟的专业人士不仅为他们自身负责，同时也鼓励和引导他人的职业发展。成熟的员工具有"言行一致"的品质。

我的同事苏珊已经在幼儿教育领域工作 30 多年了，让我高兴的是，作为一名主管，她对如何做主管仍怀有新的洞察力和热情。去年，苏珊去意大利学习了瑞吉欧（Reggio Emilia）教学法*。今年，她参加了一个关于如何提升婴儿项目管理的主管讨论小组。就像大多数人一样，苏珊也有缺乏热情的时候。但是总的来说，她努力用她的毕生学习技能来促进其个人和职业成长。

成熟的专业人士可以从共事、欣赏、感恩和持续改进的机会中获益。就像苏珊一样，他们需要在工作中不断探索新的方法以发现其工作的意义，从而保持工作热情而不至于职业倦怠。也许，格拉迪斯准备为《幼儿》（Young Children）杂志投一篇文章；也许她有指导他人的意愿；她可能请你帮助她申请另一个中心的主管职位。因为你十分了解她，所以你可以根据她的希望和目标与她进行心贴心的深入交流。在帮助她的过程中，你也会对自己有更深的了解。

年龄并不是一个可以预测员工发展阶段的可靠因素。一些非常成熟且富有责任心的教师才二十几岁。一些极不成熟的教师的实际年龄可能已经 45 岁了，但其心理年龄却只有 18 岁。监管者能够运用他们的情绪智力有针对性地评价员工所处的真实的发展阶段。

成人发展的阶段

正如你所注意到的，从事幼儿保育和教育工作的领导者可以从多个领域来更好地理解"它是关于什么的"。例如，我们可以向心理学家学习，诸如亚伯拉罕·马斯洛的理论。他主要研究成人的发展。马斯洛的"需要层次理论"为我们提供了有关员工发展阶段的观点（Maslow，1943）。请注意图 9.2 中马斯洛的模型和图 9.1 中布鲁姆的模型之间的类比。

我们再次从发展阶段的底部开始，依次向上介绍。马斯洛将"适应者"阶段命名为"生理需要"阶段。在成人发展的初始阶段中，我们需要有房住、有饭吃、有衣穿。在获得自信并实现成长之前，我们首先需要获得安全感。马斯洛的生理需要阶段与员工发展的适应者阶段存在紧密联系。

---

* 瑞吉欧教学法因发源于意大利的城市 Reggio Emilia 而得名。它的特点是强调孩子的自主性学习，选择主题时不是以教师为主导，而是充分尊重儿童的兴趣，教师加以引导。——译者注

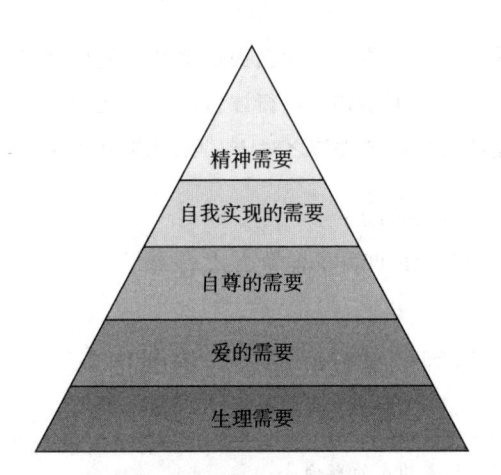

图 9.2 马斯洛的需要层次理论

资料来源：Maslow, 1943, 370–396.

金字塔层次（由下至上）：生理需要、爱的需要、自尊的需要、自我实现的需要、精神需要

当我们的生理需要得到满足后，我们才有可能与他人进行有意义的互动。根据这种观点，我们会通过爱和自尊阶段向上发展。在这些阶段中，我们不再以自我中心的视角观察世界，并开始意识到自己与他人存在着有意义的联系。这与布鲁姆模型中的整合者和年轻的专业人士阶段相对应。

当我们变得更加成熟时，我们会提出自己的需求并遵循自己的目的而生活。在成人发展的巅峰，我们寻求最深层次的满足，这就是马斯洛模型中所包含的"精神的需要"。精神是对生活更深层意义的追求。成熟的员工会愿意照顾无家可归的儿童，这可作为他/她"将爱传播出去"或回报他人的精神需要实践的一部分。

根据马斯洛或布鲁姆的模型，监管者可以确定员工所处的发展阶段。为了实现"透过关系进行管理"，我们需要明确和评估每名员工的短期和长期需求。准确的评估将会帮助我们明确应该使用哪种监管类型。

使监管类型与员工发展的阶段相匹配

还记得弗兰西娅和贾思敏吗？她们的哪些行为和言语迹象告诉你她们所处的发展阶段？她们处于不同的发展阶段还是相同的阶段？

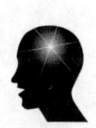

一旦确定了员工的发展阶段，你会更加清楚如何根据员工的需要采用不同的监管类型。让我们看一下是如何进行评价的。幸运的是，员工发展的每一阶段都有相应的、独特的监管模式与之对应。管理者的挑战是：

1. 评价员工所处的发展阶段；
2. 采用与员工发展阶段最匹配的监管方式。

告知还是要求：不同的监管类型应在何时使用

> 祝福是对另一个真实、热爱的人的影响。
> ——乔治·艾略特
> （又名玛丽·安·埃文斯）

在员工发展的早期阶段（适应者、整合者，有时也包括一些年轻的专业人士），需要使用指导性监管。在这些阶段，需要监管者为员工设定界限、建立职业期望，以及帮助他们清楚其行为的后果。

可以肯定的是，贾思敏需要指导性的监管来帮助她准时上班，并为自己的行为负责。就像处于适应者阶段的任何人一样，贾思敏也会以自我为中心。但在监管下，她开始思考自己上班迟到是如何影响儿童、家长、其他同事和项目品质的。在指导性监管中，领导者应该明确而直接地告诉员工应该做什么。

对处于成熟专业人士阶段的员工实施反思性监管。不管是成熟的还是年轻的专业人士，他们的工作表现说明他们具有观察、评估和改变的能力，可以满足项目的需求。与贾思敏不同，弗兰西娅有提升自身专业能力的愿望，这表明她脑海中有对组织项目品质的宏观理解。她着眼于自身发展的愿望和建立职业规划的开放性都表明，她的监管者可以使用反思性监管。在反思性监管中，领导者要求员工去反思其所看重和需要的东西。

确定你的某位同事、员工或同伴，其行为冒犯了你，让你很烦恼。这个人可能像贾思敏一样经常迟到，或者因为其消极言论而使他人沮丧。或许她总是将自己视为一名受害者，因而无法对自己负责。在她心目中，永远都是别人的错。列出可以描述该人问题行为的三项事实，请保证你的描述是独特且客观的。"今天早上贾思敏 7:05 到岗，而她的上班时间为 6:30" 就是一项具体而客观的事实。避免进行概括性描述，如"贾思敏经常迟到"。

当你列举出三项事实后，找一支蜡笔或毡笔马克笔以及一张白纸，将你自己描绘为该名冒犯者的监管者。想象一下，你决定采用指导性监管的方式和她谈一谈。你的任务是帮助她对其不当行为负责。

描述你面对这个人的问题行为时你感受如何。在进行下面的任务时，你不需要具有艺术天赋。拿出纸笔，画出你将和这个人面对面坐下时，你的感受或你的心理状态。

恭喜你！现在，现在拿出你列出的事实和画出的图画，并放在一边。等我们看完一些有用的研究后再来讨论它们。

对 80% 的幼儿保教领域的领导者来说，在必须面对员工不当行为的监管时，会令他们望而却步（Bruno & Copeland, 1999）。当要求主管们描述面对面监管时，全美国的主管都报告称会出现不适的生理症状，如呼吸急促、手心出汗、紧张性胃痛以及应激性头痛。7% 的女性和 44% 男性会倾向于寻求以私下和平的方式解决，尽量避免冲突。对于大多数幼儿保教领域的领导者来说，反思性监管的过程更为自然，相对流畅。肯定员工比面对员工更加容易。

> 逆境是通向真理的第一步。
> ——洛德·拜伦

你属于以上的统计结论中的哪一种？你属于 80% 的恐惧冲突中的一员，或是 20% 的直面冲突中的一员，还是介于两者之间？

指导性监管的五项原则和步骤

直接告诉员工他们的行为需要改变，这是领导工作的一部分。对那些逃避冲突的多数幼儿保教领域的领导者来说，学习指导性监管的技能就是一种解放。在员工发展的早期阶段，直接告知员工他们需要做什么，他们才能进行最好的学习。这意味着，监管者需要告诉员工在任务的每一步中他们应该做什么，包括阐明其中的细节。许多监管者倾向于假设员工通过模仿示范行为就会"明白"需要做什么。逃避反而会让问题变得更加严重。

现在，让我们来看看你画的那幅画。你是否在其中发现了舒适或不安、自信或恐惧的信号？大部分完成这项练习的人把自己画得像是把手指插入电源插座中一样，也会在画中看见皱眉、恐惧、发抖的面孔等，甚至有人画出了雷电等强对流天气。只有一少部分人画的是笑脸。当被问及面对另一个人的感受时，他们会说"焦虑、恐惧、悲伤和愤怒"。为什么如此多的幼儿保教工作者对指导性监管感到不适应呢？这一点比较奇怪。让我们同时了解一下指导性监管的步骤和原则。

指导性监管的基础是五项原则。当员工不想对其自身行为负责时，就给采用指导性监管手段的主管带来了挑战。表 9.2 为我们呈现出如何客观地使用每项原则，并关注寻找较为积极的解决办法。

让我们回顾一下本章开篇的案例研究，并利用这五项原则来加以验证。贾思敏的行为表明她仍处于适应者阶段，她需要对其行为负责。只有通过指导性监管，使其对自身的行为负责，她的表现才会得以改进。

表 9.2　指导性监管的原则

原则 1 关注个体的行为而非个体本身	关注员工的行为，而不是其作为个体的价值
原则 2 客观、具体而准确地确定行为	用准确丰富的细节告知员工事实，不要责备或羞辱员工，也不要使用"糖衣炮弹"式的手段。拉丁谚语说得好："事实本身会说明问题"
原则 3 做到"对事不对人"；使用"问题小贴士"	由于员工可能发生阻抗和抵制，所以将谈话内容放在"你将做出何种改变，以满足我们的期望？"这一问题上。不要被权力斗争所干扰。如果你觉得杏仁核被劫持了，就"暂时后退一步"，使用你的前额叶皮层吧（见第 2 章）。在口袋中放一个问题小贴士提醒自己：对事不对人
原则 4 期望员工为其行为负责	通过询问员工"你将如何改变你的行为"从而关注员工的问题解决能力。不用通过插手干预而剥夺了员工为自己负责的机会。寻找一种对每个人，特别是对儿童和家长来说都有利的解决方法
原则 5 达成一致意见，并制订后续计划来实现它	结束监管会议时确保员工明白他/她需要做什么、你将会在何时跟进，以及如果他/她不做出改变的后果是什么

设想一下，主管将和贾思敏进行一次监管性质的谈话，讨论她的那种不当行为：

主管：贾思敏，你周一早上 6:45 到教室，周二是 7:05 才到，周三，也就是今天，6:50 才来上班，这是不合适的！你需要每天早上 6:30 到达教室，并做好上课准备。

贾思敏：你为什么专找我谈？梅勒尼有一半的时间也都是迟到的。

主管：贾思敏，我们在谈论你的问题，而不是别人的问题。我和员工的谈话都是私下进行的。

贾思敏：我工作很努力，我把我的身心都放在孩子身上了，为什么你还不满意！

主管：孩子们需要你能按时到岗。怎么做才能保证你每天都能按时上班？

贾思敏：把我第一节课的时间改为 7:30 吧，你让泰勒也 7:30 再来！

主管：我们需要你上早班。告诉我，你如何才能保证早上 6:30 到岗并准备好开始上课？

贾思敏：（哭，大叫）你对我做的一切都不满意！我比这儿一半儿以上的教师都要优秀。

主管：是的，贾思敏。当你和孩子们在一起时，你是一位优秀和有爱心的教师，但这不是我们要讨论的问题，你需要准时到岗！擦一下眼泪，我们休息 5 分钟，然后再来讨论你如何才能保证每天准时到岗。

贾思敏：好吧，我觉得我可以坐早一班的公交车。79 路车是提前半个小时出发的。这让你高兴了吧！

主管：听起来像是个好主意，你确定可以坐早班车吗？

贾思敏：我想可以的。

主管：下周这个时候我们再讨论一次。泰勒会参加你的课程，而且每天早上我也不再检查你。如果你能准时上班，孩子、家长和弗兰西娅都会感觉更好，并且信任你。但是，如果你再迟到，那下一步你将重新进入试用期。请在这份矫正行为同意书上签字以表明你同意这份方案。

贾思敏：这对我来说太难了,我从来都不是一个准时的人。

主管：我理解你,也支持你为此所做出的努力。

指导性监管是一种有礼貌但并不卑鄙的监管方式。在监管时保持自己的原则将会帮助贾思敏变得更加职业化。

我们了解了如何对员工负责的五项监管原则,让我们将这些原则付诸实践吧。表 9.3 显示,当使用指导性监管时,主管应该说些什么。

你对指导性监管的指导性特点有什么看法?评估一下你的情绪。让你的情绪为你提供一些信息,来帮助你对这一监管过程做出反应。即使可能是违反直觉的(感觉不自然)或者就像我们在使用自己的短板(见第 3 章)。

对于我们中的那 80% 的人来说,指导性监管是过于直接、不切实际甚至是空想的办法。然而,他们的观点显然是存在问题的(见第 3 章)。保持直接但尊敬的态度并不相互排斥。事实上,指导性监管的开展有利于员工明晰他们要做什么,也可以鼓励他们选择一种更为成熟的途径来成长。在十二步(戒酒互助会)的说法中,指导性监管是"严厉的爱"。

表 9.3　将指导性监管转化为语言

1. 指出不当行为	"贾思敏,你周一早上 6:45 到教室,周二是 7:05 才到,周三,也就是今天,6:50 才来上班,这是不合适的!"
2. 提出员工被期望的行为	"你需要每天早上 6:30 到达教室并准备好上课。"
3. 询问员工为满足期望会做出什么改变	"贾思敏,你如何才能保证早上 6:30 到岗并准备好开始上课?"
4. 帮助员工确定有利于儿童和家长的解决方案	"贾思敏,改变你的上课时间并不是明智的选择。改乘早班车应该会更有效。"
5. 制定一项长期计划	"请告诉我你将同意做哪些改变。从今天开始,每周三的下午一点的午休时间在我的办公室开会。这一时段的工作,米莉森特会代替你完成。我也会每天监督你。贾思敏,这是给你的书面通知。如果你仍旧不能按时到岗,那你将重新进入试用期。谢谢你能找到一种对儿童、家长和同事都有利的解决办法。"

指导性监管的步骤需要符合法律规定,下面将要介绍的逐步惩罚步骤也与指导性监管的五个步骤相对应。

指导性监管需要遵从法律规定

法院要求,监管者做出"有责任心的救援努力"来帮助像贾思敏一样的员工学习有效完成工作的技能与态度。有责任心的救援努力包括"加强监管",例如,与贾思敏会面,帮她明确领导对她的期望是什么,制订计划来提高她的工作执行力,并列出具体的操作过程。

> 我们可以从儿童玩具"不倒翁"中获得帮助:描绘一个不倒翁,无论你花多大的力气推它,它都会回到原位。指导性监管就像不倒翁一样,帮你回到中心。当你有目的地领导员工时,没有什么能够将你推离中心太久。

好消息是,指导性监管的五步骤和原则与法院要求雇主的"有责任心的救援努力"相一致。我们中的大部分人都是处在一种"随意"的状态之中:员工可以随意地辞职不干,雇主可以毫无理由地解雇员工。雇主可能会说:"这是无法解决的问题。"但是,更多的员工为什么没有被告诉"这是无法解决的问题"呢?

大多数的组织都能够为员工提供提高表现的机会。这一政策被称为"逐步惩罚"。根据字面意思,逐步惩罚的含义是:"在出局之前,你有三次机会。"

逐步惩罚的三个步骤是:

1. 书面通知。与员工进行谈话,确定其不当行为,并制订矫正计划(其中包含改进期限);
2. 重新进入试用期。如果员工的行为并未改善,可在会议上正式通知她,并告知,如果其行为再一次未达到期望,则会被中止雇佣关系。用于加强监管的第二套计划也将会被提上日程;
3. 解雇。如果该员工无法满足项目标准和期望,将会被解雇。以文件形式列出该员工被解雇的行为,并在会议上将其解雇。

在执行逐步惩罚的三个步骤之前是非正式的警告。当监管者注意到了某员

> "走动式管理"（MBWA）是通过经常与员工进行非正式的问候、互动与联系以实现管理的过程。员工喜欢这种关注方式。监督者可以在这种管理过程中及早发现问题或员工的成功。走动式管理最早是由汤姆·彼得斯创立的。

工的行为不适当并且提醒他/她什么是组织期望的时候，便是在对该员工发出非正式警告。许多主管都面临着一项挑战，即他们倾向于停留在非正式警告阶段，害怕采取逐步惩罚。

如果员工政策中命名了逐步惩罚的步骤，那么监管者就需要通过执行这些步骤来开展监管工作。但是，在这里有两种例外情况。第一，在试用期，即通常是员工在你的项目中工作的最初90天内，只要雇主没有以任何方式歧视该员工，管理者便有权无理由的解

表9.4　员工行为改进计划行动：监管者召开的矫正会议

员工姓名：　　　　　　　　　　日期和时间：

与会人员（姓名和职务）：

主管的关注点（简洁而客观地确定事件和/或观察）：

期望行为（依据或参考核心政策、职位描述、项目目标、认证标准和道德行为准则等）：

矫正计划：

下次会议的安排_____（时间和日期）。

员工将要：

主管/监管者将要：

如果问题行为没有解决，可能带来的后果：

与会人员签字：

雇主
_____

员工
_____

见证人（姓名与职务）：

员工意见（可选）：

雇该员工。第二，如果员工犯罪，且法律界定为"重罪"，管理者也可以这样做。重罪指的是偷窃、虐待、暴力、饮酒或在工作期间滥用物质。

表 9.4 包括了记录你采取步骤的形式，这是根据指导性监管原则和逐步惩罚过程来制定的：

现在，重新回归那些和你的合作者、员工或同伴一致认定的冒犯情境。在这些冒犯情境中使用五项原则和步骤。尽管指导性监管主要用于解决雇员和雇主之间的问题，你认为这些原则还适用于哪些情境？

何时使用反思性监管

反思性监管就像是为员工拿着一面镜子，用支持的、持续的和关怀的方式来帮助员工看清自己的行为。反思性监管需要在支持性的关系中让员工承认和确定优势、进步、风险，并克服障碍。这里的优势是建立在借助关系解决问题的基础之上。"你无需独自做出决定"是反思性监管的原则。

> 假如我们把自己力所能及的事都完成了，我们真的会令自己大吃一惊。
> ——托马斯·爱迪生

反思性监管的原则

反思性监管的特点是：自我评估、合作与频繁使用。正如智迪·诺曼－默奇和金格·沃德描述的那样："如果处在领导地位的员工，自己都无法做到与他人合作来解决问题，无法提供安全的、互相尊重的工作环境，允许会议由行政考虑来主导，或者与他们对定期监管的期望不一致，那么，由此所产生的影响将会冲击整个机构"（Norman-Murch，Ward，1999，10）。反思性监管者与被监管者需要共同建立以下的关系：

- 培养安全感和相互信任；
- 支持和鼓励差异；
- 期待成长、承担风险和有幽默感；
- 肯定优势并以此为基础；

- 认识到盲点的存在；
- 与弱点并存；
- 放慢脚步。

反思性监管就是将社会情商用于实践的一个很好的例子。

在反思性监管过程中，员工必须拥有客观评价自己的能力，明确自身的优势，了解自己的不足。适应者与整合者还未做好接受反思性监管的准备。能够进行自我批评的年轻专业人士，会意识到自身的优势与不足，他们是反思性监管的候选人。他们渴望作出改变，以使自己成为一个卓有成效的人。

在实践中应用反思性监管

2002年，密歇根婴儿心理卫生协会详细列出了在反思性监管实践过程中员工应遵守的实践步骤：

- 就定期会议的时间、地点达成一致；
- 准时到达，保持一种开放、好奇、情绪饱满的状态；
- 避免干扰，如关闭手机、关上门；
- 尊重每名被监管者的学习进度和准备状态；
- 分享细节，如关于某种特定情境，婴儿、幼儿和家长，他们的能力、行为、互动、优势和所关心的东西；
- 认真观察和聆听；
- 强化被监管者观察和倾听的技巧；
- 肯定被监管者的优势，恰当地对其提出表扬和鼓励；
- 倾听被监管者在讨论案例或工作时描述的情绪体验，如生气、烦躁、悲伤和困惑；
- 以适当的同理心加以回应；
- 邀请被监管者谈一下当婴幼儿及其家长在场时，他们的情绪状态；
- 以适当的同理心来考虑、命名并回应这些情绪；
- 鼓励被监管者探索他们在工作中产生的想法和情绪……以及他们准备或能够对工作做出的反应；

- 如果存在某种需要即时关注的危机或担忧，要保证在一周内为被监管者提供帮助；
- 避免做出严厉和挑剔的判断。

> 如果每次摩擦都会令你生气，那么，你的镜子怎么会光亮呢？
> ——哲拉鲁丁·鲁米

伴随教师的成长，监管者也在成长

监管者用来监管员工的镜子，同时也能映照出其自身的样子。反思性监管可以使监管者审视自己，并与被监管者共同成长。监管者会经常发现自身的不足。作为一名监管者，他们可能会这样评价自己：

- 我有耐心吗？
- 我值得托付吗？
- 我在一定程度上嫉妒员工吗？
- 那是我无意中碰见的盲点！
- 我能欣然接受员工的真实反馈吗？
- 我是否愿意做出改变，正如我期望员工的改变？

正如具有丰富经验的监管者埃米莉·芬妮切尔（Fenichel, 2002, p.14）所观察到的："监管者和指导者需要首先解决他们自身的冲突，然后才能为他们的学生或员工设立期望。"反思性监管帮助管理者开阔视野，帮助他们发现自身和被监管者的优势与存在的挑战。对所有人来说，反思性监管都是一件礼物。

表9.5显示的是布鲁姆的《行动蓝图》（Bloom, 1998）。这种纸质工具的使用可以帮助我们反思像员工玛丽·凯瑟琳表现出的问题。但请牢记，反思性监管的目的是在实现组织愿景和目标的同时，帮助每名员工发挥其全部的职业潜力。

案例研究：你在镜子中看到了什么？

玛丽·凯瑟琳擅长一对一地与儿童沟通。所罗门是一名发育迟滞的3岁儿

表 9.5　自我评价工具 1：目标蓝图

教师姓名：_____　　　　　日期：_____

作为教师的优势：

1.
2.
3.

需要提升的领域：

1.
2.
3.

总目标：_____

具体目标：

1.
2.
3.

资料来源：Jorde Bloom, 1998.

童。凯瑟琳在与所罗门相处时，表现出极大的耐心、理解与鼓励。并且想方设法与所罗门已经离异的父母建立起信任关系。她的坚持与清晰的文件报告，都有助于所罗门的父母同意送孩子去接受专家的早期干预治疗。

在接受凯瑟琳的建议之前，所罗门的父母一直就孩子的学习困难问题抱怨教育中心。而随后，玛丽·凯瑟琳则把问题彻底解决了。但是，她缺乏课堂管理技能。当她一次只关注一个孩子的时候，她的教室几乎处于失控状态。

作为她的监管者，你的选择是什么？

完成表 9.5 来评价一下自己，如果有必要，可以把表中的"教师"换成描述你工作的术语。

正如布鲁姆的表格展示的那样，反思性监管的实践包括：

1. 将自我评价与监管者评价相结合；
2. 分享这些评价；
3. 确定优势与挑战；

4. 肯定优势，与挑战共存；
5. 选定三个目标；
6. 列出一项改变计划：包括目的、步骤和时间表。

你还想获得什么技能

通过与玛丽·凯瑟琳的反思性对话，我们将会支持她获得她需要提升的技能（见表9.6）。如果她不能掌握该项技能，那么，通过反思性监督，我们或许可以帮她寻找可以使用一对一技能的新职业或工作场所。或者，我们也可以采用指导性监管，使其逐渐能为其还未形成的课堂管理技能负起责任。

反思性监管可以通过唤起主管的洞察力和真实的技能来提升项目品质。而指导性监管要求主管不论面对何种情况，哪怕是威胁性的，也要为项目品质负责。但是，指导性监管技能与反思性监管技能的最终目的，都致力于为项目的品质服务。

反思性监管的实践应该在整个组织内部开展。正如鼓励个人不断成长一样，共同体也需要在此过程中不断成长。为了实现"放慢脚步"，领导者可以在员工会议议程上加入如下项目：

> 我们能看见什么主要取决于我们在寻找什么。
>
> ——约翰·卢伯克

- 肯定：每一名员工与坐在其左边的同事分享他/她欣赏该同事的一件事情。依次进行，直到所有人都发言结束。
- 好消息：让员工围坐成一个圆圈，围着圆圈走动，邀请每名员工说出在工作中做过的让其感到高兴的事情。
- 团队问题解决：鼓励每名员工讨论团队需要改进之处，或者针对某个请求帮助的员工展开讨论。安排时间大家一起解决问题。
- 粉碎流言：使用幽默让员工知道，他们可以把听来的流言蜚语带到会议上来，并在会议上得到澄清与解答。事实将最终战胜流言。
- 寻宝游戏（见第15章）：派出一些小组参加寻宝游戏，给他们一些清单来检验项目品质，并对他们的结果报告给予奖励。

表 9.6　自我评价问卷

1. 你在课堂上的三项成功案例是什么？
2. 对儿童和家庭来说，你最大的优势是什么？
3. 你还需要获得哪些技能？

如果监管者在员工会议上能够花时间来解决众多的问题，或者在与员工一对一地品茶时探讨员工的梦想和挑战，员工会觉得备受尊重。

创建你的监管系统

经验丰富的监管者会综合使用指导性监管和反思性监管，以此作为他们全面监管员工计划的一部分。现在，我们来看一下，这两种方法是如何被整合进同一个系统中，并如何持续激励员工为项目努力工作的。

一个监管系统必须具备四种功能：

1. 保证能够对监管政策以及诸如评价工具这样的程序进行创建和执行，就如同可以持续发布最新消息一样；
2. 持续评价和认可每名员工的发展需要、成果和延伸目标；
3. 早期干预，尤其是需要做出改变时；
4. 保证对个体的监管均在系统内进行，以维护组织的愿景。

为了使这些过程规范化，主管需要标准化的表格，如行为矫正表（见表 9.4）和教师自我评价表（见表 9.5）。在员工手册中详细列出相关的政策、程序和评价工具，创建和交流监管系统。主管可以自创、共享和（或）购买标准化的表格来对员工进行评估。在线监管资源包括：

监管系列

ncchildcare.dhhs.state.nc.us/providers/pv_supervision.asp

教师自我评价表格

www.eced-resources.com/index.php/2005/11/11/teacher-self-evaluation-form/

表 9.7　员工年度工作评价工具

员工姓名：_____　　　　日期：_____

雇用时间：_____

员工成就：

年度目标指导下的进步：

目标 1.

目标 2.

目标 3.

需要改进的方面：

下一年度的目标：

目标 1.

目标 2.

目标 3.

整体评价：中等_____　良好_____　优秀_____　其他_____

员工意见：

签名：_____

日期：

儿童保育在线：表格

childcare.net/catalog/catalog/default.php?cPath=22_29

员工填好表格后必须签名，复印表格，并把复印件放入员工个人人事档案中。年度员工评价表同样需要标准化处理。员工希望能够在使用这些表格时，获得公正的待遇。标准化的表格对员工进行年度总结是十分必要的。

在年度总结时，员工与监管者共同评价该名员工在过去一年中的工作表现和进步。同样，也会就下一年的延伸目标达成一致。表 9.7 是进行员工年度总结时采用的工具，需要由监管者和员工共同完成。

评估时间

360 度评估

一些监管者采用 360 度评估工具。360 度评估是指要求团队内（360 度）的每一个人都对他人作出评估。员工评估监管者，再进行员工间的互相评估。监管者则需要评估自己和每一位员工。360 度评估工具的一个典型的例子见布鲁姆写的《一流的工作场所》一书（Bloom, 1998），其中不仅列出了评估工具，还有计分模板。

垃圾也是动态的

当监管者让员工对其自身或项目进行第一次 360 度评估时，员工可能会经历被称为"垃圾也是动态"的现象（Cohen et al., 1972）。在完成第一次 360 度项目评估的过程中，员工都在"倒垃圾"：倾诉积存已久的问题、无法言说的伤害、气愤、怨恨、烦恼与不满。

监管者需要采取"暂时后退一步"的原则，冷静分析，时刻提醒自己对事不对人，并考察信息的客观性。等到进行第二次或第三次 360 度评估时，员工会将积存的苦闷都倾诉出来。此时，员工就可能表达出更加及时和结构化的观点了（见表 9.8）。

表 9.8 减缓进程

"减缓进程"是一种反思性监管实践，它需要关注每名员工，并在员工会议上提问：
- 你这周过得怎么样？
- 一切顺利吗？
- 是否有让你感到困扰的事情？
- 我们需要思考些什么？
- 有人听到流言了吗？你想验证吗？

这一实践能够让你及早面对问题，并让员工知道你是持开放态度的。

避免年度评估的缺陷

首先，在每名员工的入职纪念日当天进行年度评估。项目不是在每年的相同时间，对所有员工进行年度考核，因为这样做可能会造成生产力下降。

> 待人如其应该所是的样子，帮助他们变成他们能够成为的样子。
> ——约翰·沃尔夫冈·冯·歌德

恐惧是可以传染的，即使是老练的和专业的员工也会受到影响。焦虑的情绪就像麻疹一样被迅速传播。为了避免集中的年度评估所产生的紧张感，可通过为每名员工设立个性化的评估时间来将评估分开进行。

其次，你要保证在一年中多次与员工交流和沟通，而不要将年度评估作为你们本年度第一次也是最后一次共同评估员工工作表现的机会。所以，如果员工在这一年度都没有获得连续的工作反馈，那么他们惧怕年度评估会议也是可以理解的。

通过运用指导性监管的五项原则与反思性监管的持续鼓励员工的方法，管理者可以防止发生不受欢迎的尴尬局面。员工也知道他们的职责是什么。更重要的是，员工在过去一年中接受到了监管者持续的关注，不仅关注了他们自身，还包括他们因此而不断提高的工作表现。

再次，提醒员工注意那些可能会影响到他们的人事政策的变化，并与员工讨论他们对这些变化的想法和感受。可将此作为一项固定的会议要求，提醒员工注意什么会影响他们。在你的部门增加任何一项新政策时，张贴出政策和程序上的变动情况。做到时刻更新，确保所公布的情况是及时的和最新的。

在员工会议上，提醒每名员工注意政策的变动。在适当的时候，给每位员工一份说明，并让员工签名以确保他们确实阅读和理解了该项政策，并存入档案。这一步骤就是实现了"持续公布最新信息"的监管功能。

监管是一种进化的过程

将监管系统同时作为动词和名词考虑。作为一个名词，它就像"苹果"和"邮局"，是稳定的和固态的。作为一个动词，它就像"投掷"和"搅拌"，是活跃的。

作为名词时，监管是一项保护性的、维护得很好的系统，它以书面的标准和程序、持续共享信息、评价过程、个体反思会议和日常走动式管理为支撑。这样来看，在组织使命的背景下，监管者建立并维护了一个包罗万象的系统以满足每名员工的需求。

作为动词时，系统化监管就像教学中的"生成式课堂"一样发挥作用，管理者采用在此刻最有效的监管方式来开展工作。适合教学的场景和互相学习的机会可能会随时出现。监管就是一项极具挑战性的机会，旨在帮助员工明确我们想要他们如何与儿童互动。今天，贾思敏可能需要指导性监管；但是，明天她可能会开始反思如何帮助克拉伦斯一家。

监管与员工发展计划

2005年，美国幼儿教育协会介绍了该协会的《领导力与管理：NAEYC的幼儿项目标准与相关认证标准指南》。美国幼儿教育协会的标准要求认证项目符合以下条件：

- 标准 10.E.10（总结性的）：个人职业发展计划是通过员工评价过程产生的，当需要时，至少每年都会更新和持续发展。
- 教师项目标准6：项目应该雇用和支持一名具有教育资格、知识与职业承诺的教育人员，以确保可以为儿童的学习与发展提供支持，并满足儿童家庭的不同需要与兴趣。

主管希望能够制定并实施一项全面计划，将每名员工的职业发展目标纳入其中。这项计划还需要确保每名教师可以在一定年限内，能够达到其学术课程的要求。员工的年度弹性目标必须包括员工深造和完成学业的途径。为了实现这些目标，项目可以通过美国幼儿教育协会提出的职业标准来满足一名接受过良好教育的员工的需求。一名称职的监管者应该不断地满足并超越这些标准。

就像其他的情商实践一样，监管不仅是一门艺术，也是一门科学。我们学习与实践得越多，就会变得越善于监管。

反思性问题

1. 回想一下，到目前为止你所接触过的监管者和（或）教师。你最喜欢哪位？他/她表现出了哪些能力？你如何描述其监管风格和（或）教学风格？这种风格的哪些特点让你喜欢他/她？他/她使用的是指导性监管，反思性监管，还是两者兼有？现在反思一位其风格对你不起作用的监管者或教师。你能确定他/她的风格与你的学习风格在哪些方面不匹配吗？这种监管实践会给你什么启示？总结出哪种监管者或教师能让你做出最佳表现。

2. 在幼儿教育领域，拥有30多年工作经验的凯西·琼斯博士对挑战型员工做出如下观察："困难型员工只是想有人倾听他们。他们会像困难型儿童一样，为了吸引他人的注意而表现出令人讨厌的、与工作无关的行为。为他们提供诉说的机会是比较有效的解决方法。他们同样需要指导。我认为，由于他们的消极行为，他们中的大部分人有人生的'核心阶段'。当指导他们如何做正确的、好的、与工作有关的事情后，他们的关注点就可能发生变化。一些从事儿童保育工作的员工持消极态度，是因为这一工作领域并不适合他们。有时，我们的工作是应该帮助他们找到合适的工作。如果继续纵容那些工作消极的员工扰乱正常的秩序，这无疑是对儿童和其他努力工作的员工的极大不尊重。充耳不闻是一项策略性措施，但却极少使用。当好员工不断抱怨消极员工时，这就是一个你需要注意的警报信号！"你同意吗？你掌握了如何与困难型员工相处的方法了吗？他们与你的需求有何不同？他们的需求是如何达成一致的？写下你与困难型同事工作的经历来加以反思。

3. 完成第215~217页的监管练习。基于你的反应，如果你作为一名监管者，评估一下你的优势和面临的挑战。你又将采取哪些步骤来拓展自己的监管能力。

团队项目

1. 一起阅读第215页中的玛丽·凯瑟琳的案例。请确认和讨论：如果你作为她的监管者，你将采取的监管方式和所面临的挑战。再阅读第195页中有关弗兰西娅的案例，为同学做一次报告，汇报你们小组讨论的要点。

2. 采访一些监管者，调查如何才能成为一名有效的监管者。小组成员共同讨论给出采访的问题，这些问题可以帮助记录下对你们有用的答案。有如下问题可供选择："作为一名监管者，你遇到的最大挑战是什么？""你最喜欢监管的哪一部分？""在监管中你是否会使用一些表格，以分享你是如何记录监管过程的？"一旦小组成员就以上问题达成一致，你们每个人需要采访三名监管者。并在结束后，以小组 PPT 报告形式展示调查结果。

3. 小组成员共同创设出至少两种像贾思敏一样的员工问题行为的现实情境。在研究中使用录像记录问题行为。在每种情境下，实践如何应用指导性监管的五项原则和步骤。向同学们展示视频录像，并让同学展开小组讨论：如何在案例中应用指导性监管。

参考书目

Bloom, Paula Jorde, Marilyn Scheerer, and Joan Britz. 1998. *Blueprint for action: Achieving center-based change through staff development.* Beltville, MD: Gryphon House.

Bloom, Paula Jorde. 1988. *A great place to work: Improving conditions for staff in young children's programs.* Washington, DC: NAEYC.

Bruno, Holly Elissa, & Margaret Leitch Copeland.1999. If the director isn't direct, can the team have direction? *Leadership Quest.*

Cohen, Michael D., James G. Murch, and John P. Olsen. 1972. A garbage can model of organizational choice. *Administrative Science Quarterly*, vol. 17, No. 1, pp. 1–25.

Fenichel, Emily. 2002. Learning through supervision and mentorship. *Zero to Three.*

Guidelines for reflective supervision and consultation. Michigan Association for Infant Mental Health. Online MI-AIMH.

Katz, Lillian. 1972. Developmental stages of preschool teachers. *Elementary School Journal*, 73: 50–55.

Kilbourne, S. 2007. Performance appraisals: One step in a comprehensive staff supervision model. *Exchange* (174): 34–37.

Kloosterman, Valentina. November 2003. A partnership approach for supervisors and teachers. *Young Children,* 72–76.

Maslow, Abraham. 1943. A theory of the human motivation. *Psychological Review,* 50, 370–396.

Michigan Association of Infant Mental Health. 2002. *Guidelines for reflective supervision and consultation.* http.//www.mi-aimh.msu.edu/aboutus/29-RecommendedReferencesforPreparin

gforEndorsement/09-GuidelinesforReflectiveSupervisionandConsultation.pdf.

NAEYC. 2005. *Leadership & management: A guide to the NAEYC early childhood program standard and related accreditation criteria.* Washington, DC: NAEYC.

Neugebauer, Bonnie and Roger. 2004. *Staff challenges*. Redmond, Washington: Exchange Press.

Norman-Murch, Trudi, and Ginger Ward. 1999. First steps in establishing reflective practice and supervision: Organizational issues and strategies. *Zero to Three*: August–September.

Parlakian, Rebecca. 2001. *Look, listen, and learn: Reflective supervision and relationship-based work.* Zero to three. Washington, DC: National Center for Infants, Toddlers and Families.

Pawl, J., & M. St. John. 1998. How you are is as important as what you do. In *Making a difference for children, toddlers and their families*. Zero to three: Washington, DC.

Peters, Thomas J., and Robert H. Waterman Jr. 1982. *In search of excellence: Lessons from America's best run companies*. New York: Harper and Row.

Progressive discipline. University of Indiana Human Relations services. *www.indiana.edu/~uhrs/training/ca/**progressive**.html.*

网络资源

指导性监管

http://www.paperboat.com/index.php?option=com_content&task=view&id=34&Itemid=49

实行渐进式的逐步惩罚

http://www.nfib.com/object/IO_35002.html

实践的反思性练习和监管

http://cdd.unm.edu/ecspd/news/updates/2007-06/practice.html

儿童保育项目中的主管和管理者的自我评估

http://www.ncchildcare.org/admin.html

支持教师，激励家长

http://www.naeyc.org/ece/supporting/default.asp

第 10 章

财务管理：
掌握财政大权

学习目标

1. 拓展关于金钱的象征意义的观点。
2. 总结幼儿保教主管所需的资金管理技能。
3. 发展一种对预算的新理解，即把预算作为项目愿景和通往这种愿景的路线图来理解。
4. 明确维持预算平衡的实践方法和工具。
5. 讨论管理预算时应避免的常见陷阱。
6. 创建一份建立预算的清单。
7. 定义资金管理的术语。

通常，问题包含许多方面，从不同方面来考虑可以使同一个问题看起来颇为不同。

——弗雷德·罗杰斯

我总是在做我还不会做的事，以便于我学会如何来做好它。

——巴勃罗·毕加索

案例研究：财务管理是主管的必修课

艾德丽安，一位经验丰富、有才华的幼儿主导教师，最近被任命为项目"人间天堂"的主管。创建该项目的主管罗萨莉娅有自己的梦想，她带着资金回到洪都拉斯，想要在这里建一所蒙台梭利式的幼儿园。面试时，艾德丽安告诉董事会，她在资金预算方面缺乏自信，经验不足。董事会的成员向她保证："别担心，我们会帮你。"

上任后，艾德丽安在与她的员工重新建立关系以及处理董事会的权力争斗中耗费了过多时间，耽误了对财务管理的学习。当一场强飓风毁坏了操场时，艾德丽安强迫自己查看预算，可预算数字就像鲨鱼一般从她眼前游过。她发疯地喊道："我没有一点线索！"

假定你是艾德丽安打电话求助的第一个人。你能给她提供何种帮助？

如果社会情商对管理人际关系方面的挑战至关重要，那么，哪种智力是金钱管理所必不可少的？依赖精通现金流报表、计算折旧和美国联邦社会保险捐款法（FICA）拨款的人，听起来就像是"给猪涂口红"（正如我的朋友玛丽露所说的）。"读懂人就像我们读书一样"，这句话对我们了解预算没有什么帮助。我们是否走到了情商实用性的尽头呢？

在本章中，我们会探讨关于建立和管理幼儿保教中心收支平衡预算的最佳实践方法和工具。通过分析案例研究中艾德丽安的经历，我们将会看到她运用自己的智商和情商取得成功的财务管理方法。

金钱：承载的远不止一件事情

奥莉维娅·梅琳和卡丽娜·彼斯卡杜（Mellan & Piskaldo, 1999, p47）解释了为什么金钱是一个过度负载的话题。

> 对于大多数人来说，金钱永远不只是金钱，它是一种为了达成某些人生目标的工具。它是爱、权力、幸福、安全、控制、依靠、独立和自由等等。金钱是一种象征，承载的如此之多，以至于想卸载它就会触及人类灵魂的深处（我认为，

很多富人认为，门上需要有把锁。"害怕有人会来抢劫"，当外出时，他们更会这么做。为什么呢？我的门上没上锁，但是一切安好。他们可以偷我家地板上的地毯，这对我来说不是问题，因为我所珍惜的东西就像天空中的星星一样，都是免费的。

——"我一无所有"，
乔治和艾拉·格什温的《波吉与贝丝》

为了能生活在一种对金钱完全理性并平衡的关系当中，必须卸载这种负担）。通常，一旦金钱的按钮被按下，长久以来被忽视的深层问题就会浮现。因此，对觉悟和成长来说，金钱问题是可用的一种绝佳手段。

我们经常提及金钱，好像金钱是一个人一样。面对金钱，有时我们闪烁其词，感到恐惧；有时我们很直率，充满自信。我们与金钱的关系经常是复杂的，带有情绪性。在本章的案例分析中，艾德丽安关于财务管理的早期学习为她今天的成功提供了可能。

回想一下，当我们还是孩子时，我们所"捕捉到"的有关金钱的信息是有益的。作为一名财务管理者，信心不足通常有其历史渊源。梅琳和彼斯卡杜说："我们生长在无人谈论钱的家庭里。很多人会立刻反驳，'不对，我的家人无时无刻不在谈论钱。'当我问他们'你们怎么讨论的？'他们回答说，'我父亲担心钱不够用，他总在我母亲超支时向她大喊大叫'"（p.150）。

当一个男人在大声叫喊："它是原则问题。"此时，他正在谈论金钱。

——健·哈伯德

研究表明，男性和女性对待金钱的态度不同。珍妮弗·哈勃在《华盛顿时报》的一篇文章中指出（Harper, 2006）："女人可能不缺钱，也可能拥有一份体面的工作和不错的薪水，但是，很多女性害怕失去收入，并进而沦落为无家可归的流浪女，被遗忘且穷困潦倒。"

"无家可归的流浪女综合征是很多女性都有的，她们害怕瞬间身无分文，这让她们穷困潦倒、流离失所，"MSN财务专栏作家杰伊·麦克唐纳写道（Harper, 2006）："莉莉·汤姆林、格洛里亚·斯泰纳姆、雪莉·麦克莱恩和凯蒂·库尔克都承认，沦落为一名无家可归的流浪女是她们深深隐藏的焦虑。"

这种对于金钱"大萧条"的认识，部分源于20世纪20年代晚期到30年代初期的经济危机时期。在失业的双亲及空空的餐盘环境中长大的儿童，为有一个栖身之地感到幸运。我母亲在高中十年级时辍学养家———一位单亲母亲和七个兄弟姐妹组成的大家庭。

诸如"省钱就是赚钱"或"精打细算"的标语传达了经济大萧条时期的应对策略。我母亲教我如何补袜子、种蔬菜，像母狮一样搜索打折品。即使我们能买得起新衣服，我的家人也都穿旧衣服。

儿童通过父母的态度和行动、媒体以及他们生活环境中的其他人来学习关于金钱的知识。对于幼儿教育项目来说，关于如何花钱的决策会给儿童、家长和员工传递重要的信息。项目主管在合理分配财务中起着关键的作用。下面就介绍案例分析中的主管艾德丽安是如何努力维持收支平衡预算，并应对预算之外的支出。

坦白交代不同于洗钱

像我一样，管理者经常觉得，与管理其他的日常项目运作相比，管理财务时更加缺乏自信。当涉及预算时，新主管可能感到他们步履蹒跚，到处碰壁，好像是置身成人世界中的学步儿一样。他们觉得自己在财务学习方面落后了，担心会把事情搞得一团糟。

> 当我敢于强大，即用我的优势服务于我的愿景时，那么我是否担忧就变得无关紧要。
>
> ——安德烈·罗伊德

莉斯，在新泽西州主管项目多年，向我们提供了如下建议：

> 雇用专人来负责预算、合同和财务管理等事宜。运营一个幼儿保教项目是一种商业，但是商业的人性化才是至关重要的。所雇用的这个人要用热情友好的方式与家长沟通。你不会雇用一位对迟交学费的家长持鄙夷态度或粗鲁地对待家长的预算人员或财务秘书。他/她的行为会反映出儿童将会在中心受到何种对待。

当我还是一名新手管理者时，我亲力亲为处理账目。向他人寻求帮助，让人觉得我承认自己是个"废物"。我十分敬畏拥有像唐纳德·特朗普（Donald Trump）一样自信的领导者。告诉我你喜欢"摆弄数字"，我就会关注你。相信我，我知道这是我的盲点之一。

我很同情本章案例研究中的新主管艾德丽安。但是，不知为何，我的事业运转得很顺利，并获利。我保持着精细的记录。及时付清账单，卖主（销售员）感到满意，支票簿保持收支平衡。我的营业损益表（P&Ls）更多的是让人感到欣慰而非担忧。

我是如何学会克服自己的恐惧，并解决预算、理财规划、记账及资产负债表的呢？首先，我雇用了有能力、值得信任的专家。智慧的会计师托尼将整个的财务问题分解成我能理解的一个个小问题。我的记录员丹尼斯不断地向我提供关于预算项目的最新信息，这些信息提示了任何需要我关注的事情。只要一打开丹尼斯的软件项目，所有信息都同时呈现在我面前。我的财务规划师杰瑞，花很长时间向我解释财务规划概念，使用大量现实生活中的例子，还花费很多时间来解答我单调乏味的问题。

其次，我摒弃了像一个废物的感觉。我向自己保证，像我做其他事情那样，我们各自拥有不同的优势，于是我开始向他人寻求帮助。"请替我将它分解开来，就当我啥也不懂"是我直接且有效的请求。我的叔叔亚瑟·布鲁纳告我一句西西里岛人的方言："有时我们不得不深入狼穴。"你好，狼！渐渐地，我开始理解管理财政的基本巧门了。每走一步，我都使用情绪智力来伴我成长，并向他人寻求帮助。

这就是我的故事，现在，我依然在延续着它！你的故事是什么？童年时的你曾经接受了哪些关于金钱方面的信息，你又是如何管理金钱的？你认为这些信息如何影响了你现在的自信及财务管理技巧？

作为政策和计划的预算

把我们的眼光放长远，集中于将来的回报，这在财务管理中是非常有益的（见表10.1）。追随我们梦想的预算可以将梦想变成现实。在大背景下，细节更易于理解。如果主管将"员工发展"定为其首要目标，那么，计划并为教职员退修会（staff retreat）提供资金，将是需要优先考虑的事项。

这样一来，对一个项目而言，预算就是政策声明。被主管视为需要最大支出的目标正是她最看重和最需要的。在幼儿教育项目中，员工的薪水是最大的

表 10.1　最佳财务管理的十条忠告

1. 记住重点。你的项目需要能够按时付清账款
2. 你至少要做到收支平衡，还要留出足够的"回旋余地"（流动资金或现金流），以按时付清账款
3. 在幼儿保教项目中，员工薪酬是预算中最大的支出
4. 学费是收入的主要来源
5. 去年的实际支出通常是你用来准备明年预算的最好参照
6. 每个月，至少要确保收支平衡
7. 给需要了解的人定期提供最新的预算报告
8. 当需要帮助时向他人求助。旁观者能带来新观点
9. 雇用有能力的人与你一起制订预算
10. 进行"现金流分析"，并保留储备基金，以备不时之需

提问："扣除开支，我们是否有足够的资金来运营一个优质的项目？"这个简单的问题会将其他所有信息都显示在你的脑海当中。

支出。那么，员工福利就具有较高的优先级。一个项目的目的和目标的落实是通过金钱来兑现的。

如同一份计划，预算有预测和指导的作用。预算是一个保教中心的财务框架。它预测了主管将计划哪些开支，并表明这些开支是否与预测相符。实际上，根据凯西·琼斯博士（本章的合著者）的观点，一笔预算包括：

1. 预测运营该保教中心的成本；
2. 追踪实际支出费用；
3. 当预算与现实相冲突时，标出将要做出的调整。

支出，如同一场突如其来的龙卷风，能够出其不意地打击一个项目。比如供暖的能源成本飙升，油价阻止员工进行长途的通勤。这样，最初的预算必须更新，以便于解释到底发生了什么（实际支出预算）。好消息是，根据以往每年的实际成本结算，主管可以做出下一年度的预算。

回想本章的案例研究，并浏览表 10.2 和表 10.3 中列出的艾德丽安的预算，据此来评判她的项目的"可行性"（财务状况是否良好）。为了便于说明，我们从去年预算的头三个月开始回顾。运用你的情商来评估你对深入研究预算及数

表10.2　艾德丽安的收入（单位：美元）

收入	一月	二月	三月
学费：			
家长缴费	14 429	14 438	13 224
助学金	15 773	14 498	16 112
食品补贴	4 900	5 087	5 243
其他：			
认证拨款	2 000		
总收入	37 102	34 023	34 570

表10.3　艾德丽安的支出（单位：美元）

支出	一月	二月	三月
工资总额：	21 249	20 877	20 854
员工补偿金	614	599	599
工资扣款（包括联邦保险税/社保）	2 100	2 064	2 067
保险费	579	623	612
退休费 @.02	425	418	418
日用品开销	843	765	824
电话费	98	98	98
公共事业费：	843	765	824
电费			
水费			
垃圾清运费			
租金	1 270	1 270	1 270
食品费	2 986	2 077	2 664
责任保险费（每季支付）			533
广告费	212		
第一次的认证费	350		
托管服务费	1 000	1 000	1 000
还贷款	1 000	1 000	1 000
总开支	32 926	30 867	32 122

字的感受。如果感到恐惧,别担心,我们都将会经历这一过程。从表 10.2 中,你可以看到"人间天堂"项目的资金流("收入")。

看表 10.2 左侧的一列来确定资金来源。学费占收益的最大份额。"助学金"(国家为某些儿童支付的学费)是收入的第二种形式。学费和助学金合计起来就是艾德丽安所负责项目的主要资金流。左侧那列中的其他进项也都算进总收入中。

与大多项目相同,艾德丽安的保教中心也接受了食品补贴。它是指国家提供资金来确保儿童获得营养丰富的三餐及零食。收入栏中的最后一项是当地认证机构拨款的 2 000 美元,用于资助"人间天堂"项目准备再认证时使用。每列中的项目总和表明了艾德丽安当月的收入。

现在根据表 10.3,核算艾德丽安每月的开支。将收入与开支相比较,来判断"人间天堂"项目是盈利、亏损,还是收支平衡。

如表 10.4 所示,这种"对账"预算显示出在付清账目后所剩余的资金。对艾德丽安来说是个好消息!这三个月中的每个月,她的项目都有足够的盈余或"净收益"。

假如去年这一季度,艾德丽安负责的项目是盈利的(收入大于支出),那么,她将更有信心来回顾去年其他九个月的预算。她会祈祷有足够的预算盈余来完成接下来一年的目标:

- 雇用一位婴儿教师来替代年薪为 23 000 美元的退休教师罗妮。
- 购买新的操场设备并进行地面处理,花销在 12 000~18 000 美元之间。
- 重新铺地,木材地膜 2 000 美元,橡胶地膜 8 000 美元。
- 投资一个用于员工团队建设的退修会非现场区,花销 500 美元。
- 引进一位顾问,用于帮助教师们建立课堂学习档案,或调查儿童保育资源

表 10.4 对账预算(单位:美元)

对账预算	一月	二月	三月
收入	37 102	34 023	34 570
支出	32 926	30 867	32 122
净收益	4 176	3 156	2 448

和介绍是否有免费培训师，费用为 700 美元。

对于艾德丽安的项目来说，负担这些改变将会产生哪些额外的开支？

预算跷跷板

想象一下艾德丽安的新操场场景：9千克重的布雷迪坐在跷跷板的一端，他的朋友马歇尔重18千克，爬上跷跷板的另一端。跷跷板发出沉闷的一声！布雷迪喊道："这不公平！"老师泰姆金抓住这一教育时机，来帮助孩子们分析发生了什么。泰姆金往下压了压布雷迪所坐的那一端，跷跷板达到了平衡。

> 预算涉及资金的流入和流出。资金的流入是收益或收入；资金的流出是开支或花销。

这种常识原则也适用于预算。购买操场设备必须通过减少其他物品的花费，或增加额外的资金投入来达到平衡。根据琼斯博士的经验，做出选择像寻宝一样。幸运的是，当今的幼儿教育管理已经发展到了有很多预算工具可供使用。作为"寻宝"的开始，努力找到一套符合你的项目需求的软件包。

幼儿教育财务管理的软件

还有更多好消息：主管们可以选择和使用预算软件，例如幼儿保育管理软件（EZ-Care2）、儿童保育管理者（Childcare Manager）和儿童保育管理和日常护理软件（ProCare Software）。儿童保育财务管理软件提供了一种可持续更新的框架（见表10.5）。只要轻点一下键盘，主管们就可以进入该软件，挑选数据以显示：

- 入学儿童的百分比与某一项目的承受力之间的比较。
- 每个儿童的实际费用。
- 出勤记录。
- 某一周的工资总支出。
- 如何逐步建立新的年度预算。
- 对账预算：预测开支对比实际开支。

表 10.5　寻找符合你需求的财务管理软件的途径

- 询问其他主管使用何种软件
- 与某位主管会面，向其学习他/她所使用的软件知识，以及如何使用关于学生、家长和项目的数据
- 告诉卖主，你想在购买前先试用该系统
- 参加展会。大多数软件商都很乐意向你提供帮助
- 可能你的某位家庭成员就是有能力的会计。让其设计一份符合你特殊需求的财务管理计划。这会确保你的软件投资物有所值，并与你的需求和期待相符

资料来源：Dr. Cathy Jones, Assistant Professor, Early Childhood Education, Spadoni College of Education, Coastal Carolina University.

- 申请食品补贴的合格资质及补贴额度。
- 如何计划食谱。
- 儿童和家庭记录，如疫苗接种及药物治疗。
- 如何通过系统向家长发送提示信息。
- 雇用记录。
- 员工用于职业发展的时间及人员调度安排。

每年，幼儿保育管理软件的更新都会增加一些新的附加特性。有关最新的信息，请访问网站 *http://childcareexchange.com*。

明细支出及一致性

艾德丽安认为，她能通过雇用新教师勒吉娜取代经验丰富的罗妮所节省下来的钱，为操场开支提供额外的经费，因为勒吉娜缺乏教学经验。勒吉娜最初的年薪是 17 500 美元。艾德丽安想知道是否能利用节省的钱来购买操场设备。

前一任主管的年度预算预测"中心运营正常"。但是，该预算并不包括操场设备的更新费用，也不包括员工的非现场退修会所需费用。艾德丽安需要在这一财政年度的预期预算之内投入并运作这两项开支。每年，财政年度都在相同的时间开始和结束，通常是头年的 7 月 1 日到次年的 6 月 30 日。某些项目的财政年度始于每年的 1 月 1 日。艾德丽安的预算信息显示，她希望用勒

吉娜（年薪为 17 500 美元）来取代罗妮（年薪为 23 000 美元）。从本财政年度剩余的时间，即 10 月 1 日开始，来预计勒吉娜与罗妮之间薪水的差异。

运用你的情商，以帮助艾德丽安如何以低成本或零成本来更新操场设备并铺设地面（如当地商家的捐款，家长们在家长工作日前来做义工）。让艾德丽安考察免费或低成本的教职员退修会场所（当地的基金会、自然场所、某人的家中）。

艾德丽安担心，她用替换罗妮所节省下来的明细开支（薪水）与更换操场设备的明细开支（设备）是不同的。每一项明细开支列出了一种类型的开支，例如薪水或租金。艾德丽安并不确定是否能把它们混为一谈。她想知道："我是否在'拆东墙补西墙'？"（见表 10.6）

从目前来看，某一明细开支中的收入可以用来填补另一明细开支中的花费。更换操场设备是"一次性消费"（需要一次付清）。艾德丽安可以调用薪水结余来填补更换操场设备的一次性花费。来自"薪水"明细开支的资金可以转移到"设备"明细开支中。

然而，从长远来看，艾德丽安需要足够的资金来吸引并留住优秀的员工。如果艾德丽安想要提高质量，付给新员工较低的薪水能达成这个目标吗？通过这种方式节省的资金可能会保证项目有盈余，但是，短期的利润增长可能会导致项目质量的长期下降。

操场的花费可以用其他款项填补，但代价是什么呢？通过用节省下来的薪水为操场花费提供资金，艾德丽安选择了"短期应急"的方案（使问题能得到立即解决）。最终，艾德丽安希望通过提高薪水和提供奖励来留住优秀员工。她将需要一份计划来达成这一目标。

表 10.6　给新主管的资金管理建议

---

1. 不要低估你自己或你的员工。如果你感到筋疲力尽，你就是耗尽了你的人力"资本"。资本是你的项目的资产。最终，你将会疲惫不堪，一无所获
2. 在你开始运营一个项目之前，先做好功课。一个优质的项目远远不只是"爱孩子"
3. 不要低估你的实际成本。否则，你可能会以超支为代价而告终

资料来源：Dr. Cathy Jones, Assistant Professor, Early Childhood Education, Spadoni College of Education, Coastal Carolina University.

持续的花费，如薪水，是一种可预算的明细开支。持续的开支要求有持续的收入。租金或按揭贷款都属于持续开支。为了支付月租，艾德丽安需要稳定的资金流（每月 1 700 美元）。短期收入不能作为持续开支的支撑。

资产折旧

资产折旧是指购买设备后，设备每年损失的价值。"人间天堂"项目中那些已经使用了 8 年的操场设备最多可再继续使用两年。这些设备最初的购买价格是 15 000 美元。为了向保险公司报告她的损失，艾德丽安应该如何计算这些设备的实际价值？

下面是一种简单易行的资产折旧计算方法：

1. 列出产品的购买成本；
2. 确定产品能使用的年限；
3. 将购买价格除以可确保使用的年限。

艾德丽安的首要任务就是要搞清楚设备的使用年限。操场设备商承诺的年限是 10 年。如果每年设备价值下降 10%，那么 8 年后，这些设备已经丧失了 80% 的价值，即 12 000 美元。从购买价格中减去这个数额，你就会看到产品是如何迅速"折旧"的。

$$8（年）\times 1\ 500（美元）/ 年 = 12\ 000\ 美元$$

当艾德丽安用购买价格（15 000 美元）减去折旧费用（12 000 美元）后，她发现设备价值已经降至 3 000 美元。这对艾德丽安制订更换大件物品的预算很有帮助。艾德丽安计算了操场设备的资产折旧，如表 10.7 所示。

试着计算一下教室设备、计算机或者其他物品的资产折旧价值。你甚至可以上网查询你的汽车的"蓝皮书"价值。你的物品折旧到何种程度？现在，你可以很自信地计算你的幼儿保教中心物品的资产折旧了！

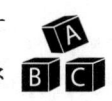

会计师将帮助你估算大型设备及房地产的资产折旧。表 10.7 中的数字仅用于预算目的，不作为审计或财务报告用途。

表 10.7　艾德丽安所负责项目中操场设备的资产折旧（单位：美元）

购买价格——第 1 年	15 000
第 2 年	13 500
第 3 年	12 000
第 4 年	10 500
第 5 年	9 000
第 6 年	7 500
第 7 年	6 000
第 8 年	4 500
第 9 年	3 000
第 10 年	1 500
第 11 年及以上	0

预算报告

艾德丽安打算与董事会成员一起工作，以确保每个人都了解重要的预算信息（见表 10.8）。艾德丽安邀请董事会中的财务委员会与她一起负责操场设备更新和员工退修会的资金运作。她已经为雇用新员工勒吉娜开始与董事会的人力委员会合作。

在本章的案例分析中，艾德丽安"卷入"了董事会成员之间的一场权力斗争。财务委员会主席劳耶·罗德里克与规划委员会主席兼财务规划师普拉西多之间的抗争。为了"让普拉西多务实"，罗德里克要求进行现金流分析。

罗德里克认为，项目从理论上看可能很好，但是付诸实施的话，会因为现金流问题而破产。正如格温·摩根在《账本底线》(The Bottom Line，2008)中所指出的那样，太多周密计划的项目由于缺乏现金流而失败。虽然学费收齐了，但是这并不足以及时支付员工工资。罗德里克还要求要详细了解固定成本及可变成本的相关信息。

在与财务委员会合作的过程中，艾德丽安使用软件来准备并呈现下面的报告。

表 10.8　来自董事会的帮助

董事会成员可以带来专业经验，例如会计、财务计划、法律技巧和市场营销等方面的经验。

幼儿保教项目的董事会经常由下属委员会来完成他们大部分的工作：
- 财务及资金筹措
- 人事及政策制定
- 制订计划
- 执行

执行委员会由董事会官员组成：董事长、副董事长、秘书及财务总监（或会计），外加上述其他三个下属委员会的主席。他们都与董事会的执行委员会密切合作。

现金流分析

现金流分析是指有多少资金流入或流出某保教中心的记录。旨在分析某一特定时期内，幼儿保教中心的资金收支情况。一项预算可能预计一月份有 37 000 美元的收入。如果当月的食品补贴或学费补贴被推迟发放，那么，该中心实际收入的额度将会减少。可能难以支付员工的薪水。如果每个月仅仅是勉强维持，那么，一个保教中心不会有足够的收入来应对意外的支出或某一时期的低入学率。

由于这个原因，维持一定的现金储备是明智的。现金储备，就像一个老式的储蓄账户，存储着主管可能需要用来应对意外情况的资金。艾德丽安可能会利用现金储备中的资金来支付操场设备的花费。她将现金储备报告加入汇报单中，并定期向董事会汇报。

仅仅了解月收支情况还不够。更保险的一种方法是生成现金流分析。这种分析能够表明，是否"手头"有资金，以便按时支付各种账目。浏览一下表 10.9 中的信息，这是艾德丽安为董事会所做的现金流分析。

想想艾德丽安的预算。前三个月是正现金流，这意味着每个月该保教中心都是收入大于支出。四月份的一场暴风雨，造成了预料之外的屋顶损毁，而这并不在保险范围之内。这会对她的现金流造成何种影响？

注意，四月份预算损失的 3 544 美元是由圆括号标出（3 544 美元）。在一份现金流分析报告中，出现在圆括号中的额度属于"赤字"（即没有足够的资

表 10.9 现金流分析（单位：美元）

现金流	一月	二月	三月	四月	五月
收入	37 102	34 023	34 570	35 221	37 000
支出	32 926	30 867	32 122	38 765	32 763
净收益	4 176	3 156	2 448	（3544）	3 737
累计现金流	4 176	4176 + 3156 = 7 332	7332 + 2448 = 9 780	9780 − 3544 = 6 236	6236 + 3737 = 9 973

金来填补开支）。

追收欠款

艾德丽安运用情商来解决那些"拖欠"学费或从不交学费的情况。为了保持有足够的现金流，主管们可以借鉴经验丰富的同侪所推荐的策略（Neugebauer, 2007, p.86-89）：

- 在入学注册时清楚地阐明政策。
- 与家长保持密切联系。
- 对"吃白食的人"保持警惕。
- 使付款简单化。
- 提前收取费用。
- 收取押金。
- 强制执行逾期付款政策。
- 提前给出解决问题的方法。
- 迅速处理不良行为。
- 提供偿付选择。
- 让家长们在本票[*]上签字。

---

[*] 编者注：是一项书面的无条件的支付承诺。

- 对欠款者向小额索赔法庭提出起诉。
- 停止提供照料。

告诉家长，中心不能再给他们的孩子做入学注册了，这对儿童本身和每一个关心儿童的人来说都很痛苦。高效率的主管们会主动采取措施，立即通知家长该交学费了。主管们也可以提前收取一笔押金，额度相当于至少两周的学费。通过使用"基于法律条文"技巧，你可以让所有人都遵循相同的标准。否则，不用几周，一个家庭所拖欠的学费就会占中心预计月收入的相当一部分。

"本票"，由家长中的一方或双方签字，使这个家庭做出保证，他们会支付所欠的全部费用和利息。当一等数目不小的学费被拖欠时，本票就可派上用场。一旦采取了法律行动，本票可以支持保教中心的申辩，并为家长承诺的责任提供证据。本票样表可以从网络上下载或在办公用品店购买。

为了保证儿童能在某项目中持续接受保育和教育，家长必须按时支付当前的学费和过去所欠的费用。传讯欠费家长并扣押其工资，或对拖欠学费的家长进行起诉，这是律师的职责。欠费家长的工资被扣押以后，从中取出一定额度并直接送到保教中心。上法庭费时费力！拥有有效的财务管理实践方法，可以帮助我们避免发生代价昂贵的情况。

针对部分时间入园的儿童及兼职教师的预算

想象一下，如果艾德丽安负责的项目所在的社区中，有一家汽车制造厂裁员了，其中一些人的孩子在她的保教中心学习。因为最近他们的家庭财务陷入危机，很多父母要求自己的孩子接受部分时间的保育和教育。能让塔拉克每个周一、周三和周五来上课吗？玛塔的母亲找到了一份从中午到下午5点的工作，她希望玛塔只在每天下午去上幼儿园。

为家长提供部分时间空挡是一种受家庭欢迎但并不总适合企业的实践方法。

可以使用下面的检查表，来评估艾德丽安提供部分时间开展保育和教育活动的能力：

____ 本中心有一份孩子需要在不同时段接受照料的申请名单。
____ 一位家长的需求与另一个家庭的需求相符合。
____ 老师与家长需要配合。
____ 无论儿童是否来上幼儿园（就像那些全日制的孩子一样），都要向家长收取部分时间保育费。

同样，教师们也可能想"轮班"（共同分担一位全职教师的工作）。贝蒂希望能从周一到周三工作；杰米则想在周四和周五工作。他们两人正好组成一个"全时工作当量"（full-time equivalent, FTE）的教师。勒吉娜想上下午班，她还没有找到一位教师和她一起轮班。为了设计兼职老师的课表，艾德丽安必须询问：

- 这种安排能满足儿童所需的优质保育吗？
- 这种新的员工编制方式是否与学生出勤相一致？例如，如果下午的出勤率高于上午，那么，勒吉娜在下午会很忙碌。
- 会有另一位员工愿意轮班，有效地与勒吉娜组成一个FTE吗？
- 这种变化会对其他员工造成何种影响？

艾德丽安想为儿童的家长和员工提供方便。她能否为兼职教师和儿童安排好时间表，并维持一种收支平衡的预算？只要艾德丽安能确保所有的儿童会受到最好的照料，她愿意变得灵活些。

这种部分时间的选择需要进行仔细地追踪，并做好记录。通常，只有当来自不同家庭的儿童能像一个全日制儿童一样出勤时，主管们才会提供部分时间空当。这既不会给保教中心带来任何财务风险，又能给更多的孩子提供保育和教育的机会。同样地，轮班也使得两位兼职教师能共同分担一位全职教师的工作。中心将依据每位兼职员工所做的全日制工作的比例来支付工资。

即使没有儿童报名入园，公共设施、人事和租金费用都持续产生。艾德丽安必须计划好儿童入园注册人数，做好教师安排表，并用一种能保证项目顺利开展的方式来收取学费。艾德丽安提供了下面的日程安排表，该表能满足孩子需要部分时间接受保育的两类家庭：

	周一	周二	周三	周四	周五
上午	塔拉克	玛塔	塔拉克	玛塔	塔拉克
下午	塔拉克	玛塔	塔拉克	玛塔	塔拉克

同样，艾德丽安还为两位要求轮班工作的教师制订了下面的日程安排表：

	周一	周二	周三	周四	周五
上午	贝蒂	贝蒂	贝蒂	杰米	杰米
下午	贝蒂	贝蒂	贝蒂	杰米	杰米

在这两个例子中，每天的时间空当都被填满了。保教中心可以对参加部分时间入园的儿童收取比每周费用略高一点的每日费用。如果这种变化会对儿童和项目进展产生消极影响，主管们可以拒绝接受家长部分时间入园的要求。

对艾德丽安来说，为了对参加部分时间入园的儿童和兼职教师做好预算，她需要根据全时工作当量（FTE）来思考。艾德丽安计算了全日制学生或全职教师的百分比。她想知道塔拉克应占多少比例的全时工作当量？玛塔应占多少？贝蒂和杰米的全时工作当量各是多少？每位教师的全时工作当量的百分比是多少？

因为塔拉克每周只出勤60%的课时而非全部，他的时间是0.6的全时工作当量。玛塔与塔拉克互补，为0.4的全时工作当量，或出勤40%的课时。

你可以帮助艾德丽安计算贝蒂和杰米的全时工作当量的百分比。

允许员工兼职工作是对家长和保教中心都有利的政策。如果付给每位教师的福利更少一点，那么轮班对预算的利润有益。福利包括医疗和牙齿保险、401（k）*捐赠、人寿保险、伤残保险及儿童保育折扣。

贝蒂和杰米都向艾德丽安保证，她们的伴侣或配偶的福利足以养活她们。每位教师的时间安排是全时制工作量的50%或0.5全时工作当量。由于不是全日制工作，所以这些人也就没有资格享受福利。轮班对勒吉娜来说不

> 一位全职教师的福利会导致雇用该教师的成本提高28%。

---

* 编者注：美国401K是企业年金。美国的养老金分为两部分，一部分是国家层面的社会保险金，另一部分是企业的养老金计划，401k计划仅是其中重要组成部分，相当于中国的企业年金计划。

可行，直到有另一位教师愿和她组成一个全时工作当量才可以。

固定成本和可变成本

财务委员会主席罗德里克发邮件提醒艾德丽安，让她尽快报告其负责项目的固定成本及可变成本。艾德丽安用她的常识来理解固定成本和可变成本之间的差异。尽管几乎没有事情是永恒的，但是艾德丽安希望把月租费视为固定成本。房东已经承诺两年内不会提高租金。每月偿还相同额度的贷款是另一笔固定成本。

其他的花费，即可变成本，其可预测性较低。例如，如果塔拉克一家搬迁到亚利桑那州，那么，他就会退学，保教中心就会减少一笔学费。如果"人间天堂"项目实行"浮动计算"（允许不同经济状况的家庭支付他们所能承担的学费），学费就是可变的，而不是固定的。可变收入可能突然改变。艾德丽安的预算必须考虑收入中的这种变化。

艾德丽安准确地假设，固定成本最好由收入中可预测的资金支付。据此，艾德丽安可以更好地估计有多少可变成本，如新设备和员工退修会。她用邮件将预算报告发给了罗德里克。

工资和工时的注意事项

所有有关全时工作当量和福利待遇的工作为艾德丽安提出了另一个问题："人间天堂"项目如何遵守美国联邦的工资和工时法？艾德丽安听说附近的一家保教中心因违反工资法而被处罚。

工资和工时法的底线是"必须按照员工的工作时间来支付他们工资"（Morgan，2008，p.35）。三学时的必修课、教师们周末"美化"学校操场以及出席全国幼儿教育年会，都属于工作时间，因此，必须给老师们支付报酬。2008年，格温·摩根总结了有关教师工资和工时法的注意事项：

- 严格按照员工的工作时间来支付工资。避免让雇员每周工作40小时或以上，除非有额外补偿。每周超出 40 小时的工作时间部分必须以 1.5 倍的加班费补偿。如果劳动部认定你损害了员工权益，你将会付出大笔的赔偿金。
- "补偿时间"的概念并不适用于所有受工资和工时法保护的雇员，除非该概念是用于同一工作周以内并少于 40 个小时的工时。
- 如果雇主要求员工做任何事情，必须给他们支付报酬。这包括培训、会议和家长会。例如，如果保教中心要求一位助教参加某门课程培训，以便更好地完成其工作，该中心的主管必须支付培训费以及该助教参加培训时的工资。然而，如果员工参加课程培训是为了能成为更优秀的教师（或取得任何晋升），那么，该中心主管就无须为培训费或该员工的工资埋单。在这种情况下，员工参加课程培训并不是雇主的要求，而且收益的是员工而非教育中心。
- 政府应定期进行审计，或及时反馈不满雇员的投诉。工资和工时审查官员不会向你透漏是否有投诉。

从零开始：你的第一笔预算

现在，艾德丽安在预算管理上更加自信了，她梦想着建立自己的保教中心。像艾德丽安一样，大多数新主管都是接管一个已经建立的保教项目，并且该项目已有适当预算。为了她心底深藏的"靠自己的努力"的梦想，艾德丽安四处寻求帮助来制订商业计划及启动预算。

幸运的是，艾德丽安可以求助于很多有用的资源，包括：

- 小企业管理局（SBA）。
- 当地幼儿保教项目的托儿资源与推荐机构（R&R）。
- 国家监管机构，特别是许可证发放机构。
- 立法委员，例如国会成员。
- 负责成本估算和综合计划的公共事业公司。
- 设备和用品成本比较的在线网站。
- 本领域内的薪水信息，如果有的话，以及某个特定背景的薪水信息。
- 国家及地方的专业组织。

- 幼儿保教研讨会中的有关财务管理专题的工作坊。
- 当地主管的互助小组。
- 幼儿保教财务管理软件。

在与潜在的贷方或合作伙伴约谈之前，需要制订一个完整、详细和清晰的商业计划，包括前面提到的启动预算。

新主管们往往会低估启动成本。当地的小企业管理局（SBA）会帮助商家周密地考虑到不可预见的开支。某些小企业管理局可为小型企业提供专门的帮助，这是新手企业家走向成功的企业"孵化器"。

列出一个新项目的所有成本。然后，列出所有收入的来源。当你完成每张清单后，回过头来看一下，是否还能添加其他可能的支出或收入。

> 财务管理的秘诀是什么？
>
> 没有秘诀。关键是掌握细节，综合全面并持续更新。只是想"我明天将弄懂预算"是没用的。
>
> ——凯茜·琼斯 博士

项目初期的主管们可能会被怂恿选择劣质的物品，以便节约"预付款"。当涉及质量时，要有长远眼光。便宜、劣质的设备和家具只能应付当前，但是会产生长期的副作用。便宜的物品可能在预算能支付替换它们的费用之前就报废了。每次采购的物品，从玩具到桌子，需要承受每天的磨损。玩具商、教室和操场设备商经常在各州及国家会展上设立展台。会展的在线日程安排会列出参展的商家。

设计启动预算的小贴士：

- 在确定场地并装修后，人事将会是你最大的持续成本。还记得艾德丽安的运营预算吗？人事成本占57%~62%。
- 给房间配家具的成本浮动范围大约为5 000~35 000美元之间，这取决于房间的面积及儿童的年龄。
- 你对人员编制计划感到满意吗？你有没有考虑过当你开业时，需要多少名员工？
- 当入学注册开始时，建立一种运作中心的"缓冲机制"（财务安全网）。最初，你可能不需要像全部运营时那么多的员工。
- 计划投入的广告成本。有时，当地的报纸会将你的新保教中心作为有新闻价值的特刊进行报道。持续的广告宣传的开支会很大。你为保教中心建立网站了吗？你将招聘的工作职位或广告放在 www.craigslist.org 或 Monster.com 上了吗？你的教育中心有被黄页列出或加入商会进行宣传了吗？

- 基本的办公室设备，如两台计算机、办公用品、一台复印机和桌椅等。使用二手的及捐赠的办公室设备可以减少开支。

艾德丽安计划利用所有她能获得的支持来帮助她开业。当她怀揣自己的商业计划书和梦想到银行申请资助时，显得自信满满且有备而来。

表 10.10　启动预算

开业前	估算成本	实际成本
首月租金 / 按揭		
押金		
设备：		
水费		
电费		
垃圾处理费		
其他费用		
改建成本		
教室家具		
厨房设备		
办公设备		
儿童玩具和用品		
消耗品，如卫生纸、餐巾纸、画图纸		
及美术用具		
办理许可证费用		
税费		
责任保险		
一两个月的主管薪水		
一周的人事培训薪水		
保教中心的广告宣传费		
招聘广告的费用		

启动预算

艾德丽安的启动预算包括表 10.10 中的项目以及它们的估计成本。右边的空白栏在艾德丽安完成采购后会尽快填补。实际成本和估计成本的比较将会提供有用的信息。

资金管理中的情商和智商

主管们经常告诉我："我遇到了法律问题。"为了倾听他们，我需要切换到我的"律师大脑"。其实，约 80% 的问题都是无需法律技巧的人事问题。人事问题可能会让我们觉得它们超出了我们的理解，达到某种程度后，我们就会认为它们是法律问题。知晓了其情商能帮助管理者解决这些难题，该是一件多么让人开心的事啊！当管理者认为人事问题、预算问题都可以借用我们的情商来解决时，想象一下她脸上那种放松的表情吧。

就像罗杰·纽格伯尔（Neugebauer, 2007, p.7）提醒我们的那样："幼儿保教中心的主管在资金管理方面必须像他们照料儿童一样有效率。"具体详见表 10.11。在项目财务管理方面，我们已经帮助艾德丽安运用她的情商指导其智商。关于财务管理，是否我们所知道的比我们认为自己所做的要更多呢？

你认为艾德丽安是否能应对两位董事会成员之间的权力斗争？律师罗德里克正在与财务规划师普拉西多竞争董事会预算专家职位。你会推荐谁？使用你的社会情商来解决这一问题。

反思性问题

1. 我们的金钱观以及我们对资金管理的自信，与我们被教养的方式密切相关。列一份清单，其中包含 5~10 条你早年接受的关于金钱及其管理的"信息"。当涉及关于金钱的知识时，什么记忆比其他记忆更突出？写一篇关于"流浪女/流浪汉"恐惧症是否适用于你的论文。说出你能做什么，或已经做了什么来获得有关财务管理的自信及专业知识。
2. 保持你的个人支票簿收支平衡并计算你的个人预算，这均可作为学习项目预

第 10 章　财务管理：掌握财政大权　249

表 10.11　克服预算问题领域的呼声

1. 一家经营了 15 年的保教中心，失去了一项重要的经费来源。该中心的主管认为中心不得不关门歇业了。她召集员工开会，随后，与家长们会晤。

   在两次会议中，她请每组参会者出谋划策以找到解决这个问题的方法。最后，他们提出了很多挽救中心的好主意。另外，他们感觉这些解决方案与自己利益攸关。"入伙"是最好的解决方法之一。

   即使在私下流了很多眼泪，主管在公众面前的态度也都应是积极的。我认为家长和员工们并不知道她的痛苦。他们看到的是她的希望和她对儿童的爱。

2. 我在一家顾问委员会任职，正在处理一个陷入财务问题的项目。没有人曾经与这家保教中心合作来揭示其运营中涉及的"实际成本"。该中心主管的预算中表明"预估预算"与"实际成本"之间不相符。

   我们帮助这位主管确定了实际成本，并制成表。一旦数据被公开呈现并确定，我们就可以帮助她做出必要的改变。她能更好地利用员工的时间；她改变了非全日制儿童的政策；利用新的课余项目引入更多的资金，提高家长费用。

   通常，仅仅从新视角来看待你的项目就会让一切变得与众不同。

资料来源：Dr. Cathy Jones, Assistant Professor, Early Childhood Education, Spadoni College of Education, Coastal Carolina University.

算的起点。列出你的固定成本和固定收入。根据这些数据，为你的剩余年度创建个人启动预算，从明天开始实行。仔细审查你的支票簿以确定可变开支及意外收入。用这些数据，创建一笔本年度剩余时间的收入预算。你可以预先创建一笔收支平衡的个人预算吗？你的老师会为这次的作业保密。

3. 购物已经成为一种美式消遣。我母亲曾经教我如何成为"捕获"最好的特价品的"女猎人"。如果你是一台购物机器，你能确保"永不停止的购物"方式不会破坏你的预算吗？列出 10 条现实可行的策略来帮助你不超支，经得住"再买一件东西"的购物诱惑。老师们通常自己掏钱来举办手工课堂学习活动，每季度或每月重新装饰一次教室。你能为老师们想出其他获得充足的创作品的资源和途径，让教师们可以不用再自掏腰包吗？请再次列出至少 10 条其他资源和（或）途径。

4. 研究不同的幼儿保育财务管理软件。为新主管写一份带有推荐性的对比报告。

团队项目

1. 想象一下，一名主管必须要给教师们提及某些"敏感"的预算问题的情形。最紧迫的问题是，在保育费收入减少的情况下，是否继续为员工提供福利。你的慷慨政策曾吸引来了很多优秀的教师，但是收入的减少却成了一个严重的资金缺口。第二个"敏感问题"是，如何设计并投资能方便家长的场所和环境，在那里，家长们可以接送孩子。你的目标：寻找到合适的房间，配备舒服的椅子，提供"松饼和咖啡"服务。最后一个"敏感问题"是，你希望能给教师们提供一间休息室。主管为每个项目创建一笔包含估算成本的预算。制作一幅图表，列出两个将要被讨论的主要项目各自的优缺点。制定如何有效呈现并与教师们讨论这些问题的策略。把你的同学当作你的员工，并将这些策略呈现给他们。如果有可能，请制作一份多媒体课件来帮助那些视觉型学习者。

2. 开展一项周密计划的"寻宝行动"，找到能帮助新主管上手的可利用资源。首先，确定每个人将考察哪种特定领域或话题。第245页的指南会为你提供帮助。考察结束时，共同为新主管们准备一份《财务资源手册》。该手册内容包括组织和个人的名字、联系信息、网址、情况说明书、监管标准以及其他有用的信息。把这些呈现给你的同学。

3. 选取三位幼儿教育管理者，就他们在掌握财务管理技能方面的"学习曲线"进行访谈。创建访谈问题提纲，包括（a）在习得财务管理专业技能的过程中，你经历了哪几个阶段？（b）在这个过程中，什么帮助或阻碍了你？（c）你会给新主管们何种建议？在访谈的基础上，为你的同学创建一份小贴士列表。作为一个团队，创建一份关于"财务管理专业技能主管地图"，来展示主管在变成自信的财政管理者的过程中将要经历的几个阶段。

参考书目

Copeland, T. 2002. *Getting started in the business of family child care*. St. Paul, MN: Redleaf Press.

Copeland, T. 2004. *Family child care record-keeping guide* (7th ed.). St. Paul, MN: Redleaf

Press.

Copeland, T. 2007. *Family child care tax workbook and organizer*. St. Paul, MN: Redleaf Press.

Gross, M., R.F. Larkin, and W. Warshauer. 1994. *Financial and accounting guide for non-profit organizations* (4th ed). New York: John Wiley & Sons.

Harper, J. 2006. Nearly half of women fear life as a bag lady. *The Washington Times,* August 23.

Jack, G. 2005. *The business of child care: Management and financial strategies*. Clifton Park, NY: Delmar Learning.

Mellan, O., and K. Piskaldo. 1999. Men, women and money. *Psychology Today* (January–February), pp. 46–50, 74, 76.

Morgan, G. 2008. *The bottom line for children's programs: What you need to know to manage the money*. Waltham, MA: Steam Press.

Neugebauer, R., ed. 2007. *Managing money: A center director's guidebook*. Redmond, WA: Exchange Press.

网络资源

财务管理文献

http://childcareexchange.com

月收入支出记录表、出勤追踪表、家庭文件表、医疗信息表和菜单

http://childcare.net

财务管理样表

http:// nationalchildcare.com/formspackage.htm

美国儿童保育资源和推荐协会

http://www.naccrra.org

小企业管理局信息

http://www.sba.gov/-41k

第 11 章

管理设施和设备：杜绝伤害

学习目标

1. 列出设计"杜绝伤害"环境的指导原则。
2. 确定获得支持性和专业性的设施管理知识的来源。
3. 讨论确保安全和健康的法律要求。
4. 鉴别避免伤害的实用方案、程序和措施。
5. 当危机发生时，灾难和危机预案将尽可能确保每个人的安全。
6. 在提升安全和健康环境的同时，考察尊重文化差异的方法。

在不考虑环境因素的情况下，儿童处理问题的能力和茁壮成长的根源在于，他们至少有一个小小的安全场所（一间公寓、一个房间、一个实验室），在这样的场所中能够得到有爱心的人陪伴，儿童会发现自己是可爱的，并且能够回报别人的爱。

——弗雷德·罗杰斯

学习和发展的道路与其说像子弹，不如说像蝴蝶。我们的工作是提供一种环境，供一群精力充沛、特殊的探索者去完成这项任务，这里所有的成人和孩子在每天严谨的群居生活中茁壮成长。

——吉姆·格林曼

案例研究：差异和/或协调？

比阿特丽斯和她的表姐奥罗拉在学前班和幼儿园任教很多年，姐妹俩承诺，总有一天她们会拥有自己的项目。奥罗拉向往童年时的松树和清澈的溪流；在城市中长大的比阿特丽斯更喜欢靠窗的舒适的座位，而不想弄脏自己的双脚。她们的祖母相信比阿特丽斯和奥罗拉都会如愿以偿。"奥罗拉，我们做到了！祖母帮助我们建立了自己的幼儿园！"比阿特丽斯高兴地哭着说。这对姐妹拥抱在一起，高兴地哭了。但是，她们对完美幼儿教育中心的愿景却十分不同。

你认为什么样的建筑和场地设计能够整合比阿特丽斯和奥罗拉的愿景呢？

作家海明威的短篇小说《一个整洁明亮的场所》，正是以欧洲的一家咖啡馆保护他免受世界上的困苦和危险为背景的。海明威在写咖啡馆内温暖的金黄色灯光时，西班牙国内战争的黑暗使其周围村民的心里都充满了恐惧。

从文字和隐喻性方面讲，我们的孩子和家人生活在危险的边缘，安全没有保障。身体健康是比施舍更好的礼物。当给儿童提供了干净的、明亮的和快乐的环境时，孩子就更有可能留在这里。

> 琐事组成了人类生活中的幸福和痛苦。
> ——亚历山大·史密斯

幼儿教育的领导者在为儿童创建无伤害环境时，会受人尊重，但也会面临挑战。学习时，儿童首先要感到安全。危险或对危险的恐惧会抑制儿童的学习能力。研究表明，身处缺乏安全感环境之中的儿童会将更多的精力集中在自我保护上，因而不能完全地放松下来去探索和学习（Goleman, 1997; Hannaford, 2002）。我们的工作就是赶走危险，防止伤害，提供友善、激励和健康的环境来消除儿童心灵上的恐惧。

在这一章中，我们将着重探讨安全和健康的标准。这些标准是幼儿保育建筑物的设计、方案和执行的基石。"杜绝伤害"的原则取决于领导者建立和管理的每一个系统，从操场安全到食物供应，从教室设备到紧急事件的处理程序。只有成年人肩负起了健康和安全环境的责任，儿童才能够自由自在地探索他们的世界。

指导原则

我们有为儿童学习创建安全场所、方案和实践的义务，指导原则就是对我们这一义务的试金石。正如一个人或幼儿园有其核心价值一样（见第 3 章），管理者也需要指导原则来确保他们往下进行的每一步都在向这些价值靠近。如果某教育中心领导者的核心价值是"杜绝伤害"，为了使自己的核心价值得以实现，她会问自己如下的问题，健康和安全的指导原则都体现在这些问题中。

是否每一项结构、每一项设备、政策和实践都被设计成：

1. 遵循已经确定的健康和安全标准？
2. 预期可能的危害，并尽可能地预防危害的发生？
3. 使用"普遍的预防措施"？
4. 关注特殊需要：我们是否达到和超过《美国残疾人法案》的要求？
5. 接纳儿童和家庭的种族和文化差异？

管理者不论是设计一座建筑物、操场、教室环境，还是起草药品管理和设施选择的方案，每次问自己这些问题，她/他都会从中受益。

可用的帮助：资源、专家、顾问和支持者

作为领导，你的预期、核心价值和原则都将成为指路灯，它会指引每一次会议、讨论和施工。你不必成为一位彻底的翻修或建筑专家，同样，你也无需成为设备、操场设计或医疗程序方面的专家。但是，你需要有意识地去做：

1. 学习要点（概念、术语和可供选择的方法）；
2. 探索资源（需要的人脉、网络和参观学习之地）；
3. 求助（专家、从业者和政府机构）；
4. 参加你的共同体（家长、员工和商业团体）；
5. 吸引你的董事会和/或其他顾问；
6. 合理地管理好你的预算（见第 10 章）；
7. 把眼光放长远：是否每一步都更接近我们的目标？

8. 思考：这样安全吗？健康吗？我们是否时刻都在预防危险？

建筑师和建筑商准备帮助幼儿教育管理者创建安全、健康和快乐的环境。幼儿教育领导者从周围人中寻找可用的、合适且多才的建筑师。他们也会给当地其他幼儿保教中心的负责人打电话，咨询他们寻找建筑师的经验。资源和转介机构可能会提供其他幼儿保教中心雇用过的建筑师的名单。客户对建筑师的评级也可以从网上查到。

管理者可能会发现———一旦他们将自己的预期、列表、图纸或草图与建筑师分享后———他们头脑中想象的事情并非全部可行。尽管一位领导并不总能实现自己的设想，但他／她也有很多可行性的选择。建筑师的工作就是识别哪些是可行的、合理的和合乎标准的。作为管理者，你可以向建筑师咨询有关建筑或翻新的设计方案，或计算机化的"虚拟之旅"的设计方案。就像选择医生一样，你作为客户，有权再向其他建筑师寻求"第二选项"。

同顾问委员会合作

如果有指导或顾问委员会帮忙，那么管理者与这些人合作时会受益颇深。请他们提供帮助。这种机会是好的，因为这些人中有人曾经同建筑师合作过，或者相当了解建筑师。还要同这些委员会的下属委员会合作。财务委员会的主席可以帮助你对建筑或设备成本做预算。从一开始便涉及的规划委员会，它能帮助管理者设想怎样的提议可以使这个保教中心得到进一步改善。密切同董事会领导团队中的执行委员会合作，从各个角度来审视这项提议。

如果没有顾问委员会的帮助，那么管理者可以组建设计团队来为建筑物和翻新建筑物提供帮助。家人、朋友、邻居和商业人士都能提供帮助或提出一些反对意见。选择那些不总说行（无主见）或不行（对改变持悲观或消极态度）的人。为这个团队设定基本的规则，特别是在做决策时。对你来说，这个设计团队是顾问组吗？如果是，就向他们阐明这些规则。如果这个设计团队拥有更多的自主权，要向他们说明这一点。否则，团队成员会产生可预见的矛盾。任何以松散的沙子而非坚固的土地为地基的建筑都会倒塌。

共同体投入（community input）听上去像是一种客观的过程。然而，请人们分享他们对于儿童学习场所的梦想和希望，决非客观的事情。我曾见过整个共同体成员都被他们为孩子提供更好条件的梦想调动了起来。

思考"核心小组"的讨论过程。核心小组经常围坐成一圈，平等、独立地分享想法，不用畏惧评判。管理者（或其他个体）准备问题、促进核心小组会议并记录会议情况。每个人都可以分享自己的观点。儿童表达他们想要的东西：遍布动物的农场。"我们能给奶牛挤奶吗？我能制作冰淇淋吗？我能坐飞机在空中翱翔吗？"家长们讨论他们需要的和想要看到的：整晚的关怀、双语教室、提供干洗的"一站式服务点"，以及在接孩子时为他们准备的卫生达标的餐点。共同体的领导们甚至想要免费为他们宣传这个幼儿教育项目，希望以此来为本地区吸引新的商机。

拥有了顾问委员会或设计团队，管理者必须从一开始就清楚"核心小组"的角色。管理者是收集想法的人，而不是服从命令的人。针对共同体投入开展的头脑风暴会议会产生一些不切实际的期望。不是每个人的"希望"都会成真。作为领导，要以文字形式设立基本的规则和预期，并口头宣布它们。预先告诉共同体成员，尽管你并不能保证满足每个人的需要，但你会重视他们的投入。这个正当程序有利于创造共同体利益、产生伟大的想法，并有可能吸引志愿者和其他捐赠。

如果你愿意求助并明智地求助，那么帮助你的人就在你的身边！

安全和健康的基石

> 美国幼儿教育协会项目标准#9：幼儿教育项目应该设有安全和健康的环境，它提供适当且维护良好的室内外物理环境。该环境包括有利于儿童和员工学习与发展的设施、设备和材料。
> ——美国幼儿教育协会

并非所有美好的事物都是安全的，也并非所有安全的事物都是美好的。回顾本章最初案例研究中的比阿特丽斯。在她的童年记忆中，她快乐地描绘了一个树房子，高高的枝干，还有一个可伸缩的绳梯。当她的朋友念出咒语"长发公主，长发公主，把你的头发散下来吧"，她就松开绳梯，让他们爬上来。多么迷人的情景，但是，树房子安全吗?

再看一下马克西米利安的案例:

马克西米利安所在的犹太教堂的长老,决定创办一个育儿项目,以服务于许多传统的青年家庭。马克西米利安是一位小学教师,他被热情地选为"pull it all together"项目的首位主管。"没问题,马克西米利安!"教堂的长老低声对他说。"我们有周末课堂的教室,而且城市公园距离这里只有一条街远,我们有自己的信仰基础,因此,我们可以设置自己的课程和标准。要多久你能够把这个项目建立并运作起来?"

马克西米利安是一位虔诚的教徒,他无法拒绝他已亏欠了太多的长老。默默地,马克西米利安开始担心历史悠久的犹太教堂不满足安全、教室空间或食物准备方面的标准。启动的预算资金有限。虽然祈祷能完成长老的预期,但当马克西米利安在网上浏览有关幼儿保育的许可要求和建筑标准时,他倒吸一口凉气。在他的项目中,家长们来自乌克兰、波兰、以色列、俄罗斯等国,他们具有不同的传统文化背景,对项目场所的期望也不同。他们一致的要求可能是确保安全,但是千篇一律的支持能确保多样性吗?孩子的想象力能否在这样的一致性中被激发?

杜绝伤害:建筑物安全吗

"杜绝伤害",这一幼儿教育领导者的指导原则可以被总结为:"我们所做的一切是否都能使家长和员工远离危险?"

以下的健康和安全标准为我们设计幼儿保教中心物质设备时提供指导,让我们远离危险,实现最大化学习。

1. 国家许可要求;
2. 当地的建筑和卫生准则;
3. 火灾和紧急事故准则;
4. 联邦法律:《职业安全与卫生条例》(OSHA)、《美国残疾人法案》(ADA);
5. 鉴定标准;
6. 环境评估量表;
7. 质量检验清单。

健康和安全的法律标准

不论管理者是重新创建一个中心，还是对中心原有的设施进行翻新，她都需要注意营造安全、健康活动场所的要求。机会就在于，管理者将会与建筑师、建筑商和（或）其他设施方面的专家合作。专家们能够拓宽你的知识面，即你需要的关于政府、州和当地的标准。参与建设的任何人都要牢记"杜绝伤害"的目标，确保符合政府规定的健康和安全标准，并尽可能超越这一标准。

在美国个别州中，考察"杜绝伤害"意味着什么，这是州许可标准的首要内容。许可标准为项目安全和良好运转设定了底线或基本标准。尽管这些标准看上去像"法律术语"，但是，它们通常可以被分解成常规的步骤。不用担心这些标准看上去高不可攀。管理者在每一步骤中都可以寻求帮助。

你可以上网阅读你所在州的许可标准，并以此作为创建项目的开始。在你看这些标准时，记录下一系列关于目前的或预想的建筑设施如何符合每一项标准的问题。拜访你所在州的幼儿教育许可办事处，向他们咨询如果你要设计、建造或更新你们中心的设施和开展安全的教育活动，你可以与谁合作。

通常按照地区，每一个项目和主管都会被划分给他/她自己的认可证颁发者。许可人主要负责回答问题和帮助项目达标。如果管理者和许可人建立了良好的合作关系，那么他们将获益匪浅。为了更多地了解你所在地区的许可要求和程序，你可以考虑以下的指导方针：

- 联系周围其他保教项目的主管，咨询他们许可代表的名字。
- 向当地的资源和转介机构打电话，询问你所在地许可人的信息。
- 运用你的社会情商，积极地和委派给你的许可人建立良好的合作关系。
- 许可人会尽力帮助你回答各种各样的问题。
- 向他们询问你能想到的尽可能多的问题。没有问题就是一个"愚蠢的"问题。

许可人有幸向一年一度的国家许可研讨会作说明，我向你保证：他们愿意帮忙。不幸的是，许可人经常被视为牙医。每个人都知道去看牙医很有必要，但谁会在不需要的时候去看牙医呢？当你和许可人建立关系时，你就如同发现一位非常重视质量的同路人。你和许可人越快地建立起工作关系，你会越快且越自信地继续创建你的项目。

州议员精心制定的许可标准对每个州来说都是独一无二的。尽管如此，一些标准还是具有全国"普遍性"的。每个州都会规定教室中每个儿童占据的最小面积。一般来说，在教室里，每个儿童大约需要3平方米的空间；在操场上，每个儿童需要的空间面积约为7平方米，只有这样，孩子们才能尽情地放松和呐喊。上网搜索你所在州的每名儿童的空间面积的标准。

通常，群体和个体的健康和安全活动的许可要求包括：

- 保教项目的员工需要得到父母的书面许可才能对儿童进行药物治疗。
- 确保保教项目的所有员工都不患有肺结核。
- 强制性报告对儿童的虐待和忽视。
- 允许给儿童寻找紧急看护。
- 记录体格检查和免疫接种。
- 对员工进行心肺复苏训练（CPR）。

记住，许可要求是底线！在相当大的程度上，你可以自由地超越这一底线来加强你的项目。

当地的分区、建筑和卫生准则

每个地区的分区、建筑和卫生准则都不相同。正如任何一个城镇、城市和国家的当地政府一样，每个州都有自己的幼儿保育项目标准。

分区法律规定了幼儿保育项目能建在哪里。既然你作为某一保育项目未来的管理者，你负责的将是一项事业，那么你就要考虑分区法允许你的项目建在哪里，而不是考虑居民住宅法的规定。如果有可能，你的项目应该建在育儿事业的分区中。尤其重要的是，是否有个体愿意将居民住宅改成育儿设施。可以正式地提出分区变动（分区准则要求的例外情况）的请求。然而，分区规划委员会在批准变动请求时会非常严格。

建筑准则规定了施工程序和占用空间的质量标准。正如每个州的许可标准都不尽相同一样，城市与城市之间、城镇与城镇之间的标准也不尽相同。尽管如此，一些标准仍具有普遍性。绝大多数的建筑标准规定，将建筑物的一层设为婴儿室和学步儿童的教室。这项"杜绝伤害"的要求确保了在紧急情况下最小的孩子能够被及时疏散。建筑设施和操场的安全要求通常包括以下设施和设备：

- 在活动教室，每个孩子都有最小面积可用的活动空间。
- 外部门窗。
- 楼梯、通风和照明设备。
- 盥洗室。
- 食物配置区。
- 饮用水。
- 户外游戏区的最小面积。
- 户外游戏区的设备和缓冲材料，如垫子、木屑和沙子。

建筑标准质检员在教育中心设施建造前、建造过程中以及建造完成之后都会来抽检。质检员要确保使用的材料和建筑过程符合标准。举例来说，如果管理者是翻新现有的建筑，质检员最可能抽检铅材料、石棉和氡气。管理者和建筑商会努力与质检员建立热忱、专业的关系，以促进高效、及时的质检。社会情商几乎是一切事业的领导力资产。

卫生标准强调保持建筑物的清洁。良好的照明条件、适当的卫浴设施和新鲜的空气质量都能防止疾病的传播。卫生标准规定了空气循环模式，以便于每个保教中心的活动场所都充满新鲜的空气。为了确保清洁的同时预防烫伤，卫生标准设定了通常与州许可标准一致的热水温度。

盥洗设施要设在方便的位置，这也是卫生标准的要求之一。孩子和员工无论是在室内还是在室外的操场上，周围都要配备污水排出口和厕所并方便使用。良好的照明有助于防止活动区内发霉和产生霉菌。不管是白天还是晚上的任何时间，视线清晰对安全来说都很重要。照明设备必须达到卫生标准。

城镇或城市办事处以及当地的商会可以提供有关分区、建筑和卫生的准则。管理者在建造或翻新建筑物前，需要将计划提交给每一个主管部门审批。主管们讲述了一个令人沮丧的故事：没有通过授权的画板被送回进行修改（通常代价是昂贵的）。

每天，管理者只要坚持执行表 11.1 中列出的清洁政策，就能确保本中心的

表 11.1 "杜绝伤害"的政策

保持清洁的政策

_____中心的所有员工,有责任保持自己区域内的卫生清洁。持续一整天的清洁是必要的,中心应确保在工程、点心时间、午餐完成之后以及休息期间有一个清洁的环境,以保证开展后面的活动时,活动场所清洁,以有助于活跃保教中心的专业氛围。每天,每一个教学团队负责照管和清扫自己的教学场所,全体员工共同清洁保教中心的公共场所。

最短的打扫时间

- 早上活动和早晨点心之间的过渡时间
- 上午课间操和午餐的过渡时间
- 午餐结束时
- 下午活动和下午点心之间的过渡时间
- 一天结束时
- 请记住,在所有的点心和一日三餐前后必须对桌子进行消毒

资料来源：Lee, Live & Learn Early Learning Center, New Hampshire, staff handbook.

健康和安全达标。当"拒绝伤害"变成每个员工的习惯时,保持干净整洁就有了保证。

火灾和紧急事件疏散计划

你是否还记得上次的消防演习中你在外面等着"所有人都疏散出来"的信号？多年以来,我们都假定会发生火灾或者进行消防演习,从建筑物中撤离。几百年来,木材一直都是主要的建筑材料,因为木材易燃烧,所以火灾也很常见。

自"9·11"事件发生之后,幼儿保教机构开始制订疏散计划来应对不可知的灾害。美国国家安全局正在制定新的安全标准,一些社区也都在更新火灾预案,拓展疏散计划,以应对任何可能发生的危险。

在幼儿教育环境下发生的各种各样的灾难都必须高度重视。下面列举的是一些项目中已经发生的紧急事件,其中一些紧急事件让人感到不安。如果这份清单让你感到困扰,那么就用你的情绪智力进行自救。

- 家长携带重装武器来到中心。

表 11.2　紧急情况应急包物品

手电筒
不易腐烂的食品
智能手机
水
游戏机、书、玩具
薄毯子
管理者应急包中的急救物品

- 狼进入操场，孩子们却跑过去想爱抚这只"小狗"。
- 装满危险物品的卡车在教育中心附近翻车了。
- 无家可归者将保育中心的场地当作了避难所。
- 越狱者径直逃向保育中心。
- 某位老师愤怒的男友在操场上暴力攻击她。
- 当孩子们在户外玩耍时，发生了枪击案。
- 当孩子们在野外旅行时，附近动物园的动物跑出来了。
- 熟睡的孩子被遗忘在校车上。
- 中心的货车司机驾车时打瞌睡并撞坏车。
- 老师在上课时突然精神崩溃。
- 孩子死于室内活动中。
- 醉酒和处于冲突中的家庭成员威胁保育中心的孩子和员工。

　　应对火灾仅仅是个开端，管理者需要为所有的紧急事件做好预案。正是因为如此，管理者必须确保他们的项目遵守火灾准则和紧急疏散方案，符合美国安全局的标准（见表11.3）。

　　列一份可能发生的紧急事故的清单，然后，在你为各种可能的危险制订紧急预案时考虑之前所列的清单。

　　美国联邦职业安全和健康标准（OSHA）要求，保教项目要为孩子、家长及员工的安全和健康采取"普遍的预防措施"。普遍的预防措施是用来防止由"血液性病原体"或病菌所导致的危险疾病的传播。洗手是一种预防病原体传播的普遍的预防措施。对玩具、教室表面和"嘴能接触到的"（任何年幼儿童

表 11.3　蓝色警报

1996 年，玛格丽特·利奇·科普兰在《交流》期刊上发表了一篇名为《蓝色警报！建立育儿紧急预案》的文章，文章建议我们从以下几个方面为紧急事件做好预案：

1. 与员工一起召开头脑风暴会议，讨论和演习如何应对所有可能的紧急事件
2. 为每个教室配备装有紧急物品的应急包（见表 11.2）
3. 任命一个人（最好是董事会主席而非主管）作为幼儿保育中心应对电视和新闻记者的发言人
4. 提前准备好有关本中心的真实的声明，以供发言人与记者们分享
5. 在保育中心附近选定一座能够重新安置儿童的建筑物
6. 为家长间能够快速联系创建一份联系表
7. 专门为家长们提供一部独立的电话/电话号码

当员工和孩子们有更多可选方案和演习时间时，一旦灾难来临，他们会感到更加安全，更有能力去应对。

能够放到嘴里的）东西进行消毒是另一种普遍的预防措施。

这些预防措施之所以是"普遍的"，是因为它们假定任何一个孩子都有可能被感染，而非只是一两个孩子。用这种方法，每一个孩子都不会被遗漏。相反，根据普遍的预防措施，幼儿教育方面的专家们假设，每一个孩子都有可能被传染疾病，如艾滋病或阳性的 HIV。普遍的预防措施适用于所有人员聚集的项目，包括幼儿保育项目、医院和餐馆等。

在第 7 章中，我们曾讨论过《美国残疾人法案》（ADA），之所以制定这样一部法案是因为有生理缺陷的人们发现，他们不能同正常人一样进入、使用、享受一些公共设施以及被雇用。也许是因为欧洲一些国家是在他们的本土上解决战争的遗留问题，所以这些国家在考虑伤残退伍军人的方便措施上要领先于美国。欧洲的公交车和火车上有为残疾人专门设立的座位。普遍为坐轮椅的人们提供专门的坡道。

1990 年，美国在为残疾人提供空间安全和方便等方面迎头赶上了欧洲一些国家。《美国残疾人法案》的通过确保了任何进入幼儿保教中心的人在使用设施时具有平等的权利。《美国残

OSHA 1910.1030(b)：血液性病原体是指存在于人体血液中并有可能致病的病原微生物。这些病原体包括但不仅限于病原微生物、乙型肝炎病毒（HBV）和人类免疫缺陷病毒（HIV）。

疾人法案》规定，坐轮椅的儿童可以通过弯道进入幼儿保育中心。同样，《美国残疾人法案》还要求保育中心为保障残疾儿童和成人的安全及使用方便而设计专门的卫浴设施。

主管在建造或翻新保育设施时，他们需要考虑，除残疾儿童外，如何确保每一名儿童、家长和员工都能够参加并喜欢中心的活动。《美国残疾人法案》并非要求管理者把大部分的预算经费用于满足该法案要求的为残疾人提供的便利上，致使他们的保育项目"资金过于艰难"。通常，保育中心能够提供合理的、考虑周到的方式就足够了。

设计师、建造商和许可人与主管合作，让保育设施符合《美国残疾人法案》规定的标准。管理者可以通过网络（http://www.usdoj.gov/crt/ada/）或者直接打电话800-514-0301向美国联邦政府机构寻求帮助。主管可与美国公共卫生协会（APHA）和美国儿科学会（AAP）联系，来获得有关国家安全和健康指导原则的信息，以便于制订和调整有特殊需求的儿童的计划。

认证标准

每一个认证机构，如美国幼儿教育协会（NAEYC）和美国儿童保育专业协会（NACCP），都规定了关于物理环境设施的安全和健康的详细标准，包括教室和操场的空间及设施。通常，这些认证机构比州设定的标准更为严格。尽管主管可能并不立即申请认证，但他们可以使用这些标准来指导他们项目总体的建设和后续的项目实施。以后，当主管申请认证时，他们会"捷足先登"。员工们也将会习惯于高标准的工作。

环境评估量表

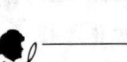

NAEYC关于物理环境认证标准的一个例子：

室外游乐区的安排要使得员工可以通过视觉和听觉监管到儿童。

在为儿童和成人提供安全、健康的空间方面，是否有额外的工具评估你所负责的项目的优势和弱势？2005年，来自北卡罗来纳州大学教堂山分校的塞尔玛·哈姆斯（Thelma

Harms)、理查德·克里福德（Richard Clifford）和德比·克莱尔（Debby Cryer）领导了这些量表的设计和执行工作。具体的评估量表包括：

1. 家庭日托评估量表（FDCRS）；
2. 修订版婴幼儿环境评估量表（ITERS-R）；
3. 修订版幼儿保育环境评估量表（ECERS-R）；
4. 学龄期儿童保育环境评估量表（SACERS）。

玛西·罗宾逊（Robinson，2005，p.23）写道："环境评估量表为许多主管提供了一种有效的工具，运用此工具，主管可以考察他们的项目，支持和陪伴他们的员工，衡量自己的进步。在美国，这些量表被视为州许可倡议和其他保证质量的方法，例如，育儿中心的质量评估。"

领导者在头脑中根据这些标准设计或翻新某建筑物后，一旦完工，他们必须考虑其他实用的方案和程序来推动健康和安全。

确保安全的政策和实践

从一开始就严格按照要求建造项目的物理设施，并制定相关政策，这对后续的发展大有裨益。现在，让我们看一下能确保我们承诺的、"杜绝伤害"的政策和实践。我选择了一些重要的政策和实践活动。你也可以思考对你来说很重要的其他政策和实践。这些政策和实践会经常伴随我们左右，因为主管需要对不完善的地方建立保护。

在本章的最后，我会给你列出当前不断演变的一些政策案例，让你来思考这些还未被充分验证的政策。

每周"围着中心转"的清单

清单可以由一系列的健康和安全话题构成。一份清单可以关注保洁程序和实践，另一份清单可能会强调疏散预案，其他的清单可用来评估玩具和设备是否得到良好的维护、是否安全。清单可以帮助管理者关注项目中确保儿童、家长和员工安全、健康和安心的各种方法。

凯西·亚伯拉罕（Abraham，2007）可能会将"在其位谋其政"的工作变成一种冒险。亚伯拉罕指出，每年涵盖儿童保育许可认证条例的这一重要任务是枯燥的、重复性的。她的"寻宝"游戏增加了这一话题的趣味性，促进了员工间的互动。分配给员工的第一项寻宝任务列在表11.4中，指导语是"在建筑物内找到以下物品的物理位置——不要猜！"

其他的清单可强调清洁措施和细节问题，如婴儿的活动面积和四岁儿童教室配备的玩具数量等。为了使这些有价值的活动更鼓舞人心，管理者可以把不同的清单像一幅珍贵的地图一样卷起来用丝带绑好，把员工分成不同的团队（在不同的教室）进行寻宝，并奖励获胜的团队。

你可以利用各种资源制作你的清单。建立在国家许可标准上的清单都是有用的，例如，亚伯拉罕制作的清单。不仅仅是认证许可人会随时在没有预先通知的情况下突然来访，而且更重要的是，你和认证许可人都有共同的目标：保证每个人的安全，使他们远离伤害！如果你的项目经过了认证，那么将认证标准作为你制作清单的依据。为了完成清单的要求，邀请并鼓励你的员工制作教室清单，据此可以知道需要购买哪些设备。也可利用现成的清单。

表11.4　认证的寻宝游戏

项目	位置
• 体温计	
• 灭火器	
• 家长手册	
• 许可条例	
• 纸巾	
• 项目管理办公室的传真号	
• 额外的儿童衣服	
• 儿童急救卡	
• 处理儿童虐待的热线	
• 窒息/心肺复苏图表	
• 招聘海报	
• 失物招领	

事故处理和报告的程序

通过维持建筑物和场地的安全来预防事故是我们的目标。儿童精力充沛、善于探索，而且他们喜欢挤靠在一起，不可避免地会发生一些儿童摔倒和刮伤的情况。管理者可以提前让员工和家长做好准备，以便在事故发生时能够有条不紊地进行处理，并且及时报告。

牢记"正当程序"：给人们提供他们需要的信息和讨论所发生事件的机会。正如弗兰克所建议的："事实有度，恐惧无度。"弗兰克是我的朋友，现在已经退休，原来是新墨西哥州山区的神父。做好准确的事故报告，并立即与家长分享有关事故的信息是最好的方案。

主管可以采取的步骤（Click, 2004, p.297）如下：

1. 入园注册时，要求父母签署对孩子进行紧急医学治疗的授权表；
2. 把家长签名的表格保存在儿童的档案中；
3. 制作/使用标准的表格来记录事故的细节（见表11.5，以经验丰富的约翰娜·布兹-迈纳使用的事故记录表为例，他是新罕布什尔州某幼儿早教中心的生活和教学主管）；
4. 事故记录表包括事故发生的时间、地点，对孩子采取的救助措施及后续的工作。
5. 根据事故的严重程度决定是否拨打911（美国急救电话）；
6. 告知家长：孩子发生了事故、孩子的健康状况、已经和即将采取的措施；
7. 如果这个孩子已经被送往卫生保健机构进行治疗，告诉家长有关该机构的联系方式和明确的地点；
8. 如果是另一个孩子咬伤了这个孩子，将这件事作为一项事故报告记录下来。但是，咬人的孩子的身份应该保密（更多信息见"咬人方案"部分）；
9. 通知所有与这个孩子有关的员工在观察这个孩子时要格外留意，以防止发生并发症；
10. 安慰所有有关的孩子，消除他们的疑虑，告诉他们保育中心是安全的，他们会受到很好的看护。这里不单指受伤的孩子，还包括那些看到事件发生的孩子们。

表 11.5　儿童保育伤害事故报告表

填写该表格，如果发生除轻微的擦伤或瘀伤外其他需要治疗的任何伤害，该报告将在自受伤害之日起的三年内保存在项目档案中。
注：急救处理必须由经过急救认证的人实施。

_____

幼儿保育项目名称：_____

受伤儿童姓名：_____　　　　　出生日期：_____

受伤日期：_____　　　　　　　受伤具体时间：_____

儿童受伤的具体地点？
_____

儿童受伤时正在做什么？
_____

事件是如何发生的？
_____

受伤类型和受伤的身体部位：
_____

实施了何种急救处理？实施急救处理的日期和时间：
_____

实施急救处理的员工的姓名：
_____

如果儿童受到的伤害需要其他的医学治疗，治疗者或医疗设备分别是：
_____

通知家长的日期、时间和方式：
_____

我认真阅读了上述伤害报告，根据我的知识可以确认它是真实、准确的。
目击者：_____　　　　　日期：_____
孩子受伤时，负责监管孩子的工作人员：_____　　日期：_____
保育中心的主管/家庭式儿童看护承办人：_____　　日期：_____

我已经阅读了上述伤害报告，并且检查了我孩子的受伤情况。
意见：_____
_____
家长签字：_____　　　　　　　　签字日期：_____

http://program/ccl/group/2000/sample forms packet/2000 injury report.doc

(16)

应对孩子咬人的政策

两岁的孩子会咬人。在孩子们能够充分地运用语言表达自己的意思之前，他们需要用其他方式表达自己的观点。咬其他的孩子是在说："嘿，我生气了！"或者"不，你不能动我的玩具！"在我的儿子尼克两岁时，我鼓励他"用语言"而非咬或打来表达自己。尼克的老师也采取了相同的计划方案。随着语言能力的发展，尼克和其他的孩子一样，度过了需要咬人的阶段。当然，在尼克度过咬人阶段之前，我每天都在祈祷平安！

孩子咬人令父母苦恼。思考下面的情境：一名儿童咬了学步儿德杰布尔。当你通知德杰布尔的母亲"德杰布尔被咬了！"他的父母反应一定会很强烈。看到德杰布尔脸颊上的伤令人害怕。主管同父母一起分析完整的事故/事件报告的细节事实：发生了什么、何时发生的以及采取的措施。报告中不会涉及的事实是：咬人者的名字。这是机密信息。想象一下，如果咬人者的信息被泄露，大家都将会躲避他/她。

弗吉尼亚州西部的一位家长是律师，他扬言要控告主管，因为主管没有公布咬他儿子的孩子的信息。幸运的是，主管已经将应对孩子咬人的政策补充在家长手册中（见表11.6）。

当这位律师家长继续威胁要起诉时，主管采取了其他的途径来解决此问题。她调查了咬人者的身份必须保密的原因。她发现，被咬的孩子没有被感染的风险。相反，如果咬人的孩子把另一个孩子的皮肤咬破了，那么他/她也有被血源性病原体感染的危险。最后，这位律师家长停止了威胁。更重要的是，像尼克一样，这个孩子度过了咬人的阶段。当员工发现咬人的孩子表现出挫败感时，保育中心的员工就会采取特殊的预防措施来应对。

表 11.6 咬人方案示例

在其他孩子咬你的孩子的事件中，我们会尽一切努力保护你的孩子的安全，并阻止咬人行为的再次发生。我们会用事故报告表来向你报告咬人事件。我们会对咬人者的身份保密。我们与那个孩子一起，帮助其学会用其他方式表达情感。

应对轻度患病儿的政策

父母们都知道，孩子在家休息才能更好地治愈疾病和伤害。然而，并不是所有的家长都能留在家里照顾生病的孩子。如果留在家里陪孩子，按小时计酬的家长，其收入会陷入困境。并不是所有的雇主都完全赞同"以家庭为重"并支持父母请假。如果家长留在家中陪孩子，他们可能会担心因此失业。

老师们经常报告说，孩子刚到学校时还没有发烧，但是在两个小时之内孩子的体温就升高了。老师们怀疑，孩子在来学校之前服用了退烧药，一旦药效消失，孩子就会再次发高烧。给上班的父母打电话，通知他们来接回生病的孩子，这对老师和家长来说都是很困难的。一些父母会表现出失意、沮丧或生气的情绪。管理者希望在个别家长和保育中心的需求之间取得平衡，但这两者间的需求是互相排斥的：

- 重新将孩子安置在一种安全、关爱和能够进行治疗的家庭环境下。
- 让其他员工和孩子们远离疾病的传播。
- 保证这位家长能继续工作。

曾经，一些保育中心试图应对这种进退两难的局面。"轻度患病"儿童在一个单独的房间由专门的护士照顾。医院的儿童看护项目似乎更适合承担这种责任。但是需要这种服务的儿童的数量是不可预知的，而且看护的费用很高。对于大多数儿童保育中心来说，这种昂贵的成本令人望而却步。仅有屈指可数的保育中心还在向生病的儿童提供这种服务。

在尊重家长需要的同时，管理者如何确保儿童的健康和安全？一些情况是不容商量的。如果孩子出以下症状，他们是不能被送到或者继续呆在儿童保育中心的。

1. 持续性腹泻；
2. 体温（腋窝温度）高于 100 ℉（大约 38℃）；
3. 一天呕吐两次；
4. 感染"红眼病"或结膜炎；
5. 患有其他传染性疾病，包括麻疹、风疹、流行性腮腺炎、链状球菌感染、生虱子或疥疮脓疱病、百日咳(严重咳嗽)、甲型肝炎病毒、流感、水痘和肺结核等；
6. 其他可能暗示严重疾病的行为改变（哭泣、偏执、精神萎靡、定向障碍和呼吸困难）。

在主管制定的书面政策中，应该阐明如果孩子病了，本中心将会采取的措施。除先通知父母之外，管理者可以帮助家长在社区找到备用的看护资源。一些家庭式服务提供者可以照顾轻度患病儿童。资源和转介机构可以提供一份表单，表中的保育中心或个人能够为轻度患病儿童提供帮助。

值得注意的是，艾滋病不在足以隔离儿童的疾病列表之内。实际上，艾滋病患者是受《美国残疾人法案》保护的，主管必须为其提供合理的便利。普遍的防御措施可以保护每个人远离血源性病原体，并确保不泄露艾滋病病毒呈阳性的儿童、员工和主管的隐私。

性犯罪

被判定为性犯罪的人，如性骚扰和强奸儿童，一旦他们服完刑便成为自由人。性犯罪的严重程度决定了每个罪犯的"等级"。通常，数字越高（3或4级）表示犯罪越严重。美国政府和社区保留了按照居住地记录的性犯罪者的名单。如果性犯罪者重新定居，他们需要向官方报告。性犯罪者的名单作为公共记录可以获得，同警方联系可以获得你居住地附近的性犯罪者名单。幼儿保教中心能根据这些信息做些什么呢？

还记得我曾说过，我们将会检查那些未能被我们的政策和实践所解决的安全和健康隐患吗？下面是一个案例，请你思考一下，如果你是这些看似不可能发生的事态中的主管，你将会如何做。

作为幼儿保育中心的雇用程序的一部分，调查犯罪分子记录信息（CORI）是强制性的。然而，有时，核查犯罪分子记录信息占用的时间超出了主管可以等待的时间。设想一下，某婴儿教师即将参军，却没有告诉主管朗达。在主管朗达替换这名教师之前，其所负责的项目将一直处于危机之中。求职者赖安看上去符合作为婴儿教师的所有要求。在赖安的犯罪记录信息到达主管朗达手中时，朗达已经雇用了赖安一个月的时间。如果赖安的犯罪记录信息显示他是一个"3级"的性犯罪者,郎达能够或者应该怎么做?

绝大多数的主管告诉我说,他们会解雇赖安。如果赖安是在试用期,尤其是处于一种"随意"的状态,那么他将会被解雇。这项行动旨在保护孩子们。遇到这种问题的主管们都想解雇该员工。但是,朗达遇到了来自员工工作顾问的明显抵制。她保护孩子和家长的心愿并不像她所希望的那样"稳赢"。在这种情况下,我想起了来自马萨诸塞州多尔切斯特的一位主管,他曾说过:"当法律失去意义时,我的决策基于这样一个事实:当一天结束回到家中时,我会心安理得。"

在这种情况下你会做何决策?要考虑父母对他们孩子的关心。基于"法律的精神",也要考虑赖安的权利。在美国,服刑结束并"向社会还清债务"的重刑犯享有平等的就业机会。赖安的工作顾问和支持者向主管郎达保证,赖安已经改过自新。如果你是郎达,你会怎么做?

如果某位家长是登记在案的性犯罪者,也会产生同样复杂的困境。如果赖安的儿女在你的中心注册入学。赖安享有对子女的抚养权,有哄孩子睡觉和接送孩子的权利。其他孩子的父母觉得他们有权保护自己的孩子远离性侵犯。在尊重父母权利的同时你如何确保安全?赖安的儿子和女儿——马克和莫拉——同其他孩子一样,值得尊重。马克和莫拉希望他们的爸爸晚上和他们一起回家。你将如何做?

保育中心可通过以下方式解决这一问题。在听取每个人的观点之后,主管再与当地的警方和项目许可人协商。赖安同意在从事保育中心的活动时必须由第三方陪同。第三方可以是家庭的社会工作者、主管指定的员工或者是本中心和家长都熟悉并尊重的其他人,最重要的是孩子们也都熟悉。

保留医疗记录

在入园注册时,保育中心应该收集每个孩子的医疗记录。当孩子在保育中心接受照看时,这些记录需要更新和维护。记录医疗数据时必须使用简洁、准确的语言,并及时更新。相应的软件包(见第10章)使这项任务变得更加容易。每个孩子的医疗档案应该包括以下内容。

健康和医疗资料

- 免疫接种记录。
- 医生检查的记录和结果。
- 可能会影响孩子的之前的医疗记录和/或过敏情况。
- 经医生和家长同意并签署的《美国残疾人法案》规定的便利列表。
- 早期干预的治疗计划的细节。

对员工进行 EPI 训练：

被蜜蜂蛰或发生其他过敏反应后，注射肾上腺素（EPI）会让人恢复正常呼吸。至于其他药物，家长需要填写药物管理表并签名，提供医生开具的剂量说明。通过提供并要求员工进行肾上腺素管理训练，可以促进儿童的健康和安全。只有完成这项培训的员工才能管理肾上腺素。

家庭资料

- 家长同意儿童在紧急情况下进行治疗的签名。
- 可以接送儿童的授权人员名单。
- 紧急情况下如果联系不到父母时，可联系的其他人员名单。
- 完成并签署的野外旅游许可表。
- 管理药物的授权，包括具体的用量和喂药时间的说明书，以及来自医生的其他的说明。
- 出于教育目的使用儿童相片的允许（但是照片用于网络时还需要特别的同意书）。
- 带有其他所有相关信息的完整的投保书。
- 有关儿童照料的家庭历史信息。
- 文化取向和首选的措施。

儿童的成长和发展资料

- 儿童在子宫（母亲怀孕）中的相关信息。
- 身体和发展成长的记录。
- 专业人士包括教师、语言病理学家和治疗师等提交的关于儿童的评论。
- 治疗计划的进展。

食品的管理和安全

新闻用醒目大标题向我们发出了被污染食品的警告信息。食品制造商召回了曾经深受人们信赖的食品。关于儿童期肥胖的研究提醒我们，要当心家长们定期为儿童提供的食物。在为儿童准备和提供食物时，"杜绝伤害"是不可触及的底线。

正如我们项目的其他方面一样，政府规定了管理食品的健康和安全标准。食品必须新鲜、健康，按照卫生和安全的标准来准备和供应食品。膳食和点心必须与儿童的年龄相符。美国联邦政府批准的食物金字塔于2005年进行了修订，它告诉我们每日摄取多少量的各类食物是适当的。

婴儿和学龄前儿童的饮食因年龄不同而有所差异。六个月大的婴儿就可以吞咽和消化适量的固体食物。学龄前儿童对健康的食物拥有更多的选择。

一些保育中心雇用厨师，专门为儿童制作每日的膳食和点心。其他的一些保育中心通过饮食服务机构来为儿童供应准备好的食物。不论哪种选择，主管的工作就是确保在卫生的环境下给儿童供应新鲜、有营养的食物。沙门氏菌的爆发将会使保育中心损失惨重。

就像为建筑物和翻新建筑设定标准一样，美国各州和联邦政府的食品标准可以为主管提供指导，让其提供食物时达到基本的安全和健康底线。以何种频率给孩子提供有营养的食物，是受孩子在保育中心接受照料的时间决定的。运用你的领导力情商来雇用重视食品卫生和安全的员工。

工作时间和所需要的膳食

> 儿童在保育中心待的时间越长，主管必须满足他们日常营养需求的比例也就越高。

美国各州许可标准将保育中心提供照料的时间和膳食的次数联系在一起。传统的半日制学校，通常被称为"托儿所"，需要在每天的上午和下午为孩子们各提供一份营养餐。一般，孩子们在来校之前吃过主餐，放学回家后很快就会吃另一顿主餐。

全日制的学校给儿童提供9小时（或者更多）的照看，这类学校必须满足儿童2/3的日常食物需求。这一假设建立在儿童每天在家至少吃一顿饭的基础之上。

对于婴儿来说，应该运用一般的指导原则来确保每一个孩子都得到适当的营养。但是，婴儿班级应采用单独的喂养计划。每个婴儿都有自己的作息表。母乳喂养的婴儿不能吃固体食品。母亲可以在保育中心给孩子喂奶，或者母亲用奶瓶给孩子留充足的母乳。主管在决定每个儿童何时需要什么时，要关注不同家庭的文化背景。

食物金字塔

2005 年，新修订的食物金字塔改变了一些推荐食物的分布和体能活动的优先级（见图 11.1）。教育者可以从网上下载修订版的食物指导金字塔和其他网络资源（http://www.mypyramid.gov/tips_resources/）。所有的谷物、水果和蔬菜在必需的食物金字塔上都提高了一个等级。蛋白质虽然重要，但是可以在非肉类食物中找到，例如鱼、坚果和豆类蔬菜。想获得美国联邦政府对新食物金字

图 11.1 食物指导金字塔

塔的指导方针可登录 http://www.mypyramid.gov/ 查询。

食物过敏

越来越多的儿童和成人被诊断为各种食物过敏症。某些食物过敏症，特别是对花生过敏，可能会导致严重的、有时甚至是致命的反应。其他可导致过敏的食物还包括番茄、牛奶和乳制品、巧克力。

在入园注册时，主管应该要求每位家长登记其孩子是否对食物过敏或者有特别的饮食限制。孩子的体检记录应该说明是否诊断为食物过敏症，以及对过敏反应的预防和治疗程序。任何向儿童供应食物的人都要仔细地阅读标签，尤其是食物"隐性的"成分。排除导致儿童或员工过敏反应的食物或食品。

文化和宗教倾向

在一些宗教和文化习俗中，某些食物是被禁止的。例如，向穆斯林家庭提供火腿和猪肉是一种大不敬的行为。犹太家庭遵循犹太教教规进食时，也必须尊重一些饮食惯例。例如，犹太家庭不能食用乳制品及其他相关食品。一些天主教拉丁家庭遵循在特定日子不食肉的习俗。邀请父母们分享他们与其文化或宗教习俗有关的饮食要求，如果有可能，要尊重不同家庭的要求。

百乐餐，不再幸运？

多年以来，幼儿保教项目一直都邀请家长们"带一盘分享的菜"作为百乐餐的一部分。尤其鼓励家长带来反映他们宗教和文化传统的菜。百乐餐聚会为家庭提供了一个天然的享受和学习其他传统的氛围和机会。

如今，举办百乐餐存在一定的隐患。如果有人吃了百乐餐后生病了，那么保育中心是否要承担责任？主管们试图通过要求每个家庭列出分享饭菜使用的原材料来阻止这类事件的发生。这样能够帮助那些对食物过敏的人们在吃百乐餐时能更好地选择食物。

百乐餐的另一项挑战来自于不同家庭的不同卫生标准和食物传统。有些家庭可能在清洗食物和餐具方面比较严格，而有的家庭可能清洗标准不那么严格。

如果某个保育中心举办了一场百乐餐，结果一位参与者生病了，那么该中心将承担一定责任。出于这种考虑，一些主管不允许孩子从家里带食物，包括孩子的生日蛋糕。

听了这些关于百乐餐的警告，你做何感想？失去了什么，又收获了什么？如果一个对烹饪食物很感兴趣的家庭说："让我们再举办一次百乐餐家庭之夜吧，上一次家庭之夜多有趣啊！"你将如何回应？

安然无恙

幼儿保教项目的"杜绝伤害"标准很有意义。我们希望每个孩子都安全，我们想给孩子提供既营养又健康的膳食，我们想让建筑物和操场不存在安全隐患。根据既定的标准，我们知道如何避免伤害。

当危机发生时，我们希望根据现成的程序来全面且快速地做出反应。从教室环境到食物准备，再到紧急的医疗程序，这条"杜绝伤害"的规则是所有幼儿保教环境的基石。既然我们已经建立了健康和安全的基石，我们就可以着手为儿童的学习和茁壮成长创造环境了。你准备好了吗？

反思性问题

1. 假设你选择"从头开始"创建一个儿童保育中心，你对于新机构有何设想？你想为家长和孩子们创设什么样的环境？如何让你的新建筑物更加漂亮？你如何确保每一个活动空间都是安全和吸引人的？调查并列举所有能用的资源来帮助你完成目标。为清单上的每项资源都写一份评论，用以解释这项资源可以给你提供的帮助。

2. 喝完咖啡之后，马克西米利安（见本书第257页的案例研究）向你咨询如何将寺庙式的周末学校改建成一个可行的、有吸引力的幼儿保教中心。帮助马克西米利安确定对该项目有期待的不同群体。就马克西米利安如何同时使用情商和"社会情商"来与每一个群体以及整个社区的人们合作提供建议。关于目标和目标的可行性,你觉得马克西米利安应该自我反思哪些问题?写一份总结,或者记录你和马克西米利安讨论中的重要见解。
3. 幼儿菲利帕在呼吸困难的地方会发生哮喘反应。医生为其开具了一个注射"肾上腺素"的装置,该装置能将肾上腺素注射到菲利帕的大腿上。注射很快就发挥作用了,菲利帕重新恢复了以往的活力。菲利帕的母亲是护士,她说菲利帕知道如何使用肾上腺素,因为她曾经在家中教会菲利帕如何使用。菲利帕的母亲认为菲利帕比其他老师能更快地帮助自己。你如何回应菲利帕的母亲?你会寻找或者执行什么方案来支持你的决定。在班级中展示你的方案并做总结。

团队项目

1. 重读比阿特丽斯和奥罗拉的案例研究(见本书第 253 页)。热爱自然和户外运动的比阿特丽斯会如何将自然融入幼儿保教的建筑物中?现在,设想一下"城市女孩"奥罗拉对新建筑物的憧憬。对于奥罗拉而言,离"害虫"(蚊子、蜘蛛、蛇、乌鸦和"气味难闻的"动物)、坏天气和阳光越远,她就越快乐。作为一个团队,请你们设计一个能融合两姐妹的憧憬的中心,包括室内和户外设施,不要"建成一个怪物"。现在,请调查在幼儿保育建筑物中,开展多大量的户外活动是安全的。例如,户外的动物安全吗?户外的操场环境设计的很像"自然环境"吗?参观当地的幼儿保育项目,看他们是如何解决这些问题的。呈现一个概念设计,它能同时体现比阿特丽斯渴望的"永远自然"的元素和奥罗拉喜欢的足够安全的方式。
2. 集体讨论你所在地区的幼儿保育许可人的工作说明。认证机构的使命是什么?你所期望的地方许可人的道德行为的核心价值和准则是什么?对于不符合标准的项目,你认为认证机构会采取哪些相应的程序?你还想理解哪些关于你所在地的认证机构的信息?将这些问题分配给团队成员,让他们去寻找答案。确保至少访问一位认证人。并将调查结果以 PPT 的形式呈献给同学。
3. 记住,与其他行业标准相比,幼儿保育中心的许可证标准是健康和安全的基本标准,而不是最终基准。浏览 NAEYC 和 NACCP 的认证标准。考察一份质量评估量表,如修订版幼儿保育环境评估量表(ECERS-R,2005)。查阅"开端项目"关于健康和安全的规章。研究主管实际使用的、确保她们的项目安全和健康的"清单"。你会将清单中的哪些标准或者标准与实践的结合推荐给同班同学，为什么？

4. 在美国，儿童肥胖的比例不断升高。2005 年修订的食物指导金字塔规定了健康饮食的新标准。如果你是幼儿保教项目的主管，在你的项目中，为了培养健康营养和饮食习惯，你能做的至少五件事是什么？至少从三种文化群体的角度来考虑食物、烹饪和饮食习惯。在试图消除儿童肥胖的同时，你的行动方案将如何尊重不同的文化习俗？准备一份关于包括五种想法的演讲稿，就好像听众是来自不同宗教群体的父母一样。

参考书目

Abraham, C. 2007. Licensing scavenger hunt. *Exchange* (January–February): 80–82.

American Academy of Pediatrics. 2002. *Caring for our children: National health and safety performance standards* (2nd ed.). Chicago, IL: American Academy of Pediatrics.

American Academy of Pediatrics and National Association of School Nurses. 2005. *Health, mental health and safety guidelines for schools*. Chicago, IL: American Academy of Pediatrics.

Carter, M. 2006. Rethinking our use of resources—Part 2. *Exchange* (January–February): 18–20.

Click, P. 2004. *Administration of programs for young children* (6th ed.). Clifton Park, NY: Thomson Delmar Learning.

Copeland, M.L. 1996. Code blue! Establishing a child care emergency plan. *Exchange* (January–February): 17–22.

Decker, C.A., and J.R. Decker. 2004. *Planning and administering early childhood programs* (8th ed.). Upper Saddle River, NJ: Pearson Merrill Prentice Hall.

Epstein, A.S. 2007. *The intentional teacher: Choosing the best strategies for young children's learning*. Washington, DC: National Association for the Education of Young Children.

Goleman, D. 1997. *Emotional intelligence*. New York: Simon and Schuster.

Gonzalez-Mena, J. 2008. *Foundations of early childhood education* (4th ed.). New York: McGraw-Hill.

Greenman, J. 2005. *Caring places: Learning spaces* (Revised ed.). Redmond, WA: Exchange Press.

Greenman, J. 2001. *What happened to our world? Helping children cope in turbulent times.* South Watertown, MA: Bright Horizons Family Solutions.

Hannaford, C. 2002. *Awakening the child heart.* Captain Cook, HI: Jamilla Nurr Publishing.

Harms, T., R. Clifford, and D. Cryer. 2005. *Early childhood environmental rating scale* (Revised ed.). New York: Teachers College Press.

Hemingway, E. 1925. "A clean, well-lighted place" in *The short stories of Ernest Hemingway.* New York: Charles Scribner's Sons.

Robertson, M. 2005. Using the environment rating scales for quality improvement projects. *Exchange* (September–October): 23–26.

网络资源

食物指导金字塔
http://www.mypyramid.gov/

职业安全和健康协会（OSHA）
http://www.osha.gov/

NACCP 的认证标准
http://www.naccp.org/displaycommon.cfm?an=1&subarticlenbr=237

NAEYC 关于幼儿教育项目的标准
http://www.naeyc.org/academy/standards/

幼儿保育表格样例：纽约州儿童和家庭服务办公室
http://www.ocfs.state.ny.us/main/becs/becs_forms.asp

第 *12* 章

课程选择：根和翼

学习目标

1. 追溯幼儿学习理论的根源。
2. 讨论大脑发育对早期学习理论研究的影响。
3. 解释学习和人际关系之间的关联。
4. 给多种教学策略命名。
5. 总结如何创造室内和室外的学习空间。
6. 了解"应试教学"与游戏教学争论的背景。
7. 识别社会智力在学习型组织中起作用的原理。

什么滋润了想象力？有爱心的成年人鼓励儿童发挥自己的想象力，这可能比什么都重要。

——弗雷德·罗杰斯

做回你自己，而不是任何人——在这个竭尽全力、夜以继日想将你变得同其他人一样的社会里，这意味着要打一场异常艰苦的战役，每个人都将为之斗争，永无休止。

——E.E. 卡明斯

案例研究：一位母亲对儿子的梦想

马可的母亲玛莉索，想让她的儿子"一生都有好运"，因为她自己命运多舛。她计划当马可五岁时，她将用自己辛苦赚来的钱送儿子去上私立学校。当马可还是个婴幼儿的时候，玛莉索就支持你们项目中的个性化课程。她强调说："现在，马可需要学习阅读、写作和数学。我在家里用闪卡训练他。马可需要取得怀特斯预备学校的入学考试高分，告诉我你们如何帮助他取得优异的成绩。"然而，马可喜欢在户外玩耍，憎恨在教室里安静地坐着。你将如何与马可的母亲合作去帮助马可？

幼儿教育领导者有幸为儿童和成人创造和维护奇妙的学习环境。幼儿教师理解"生成性课程"的功能，以及游戏和教学在儿童发展中的价值。家庭和学校方面可能喜欢传统的课堂教学。在本章的案例研究中，马可的母亲在家中使用闪卡训练他，并且希望儿子所在幼儿园的教师也这样做。作为领导，你可能会极力与家长争论：什么才是最适合他们孩子的。

钟摆从左摆到右，从右摆到左，不管我们推或不推，它始终都在这样摆动。某天，家长赞赏自己孩子随性自由的手指画来。第二天，家长要求儿童学习三门基础课程，即阅读、写作和数学。十年前，建筑师设计了无窗的学校以使学生心无旁骛。最近的十年，建筑师设计了开放式的教室以使儿童的想象力在室内外翱翔。这一年，立法委员会为幼儿保教项目提供基金。下一年，幼儿保教项目又只能勉强维持生存。

观看钟摆类似于坐观一场乒乓球比赛。我们的脖子酸疼！这里的这种前后弹跳和上下运动是稳定和可预测的，那么儿童的学习如何变得持久呢？

在本章中，不管今天的趋势或者昨天的期望是什么，我们都将探索学习的空间、场所和方法以帮助儿童全面发展。俗话说：我们能留给孩子的只有两样东西：一个是根，一个是翼。

站在巨人的肩膀上：幼儿学习理论的根源

在幼儿教育管理者和教师设计课程或活动空间之前，他们需要先理解儿童是如何学习的。为了获得有关这方面的结论，让我们先回顾一下那些在幼儿教育理论和实践方面的创新者们。

福禄贝尔、杜威、蒙台梭利、皮亚杰、埃里克森、维果斯基、皮克勒和盖尔巴、加德纳和罗杰斯，这些巨人们为儿童发展理论纺出了金色、深红色和紫色的线，这些理论至今都颇具影响力。可能你已经研究过这些理论，并以这些理论为基础，构建了自己的知识体系。我的目标是抓住每一个教育先知送给我们的礼物，特别是，我们会考察每位理论家如何将人际关系与学习联系在一起。

弗里德里希·福禄贝尔

弗里德里希·福禄贝尔（Friedrich Froebel, 1782—1852）出生在德国的上魏斯巴赫。福禄贝尔认为，儿童在游戏中不断成长和学习，他创办了幼儿园，又称为"儿童的花园"。他把学校描绘成儿童"成长"的花园。福禄贝

> 游戏是儿童发展的最高水平。……它提供了……快乐、自由、满足、内部和外部的放松、世界的和平……。童年的游戏是个体所有以后生活的开始。
> ——福禄贝尔

尔著名的言论是："儿童就像幼小的花朵；他们处在不断的发展变化中，他们需要呵护，但是当从同伴的眼中观看彼此时，每一个儿童都是独一无二的美丽和辉煌。"在他们茁壮成长的过程中，教师们是园丁，为他们提供营养和支持。像花朵一样，儿童在充满阳光、新鲜的空气、充分的营养和爱的关怀中茁壮成长。福禄贝尔送给我们的礼物是：儿童会通过游戏和成人良好的呵护而茁壮成长。

约翰·杜威

约翰·杜威（John Dewey, 1884—1952）出生在美国福蒙特州的伯灵顿。杜威的主旨思想是尊重儿童。儿童教育必须是活泼的、活跃的和互动的。他说：

> 对所有教育而言，儿童的本能和力量丰富了教育材料，并为一切教育提供了出发点。
> ——约翰·杜威

"因此，教育是一种生活过程，而非为将来的生活做准备。"杜威认为，儿童教育包含并整合了儿童的社会和他们的社交世界。课程应该从儿童的世界、家庭、后院、友谊、跳绳和翻跟头中自然产生。教师的工作就是帮助儿童理解他们世界的意义。杜威送给我们的礼物是：尊重儿童，创建以儿童为中心的或者"整合式"的课程。

玛丽亚·蒙台梭利

> 有必要让教师引导儿童，且不让儿童感觉到教师的存在是多余的，因此，教师可能需要时刻准备着去提供儿童所需的帮助，但又不要阻碍儿童从自己的经验中学习。
> ——玛丽亚·蒙台梭利

玛丽亚·蒙台梭利（Maria Montessori, 1870—1952）出生在意大利的基亚拉瓦莱。据说，当蒙台梭利在申请表上写下她的名字"M·蒙台梭利"时，她就被医学院接收了（在那时只有男性才被允许学习医学）。蒙台梭利用新的视角观察儿童，并发展儿童如何学习的理论。对于蒙台梭利博士来说，儿童是蕴藏着无穷魅力和能力且又充满激情的珍宝。学习环境必须要尊重儿童。例如，椅子不能太高，儿童坐上去必须脚能着地；锯片和小刀必须足够锋利以便于儿童使用。

根据蒙台梭利的观察，儿童具有天生的才能。教师的工作就是：

> 一位教师成功的最伟大标志是他能够说："孩子们现在学得很好，就好像我不存在一样。"
> ——玛丽亚·蒙台梭利

- 观察和倾听儿童天生的好奇心。
- 当儿童完成了其学习任务时给予支持。
- 站到一边来观察儿童下一次好奇心的爆发。

蒙台梭利博士赞成"愉快的"学习环境，在这样的环境中，孩子们利用感觉工具进行探索，教师们"少教，多观察"。蒙台梭利送给我们的礼物是：用适当的工具，通过信任以及支持儿童天生的好奇心和能力来促进儿童的学习。

埃里克·埃里克森

埃里克·埃里克森（Erik Erikson, 1902—1994）出生在德国的法兰克福，他提出儿童的情绪和社会性发展要经历八个阶段。在每一阶段，儿童都需要成人充满爱的支持。在第一阶段（出生到一岁），儿童通过照料者温暖的怀抱、满足其需要来获得信任。带着信任，儿童自由地探索和成长。学步儿，即一岁到三岁这一阶段，如果他们不自我怀疑，产生羞愧感，他们将发展出自主性。在三岁到六岁这一阶段，若我们支持儿童的主动性，不让其产生"内疚感"，儿童将会获得目的感。

> 每个孩子在每一发展阶段都会产生蓬勃发展的新奇迹，它构成新的希望和新的目标。
> ——埃里克·埃里克森

在某种程度上，埃里克森通过关注社会关系在儿童发展阶段中的重要性，预知了神经科学研究的未来。缺乏相关的友善，当儿童长大成为努力奋斗的成人时，仍然会问："我可以放心地去信任吗？我足够自信拥有梦想并追求自己的梦想吗？自我怀疑和不信任感将会在生命中一直伴随着我吗？"

虽然埃里克森关于儿童发展的整齐划一的观点受到了批评，但是他送给我们一份礼物：儿童良好的情绪状态与他们的学习能力密切相连。

让·皮亚杰

让·皮亚杰（Jean Piaget, 1896—1980）出生在瑞士的纳沙泰尔。作为一名认知心理学家，皮亚杰研究认知及其起源和定义。他认为，教育者需要理解儿童的心理是如何活动的。特别是，儿童是如何获得知识的？皮亚杰对这个问题的回答是：儿童通过生活来学习。

> 学校教育的主要目标应该是培养有创新能力的人，而不只是重复几代人都做过的事情。
> ——让·皮亚杰

教育者的工作是鼓励儿童进行探索，支持儿童自发产生的对知识探索的兴趣。皮亚杰相信"建构优于教学"。儿童不是一个空容器，等着各种信息的填充。因为研究方法的局限，如使用同质化小样本，皮亚杰的一些研究现在受到了质疑。然而皮亚杰留给了我们这样的礼物：有我们的支持，儿童注定会找到答案。

列夫·维果斯基

> 每种功能在儿童获得文化的过程中都会出现两次：首先是人与人之间的相互作用（心理间的）；其次是儿童个人的作用（心理内的）。这同样适用于随意注意、逻辑记忆和思想的形成。所有高级功能都源自个体间的实际人际关系。
>
> ——列夫·维果斯基

列夫·维果斯基（Ley Vygotsky, 1896—1934）出生在苏联的奥尔沙。在此之前，维果斯基认识到智力测验在识别儿童天赋方面的不足，以及社会关系和文化在个体发展中的重要作用。在合适的"脚手架"（scaffolding）或结构性关系的支持下，儿童能够进行学习、自我成长和发展才能。除脚手架外，维果斯基还提出了个体"最近发展区"（ZPD）的概念。在最近发展区内，教师通过观察、参与和随时准备提供支持，来帮助儿童进入下一个重要的学习阶段。维果斯基送给我们的礼物是：关系对儿童的学习是至关重要的。

霍华德·加德纳

> 我们必须清楚智力和道德如何携手合作，共创一个各种各样的人将要生活于其中的世界。
>
> ——霍华德·加德纳

霍华德·加德纳（Howard Gardner, 1943—）出生在美国宾夕法尼亚州的斯克兰顿，他因提出"多元智能"的概念而闻名。像维果斯基一样，加德纳不再对智力测验能够界定智力抱有幻想。在观察到不同的幼儿具有不同的天赋、兴趣和能力后，加德纳命名了至少九种智力。连同身体运动智能、音乐智能和空间智能一起，加德纳识别出了社会和情绪智力。

加德纳送给我们的礼物是：他对不同智力价值的认识，以及他将儿童和成人都视为具有多种能力和天赋的人。

弗雷德·罗杰斯

弗雷德·罗杰斯（Fred Rogers, 1928—2003）出生在美国宾夕法尼亚州的拉特罗布。罗杰斯不是研究者，也不是科学家，而是一位创造者和传播者。在公共电视台工作了25年之久，"罗杰斯先生"留给我们一份有关情绪和社会情商洞察力的视觉和书面纲要。儿童需要感到安全、被重视、被倾听，以及被鼓励表达他们的情感。

> 伴随着孩子们的成长，对他们来说，爱他们自己是最重要的，然后他们才会不断地想要去学习并取得成功。
> ——弗雷德·罗杰斯

儿童不只是一个容器:用一周的时间灌入知识，当考试时，他们把自己倒过来，让知识再流出来。儿童把他们自己所有的一切、他们的情感以及他们的经验都投入到了学习之中（Fred Rogers, 1994, p.8）。

弗雷德·罗杰斯通过关系进行教。他透过电视摄像机镜头，看透每一个看电视孩子的眼睛。对罗杰斯来说，关系就是信息。这种理解，即关系是学习的核心，只是弗雷德·罗杰斯留给我们众多礼物中的一件。

艾米·皮克勒

艾米·皮克勒（Emmi Pikler, 1902—1984）出生在匈牙利的布达佩斯，是一名儿科医生。1946年，匈牙利政府要求皮克勒负责建立一个收容所用以接收战后无家可归的孩子。皮克勒接受了这项挑战。但是缺乏人情味的孤儿院只是收容儿童，这远离了皮克勒最初的设想。相反，她在那里创立了这样的托儿所：

1. 照料者将与每一个孩子建立一种相互信任和尊重的关系；
2. 当儿童（特别是婴儿和学步儿）产生自发学习时，照料者及时给予支持。

皮克勒的项目所抚养的儿童，自己知道去学习什么以及何时学习，这种信任感让他们获得了自信。皮克勒观察到，"作为一条主要原则，我们要克制住，不要去教孩子什么技能和活动，在适当的条件下，这些都可以通过孩子主动和独立的活动而获得。"在没有什么人造玩具和不受妨碍的环境中，生活在皮克

> 当学习时……露出肚皮，去翻滚、爬行、坐、站立和走，这不仅仅是（婴儿）要学习的动作，也是其如何学习的过程。他用自己的方式学习做一些事情，发现兴趣，去探索，去试验，学习克服困难。他逐渐了解了快乐和满足，这种快乐和满足源自成功，而这种成功正是其耐心和坚持的结果。
>
> ——艾米·皮克勒

勒机构中的孩子们发生意外的几率，远低于那些不在皮克勒机构抚养的孩子。

成人的注意力应集中在孩子能做什么上，而不是根据孩子年龄和发展阶段做出先入为主的判断——我们希望孩子将能做什么。皮克勒博士留给我们的礼物是：当孩子在其发展阶段中准备转变时，我们要尊重孩子所"知道"的。

同样来自匈牙利的玛格达·格伯（Magda Gerber），继承了皮克勒的工作，并给我们留下了这样的礼物："及时而非按时。"皮克勒和盖尔巴相信，当孩子需要学习的时候，他们更容易被激发去学习。孩子不是按照某些人设定的时间表来发展的。在回答珍妮特·冈萨雷斯–米纳的问题"你对我们这些幼儿教育者有什么建议呢？"时，格伯回答说："放慢脚步。"

不同文化中长者的智慧

> 通过观察不同的文化，我们发现了许多种照料和教育儿童的方式，但是并不存在一种唯一正确的方式。
>
> ——珍妮特·冈萨雷斯–米纳

> 帮助教师理解：教学不仅是学术知识和技能的灌输，也是动机和性格的塑造过程，这源于令人满意的成人—儿童关系。这也意味着教师理解并积极与多种文化背景下的儿童、家庭和社区建立关系。
>
> ——鲍曼和摩尔

如同珍妮特·冈萨雷斯–米纳指出的，你可能已经注意到，在本章前面部分介绍的创新者大部分是欧洲传统。幼儿教育领域尚未完全研究或纳入亚洲、非洲、南美洲和中美洲、中东地区、美洲部落或岛屿文化。当实现这些后，我们将确保找到对每个人具有启发性的情绪和社会智力的理论及实践。

2006年，美国黑人儿童发展研究所（NBCDI）的领导已经创建了有用的指导手册，名为《入学准备和社会情绪发展：文化多样性的观点》。本书由芝加哥埃里克森研究所的芭芭拉·鲍曼（Barbara Bowman）和美国黑人儿童发展研究所的主席伊芙琳·摩尔（Evelyn Moore）编写，书中包含了如何帮助幼儿从开始就获得成功的信息。根据鲍曼博士的观点，如果幼儿保育中心的管理者和老师们做到以下几点，将会减少非裔和拉丁裔儿童的风险：

1. 理解文化差异。老师需要了解班级中孩子的文化，并且需要知道如何在孩子已有知识和他们希望孩子学到的知识之间搭建桥梁；
2. 识别和应对有特殊需求的孩子。需要有效的工作系统去诊断和治疗高度紧张的有残疾的孩子或者发展不正常的孩子；
3. 认识到关系的重要性。

为了解更多拉丁美洲人对幼儿教育发展的见解，请参见由康斯坦察·埃格斯–皮尔罗拉编写的《连接与承诺：给幼儿教育者的基于拉丁裔人的大纲》（Eggers-Pierola, 2005）。亲密的、像关爱家人一样的关系被视为儿童发展的关键。源自多种文化视角的学习理论和实践活动，对我们将会大有裨益。参考资源详见本书附录 C。

关于大脑发展的研究和学习理论

回顾这些幼儿教育创新者留给我们的信息，我发现两条新兴的原则。第一，尊重和充满爱的关系对学习来说是必要的。第二，每个孩子天生（从内而来的，自然的）就会去认识其周围的世界。幼儿教育领导者的工作就是为儿童的学习搭建"脚手架"，即提供支持性的教学策略以及发展性与适宜性的课程以满足儿童的需要。这些原则和概念如何与儿童学习方面的神

儿童接受的爱的数量和质量对其神经发展具有持久的影响……对婴儿来说，情感剥夺常被证明是致命的。忽视儿童的结果是儿童的头围较小，用核磁共振扫描其大脑发现，被忽视儿童的大脑有数十亿细胞萎缩丧失。20 年的追踪研究数据证明，有责任心的养育明显为儿童赋予了长久的个性优势。

——T. 刘易斯等，《爱在大脑深处》

经科学研究相联系呢？

《从神经元到邻居：儿童早期发展的科学》已经成为儿童大脑发展科学中具有开创性的书籍。自从 20 世纪 90 年代早期以来，大脑发展研究的成果像岩浆一样源源不断地涌现。

目前的研究成果包括以下这些原则：

1. 大脑的路径在幼儿期建立，大部分路径通常会终生保持；
2. 我们透过关系来学习，通过与他人的互动联结建立关系；
3. 越是生活在尊重和充满爱的关系中，儿童就会越健康；
4. 在生命早期（从出生到三岁），我们的细胞（特别是镜像神经元）会模仿我们最亲近的照料者的神经元；
5. 如果儿童在早年经历过充满爱的关系，那么对健康的大脑发展有破坏性的经验可以被抵消或逆转；
6. 在生命全程中，我们的大脑都具有"可塑性"、灵活性，以便于适应环境、做出改变和不断学习。

对儿童的学习来说，健康和尊重的关系是必不可少的。幼儿教育专业人士的工作是促进儿童充分表现自己，而不是向其灌输事实和数字，直至破坏儿童的学习兴趣。脑研究者和幼儿学习理论家从本质上都认同：在信任关系的安全臂膀中，儿童能够展翅翱翔在充满好奇心和惊奇的世界里。

关系是学习的核心

收获了这些幼儿教育理论家的礼物，主管将如何创设儿童的学习环境呢？当认真思考儿童的课程和活动空间设计时，主管心中要牢记五个关键点：

1. 儿童即课程；
2. 环境即老师；
3. 教师通过支持儿童天生的好奇心来促进其学习；
4. 关系为儿童的早期教育提供了安全基地和大部分内容；
5. 界限、替代性的教学策略和结构性为儿童的学习提供了脚手架。

在充满尊重的支持性关系中，儿童自然地探索他们周围的环境，不断成长和学习。关系本身就是老师。让我们依次检验这些关键点。

儿童即课程

假设有这样一个经验丰富的主管克里斯，其使命宣言是："儿童即课程。"克里斯的挑战是去帮助老师们培养观察技能，并拓展儿童自主学习的范围。克里斯会用书本上的课程吗？"是的"，她回答说，"但是书本仅作为一种参考资源，而不是决定性的因素。"

既定的课程可能会更多地关注"家庭"。但是，儿童的好奇心却是贝壳为什么和如何才能被冲到海滩上来呢？克里斯项目中的老师会采用跟随和参与的方式，帮助儿童自己寻找答案，"贝壳为何和如何被冲到海滩上来？"在克里斯的支持下，老师们可以创设一个中心区，其中包含关于洋流和贝壳的手工活动。通过讨论"大海之家"，老师们能将学生的兴趣融合到既定的课程之中。

> 创设有吸引力的、鼓舞人心的教学环境，而不仅仅是装饰教室。
> ——玛吉·卡特

通过唤起所有学生的好奇心，教师展示了自己的教学艺术。他/她将使用不同的富有创造性的教具，满足每一位学生和不同群体学生的需求。实地游览海滩可能还未正式列入计划，但是老师们将想方设法让所有学生为这次游览积极做好准备。

请回忆前述的幼儿学习理论，克里斯的方法最好地阐释了哪位先驱的理论？

环境即老师：创造室内外的学习空间

千篇一律的课堂使儿童和成人昏昏欲睡。相反，吸引人的活动空间会激发儿童去质疑、徜徉和探索。为了平静下来并进行思考，儿童需要安全和安静的活动空间。同样，儿童也需要冒险性的区域来释放能量，发展精细运动技能，把自己展现在世界面前。儿童学习环境中的丰富资源，将会把儿童与信息连接

> 在许多家庭式儿童保育中心或游乐区，你很难找到任何美感。儿童保育和美学并未关联。也许，缺乏美感是一个时代的标志——一种其他考虑优先于美感的标志。
> ——珍妮特·冈萨雷斯-米纳

起来。基于此，环境便成为课程。

从出生起，甚至大部分可能在出生前，婴儿就强烈地意识到他们周围的环境。他们采用观察和品尝、触摸和摇摆、滚动和投掷，以及蠢蠢欲动的方式去学习。最初，儿童主要通过与他人的关系来了解生活。他们也会通过观察周围的环境，并与环境进行互动来学习。幼儿教育的领导者能够创设这样的空间和场所，鼓励和确保儿童通过与环境进行互动，来满足他们对学习的追求。

作家玛吉·卡特（Carter，2007）参考了瑞吉欧·艾米利亚将环境视为"第三位老师"的概念，鼓励我们去思考：环境传递给了儿童和父母什么样的价值和信息。

我对学习环境的理解是这样的：运用你的想象力和技能去帮助儿童发展他们的想象力和技能。用这种方式，每一个学习空间将非常新奇并充满吸引力，而非千篇一律，毫无新意。

在第11章中，我们考察了安全和健康环境的许多要求。为了保证每个人的健康，遵照这些要求是必要的。然而，这样的做法无形中可能会产生不希望产生的副作用：幼儿活动空间经常看起来很相似。配备了安全检测的家具和知名公司的玩具，安排了可接受的房间和操场设备，我们的幼儿教育项目是安全的，但是并不独特。图12.1向我们展示了一个典型的婴幼儿教室的布局。

最近，幼儿教育实践者已经打破了这种千篇一律的教室布置模式。当你读到下面四种不同的学习方法时，思考一下，主管如何调动起员工和其独特的价值观和想象力，去创设一种奇妙的且独一无二的学习空间。

1. 为了儿童协同合作的自然行动。这是一家国际性组织，联合了景观设计师、健康护理专家、幼儿教育工作者以及环境小组，如简·古多尔的"根与翼"。你可以免费加入该组织，并登录网站 www.rootsandshoots.org，分享和获取儿童接触自然环境的新方法的信息和思路。

2. 户外课堂中的音乐和运动。"通常与室内教室相比，户外课堂能为大动作的技能运动提供更多的空间，儿童能自由地尝试多项运动以及非运动的活动。并且，因为在室外，孩子们能够以某种方式全神贯注于各种声音，因

第 12 章 课程选择：根和翼 **293**

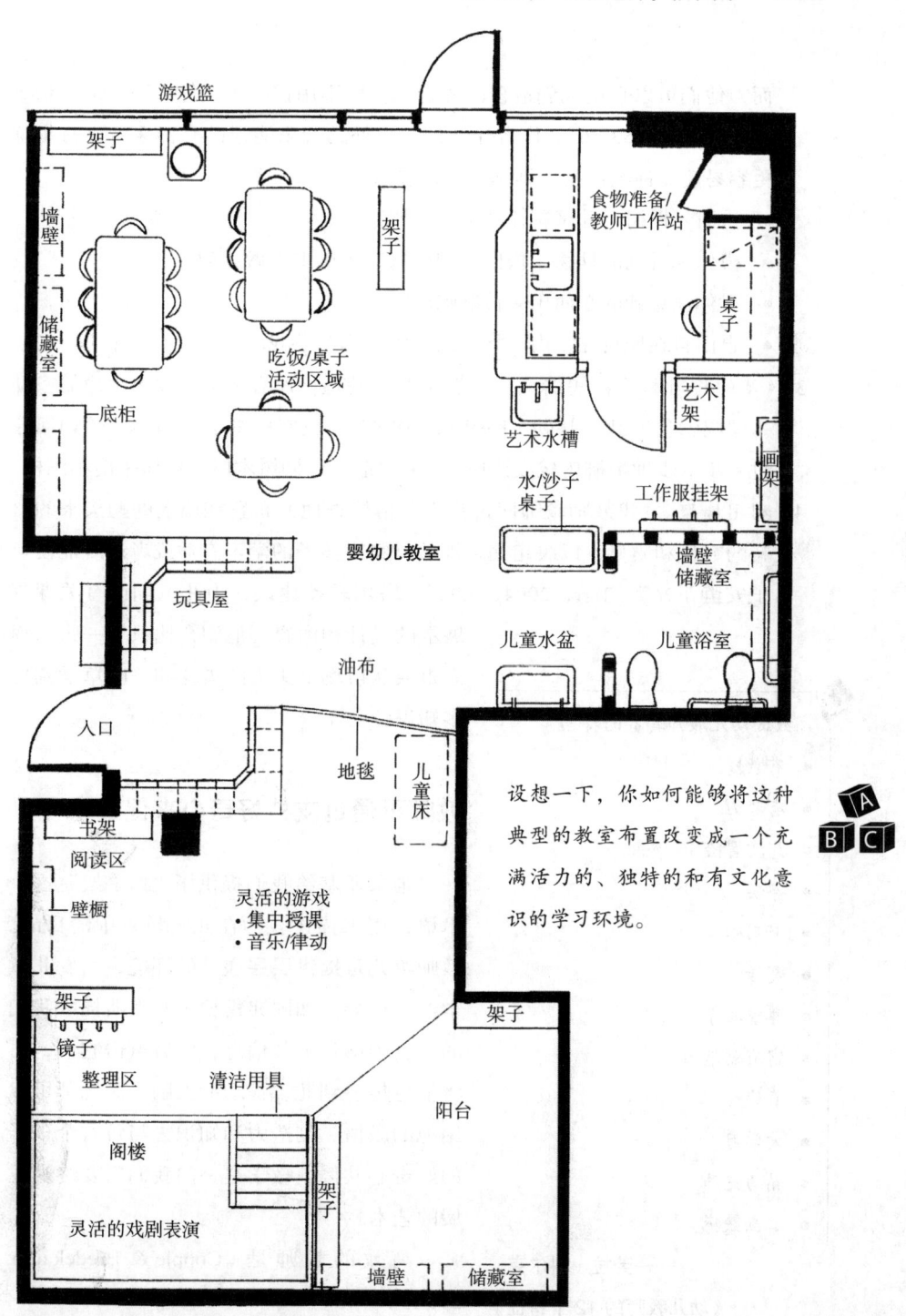

图 12.1 婴幼儿教室布局

资料来源：From Gonzalez-Mena 2008, 228–230.

而，他们可以自由地创造自己的音乐，而不用担心干扰他人"（Van Gilder et al.，2007，p.53-56）。作者注意到，户外的音乐能帮助有特殊需要的儿童更容易建立神经连接。具体的思路包括：

- 扮演一棵树，并试着让叶子"跳舞"。
- 模仿你看到的动物（松鼠、知更鸟、小蠕虫）做运动。
- 对你注意到的东西用一首歌唱出来。
- 自由自在地玩在室内不能玩的"大动作"游戏。

3. 《活的柳树木屋》。想象一下，你为孩子建造一座春天会焕发出生命的室外木屋吗？鲁斯狄·基勒（Keeler，2008）为我们提供了教师和孩子如何通过一步一步种植柳树枝或柳树芽，来建造一座柳树木屋的操作指南和图样。
4. 利用墙壁。"我鼓励教师回过头去严格检查他们布置在墙上的购买来的材料的数量和质量，以决定是否那些材料对孩子的学习有益或者最终能使孩子安静下来"（Tarr，2004，p.92）。塔尔教授建议，为儿童创设有关课程展示的设计和内容，他们会比只看一张课程海报或从市场上买来的雪花和三叶草学到更多知识。

教师可通过支持好奇心来促进学习

维果斯基给我们提供了"脚手架"这个术语，用来描述教师在儿童教育中的目的。教师给儿童提供层层递进的环境，引发儿童学习的机会。如同弗雷德·罗杰斯提醒我们的，教师不是下载信息，然后点击它们，再将信息传递到儿童被动的大脑中。老师可以用他的激情、创造力和知识去与每一个孩子的好奇心共舞。教学是一门我们需要终身发展的艺术。

高效的教师是（Copple & Bredekamp，2006）：

高效的幼儿教师具备的特点：

- 有激情
- 有毅力
- 愿意冒险
- 务实
- 有耐心
- 灵活
- 尊重孩子
- 富有创造力
- 真诚
- 爱学习
- 精力充沛
- 有幽默感

——劳拉·科尔克，
《幼儿教师的12个特征》

- 逐步了解每个孩子的个性、能力和学习方法。
- 确保所有的孩子在需要与他人发展关系时获得支持，使其感到他们是群体中的一分子。
- 致力于在儿童中建立强烈的群体认同感，以培养所谓的"我们的圈子"。
- 为儿童创建一种有组织、有秩序并舒适的环境。
- 提前计划好儿童合作学习和协同游戏的方式。
- 将每个儿童的家庭文化和语言在班级中分享。
- 阻止打小报告、戏弄、迁怒等行为，因为这些行为会破坏归属感，使一些儿童看起来像个局外人。

经验丰富的教师会不断地学习新的方法去接触儿童的生活，并激发儿童的好奇心。这些教师是成熟的专业人士（见第9章），是令主管高兴的人。成熟的专业人士型教师激发其他教师与儿童一起学习和成长。当教师们不断学习新的教学法时，主管的工作就是帮助教师分享他们的才能。

关系就是一切

鱼儿需要水。人类需要空气。儿童需要爱。事情远没有那么简单。

对"无法茁壮成长"的婴儿开展的研究可悲地证明，缺少爱的孩子会终生痛苦和不幸。获得爱的孩子学会了自信。关系就是一切。"仅仅几天大的婴儿就能分辨不同的情绪表达。"心理学家刘易斯、阿米尼和兰农说（Lweis, Amini & Lannon, 2001, p.61）。"母亲使用普遍的情绪符号教会孩子了解世界……在婴儿习得语言之前，情绪给他们提供了一个共同的语言发展阶段。"

过去几年我从有创造力的人那里听到的是，他们早期对独特自我表达的强烈愿望受到了生活中一些慈爱的成年人的尊重和支持——只要他们喜欢做，有人甚至允许并欣赏他们画一棵蓝色的树。当我的一个朋友还是小孩子时，他喜欢到处不停地涂画。一次他画了一棵树并涂成了蓝色，一些成年人问他："为什么你涂成了蓝色？树不是蓝色的！"我的这位朋友就很多年不再画树了……指导他的一个老师告诉他，艺术家可以把东西做成任何他想要的形状和颜色。

——弗雷德·罗杰斯，《你是独一无二的》

幼儿教育领导者的工作是，首先，促进分享无条件的积极关注或爱。把爱视为核心，每件事情进行得也就会很顺畅。作家弗朗西斯·卡尔森（Carlson, 2006）总结说：“如果教师给儿童提供尊重和爱的身体接触，这会使儿童持续受益。”即使是创伤后应激障碍（PTSD）的儿童也能因爱走出恐惧，从而充满希望和建立自信。他们的神经元路径（神经节）因为创伤而发育迟缓，但是在关爱下，也会伸展并长出健康的神经联结。有太多这样的成年人：在接受性和充满爱的关系中，儿时受过虐待的成年人也学会了信任，并不断成长。毫无疑问，"有目的地领导"是带着智慧和爱心进行领导。

儿童学习的界限、可选择的教学策略和脚手架

美国幼儿教育协会的评审标准和许多州的许可条例规定要求幼儿教育项目使用书面的课程。领导者可以从许多准备好的课程包中选择课程以满足这些要求。《婴儿及学步儿的创造性课程》和《学前儿童的创造性课程》都是很有名的可购买的课程。书面的课程包含主题单元、课程计划和多种的教学策略，为教师的教学方式提供了框架和范围。然而，任何既定的课程都不能控制教师的行动。相反，这类课程在其框架内给教师们提供了可选择的内容。

教师能够用来支持儿童学习的教学策略包括：

- 鼓励
- 示范
- 演示
- 承认
- 创造或增加挑战
- 提供信息
- 提供线索或暗示来帮助儿童迈向他的下一个能力水平
（Bowman, Donovan & Burns, 2000; Copple & Bredekamp, 2006, p.32-33）

儿童能够对范围广泛的教学策略做出反应。我们首先应该关注，这是布里德坎普教学策略连续体（Strategies on Bredekamp's continuum）中的策略之一。主管监管教师的一项重要工作体现在，帮助教师们成为课堂中的艺术家，让课

堂变得丰富多彩。

"有意识的教学"（Epstein，2006）包括觉察和选择合适的教学策略以满足儿童的不同需求。有意识的教师以孩子为中心，并擅长开展发展适宜性教育活动（DAP）。教师有意识、有目地地选择教学方法来引导儿童学习，这将有助于该年龄段的孩子做到最好。根据儿童的学习需要和发展水平，教师可以鼓励儿童以成对的、小组的或者作为一个群体的形式进行学习，开展探索活动。

在许多方面，教师就是魔术师，他们会随时走到每个孩子面前或班级中，使用提前准备好的策略包。书面的课程为创造性教学提供了教学情境。然而，这类课程并不会束缚老师或者控制老师走向一条死胡同。使用这种课程，教师们可以进行创造，以适应孩子们的好奇心，并改变他们生活中的事件。

> 科学家已经发现了情绪性的深层目的：情绪的古老机制是可以让两个人接受彼此头脑中的内容。情绪是爱的使者；情绪是一辆车载着每个信号从一个人到另一个人的心中。对于人类，深厚的感情是活着的代名词。
>
> ——T. 刘易斯等，《爱在大脑深处》

游戏是儿童学习的主要途径，同时也是儿童的工作。通过游戏，儿童学习询问、探索和理解，这些技能让他们受用终身。儿童也学习协商、分享和合作。在游戏中，儿童的大肌肉运动技能得以发展，并且身体面临的挑战为儿童提供了提高自尊和自主决定的机会。通过在游戏中建立关系，儿童发展了社会和情绪智力，这有利于他们今后的生活。但是，当家长担心他们的孩子不能在学业测验中取得好成绩时，他们并不情愿支持他们的孩子通过游戏进行学习。

动荡的和最佳的"应试教学"

在过去的15年中，《育儿交流》在"即时民意调查"中调查了这个问题："对你的组织来说，你认为最严重的威胁是什么？"

接受本次调查的幼儿专业人士列出了下列他们认识到的威胁：

1. 优秀教师的短缺；
2. 经济状况；

3. 来自于公立学校的竞争；
4. 公共补贴的减少；
5. 家长让教更多学业知识的压力。

想想第五条威胁，"家长让教更多学业知识的压力"，与本章案例研究中的马可和她的母亲多么相似。马可通过玩游戏，并不断进行探索，学到很多知识，并茁壮成长。但是，马可的母亲却有不同的目标：她想让马可在传统的纸笔测验中取得好成绩。她不再满足于她所认识到的每天以游戏为主的学习方式。如果你是马可的老师，你将如何与她的母亲探讨这一问题？他的母亲和你会如何做出对马可是"有益"的假设？

从调查得到的反馈来看，马可的故事正变得越来越普遍。父母们坚持认为，孩子应具备展示字母、单词、数字、颜色和事实等这些知识的能力。当传统的教学法受到尊重时，社会情绪发展就会退居二线。当课程变成了一个非此即彼的主题，即要么"静坐和记忆"要么"通过游戏进行学习"，那么儿童一定会输。莉莲·卡茨（Katz, 2008）提醒我们，当课程被视为"要么自发的游戏要么正式的学业教学"时，我们就已经偏离了目标。

卡茨解释道："我认为，当幼儿开始关注他们周围的重要对象和事件时，他们会产生疑问，例如，世界是如何运转的，物质是如何形成的，周围的人是如何生存和生活的。在探究这些问题的过程中，儿童的心智就都充分参与了进来。因此，在此过程中，自然而然就学会了读、写、测量和计数"（Katz, 2008）。

对幼儿的有效评定

什么对孩子是最好的，什么对孩子的整个家庭是最好的，幼儿教育领导者须在此之间寻找一种平衡。测量幼儿的学习结果正变得司空见惯，下面是一些例子。

语言和识字方面
- 在一个故事中预测下面将会发生什么（科罗拉多州）。
- 标识词韵（俄亥俄州）。

数学方面
- 在 5 个或者更少的物体中计数（南卡罗莱纳州）。
- 对形状进行匹配和分类（华盛顿州）。

社会—情绪的发展方面
- 在与同伴合作、游戏和解决冲突的过程中，表现出逐渐增加的运用妥协和讨论的能力（《开端计划》中的幼儿保育框架）。

如何检验学习成效和发展适宜性实践也会受到文化信仰的影响。基于某种文化价值观，获得的标准化结果可能恰当，也可能不恰当。例如，在亚洲文化中，儿童要尽量避免卷入正面冲突。当遇到冲突时，如果儿童想要辩论则会被认为不够礼貌。在集体主义文化中，成为小组的一分子比个人单独完成任务更有价值，在小组中儿童可能羞于"脱颖而出"。

> 亲密的早期关系使个体获得了永久的韧性或恢复力，压力的影响就小了很多。然而，被忽视的孩子则不具有此恢复力，因而对压力很敏感。
> ——T. 刘易斯等，《爱在大脑深处》

幼儿教育领导者经常发现，他们自己能够通过个人倾向和相关的普遍课程标准来平衡两种课程目标：充满爱的关系与可衡量的学习成果测验。

用"测量水深"（为了确定水的深度而提出的一个航海术语）的方法看看你更偏好哪种课程。你更多地关注教师和儿童之间的人际关系，还是喜欢去测量某个儿童的技巧和能力？你是否已经找到了如何平衡人际关系与客观测量的方法？

专家普遍认同，评估幼儿有四个目的：

- 制订个体和群体的教学计划。
- 与幼儿父母进行有效的交流。
- 识别需要特殊教育和干预的儿童。
- 为项目改进和健全问责制提供信息。

（NAEYC & NAECS/SDE，1991；NEGP，1998，as reference in Council of Chief State School Officers，2008）

对幼儿开展的有效评估：

- 提供关于儿童在自然环境中随时间而发展的信息。
- 考虑在多个领域中的发展，包括健康、社会、情绪、认知、运动、语言、读写能力和数学等方面。
- 侧重于个体的优势和独特性。
- 识别和支持不同的智力和学习风格。
- 认识到幼儿是个体一生中发展变化最快速的时期。
- 匹配合适的幼儿学习标准。
- 评估建立在成绩、过程和产品的基础上。
- 永远不要使用等级、排序或惩罚。

（Council of Chief State School Officers，2007；SEC, 2000）。

在着手对幼儿进行评估时，我们会看到评估每天都在发生。适宜的幼儿评估包括工作样本、教师观察、目录和清单、家长会等（SECA, 2000）。随着时间的推移，我们收集到的工作样本会显示，儿童的兴趣和技能是一种自然的连续变化的过程。针对儿童行为的持续书面记录成为了一种非正式的评价。对幼儿的评价通常是积极的、持续的和动态的。

在你的幼儿教育职业生涯中，你将有很多机会去为实现人际关系与客观测量之间的平衡而努力。你作为幼儿成长和发展的领导者方面的知识以及支持成长的课程，一直都是无价之宝。

学习型组织

当我走进那些生动活泼的幼儿保教中心，面对熙熙攘攘热情的儿童和成人时，我很庆幸我自己正确地加入了这一幸福的行列。当我步入某个幼教中心，看到满腹牢骚的成年人时，我又会为孩子们感到担心。我们知道某种情绪，例如冷酷，正在产生。具有消极情绪的成人怎么能让孩子们朝气蓬勃呢？在第8章中，我们看到了领导者有促进人们状态良好和乐观的许多方法。

现在，正如美国明星厨师拉扎西一样，我们要努力更上一层楼。麻省理工学院的教授彼得·圣吉博士（Senge, 1990）在他的《第五项修炼》一书中提到了"学习型组织"（learning organizations）。在学习型的组织或社区中，每个人都在成长。没有人因为身份或头衔不同而停止学习。学习型组织欢迎并促进人们进行实验和创新。

在幼儿保教领域，管理者和教师们努力为孩子们的成长和发展提供尽可能多的机会。如果管理者认为成人的成长和发展同样重要又会怎么样呢？我们知道，与从任何课程计划（不管多么出色的计划）中学到的相比，儿童通过观察以及与老师和环境的互动中学到的将会更多。同样，成人也需要挑战性的机会和对成长的支持。

情绪和社会情商支持每个人的学习机会，并将之最大化。父母、兄弟姐妹、姑姨、叔舅和祖父母，他们是如何伴随孩子的成长和发展之路的？在幼儿教育项目中，厨师、维修人员、供应商和董事会成员也希望获得成长吗？

根据圣吉的说法（Senge, 1990, p.4）："在组织中，人们不断拓展他们的能力，以创造他们真正想要的结果；人们培养了新的和广阔的思维模式；人们释放了强烈的集体渴望；并且，在组织中，人们作为一个整体不断学习。"所以，以上的这些都是可能的。学习型组织帮助我们"发现如何挖掘人们在所有水平上进行学习的承诺和能力"。

作为领导者，你创建学习型组织了吗？为了"创建"这样的组织，你需要吸引组织中的所有人都参与进来，包括内外部的客户（见第15章）。除了提到的途径之外，下面的这五项"修炼"会促成学习型组织：

1. 系统思考；
2. 自我超越；
3. 心智模式；
4. 建立共同愿景；
5. 团队学习。

> 当你问人们"什么是一个伟大团队的一部分，什么是最引人注目的有意义的经验"时，人们通常会谈论一些比自己大的事情、有关的事情或者正在发生的事情。毫无疑问，对于很多人来说，曾经参与一个真正伟大团队这样的经历是他们人生中极致精彩的一笔。一些人花费余生去寻找获得那种精神的方法。
>
> ——彼得·圣吉，《第五项修炼》

每一项修炼都是"关注将心智转变到从看到部分转向看到整体，从把人们视为无助的反应者转向将他们视为锻炼自身能力的积极参与者,从对当下的反应转向创造未来"(Senge, 1990, p.69)。我还不曾看到,在一个积极好奇的成年人面前会有一个无聊的孩子。

作为环境和课程的主管

多么好的想法!想象这样的场景:主管和员工共同学习和成长,多好的一个保教中心!当领导者对员工犯错淡然处之,每个人就都变得敢于承担风险。当管理者为每个孩子、家庭和员工的成长搭建了脚手架,则他们同时也促进了他们自己的学习。谈论榜样!幼儿教育项目的领导者不断地创造针对成人和儿童发展的课程和策略。

让钟摆如它可能的样子摆动,有些东西是永恒的。通过建立充满爱的环境来为成长和学习喝彩,这将永远不会过时。

反思性问题

1. 重读第 282 页关于马可和其母亲的案例研究。该案例提出了一项尊重父母意愿(应试教学)与同时应真实尊重幼儿教育理论(支持儿童天生的好奇心)的挑战。反思父母的立场:母亲想让马可"通过测验"的所有原因是什么。现在,对马可通过游戏和他喜欢的户外活动来学习进行反思。写一段马可的母亲和项目主管或者主班教师之间的对话,主题是如何平衡不同的教育目标。
2. 回忆你小时候最喜欢的地方和场所。你喜欢那里的什么?它们如何吸引或丰富了你?在那里你感到安全吗?在这些地方你用什么方式进行学习?设计一个模型和/或描述一个幼儿保教中心的空间(室内或室外),来重新创造你孩童时代的那些最好的环境。
3. 翻看第 283~288 页中有关幼儿理论先驱的列表。选择其理论最吸引你的那个人。更多地考察该人及其生活和教学实践。看看你是否能找到更多的有关这位先驱生活的文化和时代信息。选择最吸引你的这位先驱的生活、时代和理论的三至五个方面,写一篇简介(描述),并在你的班级中介绍这位先驱。

团队项目

1. 翻阅第 3 章（第 41 页）贾米拉的故事。讨论并识别贾米拉所面临的困境，以及她如何能够实现她的愿景。运用你的情绪智力和社会情商，为贾米拉提出策略来帮助她克服她所面临的种种障碍。在你的班级中呈现这些策略。
2. 在当地进行一次寻宝活动，寻找一项幼儿保教中心，这些中心的教室或操场设计富有想象力、具有独特性，并能激发孩子们去质疑、成长和学习。得到许可后，进行拍照，并就如何供孩子和老师使用这些空间去采访中心内部的员工，最终确定这些设计会对儿童产生积极效果的根本原因。对你这次发现的"宝藏"准备和呈现一份可视化的报告。
4. 许多课程包，例如创造性课程，可供幼儿保教中心购买、接受和使用。至少探索三个方面：哪些课程是有效的，用户对课程感觉如何？在主持有关课程包利弊的讨论时，给你的班级呈现不同的课程样例。

参考书目

Bowman, B., and E.K. Moore, eds. 2006. *School readiness and social emotional development: Perspectives in cultural diversity.* Washington, DC: National Black Child Development Institute.

Carlson, F.M. 2006. *Essential touch: Meeting the needs of young children.* Washington, DC: NAEYC.

Carter, M. 2007. Making your environment "the third teacher."*Exchange* (July–August): 22–26.

Ceppi, G., and M. Zini, eds. 1998. *Children, spaces, relations: Metaproject for an environment for young children.* Reggio, Emilia, Italy: Reggio Children.

Copple, C., and S. Bredekamp. 2006. *Basics of developmentally appropriate practice: An introduction for teachers of children 3 to 6* . Washington, DC: NAEYC.

Council of Chief State School Officers. 2008. *Building an assessment system to support successful early learners: Assessing child learning and developmental outcomes.* Washington DC: CCSSO. http.//www.ccsso.org/projects/scass/projects/early_childhood_education_assessment_consortium/publications_and_products/3002.cfm.

Curtis, D., and M. Carter. 2003. *Designs for living and learning: Transforming early childhood environments.* St Paul, MN: Redleaf Press.

Day, M., and R. Parlakian. 2004. *How culture shapes social-emotional development: Implications for practice in infant-family programs.* Washington, DC: Zero to Three.

Eggers-Pierola, C. 2005. *Connections and commitments: A Latino-based framework for early childhood education.* Portsmouth, NH: Heinemann.

Elliott, S., ed. 2008. *The outdoor playspace naturally: For children birth to five years.* Sydney, Australia: Pademelon Press.

Epstein, A. 2006. *The intentional teacher: Choosing the best strategies for young children's learning.* Washington, DC: National Association for the Education of Young Children.

Gonzalez-Mena, J. 2008. *Foundations of early childhood: Teaching children in a diverse society* (4th ed.). New York: McGraw-Hill.

Greenman, J. 2006. *Caring places, learning spaces.* Redmond, WA: Exchange Press.

Katz, Lilian. 2008. Another look at what young children should be learning. *Exchange* (March): 53–56.

Keeler, R. 2008. Living willow huts—Part 2: Constructing a living willow hut. *Exchange* (January–February): 78–80.

Koralek, D., ed. 2005. Environments. *Young Children* (May).

Lewis, T., F. Amini, and R. Lannon. 2000. *General theory of love.* New York: Vintage.

Mooney, C.G. 2000. *Theories of childhood.* St. Paul, MN: Redleaf Press.

Raffanello, D. 2005. Tending the garden: What gardening can tell us about running our centers. *Exchange* (March–April): 12–14.

Rogers, F. 1994. *You are special: Words of wisdom from America's most beloved neighbor.* New York: Viking Adult.

Senge, P. 1990. *The fifth discipline.* New York: Doubleday.

Southern Early Childhood Association. 2000. *Assessing development and learning in young children.* Little Rock, AR: SECA. http.//www.southernearlychildhood.org/position_assessment.html.

Stoecklin, V.L. 2005. Creating outdoor spaces kids love. *Professional Connections* 8 (42): 1–5.

Tarr, P. 2004. Consider the walls. *Young Children* (May): 88–92.

Thomas, J. 2007. Early connections with nature support children's development of science understanding. *Exchange* (November–December): 57–60.

VanGilder, P., A.Wike, and S. Murphy. 2007. Early foundations: Music and movement in the outdoor classroom. *Exchange* (November–December): 53–56.

网络资源

关于学习：教育的 12 条理论

www.funderstanding.com/about_learning.cfm

创造性游戏中心

www.cfcp.org/

操场安全的国家方案

www.playgroundsafety.org

NAEYC："是的，但是"会使教师远离充满活力的课程

www.journal.naeyc.org/btj/200507/03Geist.asp

瑞吉欧·艾米利亚的观点：环境即老师

www.brainy-child.com/article/reggioemilia.html

第 13 章

市场营销与发展：只要你有影响力，顾客就会来

学习目标

1. 讨论使一个项目具有"从外到内"吸引力的价值。
2. 识别在幼儿教育行业都有哪些营销方式。
3. 确定评估市场的程序。
4. 总结如何形成并支持一个具有多元文化的工作环境。
5. 计划提高员工留存率的方法。
6. 策划有效的筹资方法和活动。

如果我想找一位幼儿照料者，我可能会给其一段短期的试用。 然后我会聆听他/她会对我说关于孩子的什么事情。他/她与孩子一起相处的这段时间是否表现出了机敏、兴趣和重要的3C原则：细心、自信和常识？

——弗雷德·罗杰斯

万丈高楼平地起。

—— 中国俗语

案例研究：主管米拉格罗斯能创造奇迹吗？

米拉格罗斯刚刚被任命为某一《开端计划》的主管，该保教项目坐落于一个破旧的砖砌厂房，这座厂房曾经是个制鞋厂。她的项目是这座建筑中十个社会服务代理机构中的一个。这座建筑本身需要翻新和装修。旧厂房冷清得像座堡垒，看起来缺乏人情味。米拉格罗斯尽力想表现出自己对参与该项目的不同家庭的欢迎和尊重。

她可以采取哪些措施，使得看到这座旧厂房的人改变这种阴郁的印象？

你曾对自己说过"那绝不会发生"或"那个人永远不会改变"或"休想，除非我死了！"这类话吗？我曾说过。

当我年轻的时候，我曾乘坐一辆从西柏林开往东柏林的地铁，地铁就在柏林墙的预设屏障下。我盯着那些严峻的苏联士兵，手持反坦克火箭筒枪，在已经废弃的地铁站边沿着马路站岗。我的手心满是汗，心也跳到嗓子眼儿。这些海关督察，还有那些便衣，似乎要让我们花费一天一夜才许可我们入境。

最后，当我在黎明时分进入东柏林时，我的目光却又因为每一个街区的破败不堪而黯淡下去。子弹和炮弹击穿了许多房屋，瓦砾和碎石桩布满了整个巷子。士兵的靴子后跟有力地踏过大鹅卵石街道，发出咔嗒咔嗒的声音。只有在对西柏林人开放的咖啡厅中喘息的片刻，我才定下神来，掂量出这面墙的分量。那时，我不能想象柏林墙终有一天将会被推倒。

几年之后，不可想象的事情却发生了。为了和平，柏林墙被一片片地推倒了。当我在电视上看到这一场面，即来自德国东西部长久分离的家人相互拥抱时，我相信我可以期待奇迹：柏林墙都可以倒，其他的事情也都有可能发生。

我们身边也有很多"推倒墙"的例子。沃尔特·迪士尼正是因为他的坚定信念实现了他"高于生活"的梦想。迪士尼曾发表过著名的言论："只要你能想到，你就可以做到！""请牢记，整个事情始于一个梦想和一只老鼠。"1989年，著名的好莱坞演员凯文·科斯特纳在其电影《梦幻之地》中，梦想着把玉米田变成棒球场。在克服了所有可能的不利条件后，最终他建成了棒球场。棒球队员们来了，这实现了这部电影的主题："只要你建好它，他们就会来。"

在本章中，我们将对抗一些在自己领域里被困住或"固着"的信念，并指出一些创新之路，帮你粉碎障碍，实现梦想。

不再"固着"

> 我最关心的不是你是否曾失败过，而是你是否安于你的失败。
> ——亚伯拉罕·林肯

固着的信念其实都是误区，它们只有零碎的真实，却阻碍我们前进，例如：

- 我们绝不应该炫耀我们保育中心的优势。
- 我们缺乏资金来改善中心的建筑和场地。
- 我们已经尽力了，但是我们不能吸引来多样化的员工或家庭。
- 留住员工是不可能的，我们最好的员工都流失到了公立学校。
- 哪里有时间去筹资！

不是每位主管都相信这些误区。然而，在"感觉糟糕的日子里"（见第3章荣格的观点，那些"让人有阴影"的时刻），担忧甚至会把最积极的主管给打败。主管们不应让这些虚弱的误区悄悄入侵，而是应该提前直面这些误区。每一种误区都包含了让你信服的事实。例如，吹嘘会使很多人反感。但分享好消息与吹嘘是不同的，尤其是当这些信息是称赞家长和员工时。

设想你现在正站在幼儿保教项目大楼的外面。你能回忆起有关该建筑的什么呢？它留给你最深刻的印象是什么？在你进入大楼前，你感觉自己是受欢迎的还是被敷衍的？你会改变大楼的哪些外观，以使其显得更友好？如果你需要，那就走到大楼外面看一看吧。

乐观主义的力量在我们的神经方面和精神层面上都有所表现。研究显示，与消极的人相比，乐观者拥有更好的记忆，能预见更多的可能性，更有能力处理难题，更长寿，生活也更快乐。愿意为追求更好而冒险的乐观主义者，其大脑的细胞间会建立新的联结。幽默感和对失败的洞察力是乐观领导者的工具。

当我们关闭了机会之门，也就同时打碎了我们的希望。要看到地平线上有什么，唯一的办法就是往上看。有俗语说得好："关上一扇门，会有另一扇窗打开。"这是一句很有用的管理口号。你准备好获得更多机会，建立新的大脑通路并推倒这破旧的砖墙了吗？

误区 1：在幼儿教育中，"自我推销"是不必要的

第一印象很重要。我们处于警觉状态的梭形细胞要总结新情况，简直是小菜一碟。它们会告知我们："我喜欢它"或"我要离开这儿"。尽管梭形细胞对于人的判断比对物的判断更快，但人类的神经元会在 1 秒钟内对事物做出所有判断。因此，几乎没有时间让我们从专业的视角来思考。

当某个家庭第一眼看到一个幼儿教育项目的外观时，家庭成员，包括每个大人和孩子，就会做出判断：项目内部会更好或更差。"外观吸引力"，或者一个项目给人留下的第一印象，会激励潜在的客户进去或离开。主管和她的团队能选择一些方式，使某一项目从外到内都表现出色。

有些主管告诉我："当我们把钱用在确保内部的高质量照料时，就没有钱投资到一些不必要的事项上，比如景观美化或更新门外的标识。"另一些主管又告诉我："我们并没有项目建筑的自主权。我必须按照房主的要求布置。"让我们来破除这些"误区"。

> 设想所有可能的方式，只用不到 100 美元的资金，来改造幼儿教育大楼的前面外观。

误区 2：我们没有足够的钱改造场地

一个幼儿教育项目的外观吸引力，会出乎你所料地传递更多的内部信息。因为，一个人在进楼之前，会注意幼儿教育项目是如何呈现的，这一点非常重要。任何一个进门的人都应该是自豪的。现如今，装饰很流行。当你在思考如何装饰幼儿保育和教育中心的外观时，可以想象一下：

- 和孩子一起种植金盏花、太阳花、牵牛花和金鱼草，来装饰中心的环境。所有这些花种都很便宜，并且易生长。
- 邀请当地的景观公司对中心的前院进行装饰，并立一块牌子，感谢他们的专业操作和慷慨相助。

- 发起一个"美化日",邀请家长们参与场地清扫活动,并对家庭进行奖励。
- 列一份经营室外植物的折扣店清单,这些店每个季节都会捐献一些新植物。
- 在员工和(或)儿童家庭中发动创意竞赛,鼓励大家提供更多有创意且低成本的装饰。然后挑选、使用并奖励最好的想法。
- 树立一个长期的公告栏,用于展示孩子们的艺术作品,并塑封保护好,让过往的人欣赏。
- 在亮丽彩色的大氢气球上系上条幅,挂在室外,以欢迎新家庭或者庆祝孩子的生日。

试试看:把更多更具创意且低成本的想法添加到上面的列表中。注意要"货真价实"。少用钱多用心做出伟大的创新。

营销并非只针对"新车"

营销就是关注服务对象的需求,以及主管如何让自己的项目在市场中独具特色。市场营销就是将某一项目展现出这样的效果:对家庭表示出邀请、欢迎的姿态,传递出家长们将获得怎样的服务。有效的营销还要展示出家庭可以放心地把孩子托付在这里。外观吸引力是项目营销策略的一部分。让家长们觉得即使只是在门前路过,也会觉得这儿一定很棒。

> 大多数总经理都不能简明扼要地说清楚他们的商业目标、发展规划和优势。如果连他们都不能,那么其他人就更做不到了。
> ——大卫·科林斯与迈克尔·鲁克斯坦德

幼儿教育的市场营销并非是炫耀、做表面功夫或浅薄之事。用语言或非语言的方式,营销要传达出某一项目的独特性。营销格言"让你自己从市场中脱颖而出"促使主管们向世界分享自己项目的独特优势。即使某一幼儿教育项目的客户已经从门前排队到加拉巴哥群岛,非常火了,该项目同样也还需要市场营销。分享项目相关的好消息会振奋每一个人。每个人都会自豪地指出项目大楼、场地以及存在于其中的任何东西。

你想让你的项目以何种方式展现出独特性,写出三条方法。想想你可能提

第 13 章　市场营销与发展：只要你有影响力，顾客就会来　　**311**

供的哪些服务是其他项目不能提供的。

　　市场营销为激发个人情绪和社会智力提供了创造性的机会。你是不是曾经也有过这样的尴尬经历：在一群人中，有人选中你并给你一份小礼品或者让你成为注意焦点？如果有的话，你并不孤单。性格内向者，我们中 51% 的人属于这一类型（见第 3 章），不想让自己如此被关注。

　　我们中的很多人所受的教育都是：自己引起关注是不合适的。很多时候，看着幼儿专家们获奖，我会倍感自豪。他们像羚羊般跑下领奖台说："我并没有做什么特别的，"或者"荣誉应该属于我们团队，而不是我个人。"

> 在网上，我越来越多地发现了我的电话号码。你有网站吗？如果有，就四处贴出你的网站吧。即使你没有网站，在 google 搜索里做一个"免费的幼儿保育广告"，然后尽可能地列出你的名字。
>
> ——谢利·斯利文曼

　　不管你的个人信仰是如何谦虚以及如何"不要自吹自擂"，问问你自己，"相比其他项目，我们如何能展示出我们项目的独特性呢？"你们的社区（家庭、儿童、员工、邻居、小镇或者城市）将从这种信息中受益：对儿童来说，我们这里是最好的地方。我请你走出这些误区：为了宣传自己的项目，一味地自吹自擂是不必要的，但也别把市场营销视为自卖自夸，而应把其看作为项目注入活力的功能性商业策略。

营销101：做好方案

　　营销策略就是制定一个方案，向他人展示某项目的独特性和优势。"突显我们自己"就是设置一个交流我们独特视角、核心价值观、目标，以及展示提供产品或服务的程序。"突显自己"就是告诉他人，是我们独特的品质、

> 清楚了是什么使得一个公司别具一格，最有助于员工理解他们该如何为公司做贡献。
>
> ——大卫·科林斯和
> 迈克尔·鲁克斯坦德

项目、顾客、员工使得这一幼儿保教中心"独一无二"。所有的幼儿教育项目都对幼儿提供保育和教育服务。你们的项目是以什么新颖的方式来提供优质保

> 营销给特定的听众创建了一种靶消息，而这些听众是正想听到这样消息的人。
>
> ——拉里·索纳（主管）

育的呢？传递这些信息能够确保或削弱中心的资金安全。

营销策略就是创建一种方案，将你们中心的好消息与想听到这些消息的人分享。哈灵顿和詹（Harrington & Tjan, 2008）提出了有效营销方案的三成分：

1. 描绘你们现实的市场；
2. 理解顾客的目标和工作流程；
3. 开发能为顾客提供最大价值的产品。

以下内容是关于如何将商业术语迁移到幼儿保教业务之中。

描绘你们现实的市场

为了确定项目现实的市场，主管必须客观地观察他们所服务的家庭，并想象那些潜在的家庭。可以从研究已经注册的家庭开始。你的目标是发现项目中当前谁最具吸引力。一些电脑应用软件，如微软 Word 或 Excel，可以为这样的研究提供有效的工具。

考虑目前家庭的人口学变量，包括收入水平、工作情况、居住的社区位置、社会参与度、种族、家庭成员数量以及交通方式。主管可以通过创建图表或电子表格来记录这些信息，如表 13.1 所示，并将信息分为几种类别。接下来，将每个家庭的信息填入表中。

当主管记录这些信息时，他们就会发现一些共同之处。比如说，是不是大多数工薪阶层都从事相同或相似的行业？会有专门的社区代表吗？有私家车而不乘坐公共交通工具的家庭比例是多少？通过这些数据，就会找出某一项目的"典型家庭"。

对项目中的员工进行类似的市场分析，也会得到一些有价值的信息，尤其是针对教师员工的分析。此时就需要创建第二份表格，然后用类似表 13.2 的问题格式记录数据。

这时就会从数据中找出"典型员工"，他就是选择你项目的员工。这份关

第 13 章　市场营销与发展：只要你有影响力，顾客就会来　**313**

表 13.1　家庭的人口学信息

- 项目中的家庭都住在哪些社区？
- 他们离我们的保教中心有多远？
- 他们选择什么交通方式？对他们来说哪些交通选择是可用的？
- 收入水平是多少？
- 每个家庭中有几个孩子，以及再生育孩子的可能性有多大？
- 工薪阶层在哪儿工作？
- 工薪阶层从事什么工作？
- 这些家庭都是通过什么渠道听说你们保教中心的？
- 这些家庭还参加了哪些其他的社会组织（宗教、民间团体等）？

表 13.2　员工人口学信息

- 这些员工代表哪些街区？
- 他们乘坐的交通工具是什么？
- 他们还是其他哪些社会组织的活跃分子？
- 员工有几个孩子，还可能生几个？
- 他们是如何听说你们中心的？
- 什么因素让他们成为你们的员工？
- 员工的家庭成员有哪些？
- 员工家庭的整体收入水平如何？
- 员工所代表的民族或文化是什么？

于当前员工的文件提醒领导者要转向市场，去招聘那些还没有被充分利用的员工。换句话说，就是去寻找方向（你能利用这些信息揭示可能的方向）。

现在，主管掌握了关于未来家庭和员工的有价值的市场信息，接下来就是寻找符合这些典型家庭和员工描述的人群。雇员通常是最好的招聘人员。作为主管，你可能想奖励那些提交了新合同、并与你一起工作了六个月或更长时间的当前员工。口碑是最有效的广告。与不同的家庭和员工分享：你希望自己创业，希望他们给你提出宝贵的建议。这就是一种有效的营销工具。

需要特别指出，主管不要只限于单一家庭客户群或某一员工群体。市场调查在确定当前市场的同时，也指明了开发新市场的道路。你也会有其他的选择。

你还想接触其他哪些客户，以及其他哪些员工能增加你项目的深度和差异化呢？

理解顾客的目标和工作流程

退一步审视一下全局非常重要。在幼儿教育这一行业，"理解顾客的目标和工作流程"可以转换为"依靠家庭，理解他们的需要和要求"。当得到市场信息的记录时，将会让主管们大吃一惊。抑或主管可能已经非常了解参与项目家庭的情况和员工情况，这些资料强化了他们的预期。与董事会成员共同完成市场调研，会扩大信息范围和参与度。

假定你就是一位主管，现在从市场调研中收集了很多有价值的市场信息。你明确了当前的"现实市场"，即那些已经选择你和你们服务的人们。了解典型的家庭和员工怎么看你们项目的"当前市场定位"。该定位就是对你的项目所诉求的那部分家庭和员工这一细分市场。根据这一信息，你就可以将类似的家庭和员工视为潜在的目标群体。如果你对那些与当前市场定位类似的群体做广告宣传，那么便很可能实现你的目标。

时不时地问问家庭：
- 你对我们当前的服务感觉如何？
- 你还需要什么？

高效的项目领导者会监控他们项目满足当前家庭需求的程度如何。他们会习惯性地反思："我们做得如何？"他们会与那些选择离开项目的家庭举行会谈，这些家庭可能是因儿童年龄大了而离开项目，也可能是因其他原因选择离开。主管会询问这些家庭对项目所提供服务的感受，哪些做得最好，哪些地方应该改进，以及还需要增加哪些服务。高度有效的信息可以从与退出家庭的会谈中获取。

然而，领导也无需只是等着做退出采访来获取这些信息。他们可以通过书面问卷对家庭进行正式的调研，也可以在每天迎接家长时做非正式的调查。主管们还可以提供建议箱，每天收集其中的建议，并努力在一个工作日内对每位建议者给予反馈。如果你真能做到这点，那么你会认真采纳建议的特点就会被传为美谈。

一旦主管确定了其项目的典型家庭和典型员工，他/她也就明确了潜在或目标市场。目标市场分为两类：

1. 扩大项目客户群，增加更多与典型家庭和典型员工匹配的顾客；
2. 接触更多的与当前典型顾客不同的顾客群体。

主管会希望其项目多样化，想接触其他的家庭和员工，市场资料将告知主管哪些人不会接受这些服务。如果参与某一项目的家庭和员工都来自同一种族、文化群体，或者同一地区的人，那么接触其他群体将是新的市场"目标"。主管带领员工设计新颖的方式来与他们想要服务的不同社区建立联系。

开发能为顾客提供最大价值的产品

不断让当前顾客（家庭和员工）提供反馈，有助于主管理解顾客的最大价值是什么。管理者可以问："你最喜欢我们项目中的哪些服务？"和"我们还可以为您提供哪些重要的服务？"在第14章中，我们将会看到一些有利于家庭的实践，包括努力让家庭成员的生活更方便，例如，父母约会之夜，陪儿童过夜，提供营养丰富、价格合理的儿童餐，理发服务，为"生病儿童"联系家庭看护者。

当领导者询问参与项目的家庭需求时，一定要持开放的态度来对待所有的建议。当然，领导者肯定也不愿意表现得像个侍者一样只听从吩咐。高效率的主管是让人们知道，一旦时机成熟，他们就会着手改善服务，但由于资金或员工方面的原因，或者因为某些建议侵犯了某一群体的利益，因此，并不是所有的建议都能得到采纳。事实证明，设定现实的预期会在之后收到很好的效果。

主管也可以预先考虑顾客的需求，即全面质量管理（TQM）原则（更多内容详见第15章）。预先考虑顾客的需求，就是在顾客提出需求之前就想到一些有利于客户的事情。例如，想象主管每月提供一段温情时间，让项目中的厨师示范如何为孩子们制作美味且有营养的点心。家长们很欢迎这种教学环节，尤其是当厨师能提供一些样品让其品尝或带回家时。领导者立马就知道一种创意多么符合家长的需求：满意的赞叹声回荡在整个走廊。

如果你的营销策略是瞄准多样化的员工和顾客，那么思考一下你如何才能做到这些。

培养员工

误区3：我们做不到让员工多样化

> 我们对人们在哪些方面不同、又在哪些方面相似，总有一些误解，都暴露在刻板印象之下。偏见像雾霾一样：没有人会说"我喜欢呼吸雾霾"，但是，如果你生活在雾霾污染的地方，就很难避免不呼吸雾霾。当我听到有人说"我骨子中没有偏见"时，我对他说，再看看。因为你可能不希望骨子中有偏见，但是它们的确存在。
>
> ——贝弗利·丹尼尔·塔图姆

《学会领导》（Learning to Lead）的作者黛布拉·沙利文博士做到了言行一致（Sullivan, 2003）。当她与其管理团队决定学习西班牙语来更好地服务项目家庭时，她安排了利用午餐时间学习西班牙语的课程班。当员工觉得他们的文化实践没有完全被听取或重视时，沙利文博士确保每位员工所采用的方法都得到尊重。例如，当来自亚洲的员工将直接解决问题的方式视为令人不安的攻击时，她会花时间通过更微妙、更少直面对抗的方式来解决问题。当男员工厌烦女员工"没完没了地询问每件事情"时，沙利文博士便会幽默地改善自己的工作方式。她很清楚是员工们规划着我们的愿景。她的项目过去是、现在也是多样化的。这种信息传达出去就是：这里是不同文化中的每个个体绝佳的工作场所。

主管的种族和文化风俗会影响其项目的工作氛围。作家塔图姆（Tatum, 1997）郑重提醒我们，不管我们声明如否，我们所传达出的文化具有支配性（《为什么在自助餐厅中所有的黑人孩子坐在一起》）。在组织中，正如心境会被传染一样，如何做以及什么是有价值的信息也一样会得到传播。

在组织中，种族和文化力量足以设定行为标准，这便是一种"主导"文化。例如，许多黑人幼儿教育专业人士通过称呼大人为"先生"或"女士"来表示尊重。在与克里克（Creek）和切罗基族（Cherokee）部落的幼儿教育专业人士一起工作时，我了解到术语"印第安人"（Indian）可能更适合于"本土美国人"（Native American）。在英裔美国人主导的组织中，人们认为不管收到什么礼物，都要回寄一张"感谢卡片"。在墨西哥裔美国人的幼儿教育组织中，直视对方的眼睛可能意味着不尊重对方。请注意，尊重的表达方式的确存在差异，特别当其主导的组织方式与你的组织存在很大差异时。

存在主导组织文化的问题在于，具有其他文化传统和经验的人经常感到被忽略、贬低或拒绝。结果便会形成组织中的每一个人看起来都是相同的同质组织。这就导致一些主管举起手并问："当看不到不同文化的人融入团队时，我要如何去吸引他们呢？"

我们知道，幼儿教育专业人士面对冲突时会感到不适。塔图姆（Tatum, 1997, p.193）提出这一议题，他说："有人说美国有太多关于民族和种族主义的言论。要我说，这还不够……只要有可能，我们就需要继续打破对种族主义的沉默。在家中、在学校、在教堂、在工作场所、在社区组织中，我们都要谈论这一话题……这十分有意义，会产生提高这种意识的对话，引发有效的行动和社会变革。"如果教师与孩子之间会进行有关此话题的重要对话，那么我们项目中的成人彼此之间也会谈论这些话题。

> 我们都知道反抗社会不公多么重要，并且我们也知道，对于一些人来说，为了使世界更美好，鼓足勇气和力量做出个人牺牲是多么困难。但是，如果他们深入地看自己的内心，会发现所有人都具有那种勇气和力量。
> ——瓦洛拉·华盛顿

主管可以做很多工作来培育多元化的文化环境，以吸引其他新的家庭和员工。

第一步是讲述事实："胡斯顿，我们有麻烦了。"如果市场评估表明，员工和家庭是同质的，那么可以与董事会、员工交流这一问题，如果时机合适，还可以与家庭沟通此问题。每个人都会从高度多元化的环境中获益。尤其是当今的儿童，不管是居住在跨镇的贫民区、棚屋中，还是"车篷"中，其居住环境中的种族比加利福尼亚更具多元化，因此他们都需要了解自己的邻居。

> 不同的群体有不同的需要，有色人种对联系和授权具有强烈的需求。你在自助餐厅里看到的是具有相同倾向的群体：分离的"空间"有利于探索积极的同一性，在那里人们可以提出问题并解决问题。
> ——贝弗利·丹尼尔·塔图姆

第二步是用合作的方式来考察使项目多元化的工作方法，而非采取装点门面的方式。领导者在员工会议上投入更多的时间，以便集思广益。他们可以请专业顾问或社区专家来分享看法。要求每一位员工负责找到至少一条有效的、能使项目更加多元化的方法。主管对多元文化主义的激情会对项目多元化产生显著的影响。

回忆一下沙利文博士与其员工是如何学习西班牙语，以满足他们项目中的儿童需求的。她的团队一起承诺，成为会说西班牙语的人。思考一下这将给母语为西班牙语的家庭带来怎样的变化。

与你的同学或同事一起制订一份如何使项目多元化的计划。你们需要采取哪些步骤？领导者也经常与董事会和家庭顾问团队经历同样的过程。即使最终只做出了一种有效的改变，那么该项目已经运用有效的方法做出了改变。

2007年，根据美国教育部、美国国立教育统计中心的数据，幼儿教育项目中的儿童已经比员工更能代表未来种族的多元化了（见表13.3）。

多年以来，我已经学会不再期望与我意见不同的人会主动找我。于是我必须主动去找他们，获得学习和成长，尽管这些方式并不总是让人感到舒服。我倾听他们，当我"误解"他们时，我会立即道歉，并做好更深入聆听的准备。最初，我经常听到一些抱怨和愤怒的声音。任何一个被压制、忽略和受轻视的人，都有权发泄其情绪。

从现在开始，直至永远，教室是自由的前线，而非战壕。

——林登·贝恩斯·约翰逊

还记得大多数人都会在意别人议论自己吗？当我听到别人议论我时，我用Q-TIP原则提醒自己："不介意"，听从自己的内心。当我依赖于比我自己更强大的力量支持以保持信念时，这就是一种精神过程。正如莫琳·沃克博士（Walker, 2001, p.8）所说：

> 关系治疗之路把我们引向一场充满风险和承诺的旅行。它是一场关于勇气和信任的旅行：保持警觉的勇气，悲伤的勇气，冒险放弃含有焦虑的老旧关系印象，带着希望去发现和扩大我们的能力以获得更丰富的真实。关系治疗之路邀请我们带着对人类可能性的信任、带着对新事物出现的渴望进入冲突之中。

通过倾听和真诚的提问，我了解了某个人的经历，学习了其文化经验。对于我来说，这是一种毕生的热情和过程。我的故事的寓意是：勇于尝试新事物，开启寻宝之旅。

当领导者在培育多元文化组织时，在新的团队成员到来之前，他们需要尽

表13.3 在基于中心的幼儿保育和教育项目登记的3~5岁学前儿童的百分比、儿童和家庭特征：抽样年份为1991~2005年

特征	1991	1993	1995	1996	1999	2001	2005
总体	53	53	55	55	60	56	57
财富状况[1]							
贫穷	44	43	45	44	51	47	47
不贫穷	56	56	59	59	62	59	60
种族/民族[2]							
白人	54	54	57	57	60	59	59
黑人	58	57	60	65	73	64	66
西班牙裔	39	43	37	39	44	40	43
母亲的教育水平							
高中以下学历	32	33	35	37	40	38	35
高中或同等学力	46	43	48	49	52	47	49
专科或职业技术教育	60	60	57	58	63	62	56
学士学位或更高	72	73	75	73	74	70	73

美国教育部、美国国立教育统计中心，2007年。《教育状况》，2007（NCES 2007064），指标2 [http://nces.edu.gov/programs/coe/2007/section1/table/asp?tableID=662]。

其所能"作掩护"（事先解决偏见）。作为组织中特殊种族的唯一成员，要想适应可不是那么容易。每位新员工会被指派一个"搭档"，其中有的人思想开明，具有同理心，表现出足够的情商和社会智力。主管可以给员工们先介绍新员工文化中的一些特别之处，以便让员工们提前做好准备。领导者们共同创造一种带着信任去冒险的工作环境，那么员工们就会被鼓励分享自己的恐惧和希望，共同创造友好的工作氛围。

作为主管，你的第一次努力可能是最艰难的。而接下来为了多元化所做的努力，都将建立在你的经验之上。如果你的团队同心协力来支持发展，那么新员工就会把这样的话传播出去："这个保教项目是教师和家庭的避风港"。最后，你和员工就会走在通往相互理解的康庄大道上。

培养多元文化员工的实践方法

在美国，很多团体都会为培养多元化员工提供一些小贴士。例如，美国全国教育协会（NEA）建议：

1. 从辅助员工中招聘教师。研究发现，一些帮助准教师成为教师的项目，为许多少数族裔人群成为教师提供了极大的机会。学校员工中的（助教、接待员和其他有或无学士学位的员工）大部分人是少数族裔。他们一般都会致力于教育事业，并倾向于在这一行业干很长时间。他们中的很多人都有丰富的课堂管理经验，扎根于他们的社区，习惯于跟具有挑战性的学生打交道。
2. 着眼于高中生。早期招聘一些对教育感兴趣的高中毕业生也是一个好主意。美国全国教育协会建议，可以通过职业调查、咨询、动机工作坊、暑假预备大学课程和财政援助承诺等方式来确认想要招聘的学生。
3. 使用那些支持员工多元化的项目，包括（Chaika, 2004）：
   - 西班牙裔的学院和大学协会。它包括 275 所招收西班牙裔学生的学院和大学，并对有兴趣招聘西班牙裔毕业生的学区提供建议。
   - 黑人学校的教育者国家联盟和历史悠久的黑人学院及大学也对非裔美国人社区提供相同的帮助。
4. 与现有的员工一起工作，尤其是当你的员工同质性强时，即全部来自同一背景或文化。路易丝·斯帕克斯（Sparks, 2005）一贯倡导幼儿教育中的多元文化，反对偏见，但是，最近她在与白人群体一起工作时遭遇了挑战。下面是她经过实践验证的有效技巧，这可以帮助儿童和大人在同质的背景下实现多元化：

> 定期邀请社区中具有不同文化背景、种族/民族的个体与你的孩子交往或互动，面对面的接触是打破壁垒、认识到相似性的最好方式，也是将差异看作一种自我丰富，而不是令人不适或奇怪的好方法。

误区 4：留住员工是不可能的

留住员工不仅很重要，而且也是一件令人愉悦的事情。我们都向往自己是一个充满爱的集体中的一员。幼儿保教项目就是最有爱的学习共同体。如果每位员工知道其对团队来说是多么重要，那么他/她就会觉得自己是有价值的。帮助创建项目使命的员工，也会努力去实现这一使命。作为领导者，运用你的情商和社会智力去了解自己的员工，预先考虑他们的需求，支持他们成长，建立一个持久的团队。

> 主管对员工最有用的反馈莫过于对其优异表现的即时认可。
>
> ——琼·科林科纳，戴夫·雷丽，玛丽·罗奇

还记得员工动机的研究吗？金钱并非是最终答案，"有目的、有意义"的工作才是关键所在。如果教师对其所在中心的工作目的很有激情，他们就会在这里工作数年。如果教师们感受到主管对员工的尊重、支持和欣赏，他们就不会离职。在推进项目的使命时，如果某位教师也实现了自己的职业目的和人生意义，那么她会继续留在原单位工作，并鼓励其他人加入这一团队。

主管与每一位员工建立的关系质量决定了员工是否会长期供职。领导者用于团队建设的努力程度也决定了团队的忠诚度。当我在纽约附近工作时，我乘坐美国国家铁路客运公司的地铁去工作。一次在车厢里，我与两位男士进行了一场激烈的对话，其中一位是健康看护主管，另一位是著名的新英格兰商人兼电视界的风云人物。我问他们："你们有哪些秘诀来留住最好的员工？"他们很真挚地回答道："信任你的员工，尊重他们，并对他们忠诚。相应地，他们也将会忠诚于你。"

经过实践检验的留住员工的做法有（Klinkner, Riley & Roach, 2005, p.95）：

1. 对儿童和家庭有强烈的个人承诺的员工更可能会继续留在保教项目中；
2. 清晰的、定义明确的项目经营理念和目标会鼓励职业承诺，尤其是当员工们的共同努力会促进他们的职业发展时；
3. 提供分享观点的机会，以及支持每位员工在个人和职业上的发展机会都会增进员工间的关系。这可以通过正式的指导团队和员工的会议来实现，也可以通过社会事件和聚会/放松的场所等非正式的方式来实现；

4. 员工间以及员工与管理层、家庭的有效沟通非常重要；
5. 有意义地参与决策可促进员工的士气、工作满意度和组织承诺；
6. 当员工定期地感受到尊重和欣赏，以及经常与领导进行交流时，健康的工作氛围就会活跃起来。

我讲述一下来自康涅狄格州的主管玛吉的故事。她积极参与社区活动，是救济贫民的流动厨房的志愿者，建立仁爱之家，并在教堂学校授课。每个人都喜欢玛吉和她的幼儿园。她聘请家长作为教师的助手，支持他们完成幼儿教育的学业并取得学位。每年，玛吉还举办员工进修年会，在那里，团队成员会自愿提供诸如按摩、修甲等服务，与中心的家庭一起进餐。人们唱歌、欢笑、分享故事，并期待一起享受快乐。这些年来，从玛吉的项目毕业很长时间的孩子会来问"是否可以回来并在这里工作"。玛吉从来没有太多的钱，但是她丰富的情商和社会智力足以让她的保教项目从这里延伸到北极。玛吉的项目就是一个留住员工的好例子。

导致我们自己失败的往往不是什么大事；而是些小事。就是我们每天所做的一些小事情导致了所有的差异。主管能够永无止境地创造出认可和感谢教师的方法。类似一些老师盒子里的"我明白你"的短笺便条（写下你发现他做的非常棒的事），在员工浴室里准备的奶油色乳液和芳香的定型发胶，或者在员工会议上分发一些捐赠的礼品券，这些惊喜都像是在欢庆教师节。

惊喜会让员工的工作状态达到最好。主管要好好牢记：惊喜不能重复使用。弗吉尼亚的一位主管给我打电话说，每年，她的员工都期待一个更大的假期盛宴，她对此感到抓狂：她如何做才能让今年的假期盛宴超过去年的呢！要让你给予的惊喜保持新鲜，并避免将其建立在不现实的期望之上。

毫无疑问，为幼儿教育专业人士提供优厚的薪资和福利待遇也很重要。主管露辛达给我发电子邮件，她为其手下的员工讨要一些"不切实际的"福利待遇。员工并未得到他们希望得到的所有东西，但他们知道，主管露辛达"在支持他们"方面起重要作用。

简言之，留住员工就是一种社会情商。关系是金。让每一种关系充满活力和动力就是留住员工的最好办法（见表13.4）。作为领导者，要谋求长远的发展，站在更高的平台寻求更好的视野，有选择地战斗，且保持"感恩之心"。当员

表 13.4　给教师的小礼物

寻求奖励老师和其他团队成员的更多方法，可以参考以下这些花钱不多、个性化的点子（《给教师的贴心礼物》，2008 年）：

- 电影之夜：磁带店的礼券、微波炉爆米花、瓶装柠檬水或喜爱的软饮料，将它们包裹在有电影片段介绍的报纸里。
- 意大利面晚餐：一袋特殊形状的意大利面、意大利面酱、新鲜的意大利面包以及一小块帕玛森奶酪。
- 自家制的混合品：包括老师们最喜欢的饼干（巧克力沫、巧克力片、酥皮）或烙饼（干拌的或带有一小瓶果汁），还有从打折商店买来的漂亮搅拌盆和勺子。
- 为教室里的宠物准备的礼品篮（如果老师是自己花钱在准备宠物用品的话），包括食物、面包、玩具和刨花。
- 用橡皮图章做一些卡片，并附上一只特别的笔。
- 给老师发一些他们经常去买一些特别用品的手工艺店或其他店的礼品券。
- 带有相框的一次性相机。
- 当你或流动选民占用教室时，可以给员工下午放半天假。
- 提供做脏乱活动时穿的围裙和罩衫，并印上老师的名字。
- 花的球茎（水仙花、孤挺花、洋水仙），玻璃"石头"，用于栽培这些花的漂亮陶罐。
- 挑选固定时间点，允许教师们与家长们在教室里做深入的会谈。

工的行为违反职业道德时，领导者要有勇气要求员工对此负责。当辞退一些不具生产性的团队成员时，他们也会运用情商。你的团队会关注你为了高品质而发起的每一场战斗，不管是内部的还是外部的，都是为了品质而战。

案例研究：悲观的安妮

安妮很沮丧，她认为永远也找不到足够合格的员工。她担心自己中心最好的教师会接受公立学校更高薪水的工作。当谈及在网上登广告招聘教师职位时，安妮承认自己落伍了。你将如何用你的情商，帮助安妮利用她的态度和能力去更好地工作呢？

发展你的客户

误区 5：我们需要聘请专业的筹资者

《育儿交流》的创刊主编罗杰·诺伊格鲍尔调查了 100 多个幼儿教育项目，希望找出哪些因素会导致筹资努力成功或失败。调查评估后，罗杰找出了"成功筹资的关键要素"（2007，p.104-106）：

1. 明确目的：让筹资者清楚你的意图，并让该意图能激励志愿者的积极性；
2. 设定目标：用一定的钱数作为一个测量标准，让人们有可能合在一起干事；
3. 了解潜在的捐赠者：你会接受个人捐赠吗？你是需要接洽一些组织和工商企业，还是两者都需要？了解潜在的捐赠者的资金来源以及他们的捐赠历史；
4. 变得有趣：选择人们比较期望和感到兴奋的活动，活动会让他们体验到非同寻常的一天，带给他们欢笑和美好时光；
5. 强化优势：充分利用员工和志愿者的技能和天赋；
6. 寻找重复捐赠者：当你的项目第一次筹资成功后，再次重复，也无需担心每次会"重蹈覆辙"；
7. 有效控制成本：时间投资的回报率应等于总收入减去开销，再除以员工和志愿者工作的总时间；
8. 积极宣传：开始时要清晰地阐述你的"产品"（你提供或卖的是什么），不管它是否会为你的项目赢得一些机会或者外部支持。把"正确的信息传达给正确的人"；
9. 最大限度地发挥宣传的作用：让筹资者告诉人们关于你的项目以及它的独特之处，包括项目宣传中所强调的信息；
10. 感谢捐赠者：与每一位提供帮助的人保持联系。让他们知道你们筹资的数额，以及他们的捐赠将是如何重要。用你们项目独特的信笺纸书面通知他们，效果最佳。

> 失败？我从没遇到过。我所遇到的都是暂时的阻碍。
> ——达蒂·沃尔特斯

对于这些关键要素，凯西·海恩斯建议主管去问那些捐赠人，为什么他们决定捐款（Hines，2007，p.109）。

明确激励每一位捐款者的各是哪些因素，这是非常有价值的。她是特别想投资来帮助有特殊需求的儿童吗？捐款者是想要通过确保优质的儿童保育来改善其在该地区的企业发展吗？关注捐款者的动机并保持敏感性，尊重捐款者并与之建立持久的关系。

对"不可能"说不

如果克服了我们行业中这五个常见的误区，那么你还准备挑战多少其他的误区呢？或许你曾听过这些说法："我们找不到完全胜任的员工"或"我们处在招聘危机中"。记住，每一个误区都是现实的碎片。招聘和留住胜任的员工对于主管来说是一项挑战。说"我永远也招聘不到完全胜任的员工"的主管，会发现她的预言成真。

"自我实现的预言"意味着我们的未来会变成我们预期的样子。用神经科学术语来解释，自我实现的预言就是大脑通路卡在了某个地方。如果我预期结果将很糟糕，那么结果真的会很糟糕。如果我愿意挑战这个误区，那么我就拥有了得到不同结果的战斗机会。据我所知，每一位相信自己能招聘到和留住优秀员工的主管，最终都能招聘和留住自己的员工。

你有大量的机会会接触到消极信念，或者去挑战消极信念。我邀请你去挑战任何你所接触到的消极信念。有人相信柏林墙一定会被推倒，你可能就是那个人。

反思性问题

1. 你是否记得有过这样的经历：你完成了某件你曾经认为永远也做不到的事情？你还能回忆起你不再珍视的某种信念吗？你所看到的世界变化是否让你觉得自己现在的生活与小时候不同？选择对你影响最大的往事，或者在你有生之年看到"柏林墙"被推倒的经历。记录口头反思（或书面反思），或者用视频记录下"道路曾经的样子"，道路现在的样子以及是什么导致了这些变化。

2. 假设你在负责为某幼儿保育项目筹募资金。你会从哪里着手呢？你会向哪些资源寻求帮助？你有哪些筹款选择呢？调查幼儿保教项目筹款活动的成功案例：给本地区的各保教项目打电话，然后选择你最喜欢的筹款想法。为你的目标、可测量的目标和宣传活动制订一份整合计划。把你的方案与罗杰·诺伊格鲍尔（第324页）所列的清单进行对照。
3. 你有多少不得不与不同文化和种族的人们接触的经历呢？不管采用何种方式，你想过要改变这种经历吗？浏览一下沙利文博士提出的几个步骤，斯帕克斯与拉姆齐给出的建议。描述一下你想如何扩展或改变与其他文化的接触，在你的组织内部以及网络上进行研究。与你的同学至少分享五条措施，这将会扩宽你的多元化视野。

团队项目

1. 对教师的成就，以及他们的情商、社会情商的认可与尊重可以有很多种具体的形式。头脑风暴就是一种对教师或员工认同的团队建设的好主意。从这份清单里，每个人都可以选择一种特别鼓舞人心的方法或点子。用一些具体的例子把这些点子变得更加丰满，如果可能，用幼儿保教项目使用过的真实案例是再好不过的。作为一个团队，教师认可的建议可以组成一份清单。将这份清单与你的同学分享，举办一场关于"教师想要什么"的讨论。
2. 随着技术的快速革新，市场营销的策略也必须不断变化。与你的团队分享所有可能的方式，这些方式可能将"传递"到潜在的新教师和主管那里。上网去查询最好的案例，来说明技术如何深化了我们的招聘过程。讨论你们可以如何使用技术，运用情绪和社会智力的方法接触到潜在的员工。写下并呈现一份招聘员工时用到的简短的技术指南，与你的同学分享该指南。
3. 外观吸引力能够影响潜在的客户"是选择还是放弃你的幼儿保教项目"。创建一份列表，列出从幼儿保教中心外部就能看到的方便顾客的特征。走访你所在地区的幼儿保教项目，并评估他们的外观吸引力，走访时要带上相机。准备并呈现一份PPT，向你的同学介绍具有最好和最差外观吸引力的那些项目。

参考书目

Chaika, Gloria. 2004. Recruiting and retaining minority teachers: Programs that work! *Education World*. http://www.educationworld.com/a_admin/admin/admin213.shtml.2004.

Collins, David J., and M.G. Rukstad. 2008. Can you say what your strategy is? *Harvard Business Review* (April): 82–90.

Finegan-Stoll, C. 1999. The goal of diversity training: To "teach tolerance" or model acceptance? *Leadership Quest* (Spring): 10–12.

Goffin, S., and V. Washington. 2007. *Ready or not: Leadership choices in early childhood education*. New York: Columbia Teachers Press.

Gonzalez-Mena, J. 2005. *Diversity in early care and education: Honoring differences* (4th ed.). New York: McGraw-Hill.

Harrington, R.J., and A.K. Tjan. 2008. Transforming strategy, one customer at a time. *Harvard Business Review* (March): 62–72.

Hines, K. 2007. Circles of support. *Managing Money:* 109.

Kagan, S.L., and B.T. Bowman. 1997. *Leadership in early care and education*. Washington, DC: NAEYC.

Klinkner, J., D. Riley, and Mary Roach. 2005. Organizational climate as a tool for staff retention. *Young Children* (November).

Koralek, D., ed. 2005. "Diversity" issue of *Young Children* (November).

Koralek, Derry, ed. 2005. "Leadership" issue of *Young Children* (January).

Neugebauer, R., ed. 2007. *Managing money: A center director's guidebook*. Redmond, WA: Exchange Press.

Sparks, L.D., and P. Ramsey. 2006. *What if all the children in my class are white? Historical and research background*. New York: Teachers College Press.

Sparks, L.D., and P. Ramsey. 2005. What if all the children in my class are white? Anti-bias/multicultural education with white children. *Young Children* (November): 20–27.

Sullivan, D.R. 2003. *Learning to lead: Effective leadership skills for teachers of young children*. St. Paul, MN: Redleaf Press.

Tatum, B.D. 1997. *Why are all the black kids sitting together in the cafeteria?* New York: Basic Books.

Thoughtful gifts for teachers. 2008. *The Dollar Stretcher*. http://www.stretcher.com/stories/03/03dec01a.cfm.

Torres, J., J. Santos, N.L. Peck, and L. Cortes. 2004. *Minority teacher recruitment, development, and retention*. Providence, RI: Education Alliance at Brown University.

U.S. Department of Education, National Center for Education Statistics. 2007. *The condition of education* 2007(NCES 2007–064).

Walker, M. 2001. When racism gets personal: Toward relational healing. Wellesley, MA: Wellesley College, Stone Center.

网络资源

美国教育部公平资助拨款

www.ed.gov/equitycenters/index.html

对作家贝弗利·丹尼尔·塔图姆的访谈

www.familyeducation.com/race/parenting/36247.html

美国国立教育统计中心收集和分析的有关教育数据以及发布的各种报告

nces.ed.gov

给教师送礼物的小贴士

http://www.stretcher.com/stories/03/03dec01a.cfm

瓦洛拉·华盛顿关于社会正义的演讲

http://www.uuca.org/sermon.php?id=68

美国教育部清算所收集的关于教育干预的研究

www.whatworks.ed.gov/

第四编

执 行
把原则应用于实践

第14章
与每个孩子的家庭建立伙伴关系

第15章
追求品质：取得许可，通过认证，遵循道德行为准则，表现出专业化

第 14 章

与每个孩子的家庭建立伙伴关系

学习目标

1. 定义家庭。
2. 寻找方法去欣赏和了解与你的家庭不同的家庭。
3. 考察家庭成员的合法地位,并了解哪些家庭成员有资格受法律保护,哪些没有。
4. 描述如何激励家庭,并避免给家庭贴上诸如"有危险"的标签。
5. 通过"询问和倾听"这一流程与家庭建立伙伴关系。
6. 阐述如何为那些有特殊需求儿童的家庭提供服务。
7. 识别创伤性儿童所表现出的行为迹象。
8. 讨论开展"方便家庭"的活动所具有的价值。

因为儿童照料是孩子健康成长中的一部分,因此,家长和儿童照料者必须紧密合作。最重要的是家长和照料者建立伙伴关系进行合作,使亲子关系尽可能的亲密。

——弗雷德·罗杰斯

把它称之为宗族、网络、部落抑或家庭:不管你如何称呼它,也不管你是谁,你都需要它。

——简·霍华德

案例研究：尊重差异：柳树能弯到什么程度？

一个访客敲你的门：

可汗先生想为他的孩子——4岁的阿明和20个月大的罗山在你的幼儿保教中心注册入园。可汗已经阅读了有关你们中心的使命和愿景的文件。他被你们强调的尊重多元文化的做法所吸引。可汗告诉你，阿明出生于王族，长大后将被委以领导者的责任。可汗先生希望你像对待王子一样对待阿明。罗山在出生时就已经被许配给他人了，她的准丈夫现年22岁，在家乡与他的三个妻子一起生活。可汗先生希望你将罗山培养成一位贤妻良母。

- 对于可汗先生和他的要求你有何感想？
- 对于这段对话你有何假设？
- 你将如何尊重可汉先生的希望？
- 你想尊重可汉先生的愿望吗？

我们都知道家是什么。

由于拥有作为家庭一员（或还未曾是家庭一分子）的亲身经验，我们本能地"知道"家庭是什么。通常，我们的经验能够预测我们认为家庭是什么样以及应该是什么样的。早期经验使家庭观念强有力地铭刻在我们的大脑中。在我们掌握词汇之前，我们就知道了"家"这个词；在我们上学之前，我们就接受了家庭教育；在我们做出人生选择之前，我们有家人的支持；在我们明白家庭的真正含义之前，我们就已经拥有了家庭。

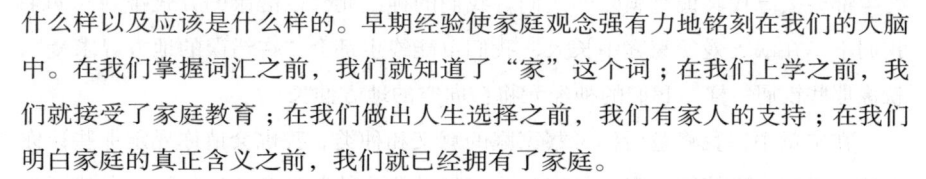

这种认知既是件好事，也会产生问题。我们对于家庭的感情如此深刻，以至于任何对于我们家庭质疑的假设都让人觉得尴尬和讨厌。在本章中，我们将探索与幼儿保教项目中各种各样的家庭相互了解、欣赏，以及与之建立伙伴关系的方法。

> 如果知觉的大门畅通无阻，则万物皆会向人们展示其天然的本质，即涵纳无限。
>
> ——威廉·布莱克

我们是一家人

儿童认为世界就是他们所体验到的那样。如果穆萨迪有一个妈妈和一个爸爸，他就会认为一个妈妈、一个爸爸和一个儿子就是家庭。里科的收养家庭就是她的家庭。温特沃斯和他的两个爸爸组成了他们的家庭。特苏和她的妈妈是一个家庭。我们的个人经验和我们对家庭的定义如此紧密地结合在一起，以至于在我们建立关于家庭应该是什么样子时，都会带有深刻的个人情感。难怪每当我问幼儿教育专业人士各自的核心价值观是什么时，他们都会简洁地用两个字回答：家庭。

> 家就是永远向游子敞开大门的地方。
> ——罗伯特·弗罗斯特，《雇工之死》

我们在潜意识中对家庭的感受是如此深刻，以至于我们想退一步来获得有关家庭的新认识时都会相当困难。命运中这种"恰好如此"现象着实是一个费解而又棘手的问题。当你发誓你绝不会像你的母亲时，你是否发现你的一言一行却恰好像你的母亲？这种深刻的、不可言传的家庭联系，如今能够用神经学的观点来做出很好的解释（Lewis，Amini & Lannon，2001）。

当我们还是婴儿的时候，我们的神经元就与我们最初的照料者的神经元是连在一起的，就像铁屑和磁铁的关系一样。经过这种匹配的过程，我们从照料者那里学到了什么是爱。如果我们有幸被一个充满爱的家庭抚养长大，我们终生都会去寻找其他充满爱的人们。我们的神经元会以健康的方式排列。如果我们不幸在缺乏爱的家庭中长大，我们可能终生都会"在错误的地方寻求爱"。就像那些铁屑一样，我们的神经元将会向空的地方伸长。

在本章中，我将邀请你考察家庭的意义和种类。我也会请你界定那些让你无法忍受的家庭特征。家中是有一位"兢兢业业的"母亲，还是给孩子找了个保姆？我们能否为了孩子而与家庭建立一种伙伴关系，尤其是当我们与这些家庭的生活理念和实践存在差异时？

孩子之间存在惊人的差异是值得高兴的事情，而成人之间的差异性就变成了一种挑战。当其他成年人表现出的价值观、行为和视角与我们的不同时，我们就会觉得不爽。我们迎接的每一个家庭都为我们的专业化成长提供了一次机会，我们也可以以此来检验自己对待差异的态度和偏见。

孩子和家庭都希望未来的学习经历跟孩子儿时的经验相似。一位领导者及其教育项目提供给家庭的教育质量,能够提高也能够毁掉家庭对于子女未来教育的信心。如果某位老师或主管认为某一家庭的价值观或教育实践是不被接受的,这种评判会打消该家庭让他们的孩子参加你的项目的念头。为了儿童所有将来的学习,我们想为家庭设定怎样的先例呢?

情商和理解家庭

让我们来思考一下本章的案例研究,在你与可汗先生会面时需要用到哪些情商和社会智力。退一步想,假设你与可汗先生坐在一起。此时你对他的要求有着怎样的感受。你的生理反应提供给你什么样的信息?使用情商,按照以下的程序回答你自己:

1. 生理反应?承认你对于情境的生理和心理反应;
2. 情感?确定与你的反应相联系的情感(愤怒、悲伤、恐惧、羞耻、内疚和喜悦等);
3. 假设?询问你的情感给你提供了什么信息。反思你做出的假设。你的假设和/或价值观是否与这个家庭的相匹配?
4. 专业视角?此时,运用你获取的信息做出明智的反应。你如何做出尊重的和专业的回答?

对于可汗先生的态度,一种普遍的下意识反应是:"他以为自己是谁?"像一只万圣节猫一样,我们中的一些人已经"发怒了"。

迅速做出上述判断的人们对于上面的四个情绪智力问题,倾向于做出如下或相似的回答:

> 我们看不到事物本来的面目,看到的只是我们希望看到的样子。
>
> ——阿奈·宁

1. 生理反应?我咬紧牙关。我脸部发热。
2. 情感?我被硬性地要求要有区别地对待他的儿子和女儿,对此我很愤怒。
3. 假设?这个人的做法是错误的!

我认为可汗先生是个"坏家伙"。

退一步说,我觉得我被冒犯了,因为我的核心价值观(性别平等、个人自由)受到了挑战。我认为每个孩子都应该有权选择自己的未来。

4. 专业视角?杏仁核劫持了我的专业精神,肾上腺素偷走了我的理智洞察力。

我们如何才能更好奇、也更开放地来倾听可汗先生的文化传统和信仰呢?

在本章的后面部分,我将告诉你我从一位美国中西部经验丰富的主管那里学到了什么,她正是曾经接待过可汗先生的那位主管。像可汗先生这样的家长,挑战了我们对于什么是恰当的家庭的假设。

> 在儿童发展过程中,家庭是至关重要的。因为,在保证儿童健康成长和幸福方面,家庭和幼儿教育从业者的目标是一致的,而我们负有促进家庭和幼儿教育项目之间的交流、配合和协作的重要责任,在此基础上来提高儿童的发展。
>
> ——《NAEYC 的道德行为准则》,
> 第二编:对于家庭的道德责任

情绪的确不是我们的全部。但是情绪智力理论提醒我们,情绪也是我们生活中的一部分,但是不需要它来控制我们。尽管一位老师听到可汗先生的言论可能会感到愤怒,但这位教师的冷静多于愤怒,对可汗先生所持的偏见情绪反应并没有控制他们之间的关系。多年的专业经验提醒她使用 NAEYC 的道德行为准则来处理可汗先生的问题,而非盲目沉浸于自己的偏见之中。

既然我们对家庭"应该"是什么样子的有我们自己的设想,那么,我们就应该花些时间去了解别人对家庭原本是什么样子的设想,这是值得我们去做的事情。

家庭:并非我们所想的那样

在苏格兰的格斯拉哥,为了更多地了解我母亲的家族,我走进了圣蒙哥宗教生活与艺术博物馆的大门,并深深地被它迷住了。在这里,它向人们展示了世界上的六大主要宗教,以及格斯拉哥人民的文化、种族和信仰。为了让参观者更好的理解和尊重博物馆所展示的内容,他们展出了不同种族群体的家庭是如何度过他们的生命历程的。

我参观的第一个房间主要是关于胎儿出生的。我们人类以各种独特的方式来到这个世界。一个种族是将婴儿放入池水中作为洗礼仪式。另一个种族会为婴儿举行传统的"割礼"仪式，割礼执行人环切男婴的包皮。第三个种族会通过"命名仪式"来欢迎新生儿降临宗族。

在旁边的房间中，我发现了成人礼。丰富多彩的关于"长大成人"的家庭活动以图片资料的形式展示出来。犹太儿童在13岁时，专心致志地使用原始的希伯来语阅读神圣的律法书《托拉》。在一排身着白色百褶裙的天主教女孩旁边，这些犹太孩子将他们的手虔诚地压在祈祷文的封面上。每一个天主教的男孩和女孩都要选择一个圣人的名字作为其教名。土耳其会为13岁的男孩进行传统的加冕，将他们包裹在黄袍中参加割礼以庆祝他们进入成年期。在15岁时，拉丁女孩也会庆祝成人礼，这相当于一个"甜美的十六岁"的仪式。家人为了让女儿的成人礼仪式成为她一生中最值得珍藏的记忆，往往会提前好几个月就开始准备。

其他的房间陈列了有关结婚、从成熟到老年以及死亡的仪式和过程。各个种族多样的仪式使我着迷。这种对生命历程的普遍感恩也同样让我痴迷。我驻足片刻，感激博物馆送给我这份礼物：我对它所体现出来的家庭意义瞬间有了感觉。我从未见过如此有意思的对于家庭多样性的描绘。

定义"家庭"

自从我到了格斯拉哥，我就问学生这样一个问题：你如何定义家庭？家庭价值意味着什么？

多年以来，我的学生们逐渐地将家庭定义为"由两个或两个以上持有相似价值和目标的人所组成"。这一定义涵盖了你的家庭吗？它是否将某些家庭排除在外？或者说这一定义过于宽泛了？由教师组成的一个团队是一个家庭吗？萨尔萨舞的爱好者们是一个家庭吗？板上钉钉的话也会不断变

家庭的定义：

1. 一群个体都住在同一个屋檐下，通常有一个人为首。
2. 有着共同祖先的一群个体。
3. 一群被确定的信念或共同的归属联合起来的个体。

——韦氏字典

化,然而现实也可能像在七月的夜晚捕捉萤火虫。

由于家庭具有多样性,那么,家庭的价值观意味着什么?如果一位政治家说自己就代表了家庭的价值观,那么他/她提升了谁的家庭价值观呢?通常,家庭价值观意味着对回归美好旧时光的渴望。那时,父母有着幸福的婚姻,孩子们都很听话和孝顺,每个人都来自同一种族。这种家庭曾经存在过吗?

美国家庭的历史

斯蒂芬妮·孔茨博士(Coontz,2000)调查了自从美国建国以来的美国家庭统计数据。她在选定的数据中试图发现是否曾经存在过"全部由美国人组成的家庭"。

你能想象出孔茨博士的发现是什么吗?只有20世纪50年代的核心家庭(父亲、母亲、1.5个孩子以及一只叫做"Checkers"的英国小猎犬)曾经是这种家庭模式。"20世纪50年代的家庭不仅是一项新发明,而且在历史的进程中它也是昙花一现"(Coontz, 2000, p.28)。正如格拉斯哥的家庭一样,一直以来,美国的家庭也是各式各样:单一家庭、由年长的孩子或祖父母抚养孩子的家庭、继生家庭、领养家庭、大家庭、同性恋家庭以及宗教团体。"我们对美国传统家庭模式的重复研究表明,过去和现在的家庭模式都拒绝家庭生活的多样性"(Coontz, 2000, p.14)。但是,当我们回顾历史去看待家庭价值观时,我们发现,正如孔茨博士所发现的那样,没有一种家庭的价值观能盛行不衰。政治家该如何理解这种信息呢?

给家庭贴标签

你是否曾经有过这样的经历:一走进教师的休息室,就被老师们对某些家庭的抱怨所包围,那些家庭通常被称为"那些人"?作为一个热情且踌躇满志的年轻教师,我很快就发现那些关于家庭的负面言论使我的热情骤降。片刻之后,我便远离了那些关于汤姆的父亲是多么令人厌恶,以及汤姆如何

有两种方式来发挥一个人的力量:一种是向下,另一种是向上。

——布克·华盛顿

像他的父亲一样无可救药的抱怨声。给某个家庭贴上负面的标签或是传播关于该家庭缺点的流言，都会使这个家庭以及我们自己尊严扫地。

认识到家庭的多样样是自然而然的事情，而且没有哪类家庭优于其他家庭，这会让我们认真思考如何与我们面对的每个家庭建立合作关系。

给存在虐待或是忽视的家庭贴上"危险的"标签，这种做法很常见。如果你或是你的家庭被贴上这样的标签，你会有怎样的感受？时常发生对"危险家庭"的污蔑和疏远现象。一旦被这样标定，这些家庭可能会被归类为失败的家庭，被大家怜悯或躲避。

下面的练习（见图14.1）来自《康奈尔家庭发展》杂志，它给我们列举了另一种思考家庭的方法。

> 幼儿教育专业人士能够通过一种叫作"旁观者清"的方法帮助家庭建立他们的优势。这种方法是指，能够更加宽泛地去审视一个家庭的优势，而不是仅仅将视野局限于他们奋斗的现实。有时，一个家庭实在是问题成堆，以至于很难看到他们的优势，更不用说把这些优势反馈给这个家庭了。
>
> 这张图画代表一个你们正在为其提供服务的家庭。在接下来的一分钟里，从旁观者的角度审视这张图，并确定你看到的这个家庭的优势。如果你愿意，可以把你看到的优势都列在一张清单上。
>
> 作为一名幼儿教育的领导者，通常你要帮助社区中最贫困、最易受伤害的家庭。当你看到他们那种挣扎的现实时，寻找这些家庭的优势就变得很困难。家庭也可能会被日常的困难所压倒，这样一来，他们可能习惯于只关注自身的不足，不会相信你反馈给他们的优势。
>
> 在生活中，你是经过怎样的挣扎和斗争，最终发现你的确具有但并未意识到的优势的？我们如何帮助家庭通过自己的努力来寻找到他们潜在的优势呢？当领导者相信某一家庭具有独特的优势，这将会成为有力的工具来帮助该家庭提高自信：他们有能力设定和达到他们想要的目标。
>
> "发现优势"练习（包括卡米尔·道赛尔的插图）最初出现在《家政人员从业技能》：摘自Instructors manual, by Katie palmer-house and Claire forest, Cornell family development press, © 2003. 订购信息：http://www.human.Cornell.edu/HD/FDC.

图 14.1 危险家庭

预防与反对家庭虐待和忽视

　　社会政策研究中心（the Center for the Study of Social Policy, CSSP）请我们采取措施，来预防儿童被虐待，正如《激励家庭来保护儿童：幼儿教育项目指南》（2004年）所建议的那样。当我阅读这本指南时，我发现，70% 小时候受虐待的个体并不会虐待他们自己的孩子，这一点让我备受鼓舞。然而，当我发现一岁儿童死亡的主要原因是家人虐待时，我顿时又感到心碎（CSSP, 2004, p.23）。

　　孩子的孤独状态能预测一个家庭是否虐待孩子。正如社会政策研究中心所提出的（CSSP, 2004, p.16），"在有关预防儿童被虐待和忽视的文献中，最能确定的单一影响因素是对自我和他人的同理心，这种同理心是通过与朋友、亲密伴侣、家庭成员以及专业治疗师或咨询顾问的关怀关系而发展起

1999 年，在美国发生了 825 000 件已被证实的儿童虐待或忽视案件，其中 14% 的儿童不到 1 岁；24% 的儿童年龄为 2~5 岁。

——社会政策研究中心

来的"(Steele, 1997; Higgins, 1994)。在社会政策研究中心所研究的所有机构中，幼儿保教项目被认为在防止虐待和忽视方面发挥了最大的作用，这主要是通过提高家庭的恢复力来实现的。

不要只盯着一个家庭的缺点方面，社会政策研究中心鼓励我们寻找并依靠家庭的"保护性因素"或积极的特质（见表14.1）。保护性因素包括若干特征，诸如创造力、主动性、幽默、智慧，以及获得良好的卫生保健和支持系统的能力（《不作为：对儿童忽视的概述》，Washington, DC: National Clearinghouse on Child Abuse and Neglect, 2001, as cited in the CSSP report, 2004, p.12）。

作为专业人士，我们能依赖家庭的这些力量和优势，例如父母的幽默感、主动性以及要求尊重父母。以尊重为出发点，我们开始与家庭建立一种伙伴关系，这种关系对整个家庭都有益，特别是对儿童来说更为有益。

在你与家庭共同强化保护性因素时，下面的问题可以帮助你为家长们提供更多支持（Bruno，2007，p.22-29）：

1. 作为父母，你有什么困难？
2. 我们的员工能否通过某种方式帮助你处理这些问题？
3. 我们想把我们这个保教中心做成受家庭欢迎的地方——家长们可以放心地前来寻求帮助。对于我们的这一想法你有何建议？
4. 当家长们深感压力、孤独和打击时，我们会提供特别的关怀。当家长们处于压力中时，我们如何更好地伸出援助之手？
5. 我们想让家庭之间的直接交流变得更容易些。如何才能做到这一点？

表14.1 保护性因素

- 父母的心理韧性或恢复力
- 一系列的社会关系
- 关于养育孩子和儿童发展的丰富知识
- 在需要时的具体支持，包括能够使用必要的服务，如心理健康服务
- 儿童健康的社会性和情绪发展

资料来源：CSSP, 2004, p.13。

这些问题可以引发你们与许多家长之间的热烈讨论,而不仅仅是那些只关心你们中心的家长。有时,那些在外人看来是最好的家庭,其实其内部也存在着颇多问题。家庭的经济条件并不能预测家庭的稳定性。对幼儿教育项目来说,促进家庭健康的策略包括(Bruno, 2007, p.29):

- 与儿童的家庭建立真诚、信任的关系。
- 邀请家长们到教室中与自己的孩子一起玩耍,并观察孩子。和家长一起来识别孩子的优势和需求。
- 建立班级父母支持团队和家长顾问小组。
- 对于家长们要求的某些话题,提供演讲者和场所,并将家长们纳入计划内。
- 为家庭间的直接交流和资源分享提供途径,如通过父母公告板的方式。
- 关注任何能够反映一个孩子处于过度压力下的迹象,哪怕是最细微的迹象。

> 怀念昔日的平静是培养历史健忘症。
> ——斯蒂芬妮·孔茨

搭建与家长之间的沟通桥梁,以及有效利用家庭的优势,这的确是一个有价值的目标。一旦我们怀疑虐待或忽视发生或很可能发生,我们要像被委托的记者那样,有责任对此进行及早报道。如果我们认为儿童处于危险之中,我们需要与其他能够介入的专业人士一起,阻止虐待和忽视的发生。

很不幸,虐待和忽视普遍存在。2006年,根据美国卫生部的统计,超过900 000名儿童被认定为是虐待或忽视的受害者。其中,超过60%的儿童遭受过忽视,16%的儿童遭受过身体虐待,9%的儿童遭受过性虐待。然而,这些有关虐待行为的"官方"报告远远低估了现实中的虐待现象。根据1995年的一项盖洛普民意测验显示,近25%的被调查成年人都报告说他们在儿童时期曾遭受过性虐待(English, 1998)。

作为一名受虐待和被忽视的幸存者,我相信,通过帮助家庭能够打破这一循环。然而,根据经验我也知道,不是每个家庭都乐于做出改变。在这种情况下,保护儿童便成为我们的一项重要工作。

"询问和倾听"的流程

询问和倾听是常识，但不是大家的普遍做法。从本质上讲，这一做法需要我们避开我们的假设和评判，敞开我们的心扉，更多地去了解每个家庭。当我们发现我们要面对类似可汗先生这样的家庭成员时，这一过程将会更加有效。

询问和倾听的流程包括三个要素：

1. 在和家长的对话中持一种好奇的、接纳的和宽厚的态度；
2. 倾听但不进行评判，就像你在寻宝一样；
3. 为了充分地倾听他人的想法，请先承认你也有偏见，然后把它搁置一边。

你是否曾经因为超速而被警官要求将车停在路边？如果是这样的话，你可能会被问道："你知道你开得有多快吗？"这个问题对你来说是开放式的吗？它很可能不是。警官已经知道了答案。雷达已经给他提供了需要的数据。警官也可能会使用间接的陈述而非直接提问："我很清楚你到底开车有多快。你刚才超速了。"尽管他很可能是对的，但他的方式以及罚单都会让司机感到慌张。

一个开放式问题的开放式结尾是对他人的一种邀请。好奇的人会通过发问开放式的问题来获得信息。"你能给我讲讲你的孩子吗？"这样的发问会为家长开启一扇门。一个多余的问题是一种句末带有问号的陈述。"你会按时到这里吧？"听起来就像是在说"你总是迟到"。多余的问题关闭了进一步分享的大门。在前面的例子中，警官并不关心司机的答案是什么，大多数的司机都能心领神会这个问题。

> 我们对于一个开放式问题的回应也是开放的。在多余问题中我们会觉得被负面地评价了。我们倾向于回避那些对我们有负面评价的人。

我们的情商告诉我们，我们所用的语言和非言语行为之间的一致程度是诚实的一个指标。多余的问题很难瞒过听众。不情愿的面部表情代表你并不乐于聆听。提出多余的问题，听众就会觉到提问者不够真诚。说起来简单做起来难，根据迈尔斯·布里格斯的统计，我们之中有 55% 的人都承认，提问开放式的问题有困难。

我们中的大多数人都希望自己以本来面目被他人尊重和接受。我们也知道自己并不完美，当被他人提醒这些不完美时可能会很痛苦。一位家长，当被问到多余的问题时就避而不答了。她不只是与你保持距离，而且可能会感到愤慨或生气。一个得到认真聆听的家长更可能成为好的合作者。当领导者"询问和倾听"时，会诱发自己和他人都处于极佳的状态。有效的管理者会将个人评判和陪审团的裁决搁置一边，从而全心全意地与父母进行交流。当我们带着诚实的好奇心去倾听时，我们正踏上一条了解家庭多样性之路。

暂停评判，为好奇留有余地

马尔科姆·格拉德威尔博士（Gladwell，2005）强调说，无论我们愿意与否，我们都在眨眼之间会对他人做出评判。回顾案例研究中可汗先生的要求。尽管你想对可汗先生持开放态度，但是，最初你可能还是会做出有偏见的反应。我们早期的经验导致了我们对行为的期望。

例如，我希望男孩和女孩享有同等机会的权利。我从小被教育：女孩无才便是德，男孩有泪不轻弹。对我来说，确保儿童拥有很多机会是很重要的。可汗先生的家庭文化显示，他有重男轻女的思想。他问我是否愿意像对待王族成员一样对待阿明，而教罗山学会顺从。我本能地反应说："不可能！"我的消极评判没有为我的好奇留有任何余地。

相反，如果我能够把自己对可汗先生的假设搁置一边，那么我就可能会"询问和倾听"阿明和罗山的父亲，结果会怎样呢？（见表14.2。）也许我就会对这个与我显著不同的男人的传统、习俗以及希望有了更多的理解。如果我怀着好奇心去倾听，也许我就能够发现这位父亲是多么地爱自己的孩子。他所希望做的一切对孩子来说是最好的吗？根据他的宗教和文化传统的标准，他想做的一切能为孩子的成功做好准备吗？

诗人塞缪尔·泰勒·柯勒律治曾建议，我们需持有一个"愿意中止怀疑"的态度，以进入一个可能的新领域。询问和倾听的流程就为我们这些幼儿教育领导者开启了这样一个新领域。

也被强制规定。在美国，对儿童虐待和忽视是刑事犯罪。根据法律规定，我们有义务举报儿童虐待。

考虑一下遇到这种情况你会怎么办：新来的幼儿教师杰西卡跟你强调说，胡淑的父母虐待孩子，我们应该向有关部门举报。因为当她给胡淑换尿布时，她发现这个孩子的臀部和后背下方满是淤青。杰西卡坚持认为她有义务行使自己的举报权。作为杰西卡的主管，你会怎么办？

你会举报胡淑的父母虐待孩子吗？除非这个孩子处于紧急的危险中，否则你要先与其父母取得联系，搞清楚究竟发生了什么事情。当你询问孩子的母亲时，她可能会告诉你那是孩子的"胎记"，胎记是一种在亚洲、非洲和拉丁美洲的孩子身上普遍具有的青色或黑色的色素沉淀。这些胎记往往在青少年期就会消失。花一点儿时间去打一个电话，多保留一会儿好奇心，这样能够保护儿童，保护你的项目以及你与胡淑家庭的伙伴关系。通过这件事情，杰西卡学到了"询问和倾听"的作用。

想象一种不同的场景：杰西卡发现小莉亚的后背有红色的条文。现在，杰西卡知道在请求社会服务之前要先询问小莉亚的父母。莉亚的父母高兴地告诉杰西卡：与周末时的感冒相比，今天早上小莉亚的状态已经好多了。莉亚的母亲解释说，"硬币疗法"是一种通过在背部快速滚动一枚热的硬币，很快地赶走病症的方法。莉亚的母亲说这是她从她母亲那里学到的，而她母亲是从她外婆那里学来的。杰西卡通过查证硬币疗法，得知这是一种苗家特有的做法。

在了解莉亚文化传统的过程中，杰西卡阅读了安妮·法迪曼的《鬼上身，你倒下》（Fadiman，1997）一书，这本书讲述了一个在美国的苗族孩子的痛苦的历史。在法迪曼的书中，这个孩子在主流（美国）文化的医疗做法和她自己的文化传统的做法之间不知所措。根据美国医生的观点，莉亚的父母对孩子是疏忽的。根据莉亚父母的观点，美国的医生是在伤害他们的孩子。

当主流文化和非主流文化发生冲突时，就需要做出决策。不幸的是，美国有镇压少数者权利的历史。在第二次世界大战期间，日裔美国人被集中在营地里。在这期间，他们失去了他们的房子、事业和自尊。印第安部落和非裔美国人也遭受过令人无法忍受的对待。即使在今天，美国的移民和穷人也常被视为二等公民。幼儿教育项目能够帮助我们的后代消除文化误解和不公。

杰西卡感谢莉亚的父母为她解释了硬币疗法，她也向他们证实莉亚今天早上是多么的精力充沛。杰西卡和其主管需要平衡尊重家庭行为的期望和更大的社会期望之间的关系。主管指出，被授权的举报者——幼儿保教专业人士、医生和护士——有义务举报虐待现象。然而，并不是所有的被授权的检举者在致电权威机构之前都会去询问事件的真相。因此，莉亚的家庭可能需要让其他人知道他们"需要知道的"偏见，该偏见是对某文化背景下的实践活动由来已久的偏见。

"家庭"的法律地位

传统上，法律保护那些通过婚姻组合而成的家庭，这意味着已婚的夫妻享有家庭权利，而未婚的伴侣们则不享有这些权利。法律将结婚界定为一个男性和一个女性的亲密结合。该定义并未涉及未婚伴侣以及同性伴侣，他们不享有婚姻法的保护。1996年，美国国会通过了《捍卫婚姻法案》，使得同性婚姻合法化。

在世界范围内，对于婚姻的合法定义也在发生变化。2001年，荷兰将同性婚姻合法化。加拿大废除了同性伴侣结婚的户籍要求，该规定适用于任何国籍的同性伴侣。在美国，马萨诸塞州是第一个将同性婚姻合法化的州。慢慢地，像佛蒙特和新罕布什尔这些州开始为"公民联盟"争取法律地位。公民联盟可以行使很多以前只能适用于已婚（异性）伴侣的权利。

婚姻和家庭定义的变化也会延续到幼儿保教项目。来自男同性恋和女同性恋家庭的家长、员工以及儿童在你的心中是否会受到欢迎呢？你们中心的教室里有多少本描述各种类型家庭的图书？你的中心是否欢迎有变性人的家庭？

作为项目的领导者，你的立场是什么？即使领导者会欢迎所有的家庭，他可能会发现项目中的家庭可能彼此并不欢迎。如果是这样的话，领导者要与所有的家庭一起来考察项目的使命是否符合认证许可标准。最终，歧视其他家庭的家庭可能需要选择离开，从而使得该保教项目中的家庭更加和谐。

有特殊需要的儿童的家庭

你也许读过这个故事：一家人想去意大利阳光明媚的山城旅行。当他们兴奋地下飞机后，却发现他们到了一个自己完全不了解、也从未期望过和之前对此毫无准备的国家。这个故事美满的结局是，这个不知所措的家庭最终发现，他们所到的这个地方有很多值得热爱的东西。好心的专业人士常常会给有特殊需要的儿童的家庭讲述这个故事。

故事的寓意很受用：每一个有特殊需要的儿童对于其家庭来说都是一份礼物。然而，这些家庭也承受着痛苦的负担。对于正常家庭来说，第一次婚姻约50%的离婚率已经很高了，但是对于那些有残疾儿童的家庭来说，离婚率会更高（Marshak & Prezant，2007）。这些家庭中也常有抑郁；像"我究竟做错了什么？"这类充满自责和羞耻的反应司空见惯。对他们来说，说一句"我知道你的感受"就是一种安慰。

案例研究：劳拉

劳拉的母亲，即佩特罗佐里奥女士，认为她的女儿是完美的。每次，当劳拉的老师尝试与其分享有关劳拉的不适当行为时，佩特罗佐里奥女士都会坚持说："劳拉在家里从来不这样。一定是你刺激她做出这样的行为。"上星期五，劳拉咬了阿朗索；本周一，她打了约瑟菲娜的肚子。今天，当大家围坐成一圈上课时，劳拉拒绝与其他人坐在一起，并从每个人的小房间中把大家的东西都扔了出去。劳拉总是自言自语，别人听不懂她在说啥。她很少与他人有眼神接触。劳拉的老师感到很担心，想要为劳拉做测评。但他们又害怕佩特罗佐里奥女士的反应。作为主管，你需要做些什么？

"询问和倾听"流程会有帮助吗？绝对会有。很多次，有特殊需要的儿童的家长都会渴望另一个也爱着他们孩子的人来倾听其心声。发挥你的情商，以各种方式去倾听佩特罗佐里奥女士的心声。你这也是在帮助劳拉。

《美国残疾人法案》（ADA）保护所有的儿童——包括那些有特殊需要的儿童——都有机会成长和学习。在幼儿保育和教育中，我们的挑战是寻找方法来支持承担着特殊需要儿童带来的各种额外负担的家长和老师。《激励家庭来保护儿童》（2004，p.38）一书提供给幼儿保教专业人士以下指导方针，以便于开展有特殊需要儿童的家庭工作：

1. 充分利用专为有特殊需要的儿童准备的养育素材和网络资源、支持群体和游戏群体以及社区资源，与这些家庭建立联系；
2. 定期与家长核实他们在教养孩子方面遇到的挑战；
3. 对家长们遇到的挫折、想给孩子提供的保护、产生的内疚、失落和其他相关感受保持敏感，理解他们面临的挑战；
4. 支持家长们提出一套适合于他们特殊需要的孩子的发展期望；
5. 与家长共同确认他们孩子的特殊需要给家庭动力和抚养压力带来的影响；
6. 在孩子的特殊需要刚刚被确定时，要给这些家庭提供特别的支持；
7. 积极为这些家庭感兴趣和关心的话题提供演讲者和资源；
8. 确保家长—儿童之间的活动对于有特殊需要的儿童的家庭是合适的。

在对有特殊需要的儿童的家庭开展工作时，我为你们推荐一份附加表单，这些来自我的经验和研究。

1. 让父母描述他们的孩子：什么能够使孩子高兴、温顺，什么能激励和吸引孩子？
2. 每天，为家长提供真实的反馈；
3. 不仅向家长报告困难的事情，也与他们分享好的事情；
4. 邀请家长走进教室，与他们的孩子一起玩耍并观察他们的孩子；
5. 询问家长在家中如何帮助他们的孩子，学习他们的经验，告诉父母什么时候他们的建议是有效的，并给出具体的例子；
6. 与家长一起回顾孩子的进步，并确定家长的哪些行为需要额外的帮助；
7. 提供可用的资源（DVD、网站及文献）和联系信息（专业人士、支持团体及其他乐意分享经验的家庭）；
8. 不是说"我知道你的感受"，而是说"我能想象这一切对你来说意味着什么，我很乐意倾听你想要分享的任何东西，承诺与你共同努力。我们都爱你的孩子。"

在支持和安慰有特殊需求儿童的家庭方面，幼儿教育专业人士可能是非常宝贵的资源。

"完美"家庭

你认识在"完美"家庭中成长的人吗？你是否是幸运的这个人呢？如果我让你描述完美家庭，你会说些什么呢？一种可能的答案是："我设想有这样一个家庭，在那里，孩子和照看他们的成人都被认为是宝贵的、安全的、滋润的，以及努力达到他们最好的状态，其中最重要的是无条件的关爱。"

没有人是在一个完美的家庭中长大的，尽管某些家庭在外人看来很完美。暴力、虐待和忽视等这些阴暗面可能潜藏在那些看起来很完美的家庭中。我们要意识到，那些在看起来完美的家庭中生活的孩子也需要帮助。作为领导者，你要支持你的员工更多地去学习如何识别可能的虐待和忽视的指标（Bruno，2007，p.24）：

- 异常的惊吓反应：对于未预料的噪音或运动，儿童会做出瞬间的、恐惧的和放大的反应。
- 记忆和注意力集中问题：当被问及一个简单的问题时，受过虐待的儿童会表现的像个小大人一样，眉头皱向中间，好像他们就是为了获得正确答案而生活。
- 当回忆痛苦的经历时会感觉很糟糕：当看到家人进入房间时，经历过虐待的儿童会感到一种令其不舒服的紧张感，例如当亲属来接他们的时候。
- 回避：被忽视的儿童害怕泄露家庭的秘密，因此，他们会回避那些他们可能会不小心说出那些禁忌内容的情境。这种不情愿的心态表现在对新事物的抵制，甚至是在自由玩耍时。
- 过度警觉和过度觉醒：那些有着创伤后应激障碍（PTSD）的儿童会对危险格外警戒。当处于那些他们陌生或无法控制的情境中时，他们会非常焦躁和担心。对于过度警觉的小孩子，在午睡时放松是不可能的。

> 1967年，当我还是一名幼儿教育专业的学生时，我学到的东西现在还铭记脑海。"你的当事人不是孩子，而是家庭。"当时，我的老师莉莲·卡茨，即伊利诺伊大学的教授和幼儿教育领域的先驱，发表了这样的言论。我永远不会忘记她的这些说法，这是我在该领域用了很多年才逐渐了解并信奉的理念。
>
> ——珍妮特·冈萨雷斯-米纳

有关教师如何帮助创伤性儿童的有用信息，请登录 www.fema/gov/kids 和 www.nmha.org/reassurance/children.cfm。

超出儿童需要的家长：难伺候的家长

你能说出哪个家庭没有压力吗？我想不出来。每个家庭都会面临困难和压力。处于压力之中的家长会将他们的焦虑流露给我们。

你知道"难伺候的"家长会占用你大部分时间，导致你可能忽略自己其他的责任吗？难伺候的人常常是索取型的。他们需要关注、关心，常常还需要一些有用的信息。使用你的情绪智力去聆听他们的言下之意，问自己："这个人真正想要从我这里得到什么？"

当你与索取型的家长合作时，在这个过程中，要一步一个脚印，这样做对于家长和项目都有帮助。

1. 在一段特别的、适当的和有限的时间内，把你的注意力全部集中在这些家长身上；
2. 如果可行的话，与家长约定固定的谈话时间；
3. 协助家长与其他有着同样问题和担忧的家长会面；
4. 帮助家长寻求社区资源并与之建立联系；
5. 鼓励家长利用其优势和技能，给予课堂和项目更多帮助；
6. 如果家长的要求让你无法承受，帮助该家长寻求其他可能给予她更多关注的保教项目。

最好的情况是，难伺候的家长变成了你的项目中最具活力的支持者。最糟糕的情况也不过是，在你的帮助下，他们找到了更能满足其需要的保教项目，所以家长也会从中获益。

有利于家庭的做法

"有利于家庭"意味着将家长的需求放在第一位，通过提供服务来减少他们的压力，使得家长有机会享受与孩子在一起的优质时间。

有利于家庭的保教项目可以为儿童提供理发、干洗衣服、接送上下班车、新鲜的营养餐，以及到其他小朋友家过夜等服务。所有这一切都旨在帮助家庭减少压力。当你阅读第 15 章关于质量的内容时，你将会看到全面质量管理原则是如何为预期客户需要而设定标准的。

格温·摩根是一家幼儿保育中心的主管，他发现，在第二次世界大战那段紧张期间，美国西北部的一家防务公司率先开设了有利于家庭的幼儿保教实践。这家公司，即凯泽公司，从全国各地招聘高素质的教师，给予丰厚的报酬，并承担他们搬家和租房的费用。教师被视为宝贵的专家，通过听取、管理并实施他们提出的建议来让公司获得发展。

凯泽公司提供 24 小时的儿童托管服务。一支由医疗团队组成的特殊护理部门为患儿提供服务。儿童和其家庭成员就地接受免费的医疗和牙医服务。家庭每一种可能的需求，甚至是额外的鞋带或者备用纽扣，都会被提前想到。有一个场景让我记忆尤深：特别设计的洗手盆，能够升到教师需要的高度，以减少教师背部的压力。

凯泽公司的资金来自美国政府战争办公室，因此可以保障它能够给家庭带来如此这般的方便。公司员工在当地建造海上舰船，所以国家才不计成本地支持这项为战争做出的努力。

如今，军方的资金已经被用于其他地方。但是，凯泽公司的方便家庭的做法被传承了下来。灵活运用情绪智力资源，无需额外的资金，我们就能吸引家庭并满足他们的需要。考虑表 14.4 中方便家庭的做法。

家庭即老师，ECE 专业人士即学习者

在本章结束之际，正如我们在本章开始部分那样，我们也要进行选择。今天，一位像可汗先生那样的家长可能会来到你的门前。明天，一位 12 岁的母亲可能前来寻求帮助。她可能想把她的朋友也列入授权接孩子的名单

> 倾听家庭，承认并确立他们的优势，我们在养育孩子的工作上支持他们的同时，也要理解他们。
>
> ——NAEYC 的道德行为准则，第二编，I-2.4

表 14.4 前十个方便家庭的做法

1. 建立家长顾问小组，让家长们分享新的想法和普遍关心的问题。家长顾问小组也可以建议主管项目如何开展工作。
2. 邀请演讲者来分享家长感兴趣的共同话题。受家长欢迎的话题包括纪律、注意力缺陷多动障碍（ADHD）、如厕、在儿童不同的发展阶段家长应该持什么样的期望，以及在家时应该与儿童进行的活动。
3. 使用彩色公告板以方便家庭之间分享信息。
4. 为家长提供机会，让他们用自己的优势为项目做出贡献。阅读故事、理财和参加大扫除都能够提高保教项目的质量。
5. 提供家长"外出一夜"的活动，可以在周五晚上开展到很晚，给家长们提供可以不带孩子而单独相处的机会。
6. 在当地为家长和孩子开设瑜伽和健身课堂。
7. 提供spa治疗，给家长们提供当地免费的按摩和美容服务信息，旨在减缓家长养育子女带来的压力。
8. 提供家庭借阅图书馆，家长们可以借阅DVD、书籍、游戏以及其他资源素材。
9. 在放学时提供额外的员工服务，从而使得家长有时间与教师沟通，这时额外的工作人员会来照顾孩子。
10. 计划家庭间互相认识的晚餐和活动，提供食物、交通工具和儿童看护，以欢迎和奖励参加到你们项目中的家庭。

中。我们所遇到的每个人都为我们提供了一种机会来更全面地了解家庭的含义。那些感受到尊重和欣赏的家庭很乐意成为我们的合作伙伴，以使他们的孩子成为最棒的。我们设置障碍将其他人排除在外，也许恰是我们自己画地为牢。如果我们对各种可能性敞开心扉，那么，每一个儿童和其家庭都是一份礼物。我们只需要询问，然后倾听。

主管们和其员工有机会去创设环境，在这里，每一个孩子的家庭都是受欢迎的。思考一下，作为领导者，你将如何在下面描述的两个家庭间搭建桥梁。

案例研究：艾玛莱恩·雷

婴儿艾玛莱恩·雷的父亲威尔伯告诉老师路易斯：不能给艾玛换尿布！威尔伯警告说："如果任何男人看到我的女儿没有穿衣服的样子，她都会感到很羞耻。"威尔伯和家人信奉基督教福音教派。这个教派讲究端庄，特别是两性之间。威尔伯从未给他的女儿洗过澡、换过尿布或是看见过她没穿衣服的样子。他让他的妻子或是其他女性教友做这些事情，而且她们也会提供足够的支持。路易斯是你的项目中最优秀的婴儿教师，而且你的项目也经常人手不足。

对于威尔伯的要求你会做何感想？对于这段对话，你会产生哪些假设？你如何应用"询问和倾听"流程？你们可能会找到怎样的解决办法？

案例研究：斯科特

正处于学龄期的斯科特很喜欢参加你们的夏令营和课外项目。他是一个很富有表演天赋的孩子。从泡泡状的婚纱到黑武士的面具，他想尝试一切事情。他喜欢在脖子上缠绕长长的、闪亮的围巾，假装自己像红男爵曼弗雷德·冯一样地飞行，或者像伊莎多拉·邓肯那样跳舞。斯科特的父亲雷蒙对于斯科特的这种个性坚决支持。他的另一位父亲蒂莫西则对你说："要让斯科特举止得体，表现得像个男孩。"蒂莫西和雷蒙在接孩子时发现，他们的儿子正在同女孩玩给娃娃打扮的游戏，而其他的男孩则在室外踢足球。蒂莫西要求你"明确地告诉斯科特再也不要玩给娃娃打扮的游戏了"。

对于蒂莫西的要求你有何感想？你以前有过这种左右为难的时候吗？NAEYC 的道德行为准则能为你提供什么样的指导呢？该家庭带给你的专业挑战是什么？你会采取什么样的行动？

反思性问题

1. 在未来的一百年或者五百年，你预测家庭会发展成什么样？如果有的话，家庭中什么是永恒的或是持久的？对于我们现在所了解的家庭，什么是最容易改变的或是会绝迹的？思考一下：1977 年，美国社会学家阿米泰·埃齐奥尼预测婚姻会在 20 世纪 90 年代消失。准备一种能够表达你的预测的形式（拼贴画、绘画、诗歌、歌曲或论文）。

2. 调查家庭的进化史。从一开始，什么已经变化了，什么还在持续？选择一种特别的民族群体或文化。研究该群体的家庭传统、习俗、价值观和信仰的发展途径。根据你的发现写一篇论文。
3. 确定至少两类家庭，这些家庭与你自己的家庭或者你选择的家庭是不同的。考虑这些家庭与你的家庭在种族、文化、宗教和性别倾向上的差异。列出你想要了解这些家庭的哪些方面。使用"询问和倾听"流程对每种家庭进行访谈。概括地写出你对获得信息的深入思考。
4. 利用头脑风暴法想出尽可能多的有利于家庭的做法。在你现在的项目中，确定哪些属于有利于家庭的做法。参观其他的保教项目或是访谈其他的主管以获得新的灵感。列出至少 10 条现在可以被使用的有利于家庭的做法，并在今天就开始实施。评估每种做法的代价（如果有的话）。在你的课堂里展示这些做法。

团队项目

1. 作为个体，写下你对家庭的定义并列出你的家庭价值观。作为团队，互相分享你们的家庭定义和价值观列表。哪些是你们共有的？哪些又存在差异？研究家庭的定义和家庭价值观（通过网络、杂志和其他文献、书籍或是访谈）。从至少三种不同的观点来报告家庭的定义和家庭价值观。
2. 研究并讨论与家庭成为合作伙伴的益处和挑战。在你与家庭的伙伴关系中，确定哪些情境是既让你喜欢，又让你觉得很具挑战性。准备三个与客户家庭具有挑战性情境的案例研究。使用诸如《幼儿》或《育儿交流》这样的资源，找到至少五点如何能够更好地与家庭成为伙伴的内容。带领整个班级讨论你的案例研究，展示你找到的要点。
3. 运用头脑风暴法列出所有可能的家庭形式（如寄养家庭、同性恋父母、核心家庭以及整个村子）。研究美国历史上至少三类家庭的历史。法律的认可给某类家庭带来了什么好处？那个群体又面临了什么样的歧视？向全班展示你的发现。邀请你的同学思考哪种家庭形式在未来是最流行的，以及什么类型的家庭会最受保护法律。
4. 很多幼儿教育项目是同质的，代表的家庭也都有许多共同点。你的项目的多样化程度如何？你希望它多样化到何种程度？根据真正多样化的家庭来确定你的项目。访谈那些项目的主管，找出导致项目异质性的因素和力量。准备一份幼儿教育项目能够采取的步骤列表，来促进和确保项目中家庭的多样性。

参考书目

Barrera, I., R.M. Corso, and D. MacPherson. 2003. *Skilled dialogue: Strategies for responding to cultural diversity in early childhood.* Baltimore: Paul Brookes.

Bloom, P.J., and E. Eisenberg. 2003. Reshaping early childhood programs to be more family responsive. *America's Family Support Magazine*, pp. 36–38.

Bowman, Barbara, and Evelyn K. Moore, editors. 2006. *School readiness and social emotional development: Perspectives in cultural diversity.* Washington, DC: National Black Child Development Institute.

Bruno, Holly Elissa. 2003. Hearing parents in every language: An invitation to ECE professionals. *Child Care Exchange*, September–October, pp. 58–60.

Bruno, Holly Elissa. 2007. Teachers may never know: Using emotional intelligence to prevent and counter child neglect and abuse. *Dimensions in Early Childhood* 35(3): 22–29.

Christian, L.G. 2006. Understanding families: Applying family systems theory to early childhood practice. *Young Children* 61(2): 12–20.

Coontz, Stephanie. 1992, 2000. *The way we never were: The American family and the nostalgia trap.* New York: Basic Books.

Coontz, Stephanie. 1997. *The way we really are: Coming to terms with America's changing family.* New York: Perseus Books.

Crittenden, Danielle. 1999. *What our mothers didn't tell us.* New York: Simon & Schuster.

English, D. 1998. The extent and consequences of child maltreatment. *The Future of Children* 8 (Spring): 39–53.

Fadiman, Anne. 1997. *The spirit catches you and you fall down: A Hmong child, her doctors, and the collision of two cultures.* New York: Farrell, Straus & Giroux.

Gladwell, Malcolm. 2005. *Blink: The power of thinking without thinking.* New York: Little, Brown and Company.

Goleman, Daniel. 2006. *Social intelligence: The new science of human relationships.* New York: Bantam Books.

Gonzalez-Mena, Janet. 2007. What is third space and how do we get there? Unpublished paper presented at NAEYC annual conference, November 6.

Gonzalez-Mena. 2009. *Child, family and community: Family centered care and education,* 5th edition. Upper Saddle River, NJ and Columbus, OH: Pearson/Merrill/Prentice Hall.

Im, J.P., R. Parlakian, and S. Sanchez. 2007. Rocking and rolling: Supporting infants, toddlers, and their families. *Young Children* 62(5): 65–67.

Katz, Johnathan. 1995. *The invention of heterosexuality.* New York: Dutton.

Keyser, J. 2006. *Building a family centered early childhood program.* Washington, DC: NAEYC.

Lewis, T., F. Amini, and R. Lannon. 2001. *A general theory of love.* New York: Vintage.

Marshak, L.E., and F. Prezant. 2007. *Married with special-needs children.* New York: Woodbine House.

Meyerowitz, Jo Ann. 1994. *Not June Cleaver: Women and God in post-war America, 1945–1960.* Philadephia: Temple University Press.

Powell, D.R. 1998. Research in review: Reweaving parents into the fabric of early childhood programs. *Young Children* 53(5): 60–67.

Protecting children by strengthening families: A guidebook for early childhood programs. 2004. Washington, DC: Center for the Study of Social Policy. April. Online: www.cssp.org.

Sugarman, Steve, Mary Ann Mason, and Arlene Skolnick, eds. 1998. *All our families: New policies for the new century.* New York: Oxford University Press.

Ury, William. 1999. *Getting to peace: Transforming conflict at home, at work and in the world.* New York: Penguin Group.

U.S. Department of Health & Human Services. 2006. *Child maltreatment 2006: summary.* Washington, DC: Administration for Children and Families. http://www.acf.hhs.gov/programs/cb/pubs/cm06/summary.htm.

网络资源

以家庭为中心的实践

http://www.childwelfare.gov/famcentered/

哈佛家庭研究项目

http://www.gse.harvard.edu/hfrp/

与家庭和社区合作

http://pdonline.ascd.org/pd_online/success_di/el200405_epstein.html

识别儿童虐待和忽视：标志和特征

http://www.childwelfare.gov/pubs/factsheets/signs.cfm

用包容性的项目来支持有残疾儿童的家庭

http://journal.naeyc.org/btj/200601/KaczmarekBTJ.asp

第 15 章

追求品质：取得许可，通过认证，遵循道德行为准则，表现出专业化

学习目标

1. 理解定义品质是一项挑战。
2. 确定谁为幼儿教育工作者的品质这一定义做出了贡献。
3. 对专业化下一个动态的定义，其中包括情绪和社会智力。
4. 讨论和应用全面质量管理（TQM）原则。
5. 使用道德责任准则。
6. 解释认证标准与提高品质有何关系。
7. 命名各种类型的品质评估量表。
8. 实践中如何在压力情境下坚持高品质和专业化。

请优先考虑孩子。如果你从事与孩子有关的任何工作，例如他们的娱乐、食品、玩具、抚养、保育、医疗保健以及教育，那么请倾听孩子、了解孩子，向孩子学习。优先考虑孩子。

——弗雷德·罗杰斯

最崇高的道德准则就是我们应该坚持不懈地为人类的福祉而工作。

——圣雄 甘地

案例研究：倡导品质

海德是儿童优先学院（kids come first academy）的新主管。他是通过"外部途径"的方式当上领导的，并且是在几个内部女性候选人之外被选举出来的。学院主管的董事会希望海德"负责接管难管理的教师并使学校运转良好"，以满足新的认证标准。董事会主席雷金纳德告诉海德，前任主管帕姆由于不能激励教师去建立必要的班级文件夹而被解雇。

海德认为，这所学校看起来像是由多样性的家庭组成的联合国一样，因此他觉得这个职位非常具有吸引力。当海德准备召开第一次全体员工会议时，他迷惑不解，"许多人现在都憎恨我，我能做什么去激励教师，让他们全身心地投入到认证过程中呢？"海德给你打电话征求建议。海德告诉你，在他以前的单位中，他并不是唯一的男性。"我应该做什么？"他问道。

在现实中，本章案例研究中的海德的困境并不少见。伴随不断修订的认证标准，对于任何变化，许多员工都会抵制："我们的工作要求已经很苛刻了，谁还有精力再去做类似班级文件夹这样的琐事呢？"而旨在提高项目品质的主管，也希望每个人都高高兴兴，他们发现这是一个两难问题。

在希腊神话中，西西弗斯的责任是去把一块巨大的、圆形的岩石推到山顶。他鼓足勇气，深吸一口气，开始努力把巨石推到斜坡上。每一天，西西弗斯都付出了辛劳和汗水。每一天，他都把巨石往山上推进一点。无论西西弗斯怎么努力地推，或者他把目标定得多么高，在一天结束的时候，巨大的岩石又重新滚到山脚下。

领导者，像西西弗一样，在他们提高品质的过程中会感受到孤立无援。把巨石移到山顶并让它安稳不滚下，这需要一个团队为这一目标做出贡献。说服教师从品质的角度着眼，特别是当认证标准要求格外严格的时候，领导者应当使用自己不断努力锻炼出来的情商去说服教师。在本章中，我们将通过团队协作来帮助西西弗把巨石移到山顶。

功能正常与功能失调的团队

当我们应对这项挑战的时候，让我们记住功能正常与功能失调的团队特征。在表15.1中，帕特里克·兰西奥尼（Lencioni，2002）为我们列出了这些特征。

海德的员工似乎缺乏信任、承诺，也不关注通过集体努力来达到对高品质项目所要求的认证标准。兰西奥尼建议："小型组织在发挥激励作用方面——鼓舞员工做他们并不乐意做的事——具有良好的效果。"好消息是，相比摩天大楼的框架，认证过程提供了更多结构性的内容。图表和检查清单比比皆是。

"一位想要给团队培养责任意识的领导，他面临的最严峻挑战之一就是鼓励和允许团队作为第一和主要的责任主体"（Lencioni，2002，p.188-190）。

追求品质：谁来定义我们行业的品质

在品质指标和定义上达成一致，是一个很难的领导问题。为了更好地界定品质，大多数行业都会寻求核心权威机构的帮助。

对于律师和医生这样的职业来说，权威团体就能定义品质。律师可以求助于美国律师协会。医生可以依靠美国医疗协会的帮助。在幼儿保育和教育领域，命名和认定一个核心权威机构并不那么容易。我们可求助的权威机构是一些专业组织，例如，美国幼儿教育协会（NAEYC）、美国黑人儿童发展协会（NBCDI）或美国儿童保育专业协会（NACCP）、美国国家认证局、美国联邦监管机构或

表15.1 功能正常与功能失调的团队

功能失调的团队	功能正常的团队
缺乏信任	相互信任
害怕冲突	敢于交流那些未经过滤的冲突
缺乏承诺	承诺决定并付诸行动
逃避责任	彼此负责地交流着那些不同的计划
忽视结果	关注通过集体努力取得的成果

第四编 执 行

> 在事实面前要像小孩子那样坐下来，准备放弃一切先入之见，谦卑地追随大自然引向的任何地方或任何深渊，否则，你什么也学不到。
>
> ——托马斯·赫胥黎

一些私人组织，或者其中的某些组合。这些机构能为我们提供很多有价值的帮助，但是没有一个能最终给出幼儿保育和教育品质的权威定义。在幼儿保教领域，这种模糊性有助于理解界定其品质的复杂性。

品质的书面标准

在所有的问题中，制定品质的标准并不是一件容易的事情。客观的品质标准和专业素养，就像是固定在科学家的展板上的蝴蝶标本那样优雅。它成了一个无生命的标本，而不再是一个翩翩起舞的生物。尽管这只蝴蝶仍然呈乳白色，并且精致，但是它再也不能飞了。

我的观点是，在幼儿教育领域，专业素养和品质标准不是静止不变的。它们会随着该领域的发展和变化而不断成熟和演变。考虑到我们这一行业的动态性，我们能制定永恒不变的孤立的品质标准吗？能运用情绪和社会智力对这些标准做出理性的分析吗？

尊重文化多样性的品质定义

> 高兴地活着，因为它给了你机会去看星星。
>
> ——亨利·范·戴克

"高端品质""最高的品质标准"以及"一流的业绩"都旨在描述优中之优。主管如何知道其项目是否是高品质的项目呢？在高度人际交往、文化多样性的幼儿教育领域，外部的、面面俱到的标准能反映不同社区的品质吗？何时一个人的"个人最佳"是足够好的？我们必须完善到非常的专业才行吗？

定义品质类似于选择一个政治党派，在很大程度上，这取决于我们自己的世界观。《教学中的 NAEYC 道德行为准则》的作者斯蒂芬妮·菲尼和南希·弗里曼（Feeney & Freeeman, 2000, p.17）指出："在很大程度上，职业价值观和道德观是我们个人价值观和道德观的延伸，所以，让我们从这些主题开始。"

个人价值观能预测我们对品质的定义。一位主管可能将品质理解为把每一个来找她的人都当作一个特殊的、独特的个体来对待。另一位主管可能将品质理解为在核对认证清单时"一丝不苟,细致入微"。学习并吸收瑞吉欧的观察和记录文档的技术,这可能是另一位主管追求品质的入手处。

大部分的职业,像法律、医药和牙科,依赖于外部的、客观的品质标准。例如,通过律师资格考试或国家医疗委员会的严格测试,依靠外部标准保证了其品质的一致性。但这种方法也存在缺陷。

如果一个人不擅长考试,他就应该被某一职业排斥吗?假如一个能力很强的婴儿教师,由于存在学习障碍,她的大学课程成绩不佳。那么,项目主管解雇她就能促进该项目的品质吗?勇气、关爱和正直才是幼儿保育和教育专业化和品质的关键。至今尚未标准化的一些测验能准确地测量这些品质。

> 倒是那些令人讨厌的小人物身上有着愚蠢的一致性。
> ——亨利·戴维·梭罗

> 《哈克贝利·费恩历险记》的作者马克·吐温指出,如果我们试图定义幽默,病人就会死在解剖台上。如果你曾经被要求解释一个笑话,那么,你知道,那令人捧腹大笑的神奇时刻已然消失。试图把品质中那些无形的、不可言传的东西变成文字,也会遭遇同样的命运。

外部标准会导致一致性:每个人都必须遵守这些标准。我的同事路易斯·维森特·雷耶斯博士,回忆了自己作为婴儿教师在外部评价中不及格的经历。路易斯更多使用肢体的、"嬉戏玩闹"的方式来教育儿童,实际上这是基于他的自身性别出发的,并且这种方式特别吸引那些活跃的和精力充沛的孩子。他觉得为女性幼儿教师制定的那些外部评价标准对他并不公平。幼儿教育需要一种尊重并包含文化和性别多样性的品质测量体系。

护理专业对重新定义品质的追求

为了用正确的观点看问题,让我们思考另一服务性行业对定义品质的追求。在 20 世纪 80 年代,我担任缅因州立大学教务处副主任。护理系的领导是对我直接汇报者之一，我们的共同目标是为我们的学生和他们服务的社区提供最好的护理教育。

我们学校有为护理系的学生提供副学位的传统，一直寻求改变培养模式和认证标准，但改变始终悬而未决。我发现改变标准很难。多年以来，护士都是在医院中通过实操来接受教育。医院给学生授予专业化的职称，如 RN（注册护士）和 LPN（执业护士）。然而，大多数的医院培训项目都缺少那些能拓宽护士理解力的课程，例如健康的社会决定因素（美国华盛顿大学的护理学院）。当护理系的学生能打针并量血压时，他们不一定了解该过程背后的研究和基本原理。

从一所医院的培训项目到另外一所医院的培训项目，要求的品质也会随之发生变化。其结果是，尽管护士的工作很辛苦，而且他们的服务也非常有价值，但是护士的工资很低，护士职业的地位也很低。

> 人们直面的所有事情不一定都会改变，但是如果不直面它，任何事情都不会改变。
>
> ——詹姆斯·鲍德温

工作辛苦而回报极少，工作极为重要但社会地位低下，这听起来是不是很熟悉？护理专业对品质的追求为考察幼儿教育行业提供了一些线索。

在全美范围内，护理专业的教育者制订了一项计划，旨在打破护理行业的低地位和低工资困境。他们的愿景是发展专业化的护理，直至没有人会质疑护士工作的重要性或其教育价值。当专业机构设定的标准是要求护士具备学士学位时，那么，副学士的 RN 和 LPN 项目就会被废除。设置严格的课程以保证学员"知其所以然"，而不仅仅满足于"知其然"。

关注一下如今的护理专业，我们会注意到社会对护士有着很高的要求，她们的薪水增加了，并有了严格的教育要求。这些胜利是经过艰辛的努力和斗争换来的。然而，在这个过程中，许多"实践型"护士，因为不能适应新的教育要求而落伍了。

2006 年正式生效的 NAEYC 严格认证标准，让我们联想到护理教育工作者为提高职业地位所做的努力。用一致的、客观的以及有时甚至是没有人情味的标准来定义标准化和专业化的品质，在此过程中，我们得到了什么？又失去了什么？

由于幼儿教育领域逐渐重视情绪和社会智力，所以它的职业标准必须包括这些知识。注意下面这两种陈述的差异：

1. 修订的标准阐明了我们如何理解品质；
2. 当我们阐明了我们如何理解品质时，我们的专业标准也随之发生改变。

这是用鸡和蛋的方法来定义品质，孰因孰果？

专业化定义的演变

幼儿教育的品质界定应该效仿护理专业吗？我们能从他们的经验中学到什么呢？理解了情绪和社会智力的价值，就把握了问题答案的关键。我们所持有的"对待病人的态度"是我们的阅人能力，这种能力如同我们阅读书本一样，让我们凭直觉来处理信息。幼儿教育实践者在生活技能方面可能已经达到了博士水平，但因选修的大学课程很少，其专业理论只达到副学士学位的水平。

幼儿教育专业化的定义必须包含非言语信息，通常，这种信息很难测量，但它却是关于人际技能的宝贵知识。捕捉幼儿教育者的微笑这种品质，就如同将一只蝴蝶订在展板上一样。

你还记得当领导者持两种对立的价值观所面临的挑战吗？医疗从业者关注下面这两件事：

1. 病人很看重医生对待病人的态度；
2. 医学专业的学生缺乏这方面的训练。

为弥补这种差距，医学领域逐渐把情商纳入到品质的定义中。这种对品质的追求与幼儿教育领域中出现的变化是相似的。这一领域逐渐认识到，专业的标准中需要包括核心能力和人际技能。专业素养和品质很相近，所以理解专业素养有助于我们理解品质。

在即将发表的文章《专业化是一个名词吗？》中，格温·摩根接受了定义专业素养的挑战。她是这么告诉我们的："当我们试图下一个定义时，我们会遭遇混乱和不适感。"在努力概括出专业素养的历史和演变后，格温总结道："我们需要澄清我们的意思，特别是对我们自己来说。"为了做这些，我们需要发展我们的"必要条件",例如下面这些。

只有在以下条件存在时(即必要条件),专业素养或专业化(在幼儿保育和教育中)才是一个名词:

- 我们的知识基础不带性别偏见,并且将照料视为一种至关重要的价值。
- 我们的专业化教育使我们与其他助人职业相联系,并且当关注家庭时,我们能合作得更好。
- 公认的知识基础满足该领域中的所有方面的需求,包括婴幼儿教师、特殊需求、学龄期项目、主管和家庭育儿。
- 不管你已经取得何种学位,我们的概念是终身学习。另外,个体在自己的领域内通过不断学习,可以提升自己的地位和薪水。
- 以助手的角色进入到该领域的新人之间没有永久的社会层级区别,他们有机会扮演更复杂的角色。
- 我们不能以家长不具有专业的保教知识来界定我们与家长的关系,这种关系主要是协商和交流信息,而非强加给他们专业知识。
- 我们的高等教育系统能够给许多低收入和少数族群个体提供更多的就业机会,他们中的大部分人可以一边工作一边学习。
- 我们的领域要吸引那些关心与儿童、家庭和社区相关工作的通才,为他们提供支持,帮助他们改善工作、提高收入、增强自尊。
- 我们欢迎来自不同文化、种族和生活方式的男性和女性。我们强调合作而非竞争。
- 教育机会的内容既包括工作要有挑战性,又包括恰好有尚佳表现的工作。
- 我们的职业将培养我们的领导人大声说出我们的原则:重视每个孩子的独特性,为少数有需要的孩子创设亲密的、安全的和健康的环境。
- 为了培养一代积极、健康及热心参与的公民,我们要将家长视为同事(而非客户、病人或来访者)。(Morgan,2009)

考虑到我们这一职业的动态性,让我们看看在商业领域中他们是如何理解品质的,这可能会对我们有所帮助。

全面质量管理（TQM）

每次当你被要求完成一份评估表格时，你都会从全面质量管理（TQM）标准中受益。在你住宾馆时，你会发现宾馆的登记桌上摆放着新鲜水果，床上放有巧克力，这也是得益于全面质量管理。当你读宝拉·布鲁姆的《行动蓝图：通过员工的发展来实现以保教中心为基础的变革》时，你会发现全面质量管理原则已被应用到了幼儿教育领域。当你用美国幼儿教育协会的标准检查教室和项目的档案袋时，你就会看到全面质量管理在起作用。

全面质量管理（TQM）的原则从理论和实践上，为我们理解品质提供了线索。

不管创造产品，还是提供给顾客需要的服务，全面质量管理都将质量视为一个从始至终的过程。全面质量管理的实践将关注点从供应商的需求转移到顾客端的需求上。

虽然很难描绘这种转变，但是在全面质量管理之前，顾客的想法很少被厂商考虑。厂商实际上劫持了买方作为人质。当年，亨利·福特曾郑重宣布："他们可以把福特汽车漆成他们想要的任何颜色，只要保留它的黑色。"他讲出了他所处的时代特征。

竞争促使厂商和服务提供商在市场上快速地寻求途径来凸显自己。突然间，一辆黑色的汽车不能满足顾客需求了。福特公司提供了顾客想要的各种产品。

三种口味的冰淇淋——香草味、巧克力味和草莓味——不再吸引顾客了。1953年，当他为顾客提供31种口味的冰淇淋而使公司声名大作时，巴斯罗缤也就成为一个家喻户晓的名字。还有人记得汽车公司一年都不推出一种新车型的那个时代吗？以顾客的需求为导向的原则改变了这一切。全面质量管理推动了这场革命。

全面质量管理是爱德华·戴明的心血结晶，问世于第二次世界大战之后。戴明将全面质量管理视为通过提供优秀的服务和产品，来满足和超越顾客的需求。基于亨利·福特的态度，戴明将关注点从生产商的需求转移到顾客的需要上，他的这一思想是全新的、革命性的。

今天看来，戴明的品质观很容易被接受和实践，但是在当时的美国并未被立即接受。他被美国政府派去协助振兴日本经济，于是戴明把他的思想也带到了日本。众所周知，日本厂商接受了全面质量管理。在很短的时间内，日本的产品成了高品质的代名词。索尼和三菱在电子市场占据主导地位。"日本制造"意味着高质量。

当美国汽车生产商注意到他们的顾客都去购买丰田佳美或者本田雅阁，而不是林肯城市轿车和旁蒂克时，他们才开始意识到问题的严重。丰田不仅可以与美国的汽车公司媲美，甚至超越了所有美国人都喜爱的美国汽车。亨利·福特自食苦果。

以顾客为导向对于幼儿教育项目来说至关重要。因为有了全面质量管理，顾客所期待的不仅是高质量的工艺和产品，而且还包括优质的服务。作为服务提供商，幼儿教育专业在一个全面质量管理期望的世界中运行。

全面质量管理的期望和标准是什么呢？概括地说，供应商需要践行这些原则：

1. 顾客永远是对的；
2. 预测顾客的需要；
3. 不仅满足而且超出顾客的预期；
4. 服务"内部"和"外部"的顾客；
5. 授予员工适当的决策权；
6. 用"标杆"检查或定期评估你自己、你的服务和/或者你的产品；
7. 践行"持续改进"。

让我们逐条思考这些原则，来了解在幼儿教育的品质方面它们能告诉我们些什么。

顾客永远是对的

当佩特罗佐里奥夫人宣称她的女儿劳拉是完美的，并且指责是你才激起了劳拉的破坏性行为时，佩特罗佐里奥的做法对吗？当特迪的祖母坚持她已经付了款，但是你却没有她的付款记录，特迪祖母的行为对吗？幼儿教师米丝每个周五和下周一都请病假，而你却发现她正在海滩边雀跃地度过她长长的周末，米丝的做法对吗？戴明提出的全面质量管理原则的第一条"顾客永久是对的"

想表达的意思是什么？一个完全做错了的人怎么可能是"对的"呢？

在情绪智力的帮助下，我们能发现更深层的答案。每个家庭和孩子最基本的需要是什么？尊重！每一个踏入你的大门的人都是值得尊重的。用这种方式看问题，顾客永远都是对的。也就是说，每一位顾客都享有被我们尊重的权利。

最近，我问一群顾客服务人员："顾客永远都是对的吗？"一位年轻人喊道："当然不是！"他毫不犹豫地断定他所服务过的一个家庭就是错的。他觉得他的责任是去向这个家庭指出他们错在哪里。这位顾客服务提供者可能赢得了这次战斗，但是他输掉了整个战役。如果该家庭感受到了尊重，他们可能会以更宽广的胸怀来接纳他人的观点。要一个带着苛刻的审判眼光的人承认错误几乎是不可能的。

佩特罗佐里奥夫人、特迪的祖母和米丝的故事与主管对当时情境的理解大相径庭。虽然如此，在证据不足的情况下若能假定每个人说的都没错，主管也就恭敬地从"得理不饶人"的态度转变到问题解决的模式。这并不意味着米丝的旷工是能被接受的，也不意味拖欠的账单不用付钱了。然而，通过使用社会情商以及正当程序（见第 2 章到第 4 章），主管可以识别出潜在的问题，并评估这些问题是否是双方共同造成的，是否可以用互相尊重的态度去解决。

预测顾客的需求

这条原则中蕴含魔法：在顾客的需要之上进行预测和采取行动。如果某幼儿教育项目能够为家庭提供一些他们需要但还未意识到的服务，那么，此时就是这位主管实施魔法的时刻。

当父母在生活中遇到一些压力，并影响到孩子时，新罕布什尔州一位名叫约翰娜的主管为儿童提供了"寄宿"服务。她认为她的工作就是"为家庭解忧，使家长与孩子在一起时更多的是享受快乐时光"。

你曾收到过你非常喜欢但又从未想到过的礼物吗？我 60 岁生日那天，邀请了朋友们前来庆祝，他们可以用他们想用的任何方式"令我惊讶"。那一年，我收到了从未想到过的电话问候、贺卡以及各种礼物。

我收到的最喜欢的礼物是我迈阿密的同事路易斯·埃尔南德斯通过联邦快

递送给我的。路易斯性格开朗，毕业于寒冷的马萨诸塞州西部的一所大学，他想起了新英格兰冷得让人颤抖的冬天。于是，他送给我的礼物是一幅彩色透明的关于热带鱼的横幅广告，长约14英尺。你可以想象，伴随着激动的心跳，我展开了那条横幅，那些鱼迅速地投向我的天花板。每次我抬头看，就会会心地笑。路易斯预期到了我的需要：在寒冷的马萨诸塞州对热带温暖的期望。

幼儿教育项目每天都有机会去预测和满足家庭的需要（见第14章）。这是一些主管与我分享的例子：

- 为家长提供热气腾腾的咖啡或者凉茶；在他们送完孩子入学后，面带微笑送他们出门。
- 给孩子们烘烤健康的燕麦饼干或者其他小点心；还可送一袋小点心让孩子带回家。
- 为家长设置一个等候孩子放学的场所，里面有厚厚坐垫的椅子和沙发。
- 送给家长一张会令他们惊讶的孩子的特殊照片，照片的"相框"由孩子来装饰。
- 安排家长和孩子一起参加在晚上开展的有趣活动。
- 组织家长去考察孩子即将就读的学校：与老师聊聊，看看学校的设施，并开始着手从你的项目中顺利过渡出来。

在我们这种服务性的行业中，尊重顾客和预测他们的需要是全面质量管理的两条指标。想想你如何预测他人的需要。你能像路易斯一样，给家长一份渴望但并未提出的礼物吗？主管还能用什么其他的方式，通过满足家庭的需要和未说出的渴望，来令家庭"感到惊讶"呢？

不仅满足而且超出顾客的预期

每个家庭都有权利期望一个幼儿保育项目符合国家和地方的许可要求。整洁的环境、安全的空间和合适的师生比，这些都是家长对幼儿教育项目的期望，也是许可标准的要求。

许可标准设定了基本的标准，但不是最优的标准。在这些基本标准的基础上，每个地方都可以对这些标准做出调整。作为项目的领导者，你有权拓宽和

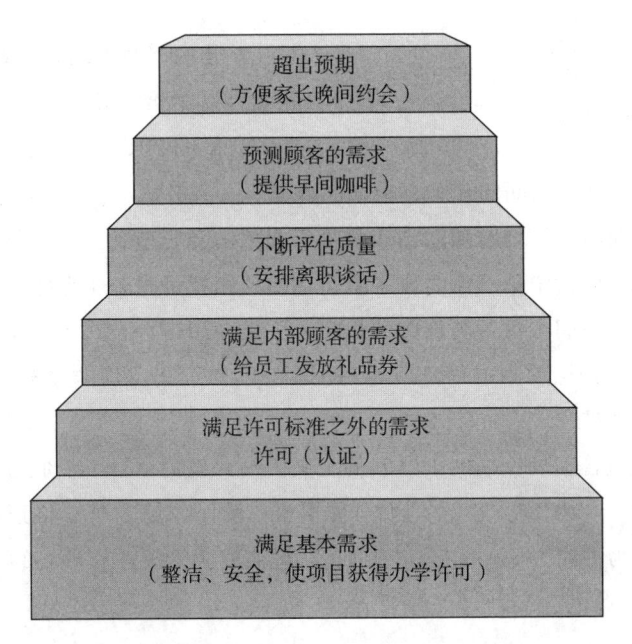

第 15 章　追求品质：取得许可，通过认证，遵循道德行为准则，表现出专业化　　***369***

```
                    ┌─────────────────────┐
                    │     超出预期         │
                    │ （方便家长晚间约会） │
                ┌───┴─────────────────────┴───┐
                │      预测顾客的需求          │
                │     （提供早间咖啡）         │
            ┌───┴─────────────────────────────┴───┐
            │         不断评估质量                │
            │       （安排离职谈话）              │
        ┌───┴─────────────────────────────────────┴───┐
        │         满足内部顾客的需求                  │
        │        （给员工发放礼品券）                 │
    ┌───┴─────────────────────────────────────────────┴───┐
    │          满足许可标准之外的需求                      │
    │                许可（认证）                          │
┌───┴─────────────────────────────────────────────────────┴───┐
│                    满足基本需求                              │
│         （整洁、安全，使项目获得办学许可）                   │
└─────────────────────────────────────────────────────────────┘
```

　　图 15.1　品质阶梯

延伸这些基本的标准。对儿童来说，教室是多彩的和有趣的，并有不同的活动空间，这不仅满足并且超过了许可要求。对幼儿教育有深入研究并在该领域有丰富经验和激情的老师，能符合且超越许可标准。给身体疲惫的家长提供按摩椅，在我读过的任何许可标准中都未提到过这样的信息。

　　这个"品质的阶梯"（见图 15.1）有助于我们描绘如何做到不仅满足顾客的期望，而且还能超出他们的预期。认证机构的标准包含了很多展示如何创造优质服务的例子，这些服务远远超过了基本的许可要求。可以登录 naeyc.org 网站，将认证标准与你所在地的许可要求进行比较。

服务"内部"和"外部"的顾客

外部顾客

　　为了提供高品质的服务，服务提供商必须熟悉他们的顾客。谁是他们的顾

> 内部顾客是一个组织内的成员。内部顾客是为外部顾客服务的。

客呢？是的，对于幼儿教育项目来说，儿童即是顾客。正如弗雷德·罗杰斯提醒我们的："要优先考虑孩子。"然而，我们服务的合同不仅面向儿童，也面向家庭。

根据全面质量管理原则，"外部顾客"是为服务付费的顾客。外部顾客"从外面"参与到项目中来。作为领导者，你的工作就是服务于那些参与到你项目中的家庭，当他们不再参与你的项目时，你也会用这种方式来支持和改善他们的生活质量。描绘项目的外部顾客并不困难。然而，发现非家庭成员的顾客，可能会是一个难题。

全面质量管理理论拓展了顾客的定义。幼儿教育项目不仅服务于外部的顾客，也服务于"内部顾客"。他们可能是谁？除了家庭之外，谁还将需要项目的服务呢？为了回答这些问题，请描述其他需要主管关注和关心的人。

内部顾客

正如你所想到的，内部顾客来自于某一组织的"内部"。内部顾客就是那些为组织工作的人，包括教师、门卫、兼职员工、厨师、管理者、顾问、董事会成员和其他员工，他们都是内部顾客。所有这些个体都有自己的需求。内部顾客可能不会总是清晰地表达他们的需求。尽管主管不可能是读心专家，但是他们感到迫切需要这种技巧！如果主管不能预测、满足和超越其内部顾客的需求，她可能会发现自己工作在一个不快乐的组织中。

> 没有压力，就没有钻石。
> ——玛丽·凯斯

"品质的阶梯"也可以应用于内部顾客身上。教师的基本需求是：每月定期发薪水，有一份稳定的工作，以及一间布置有序的教室。她也需要有效的监管，需要领导对其业绩的反馈，以及与同事建立互动、有品质的联系。她需要认识到她的贡献和回报都超过了她的预期。受爱戴的主管通常能预测并超额满足其员工的需求。

满足并预测内部顾客需求的例子包括：

- 在每年的员工静思会上安排吸引人的活动。
- 举办愉快的团队建设活动。
- 对大家都渴望的主题配备鼓舞人心的教练（例如，班级管理）。
- 发放礼品券以表彰特殊的贡献。
- 为员工旅游和参加幼儿教育会议提供经费支持。
- 有针对性地指导员工以帮助其认识自身价值。
- 创建员工休息室，让员工感觉如同在家一样舒适和受欢迎。

什么最能激发内部顾客

当下面一种或多种需求没有被满足时，员工就会离职：信任、希望、价值感和胜任力（Branham，2005，p.19-20）。在幼儿教育项目中，当员工的职业选择受限时，主管应如何帮助员工保持动机呢？

来自哈佛商学院的研究为我们提供了指导（Butler & Waldroop，1999）。经济奖励并不能维持员工的动机。尽管合理的工资很关键，但是对大部分员工来说，薪水高并不是主要的动机因素。对某特定行业的胜任力也不是主要的因素。换句话说，一个员工可能很胜任数字运算，但是并不享受数字工作。工作做得好也不一定会激励我们继续做下去。

当他们正在做与他们的"深层志趣"（deeply embedded life interests, DELIs）相一致的事情时，员工具有最高的积极性。深层志趣包括：

1. 指导和咨询：帮助他人在专业上成长；
2. 管理人：激发他人去获得成功；
3. 管理项目/公司：带头努力进取；
4. 转换技术：把计算机专业知识应用到幼儿教育情境中；
5. 理论建设：在该领域改革"蓝图"的描绘中起领导作用；
6. 数字运算：做出准确、高效的财务预算；
7. 艺术表达：创造一种新的工作方式；
8. 教学能力：为孩子的成长和知识积累做出贡献而感到自豪。

作为管理者，识别你的深层志趣是非常重要的第一步，它会让你备受鼓舞。

> 能为他人做的最好的事情不是与之分享你的财富，而是帮助他认识他自己。
>
> ——本杰明·迪斯雷利

同样，帮助员工去发现他们的深层志趣，会给他们注入新的活力（Bruno & Copeland, 2000）。我们日常工作越与深层志趣相一致，我们对自己的专业就会越满意。

你认识向往课堂的主管吗？她的深层志趣可能是教学，而不是督导、引领员工和管理项目。在课堂上的优秀表现可能有助于她成为管理者，但她把热情留在了她的学生身上和课堂上。只有和教室中的孩子们在一起，她才能活跃和振奋起来。你是否与一位乐于帮助新教师发展的老师共事过？那位教师的深层志趣可能是督导和咨询。智慧的主管将创造一些机会让这名教师去督导其他人。你是否发现这样一位员工，她的服装和首饰都是"可佩带的艺术品"，并且她的班级因这样的学习经验而让人激动？她的深层志趣可能是艺术表达。直觉型的主管将邀请这样的员工去美化公共环境。

把员工视为内部顾客来尊重是留住员工以及保证品质的方法。主管不用花费额外的资金，也可以通过创建头衔去抓住每位员工的深层志趣。她将一位老师命名为"特殊时刻创造者"，将另一位命名为"安慰家长能手"，将第三位命名为"撰写公告栏专家"。内部顾客的满意度直接影响外部顾客的满意度。

有什么人能从这份内部顾客名单中被除名吗？除非主管的需要被预测到并得到满足，否则主管作为关键的内部顾客将会受到伤害。主管的自我关爱包括参加主管支持小组、领导力课程、鼓舞人心的会议，以及抛开项目工作去休假，这种自我关爱对作为第一号内部顾客的你来说是非常重要的。品质从你开始。将主管的名字写在名单的顶部！为了让主管能"有目的地领导"，她需要关心她自己，特别是当她面临令人发疯的压力和需求之时。

授予员工适当的决策权

一天早晨，在弗吉尼亚里士满的一个幼儿教育中心，当人手不够时，一位门卫在欢迎一个新家庭的到来。在门卫的工作描述中，没有内容告诉他如何欢迎和款待来访者。然而，门卫利用了分内工作之余的时间接待了这个家庭，并带领他们参观了中心。这个门卫做了项目所必需的工作。他感到自己被授权做出了有用的决定。有效的领导者将全面质量管理付诸实践，创造的工作环境使员工真正享有了主人的感觉。

被授权的员工在做方便顾客的决策时是能从容应对的。大部分的工作描述包括样板式的、概括化的短语，例如"作为一个团队成员"和"执行主管分配的任何其他任务"。然而，一些员工的立场是：如果在他们的工作描述中未提及此事，他们就不会去做。伴随全面质量管理，员工知道品质始于他们。全面质量管理促进了监管原则：希望员工对他们自己的专业行为负责。

用基准检查或定期评估你项目的所有方面

"标杆"或"基准"（benchmarking）一词从字面上看，源于当每次某种产品或某个过程成功完成时，工人用刀在长凳上刻出的标记。早在计算器和电脑出现之前，这些板凳标记担任着记录员的角色。在亨利·福特的汽车公司，T型车装配线上的工人曾使用基准来衡量其每一次的生产率。

当我完成一项挑战性的任务时，我经常将其描述为就像我在长凳上刻了一道刻痕一样。在我办公室的白板上，每当我完成这本书的某一章时，我就会划掉它，在我修改每一章时我也是这样做。看到每一个明确的记号会使我保持动机。庆祝完成是应用基准的另一种形式。

我教的管理课程班访问了约基中心的主管尼克尔·圣维克多，该中心位于马萨诸塞州的多尔切斯特。第一天，我们作为美国幼儿教育协会外部评价者去审查她的项目。尼克尔用一种令人印象深刻的悬挂文件方式展示了其项目的文件夹。美国幼儿教育协会十条标准中的每一条依序被分开。

在每一部分，尼克尔按照如何满足每条标准的方法把记录的文件一个个地放好（见表15.2）。虽然她有更高的、一流的基准，但尼克尔仍然非常担心这次评估的结果。我们给出的质量评定建议是"达标"或"未达标"，这样做会让我们很多人捏一把汗。

文件夹用标准检查程序来检查幼儿教育衡量标准是否被满足了。对于一个即将认证的项目，主管必须同时提交整个项目的文件夹以及每个班级的文件夹。一个文件夹是许多可携带的记录材料的汇总，例如文章、照片和CD。一个文件夹包括主管或教师"建立基准"的所有方式，或者追踪一个项目走向既定目

表 15.2　NAEYC 规定的幼儿教育项目标准的基准

1. 关系：促进与所有儿童和成人的积极关系
2. 课程：从社会、情绪、身体、语言和认知等多个方面引导儿童的发展
3. 教学：教学要考虑到儿童的发展阶段、家庭文化背景以及语言的适宜性和有效性
4. 对儿童进步的评估：动态的、系统的、正式的和非正式的，并与家庭进行分享
5. 健康：达到营养和健康标准，以保护儿童和员工的健康
6. 教师：合格的、有知识的和有奉献精神的
7. 家庭：与家庭建立协作的、尊重文化的关系
8. 社区关系：相互联系并支持社区的服务
9. 物理环境：安全、健康，室内外保持良好的环境
10. 领导力和管理：由合格的管理者制定的政策、程序和系统

标的进展情况。

想想下面这个例子。美国幼儿教育协会定义的教师有效参与家庭的标准："为了在所有的环境中促进儿童的发展，项目要与儿童的家庭建立和维持协作关系。这些关系要考虑到家庭的构成、语言和文化背景。"

教师的班级文件夹必须详细记录为了满足标准她都做了些什么，例如：

1. 教师书面描述其专业理念以及与家庭互动所采取的步骤；
2. 在教室里家长与孩子互动的照片；
3. 发函邀请家庭参与由项目发起的家庭活动；
4. 由教师创建有帮助信息的班级简报；
5. 由家长来完成对班级质量进行的评价表格；
6. 列出班级中担任家长顾问委员会的家长名单；
7. 家庭的书面意见，包括填写评价表格。

通过这些方式，教师的班级文件夹就能以基准的方式记载与家庭进行有效互动的进展情况。

你可以选择美国幼儿教育协会其他的标准（见 naeyc.org/），建立你自己的文件夹来记录班级活动，这将能有效反映一个教师达到标准的程度。

那些关注细节和秩序的个体会很自然地采用基准检查程序。在 MBTI 领导力问卷中表现为感知型和判断型职业倾向的人会发现记录来得很自然。按照基

准检查要求的程序来做可能会给喜欢互动记录的教师带来压力。MBTI 中的感觉型的人经常喜欢"活在当下",而不是坚持不断地记录细节。监管者了解每一位教师的优势和不足,能帮助员工发挥优势以记录他们的成功。

持续改进

"满足现状"不是全面质量管理质量方程的内容。相反,戴明的理论告诫我们要找到完善自我的途径,特别是当我们处在最佳状态时。如何将最好变得更好呢?我们不应该从完善自我的严苛旅途中休息一下吗?当我们从美国幼儿教育协会那里听说我们已经再次通过认证,我们可以喘口气了吧?

> 当你认为一切都结束了的时候,会随之而来新的时刻。那将是新的开始。
> ——路易斯·拉穆尔

是的,事实上我们可以庆祝和享受我们通过努力取得的成功。我们也能够籍此振奋的精神,帮助我们用新的视角审视我们的使命和愿景。走向我们梦想的下一步是什么呢?持续的自我改进和享受我们的成功,两者并不相互排斥。

持续改进意味着要一直寻找并发现促进成长和发展的方法。如果领导者不仅对反馈持开放态度,而且积极地寻求反馈,他将会从员工那儿收获最好的意见。这种询问和倾听是不间断进行的。

假设某幼儿班级因为其创新课程获得了许多表扬。然而,班级中的教师认为,家庭还能参与得更多一些。持续的改进对这些教师来说,意味着对他们的创新课程进行建设,以找到更多方式使家庭参与进来。持续改进给班级带来了动态的更新。

> 纽约市市长埃德·科赫穿行纽约市的街区,向市民问道:"我应该怎么做?"科赫留给我们的宝贵财富是,诚恳地从他的选民那儿征求反馈。

品质和专业化:当达到星级时做正确的事情

品质或专业化的定义还未浮出水面吗?至少我们有了线索。品质是在号召我们达到星级的标准,做最好的自己。专业化是不断地选择做正确的事情。特别是当价值观和文化不同时,主管如何知道什么是正确的事情呢?

将道德行为准则作为通往品质的途径

品质的另一条指标是职业道德准则。这些准则指导我们如何让行为更加专业。在某种程度上,准则之所以存在,就是为了当面对棘手的困境时,主管能够求助于它们。美国儿童保育专业协会(NACCP)道德准则(见表15.3)就是这样的一种准则。

不像蝴蝶标本被钉在展板上那样,道德准则需要成为一个"活"的文件。活的文件是永恒的和持久的,能够经受起危机和变革。领导者和员工两者都可以依赖于这样的行动准则来指导他们解决当前和未来的问题。

准则也是"试金石"。像岩石一样客观的试金石是我们能把握和感受的。

表15.3 美国儿童保育专业协会(NACCP)的道德准则

美国儿童保育专业协会是由在幼儿保育和教育领域中的领导者组成的。作为一个协会,我们认为儿童保育是一种职业,我们有责任让专业化的女性和男性以一种道德的方式领导我们的中心。认识到协会在这一过程中是重要的纽带,我们决定按照如下的方式管理我们的每一个幼儿保育中心:

1. 保持美国儿童保育专业协会的道德标准,从而更有效地服务于我们的孩子、他们的家长以及这一领域。
2. 始终记住我们是一种服务行业。我们承诺对我们的孩子和他们的家庭提供优质的儿童保育,并且我们把这种服务置于我们的个人利益之上。
3. 以一种合适的方式开展我们的业务,既保持领域内的信誉,同时使家长、社区和同行专业人士对我们抱有信心。
4. 与家长合作,并且忠诚地提供承诺给他们的服务,无论是口头的、书面的或者是隐含的承诺。
5. 收取合理的学费,这将为我们中心的主管和员工支付合理的生活工资。
6. 保持适当的儿童—员工比例,这会保证我们的儿童和他们的家庭得到优质的服务。
7. 聘请有资质的专业人士,并训练他们在该道德准则指导下开展工作。
8. 不要向竞争对手的员工散布不满情绪,以期令他们难堪或阻碍他们的企业发展。
9. 避免通过蓄意误导家长以损害竞争者的形象。
10. 支持我们协会的政策和程序,并且参与协会的地区及全国性活动。
11. 在任何时候我们的行为举止都要维持我们协会和保育领域的声誉。

第 15 章　追求品质：取得许可，通过认证，遵循道德行为准则，表现出专业化　　**377**

表 15.4　美国幼儿教育协会（NAEYC）的核心价值观

在幼儿保育和教育中，道德行为标准建立在对下列核心价值承诺的基础上，这些核心价值深深根植于幼儿保育和教育领域的历史中。我们做出以下承诺：
- 把童年期视为人类生命周期中一个独特和有价值的阶段；
- 将我们的工作建立在掌握儿童如何发展和学习的知识基础之上；
- 欣赏并支持儿童和家庭之间的纽带；
- 认识到儿童在家庭、文化、社区和社会情境中需得到最好的理解和支持；
- 尊重每一个儿童、家庭成员及同事的尊严、价值和独特性；
- 尊重儿童、家庭和同事的多样性；
- 认识到当处在一种基于信任和尊重基础上的关系情境中时，儿童和成人会发展出他们全部的潜能。

资料来源：*NAEYC Code of Ethical Conduct*, revised April, 2005, Preamble.

触摸像石头一样冰凉的事物会帮助我们意识清晰，并让我们回归现实。试金石的另一种说法是护身符。一些人带着有宗教符号的项链作为护身符，并将其作为最重要的事情。领导者的道德准则是其品质的试金石。

在第 3 章"有目的地领导"中，你列出了你的核心价值。为了把它们修改成你的职业核心价值观，请对其进行重新审视。例如，如果尊重是你的核心价值观，你可能列出"尊重家庭、员工和我们社区的文化差异"，并将其作为你的职业核心价值观。当你草拟完时，请与表 15.4 中的美国幼儿教育协会（NAEYC）的核心价值观进行比较。

美国幼儿教育协会的核心价值观

共享的核心价值观为我们的专业品质设定了标准。然而，假设我们的生活背景和信念不同，我们就不会持有完全相同的标准或价值观。"正确的答案"可能依赖于由谁来解释这些标准。当这种分歧纷至沓来时，领导者就会遇到道德困境。美国幼儿教育协会建议："当我们面临困境时，我们的专业责任要求我们求助于准则以及所有的相关要求和规定，以找到最符合道德要求的解决方案。"共享的核心价值能帮助主管和员工找到答案。

多年来，我想出了一个单词可以用来概括道德准则：尊重。当我以尊重儿童、同行、家人、幼儿和我自己的态度来行事时，我的行为自然就会符合道德标准。我用科幻小说家艾萨克·阿西莫夫的名言提醒我自己："决不能让你的道德感妨碍你做正确的事情。"有时，一个人的个人价值观需要退至第二位方能受益匪浅。

如果你回忆一下"法律精神"和"法律条文"之间的差异，你可能就会对如何解决因价值观的差异造成的道德困境有了不同的视角。如果我们能深入地看问题，那么我们就能找到我们的共识之地。

案例研究：做正确的事情

即使是将个人的价值置于第二位，教师提比蒂纳还是会不遗余力地做正确的事情。提比蒂纳是一位虔诚的教徒，她认为我们在进食前，应该先祷告。只有一个家庭，即艾赛亚的家庭，愿意分享提比蒂纳的信仰。当提比蒂纳和助手给孩子们分点心时，提比蒂纳邀请艾赛亚帮助她。提比蒂纳和艾赛亚在开始吃东西之前，会默默地先祷告。

提比蒂纳承认，一个人不应该将其宗教信仰强加在幼儿教育环境中的其他人身上。本章总结的案例研究将为你提供机会去练习解决道德问题。

一种职业何时是专业的

每一种职业通过界定专业化意味着什么而发挥作用。我们的职业能提供什么"附加价值"？什么样的行为能确保顾客接受到我们最好的服务？我们想拥有什么样的声誉？这些都是每一个职业组织必须回答的问题。随着时代的变迁，专业化的标准也会随之改变。然而，一些核心价值是永恒的。这些价值很少会发生变化，可以说是"经得起时间的考验"的。

在幼儿教育领域，当我们致力于定义专业化时，我们需要知道什么是持久的。在《伦理与幼儿教育者：NAEYC道德行为准则的使用》一书中，菲尼、弗里曼和莫拉杰（Feeney, Freeman & Moravcik, 1999）阐明了何为一种职业。他们认为一种职业会：

- 要求参与者参加建立在原则基础上的长期培训，这些原则包括为他们在工作情境中的应用做出判断，而不是提供可以应用于所有情况下的一组精确的行为。
- 由认证机构提供专业化培训。业内资深人士对入门培训有严格的控制。
- 将工作建立在专业化的知识和经验基础之上，这些知识和经验适用于每一个具体情况的特殊需要。
- 业内人士认同实践标准——程序对于普通困境的解决来说是合适的，这些困境是实践者知道在他们的工作中会遇到的。
- 行业通过自律，会形成自己的特色——关于进入这一领域的培训、认证许可和标准，企业会做出自己的决策。行业对其所提供的服务品质会形成内部控制和自我调节。
- 承诺服务于重要的社会价值。它是利他主义的和服务导向的，而非盈利导向。它的主要目标是满足顾客需要。社会将某种职业视为社区内唯一的群体，该群体能执行其特殊功能。
- 有阐明社会义务的道德准则。因为这一职业可能是执行某种特殊功能的唯一群体，所以，对于大众来说，相信该职业能够履行其义务，并服务于大众利益是很重要的。道德准则表达了某一领域的独特使命，并且保证了服务将根据高标准和可接受的道德准则来提供。

在幼儿教育领域中，专业化是就整体而言的，是其所有部分的总和。"杜绝伤害"是我们信奉的基本价值观。然而，幼儿教育代表的远不止这些。我们的专业化始于国家的许可标准，并逐步向严格的认证标准发展，最终止于每个项目设定的最高标准。在每一种水平上，幼儿教育领导者的道德准则指导他/她去做出符合道德要求的决策。

> 正义的基础是没有人受到伤害，其次是共同的福祉得到满足。
> ——西塞罗

界定具有情绪智力的"专业人才"

当我们的目标是改进和提升我们所做的一切时，品质就必然与坚持我们自己的行为标准有很大的关系。专业化是由一系列外部的、达成一致的普遍指导原则来决定的，这些原则用来指导一群人如何管理他们自己。

专业化和高品质由外部的客观标准来界定，它们是如何符合我们对情绪和社会智力的理解的呢？毕竟，情商依赖于个体的完整性，这种完整性体现在她如何管理自己以及如何与他人的互动中。客观的标准，听起来好像非常接近于片面的智商取向（思维不受情绪支配），它是否包括并尊重了情商的整体性？

现在，这个问题摆在了我们面前。作为幼儿教育专业的领导者，你将会明显地影响如何界定专业化和品质。品质和专业化的标准必须是"鲜活的"。当标准是鲜活的时候，它们才能保证心与智不再分离。

想想下面的专业化标准，它如何明确地整合了情商。这种标准以什么方式连接了心与智？主管如何在一个类似这样的领域中"测量"员工的胜任力？

- 教师候选人以及职业角色的候选人要有知识、有能力，并且要敏感，在不同的人群和不同的环境中都要如此……多样性与情绪智力和专业化的发展融合在一起，以方便在所有的情境下进行敏感的和彼此尊重的交流。（莱特州立大学教育和公众服务学院，《概念性的框架：教学艺术和科学的发展》，http://www.cehs.wright.edu/main/conceptual-framework.php，2000）。

在我们的职业中，品质的定义会随着我们的知识基础和理解的发展而不断演变。我们的任务是去认真地观察和欣赏草地上翩翩起舞的蝴蝶，更多地了解它们而不是只想着钉住它们的翅膀。

在压力之下坚守品质和专业化

品质有很多方面。联邦法律之一，《美国残疾人法案》（ADA），其目标是通过为残疾人争取平等的人权来提高一国的道德品质。如第 7 章所述，《美国残疾人法案》作为一种相对"年轻"的法律，设定了一个宽泛的解释标准。包

第 15 章　追求品质：取得许可，通过认证，遵循道德行为准则，表现出专业化　　**381**

括在《美国残疾人法案》中的每一个案例都促进了我们对道德品质的理解。

在我们的领域中，使用下面的案例去应用你已经掌握的品质与职业道德。当你处理下面提到的波妮塔、玛丽安娜、格蕾西和雨果的案例时，你将怎样提高品质呢？你的道德责任是什么？

记住：《美国残疾人法案》并不要求雇主因为某个体残疾，而雇用或一直雇用他／她。《美国残疾人法案》确保每个残疾人在被录用、晋升和完成工作方面，为其提供需要的平等权利。

记住：一个残疾人没有理由表现不佳。然而，雇主必须提供"合理的便利条件"以使残疾的雇员或求职者有机会完成工作或面试。在雇用残疾人时，关键的问题是："求职者能够胜任工作的职能要求吗？"一旦被雇用，关键的问题是："雇员是否在履行其工作职能要求？"以及"我是否提供了合理的便利条件以帮助他／她完成工作？"

记住：《美国残疾人法案》并非纵容雇员违反有关工作场所的政策，也不是放松对残疾雇员的管理，例如严厉的措施。

主管必须确定：

1. 雇员是否具有《美国残疾人法案》涵盖的某种残疾？
2. 残疾是员工不良表现的原因吗？
3. 我们提供了什么合理的便利条件？
4. 我已经记录下所有的事情了吗？
5. 如果我惩罚了这个雇员，我能举出其违反了工作场所政策的证据，并且让其知道该结果是其行为所致的吗？

记住这些要点，思考一下你将怎样处理下面的案例。

案例研究

波妮塔

波妮塔是你的学龄期项目和夏令营的主管，她向你吐露：她是一名正在康复中的酗酒者，也是戒酒匿名协会的会员。波妮塔向你请求说：当她感到正在"滑向"过去不健康的行为时，例如封闭自己或者因为她的问题而责备他人，希望你能允许她给戒酒匿名协会打电话。

波妮塔不能确定何时她需要打这个电话。但是她清楚，如果她没有这个"减压阀"，她就不能为你工作。

1. 你对该项目、参加项目的儿童和家长、波妮塔的责任分别是什么？
2. 波妮塔的这种病是《美国残疾人法案》所涵盖的吗？
3. 如果波妮塔仍旧酗酒，她能算《美国残疾人法案》所列的残疾人吗？
4. 你会对波妮塔采取什么措施？
5. 你的选择将如何影响你的项目品质？

玛丽安娜

玛丽安娜身上发出的刺鼻体味冒犯了大家。孩子们私下小声说"臊臭"。老师们都与玛丽安娜保持距离，或者说她的闲话。家长们对此也心存芥蒂。当老师们向你抱怨时，他们说："我不想伤害玛丽安娜的感情，因此我不能直接跟她谈论这些。"

1. 说出你从这个案例中看到的所有问题。
2. 这种困境给你提供了哪些机会去提高项目品质？
3. 《美国残疾人法案》涉及这种情境吗？如果涉及，应该怎么做？
4. 你对那些说玛丽安娜闲话的教师将采取什么措施？
5. 你会对受体味影响到的家长和孩子说什么呢？

格蕾西

最初，格蕾西在你项目中工作了12年，作为一名幼儿教师，她做得很好。然而，今年，格蕾西的工作质量直线下滑。格蕾西抱怨说，她没有耐心和精力去完成"所有这些挑剔的"班级文件夹任务。她开始在前一周的周五和下一周

第 15 章　追求品质：取得许可，通过认证，遵循道德行为准则，表现出专业化　**383**

的周一请"病假"。她会毫不客气地拒绝孩子父母的要求，而不是花时间来回答他们的问题。

　　梅尔文是格蕾西团队的一名教师，由于需要处理格蕾西忽略的所有事情而感到精疲力尽。今天，你发现在孩子们午睡的时候，格蕾西正打瞌睡。当你让格蕾西注意这些事情的时候，她对此不以为然："我抑郁了，这就是全部事实。相对于这些年我把我的身心都倾注给了孩子们，每月有时候表现不佳，这又算什么呢？"

1. 你对该项目、家长、儿童、你自己和格蕾西的责任是什么？
2. 格蕾西的这种病是《美国残疾人法案》所涵盖的吗？
3. 你能问格蕾西什么问题？
4. 你会对梅尔文做些什么？
5. 你能与想知道格蕾西到底发生了什么的孩子父母或同事分享些什么？
6. 你将对格蕾西采取什么措施？

雨果

　　最近，雨果在阿富汗服役后，获得了美国公民身份。他的童年是在危地马拉度过的，在那里他锻炼了双语能力和丰富的文化竞争力。因为有创造性的课程计划、精力充沛的玩闹以及有任何人都需要的同理心，儿童和家长都很喜欢雨果。雨果是忠诚的，他工作努力，并且守时。

　　雨果有时会焦虑，甚至迷失方向。他会变得脸红、气喘，不知道自己在哪儿，并且感到恐慌。雨果认为这"没什么大不了的"，并试图掩盖这些事情。他说他患有注意力缺失症（ADD），这能帮助他理解如何与他班级中的注意力缺陷多动障碍（ADHD）的儿童安妮和安杰尔更好相处。你了解到经历过战争的退伍军人可能会经受创伤后应激障碍（PTSD）。你担心雨果的健康状态，并担心他可能在他的"恐惧症""幻觉重现"或注意力缺陷症的某一瞬间，或者三种瞬间同时发作时而忽略了孩子们。

1. 说出这一案例中存在的道德或法律问题。

2. 你对其中的每个人负有什么责任？
3. 你能问雨果什么问题？
4. 如果雨果告诉你他不需要医疗帮助，你的选择将会是什么？
5. 如果品质是你的目标，你将采取什么行动？

反思性问题

1. 选择你的某次经历，这次经历有助于你加深对专业化的理解。当时发生了什么事情？出现了什么问题？你做出了什么选择？你采取专业的措施了吗？当你从本次经历中不断理解了专业化时，请陈述你对专业化的界定。根据菲尼和弗里曼的评论（第361页），思考你的定义。写一篇文章或者录一段评论的视频。

2. 在不同的文化间，品质的定义会发生变化吗？访谈三个或者更多与你有相同文化背景的人，询问他们这样的问题："对你来说品质是什么？"和"你能给我提供一些服务顾客的好或坏品质的例子吗？"总结和评价你的发现。现在，向三个与你文化背景不同的人报告你的访谈。再一次总结和评价你的发现。你从品质的这些认识中学到了什么？

3. 读一读第382页中关于玛丽安娜的案例研究。你对玛丽安娜、其他教师、儿童及其家长做何感想？假设你作为该项目的主管，作为玛丽安娜的监管者，为了保证品质，你会怎样回答案例中提出的问题？

团队项目

1. 作为一个不超过四个同学的团队，向你的教授要一份"它是道德的吗？"游戏副本（见《教学中的道德责任守则》）。阅读指导语并玩一轮游戏。现在，创建四个或者更多的其他"情境卡片"，这些卡片能代表团队成员亲历的或想象出来的道德困境。使用这些额外的卡片，与你的同学呈现并玩这个游戏，目的是提出你关心的道德问题。

2. 每个团队成员选择一种不同的职业（律师、社会工作者、兽医、理疗师或护

第 15 章 追求品质：取得许可，通过认证，遵循道德行为准则，表现出专业化 **385**

士等）去研究。研究该职业成员的标准和他们的道德准则。与你的团队彼此分享和比较你们学到了什么。从每种职业的道德准则中选择重要的一部分。与同学分享你的发现，并领导他们讨论什么是普遍的职业道德准则。

3. 在你的教授的批准和指导下，准备参观并评价附近的杂货店、餐厅、旅店或者其他组织的顾客服务。运用书中提到的"品质阶梯"，创建一份顾客服务标准的清单，并为顾客和员工设计访谈问题。参观服务供应商并评价他们服务顾客的质量。注意内部顾客和外部顾客的区别。访谈结束后，作为"外部的评价者"来分享你的评价。

2. 大声读出第 382 至 384 页的每一个案例研究。选择你最感兴趣的两个或三个案例。讨论你对每个案例下面问题的回答。使用 NAEYC 或者 NACCP 的道德准则作为指导，撰写旨在解决道德困境的团队报告。

参考书目

Americans with Disabilities Law of 1990, United States Public Law 101–336, 104 stat. 327, enacted 1990-07-26.

Bloom, Paula Jorde. 1991. *Blueprint for action: Achieving center based change through staff development.* Lake Forest, IL: New Horizons Press.

Branham, L. 2005. *The 7 hidden reasons employees leave: How to recognize the subtle signs and act before it's too late.* New York: AMACOM.

Bruno, Holly Elissa, and Margaret Leitch Copeland. 2000. Staff retention in childcare using an internal customer service model. *LeadershipQuest* 4(2): 5–7.

Butler, T., and J. Waldroop. 1999. Job sculpting: The art of retraining your best people. *Harvard Business Review* , September–October: 144–151.

Code of ethical conduct & statement of commitment. 2005. Washington, DC: NAEYC.

Deming, W.E. 1986. *Out of the crisis.* Cambridge, MA: Massachusetts Institute of Technology, Center for Advanced Engineering Study.

Feeney, Stephanie, Nancy Freeman, and Eva Moravcik. 1999. *Ethics and the early childhood educator: Using the NAEYC Code.* Washington, DC: NAEYC.

Feeney, Stephanie, Nancy Freeman, and Eva Moravcik. 2000. *Teaching the NAEYC Code of ethical conduct.* Washington, DC: NAEYC.

Hiam, Alexander. 1992. *Closing the quality gap: Lessons from America's leading companies.* Englewood Cliffs, NJ: Prentice Hall, Inc.

Hostetler, K.D., and B.S. Hostetler. 1997. *Ethical judgment in teaching.* Boston: Allyn and Bacon.

Hunt, V. Daniel. 1992. *Quality in America: How to implement a competitive quality program.* New York: Irwin/McGraw-Hill.

Jablonski, Joseph R.1992. *Implementing TQM: Competing in the nineties through total quality management.* 2nd ed. San Francisco, CA: Pfeiffer.

Kipnis, K. 1987. How to discuss ethics with teachers of young children. *Young Children,* 42 (4), PPS 26-30. Washington, DC: NAEYC.

Lencioni, Patrick. 2002. *Five dysfunctions of a team: A leadership fable.* San Francisco, CA: Jossey-Bass.

Martin, Justin. 2007. Do your customers love you? *Fortune Small Business, Extreme Customer Service,* October, pp. 72–82.

McManus, Kevin. 1999. Is quality dead? *IIE Solutions,* July.

Morgan, Gwen. 2008. "Is profession a noun" (draft of paper in progress).

National Association for the Education of Young Children. 2005. *Code of ethical conduct & statement of commitment.* Washington, DC: NAEYC.

Roberts, Harry V., and Bernard F. Sergesketter. 1993. *Quality is personal: A foundation for total quality management.* New York: The Free Press.

Stonehouse, Anne. 1998. *Not just nice ladies.* Castle Hill, New South Wales, Australia: Pademelon.

Strike, K.A., and P.L.Ternasky, eds. 1993. *Ethics for professionals in education: Perspectives for education and practice.* New York: Teachers College Press.

Weiss, Howard J., and Mark E. Gershon. 1989. *Production and operations management.* New York: Allyn and Bacon.

Youngless, Jay. 2000. Total quality misconception. *Quality in Manufacturing,* January.

网络资源

全面质量管理的背景信息

www.bpir.com

护理专业的历史

www.nursingdegreeguide.org/articles/

马尔科姆·波多里奇TQM奖的标准

www.tqe.com/baldrige.html

第五编

再组建

更新、恢复、怀揣梦想

第 16 章
处处可用的领导原则：学会热爱问题

第 16 章

处处可用的领导原则：学会热爱问题

学习目标

1. 搞清楚幼儿教育领导力研究中最重要的事情。
2. 比较和对比领导力、管理和执行。
3. 探索旧概念的新解释。
4. 获取处处可用的领导力原则。
5. 识别你对未来的选择。

在不断努力去尝试理解之后，我才渐渐明白，追逐真理的最佳方式，其实就是明白和分享自己内心的真实。

——弗雷德·罗杰斯

耐心对待你心中的所有未决之事，试着去喜欢问题本身吧。

——里尔克

"有目的地领导"的目的

我在写这本书的时候，经常想象你们翻开第一页的场景。我写这本书的目的很明确，就是希望能够普及和宣扬情绪和社会智力在幼儿教育领导力中的重要作用。本书很重视正直和爱的关系，其重要性丝毫不亚于智商。我的目的是告诉大家，如果你选择了这份职业，无论它收入多差、地位多低，它都是这个世界上最重要的职业之一。在幼儿保育和教育中，蕴含情绪智力的领导力是一种信任、一种天职，它不仅是一份工作，更是一份事业。

> 在很长一段时间内，科学家都很崇拜大脑的硬件作用和心理的软件作用；而心脏的复杂能力就只能丢给诗人发挥了。但是认知理论却不能解释我们最困惑的一些问题：为什么看上去有些人天生就有能力过得更好；为什么我们对一些人一见如故，对另一些人却总难建立信任；为什么同样的挫折下有人能很快复原，有人却沉至谷底。简单来讲，究竟是我们心中或灵魂中的哪些品质决定谁能成功？
>
> ——南希·吉布斯

"一旦你接触到孩子的生活，那么你将改变整个世界。"正如在你帮助一个成年人挖掘其潜能、实现其天赋时，你便丰富了这个世界；同样，每一次当你接受真实却不尽完美的自我多一点时，你就在疗愈着这个世界。对每一个人来说，幼儿教育中的领导力使得这个世界的方方面面都会变得更加友好，在同一时间里，无论是对一个孩子、一个家庭甚至一个专业人员来说都是如此。要追求卓越，领导者就必须建立信任和互相尊重的关系，首先，他必须和他自己建立起这种关系。

在忙忙碌碌的生活中，希望你偶尔停歇片刻，问问自己：在读这本书的过程中，什么让我感触最深？什么让我最为震惊？又有哪些信息我一定会在以后的生活中去运用？这本书改变了我哪些观点，证实了我哪些认识，还是两者皆有？

在我看来，书中的每一章都有它最想表达的核心内容，或者说是"概要"。这也许与你的或你的教授的观点不一样。那么，你从每一章都收获了哪些关键点呢？

章	概要
1	由内而外地了解自己
2	理解关系是如何"运作"的
3	识别你的人生目的、方向以及领导风格
4	你有机会学习如何做选择
5	精通成为领导者的入门知识
6	与变化为伴：选择你的战役
7	预防法律和道德问题
8	建立一支问题解决者团队
9	用激发能量、提出挑战的方法管人
10	在预算管理方面做到积极主动和善于沟通
11	营造安全、健康、鼓舞人心的环境
12	懂得如何促进学习
13	广泛宣传幼儿教育项目的优点
14	欢迎所有的家庭并向他们学习，与之成为伙伴
15	对品质的追求永无止境
16	期待成为最好的终身学习者和领导者

反省可以帮助你更好地走向领导者的角色，接下来让我们了解一下余下的其他原则、资料以及理论，并将它们整合进你的知识体系中。

主管究竟是什么：领导者、管理者还是执行者

把你的所有日常责任和职能列成一份清单。你是老师、学生还是家庭成员？你能提供什么样的职能？又必须承担哪些责任？

现在，请画一个圆。回顾一下列好的清单，并大致估计一下每天你在每项职责上所花时间的百分比，然后根据你在每一项职责上花费时间的百分比将这个圆制成饼图。例如，作为学习者，每天需要花掉你多少时间？就把这一比例标注在饼图上（摘自波士顿惠洛克学院的格温·摩根教授的大学教程《管理中人的因素：幼儿教育组织》）。

"领导者"一词的内涵很丰富。作为领导者，需要帮助其他人展望现在还看不到的事情。一个有远见的领导者能做到将团队精神化腐朽为神奇，通过领导者的肯定，可以让一个本来不自信的老师重拾信心；让一个与周围的人们在

工作、语言、信念方面都不一样的家庭，能够找到让其可和谐融入其中的社区。幼儿保教项目也可以通过领导者的梦想变得更具活力。领导者有能力实现变革。

在许多文化中，由于有性别预期，因此如果某人站出来表示自己可以成为一个领导者的话，他往往是不被接受的。玛西亚·法里斯是我的同事兼好友，她成功筹划并主办了很多幼儿教育会议、重要的工作坊和励志演讲，但她几乎从不给自己的会议、课程或者工作坊冠以"专为领导者设立"这样的名义。根据玛西亚的经验，很少有幼儿教育专业人士会给自己冠名为"领导者"。

如果不是领导者，那么主管又是什么呢？一些作者将幼儿教育中的领导、管理或执行做了区分，我们可以看一看。

管理者的职责是建立系统，保证诸如控制、预算这些系统能够顺利运转。管理者的关注点应该放在如何使组织有秩序且顺利地实现既定目标。与领导不同，管理者不需要具有领导者那样的远见，其职责不在于建章创制，而更在于具体的运作。相比较而言，管理者在自己掌控的领域具有更大的裁定权。教育或课程方面的协调者可以做出监督决策，但很少会涉及预算方面。

执行者是具体负责实施的人，需要照顾到每一个必需的环节。她需要遵守政策，按照规定实施每一个步骤，保证关注到每一个具体任务，以使整个项目保持正常运转。由于需要关注具体的日常运作，所以执行者很少有时间或自认未被授权去做长远的核心决策。因此，领导者创建愿景、规划战略方向；管理者负责建立系统并使之有效运转；最后由执行者处理一系列具体事务，诸如安排供给、处理纠纷、修理破损钟表、疏通下水道、保证老师们准时领到工资。

领导者的职责上至提出组织的重大变革，下至退一步理清头绪、防范风险。而执行者则只需要关注日常具体事务。领导者决定整个组织的目标和未来。黛布拉·沙利文博士（Sullivan, 2003）的《学会领导：幼儿教师的有效领导力技能》一书指出，领导者是规范蓝图的人，而执行者负责实施，使蓝图变成现实。

> 斯蒂芬·科维在他的《成功人士的七个习惯》一书中使用梯子来形容领导和管理之间的区别：管理是找到最快最好爬上梯子的方法，而领导是要找到那面最适合搁置梯子的墙。
>
> ——www.Leadershiojot.com

> 领导者要保持"眼睛盯在成果上"，执行者则要"埋头苦干"。

现在，你觉得幼儿教育主管是领导者呢，还是管理者，抑或是执行者？

实际上，主管们承担着上面的这三种角色，他们想要更多的时间来承担领导者的角色，而非总是亲赴火场。他们也希望有更多的时间来做规划、确定新的发展方向。但是对于幼儿教育领导者来说，这是一种两难的困境，需要权衡和协调，优先选择真正契合自己目标的方面。

> 永远记住：快乐生活所需要的东西其实很少，全在于你的思考方式。
> ——马库斯·奥里利乌斯

当我们"有目的"地做事情时，我们就是在领导了。如果领导者在工作中没有了"目的"，那么他们便会感觉只是在简单地工作、完成任务而已。而非常有趣的是，通常，工作热情的枯竭都是由于我们的工作失去了目的和意义造成的。设想一位主管，如果事无巨细，每天都需要她来处理，她怎么可能还有时间且高效率地设计并规划未来的"蓝图"呢？所以，我们必须学会把精力放在那些对自己真正重要的事情上，懂得有智慧地授权。

授权，即将一部分工作任务适时适量地分派给别人，并且不试图去控制被分派者的工作进程，这需要情商和社会智力。领导者识别自己的最终目的和工作重点，其实就是在运用自己的情商。领导者在读懂自己的员工，帮助他们成为该领域专家时，事实上他就是在识别可以被委以重任的最佳人选。领导者的社会智力指的是他对自己员工的优势、动力和盲点的深入了解。记得杰瑞·保罗曾经说过："我做了40年的管理和督导，现在才敢说刚刚摸清其中的门道。"

作为领导者，通过不断努力，令自己在情绪和社交方面成为一个聪明人，这就够了吗？立志成为一个终身学习者，这样的态度能够帮助领导者们成功地开拓一个新领域吗？

老问题新角度

有关情绪智力和社会智力价值的争论

对情商和社会智力的研究引起了相当热烈的反响，支持和反对声此起彼伏。

一些批评家认为，情商并没有得到严格的科学分析和验证，就像棉花糖一样没有根基。他们质疑情绪智力是否存在、是否有价值。尤其是戈尔曼的工作，遭到了严厉的批评。心理学家汉斯·艾森克用如下一段话来抨击戈尔曼的理论（Eysenck，2000，p.109）：

> 让我们仔细体会一下这句印第安谚语："诸善待地球：它不是你的父母给你的，而是你的子女借给你的。"

> 现在有一种很荒谬的趋势，就是将几乎任何一种行为都解释为某种"智力"，戈尔曼就是这种基本谬误的最好例证……其整个理论都建立在沙丘之上，毫无任何可靠的科学依据可言。

然而，随着一系列科学研究的开展，不断地有证据开始支持情商理论（Cherniss et al., 2006; Viadero, 2007）。有数据显示，无论是对教室里的孩童还是已经工作了的成人来说，情商和现实世界中的成功之间的确具有很强的关联。在现实生活中，最成功的个体并不是那些智商超高、只追求自己个人成就的人，而是那些注重团队合作、能够在压力下保持冷静并懂得如何与他人相处的人。目前，神经科学的研究也正在探索情商和智商行为的神经学差异，以及大脑与社会交往之间的动力学关系。

当你了解了对戈尔曼理论的支持和批评，那么，对你现有的情商和社会智力的观点是否有影响呢？不用急着回答，你有充足的机会从一位幼儿教育专家的角度来聆听并参与到这场正在进行的争论之中。

纵观全书，我们注意到领导力处在一种尴尬的两难境地：有这么两种理论，观点相反，经常交战，各执一词。你也许会觉得，这与怀里同时抱了两只刚打完架的猫一样，被它俩的叫声吵得不知所措。其中一方认为情商是无价之宝，另一方却认为情商是伪科学。

> 神经科学害怕意识的存在，所以我们把人脑当作计算机来研究。但是，实际上没有任何一台计算机与人类一样带有情绪。
>
> ——唐·卡茨

诚然，任何一种新理论的诞生，都需要经过严格的科学检验，接受各种挑战和批判。你还记得接受做出改变的人数的百分比吗？

在我看来，智商和情商并不是"有你无我"互不两立的关系，而应该是可以同时并存的。这两种智力的定义都有它们各自的优势和地位，并没有互相排斥。有时，在决策制定过程中，领导者需要通过"法律条文"（不受情感影响的、客观的、理智批判的）的方式来实现；而在另外一些时候，领导者可能又会需要"法律精神"来处理关系、接受和调节所有无法表达的、突触式的（神经对神经的）情感交流。

幼儿保教这一职业正努力获得人们的尊重。通过记录、测量、编纂、分析等，甚至借用传统的"硬"科学方法，就是为了更完美地实现本领域的专业化。美国幼儿教育协会最新版本（NAEYC, 2006）的资格认证便是一个很好的例子。硬数据确实有说服力，严格缜密理性的分析方法着实值得尊敬，而"软的"或非科学的研究方法现在仍被质疑。其实，也许我们可以同时充分利用这两种方式，并不一定要非此即彼。

重新发现交流情商原则的传统方式

因为情绪智力和社会智力一直都被认为是软知识，而非硬科学，所以情商一直都只流行于大学之外，而非象牙塔内。几个世纪以来，情商和社会智力都被视为人类传统智慧的核心，所以，当我们希望探索一件事物的核心时，通常会从美国本土的年长者入手。

这样的例证很多，布莱克·艾尔克（Black Elk）曾经说过："成年人可以从很小的孩子身上学到很多东西，因为小孩子们的心灵是最纯净的。'伟大的神'可能表现出许多大人已经迷失掉的东西。"疯马乐队更是道出了这一核心的领导力原则："领导不仅需要宽广的视野，还需要像老鹰永远追逐最深蓝的天空那样，不断追逐那片广阔的天际。"西雅图的酋长曾预言道："无论是野兽、树木还是人类，所有的生物都呼吸着同样的空气，空气供给他们生存的力量，所以他们共享着同样的灵魂。"

情商的智慧是长者和预言家通过各种口头的神话传说、诗歌、寓言以及歌谣等形式传递和继承下来的，而不是通过学术课本。当你在歌唱或者背诵最爱的歌曲或诗歌时，你就已经激发了这份智慧。约翰·济慈（Ode to a Grecian Urn, 1819）在一首诗里写道："美即真，真即美。这便是这世上我们都知道且我们都需要知道的真理。"这短短几句诗词，便已经涵盖了情商和社会智力的核心内容。

试着回忆一下你小时候最喜欢的一本书，那本书又向孩子们传递了什么样的"人生课程"呢？

事实上，童书的作者们打造了一个情商和社会智力的王国。《绒布小兔子》（The Velveteen Rabbit, 1922）中的兔子虽然衣衫褴褛、年迈体衰，但仍然有着让人心疼的可爱。在《提兹小姐》（Miss Tizzy，1993）一书中提到

> 智慧产生勇气，
> 勇气产生热情，
> 热情产生智慧。
> ——池田大作

的社区里，每一个人都很重要，大家互相关心互相照顾。《三口之家》（Tango Makes Three, 2005）提醒我们：是爱凝聚了整个家庭。《野兽家园》（Where the Wild Things Are, 1988）告诉我们，每个人都有其野蛮狂热的一面，而这一面其实没什么可怕的。《我爱你，我的臭宝贝》（I Love You Stinky Face, 2003）一书让孩子们知道：无论发生什么事情，他/她都是永远被爱着的。

所以"软"知识可以帮助我们度过人生最艰难的时期，我们会铭记那些触动内心深处的时刻。事情本身也许会不断褪色，但意义永存。

非言语的，非神经的，或两者皆是？

对事物的第一次命名会改变我们看待事物的方式。当思考情商和社会智力时，我们需要进行假设检验。考

> 错误是发现的温床。
> ——詹姆斯·乔伊斯

虑它们是否符合已被大家所接受的"非言语的"术语；思考"非言语的"指标是什么：非语词交流的多种方式。现在，我们思考一个新术语："神经的"。"神经的"或"突触式的"是指在交流转化成语词之前，我们的神经元就一直在以各种形式交流传递着信息。

我们的信息交流大部分（65%~90%）都是通过神经元连接而非通过言语连接的。于是，我们最常用的交流形式被贴上了它不是什么（非言语的），而非它是什么（神经的）的标签。如果我们在给某一概念下确切的定义之前，便能更详细准确地考察其真正的内涵，那么，在某种程度上，"非言语"这种术语也

许会用得更少。

准确地说，我们的交流有"神经的"和"非神经的"这么两种方式。神经式的交流，而非言语式的交流，充当着我们的"第一语言"。我们是在瞬间做出神经反应的。由于神经式的交流是标准的交流，所以对于其他形式的交流也应该据此加以描述。"非言语的"这一术语并不足以描述全部的神经式的交流。"非言语"表达的正是神经式交流中所缺少的，而"神经的"表达的才是实际发生交流中的大多数。

> 人就像彩色玻璃窗，当阳光出现时，它就闪烁着耀眼光芒，绽放出绚丽色彩。而当黑暗降临时，只有内在的光辉，才能展现出属于它的真实美丽。
>
> ——伊丽莎白·库布勒－罗斯

语词能表达丰富的内容，它也是最源远流长的非神经式交流的形式。只有当神经突触之间的联结被激发时，语词才变得非常重要。否则，语词将无法被接收。如法炮制，语词也可以被定义为非神经的或言语的交流。

这两种表述方式的差异似乎只是语义学上的区别，其实更多的是字词上的。然而，当我们准确命名一个事物时，命名本身就在传递意义。所以当你下次再听到"非言语的"这一术语时，请你细想一下更准确的表述方式："神经的"。的确，改变我们惯用的术语和改变其他的事情一样，都会遇到阻力。然而，改变我们看待事物的方式，就可以让我们看得更广、更远。

处处可用的领导原则

请尝试着将你认为一个好的领导者所需要的特质列在一张清单上，然后分析哪些特质反映的是你自己身上的优点？哪些特质又是你想要培养的？

好老板与坏老板

试着根据你前面列出的清单对表 16.1 进行评价。高效与低效的领导者在以下这些特质中有明显差别（Goleman，2006，p.277）。

表 16.1　好老板与坏老板

好老板	坏老板
善于聆听	难以接近
经常激励	多疑
乐于沟通	秘而不宣
勇敢无畏	恐吓威胁
有幽默感	脾气暴躁
有同理心	自我中心
果断坚定	优柔寡断
负责任	推卸责任
谦逊亲和	傲慢自大
适当放权	缺乏信任

"好老板"清单列举的是一个能有效处理关系的领导者,而"坏老板"清单描述的是一个还未意识到将良好的自知力和同理心运用到人际关系中的人。我们先考察一下领导原则要求一个好老板应该具备哪些特质。

其他重要的领导原则将在本章余下的篇幅中一一细述。

如何成为好老板

亲切地讲真话

身为研究者和作家的安东尼奥·达马西欧(Damasio,1995)指出,愉悦以及从压力和烦恼中解脱出来的自

> 乐观并不会痛苦,你仍然可以在以后哭泣。
> ——卢西马尔·桑托斯·德·利马

由可以使我们变得更加开放,从而学到更多。达马西欧认为,愉悦、乐观和热情都是神经学上"最和谐的情绪状态"。而另一位研究者阿斯皮诺尔(Aspinal,1998)也提出,当我们自信且积极乐观的时候,会更愿意发现和接受信息,即使这些信息并不一定是很容易接受的。

这些原则显然适用于作为督导的领导者。戈尔曼(Goleman,2006,p.277)曾说过:"如果领导者已经成功营造出了充满信任和安全感的环境,之后,当

他给出一些严厉的反馈时，信息接收者不但会以开放的心态接受，还能从这些看似严苛的信息中吸取教训。"所以，好的领导可以帮助他人拓宽视野，亲切地讲真话能够营造出信任和安全的环境。

正己才能正人

"言行一致"，是指"己所不欲，勿施于人"，为人要以正为本。好老板是先正己，后正人。通常一个"好的（幼儿教育）老板"会帮助他人发现其天赋，而不是总盯着他们的缺点。羞辱、指责和威胁都是无效的。要正人，必先正己，把自己摆进去，就会感受并领会到其中的区别。

我们可以根据最近关于导师型领导者的研究成果（DeLong, Gabarro & Lees, 2008）来探讨好老板与坏老板的差异。一名杰出的导师应该：

- 是一个值得完全信任的人，会真诚地传递消息——无论是好消息还是坏消息。
- 告诉你一些你可能并不愿意听到的事情，但仍能让你觉得你已经听进去了。
- 用一种想要让你自己变得更好的方式与你互动。
- 使你即便承担风险，也会让你感到安全。
- 可以给你足够的信心去克服内心的怀疑与恐惧。
- 支持你去尝试实现自己的目标。
- 帮助你挖掘和发现单靠自己也许永远看不见的机会和挑战。

《哈佛商业评论》（*Harvard Business Review*, 2008, p.118）的研究者发现，员工"对于负面反馈都是相当敏感的"。即使是脸皮最厚的雇员，在听到"你这件事情做错了"这样的信息时，他的神经元也会颤抖。

无论我们将"好领导"这一定义划分得多么细，总的来讲，一位好领导应该善于激励、敢于面对，以尊重的态度支持他人。领导者要想有所作为，他所做的每一件事情都必须在关系中进行，否则，只能是一败涂地。

面向21世纪的领导力

预见未来是一件既不可能又很奇妙的事情，我们根本不知道下一秒会发生什么，更别提明年或者十年以后了。但是，这些都不能阻止我们的想象。展望我们希望成长为领导者的过程可以帮助我们更清晰地预见未来。接下来，我们将继续探讨领导原则，以及展望面向 21 世纪的领导力。

> 从不犯错的人也做不成其他任何事情。
> ——乔治·伯纳德·肖

为成长而建立伙伴关系

我在研究面向 21 世纪的领导力的观点时，发现大家都强调"通过建立互相尊重的关系来提升影响力"这一观点。例如，罗斯特（Rost，1991）在《面向 21 世纪的领导力》（*Leadership for the Twenty-First Century*）一书中，将领导力定义为"一种领导者与其追随者之间为了实现共同的目标而建立的具有影响力的关系"（p.102）。在罗斯特看来，关系和伦理道德的重要性在很大程度上被忽略了。通过动态关系建立影响力，罗斯特预测，适应性和自我觉察将成为 21 世纪最重要的领导力工具。

忠实于你的核心价值观

《哈佛商业评论》（第 86 卷，第 1 期）致力于研究"面向 21 世纪的领导力和策略"。《改造企业：什么样的公司能让世界变得更好？》（*Transforming Giants: what Kind of Company Makes the World a Better Place?*）一书的作者罗莎贝斯·莫斯·坎特（Kanter，2008，p.45）提出了这样的观点：

> 价值观已成为当今最有活力、最成功的跨国公司的核心要素。我指的不是那些印在钱夹名片上的广告语，而是指对价值观入理入情的悉心培育。一旦人们在他们尊重和渴望的事情上达成了共识，便能够独立地做出方向一致的决策，而不会南辕北辙。当他们需要团队合作完成一个项目的时候，即使原本的背景和文化

传统存在很大的差异,也可以非常有效地沟通协作,因为他们在企业目标和公司定位方面已形成很强的共识。

按照坎特的观点,只要在核心价值观上达成一致,即使文化背景不同,我们也可以很好地协同共进。

培育多元文化社区

坎特的观察十分准确。领导者需要具备很好的洞察力和预见力来更好地促进多元文化交流。幼儿教育项目很欢迎、也很需要全世界各种文化的融入,我们作为领导者需要从以下这些问题入手:"我们的盲点是什么?我们的偏见是什么?我们需要怎样的成长?"随着领导者的自我成长,其项目也在扩展。这就需要幼儿教育领导者回答:"你预期十年后幼儿保育和教育领域将会需要怎样的领导力?"(Leaders on Leadership,2005,p. 20-21)。

面对这些问题,你觉得领导者们会如何回答呢?如果接受访问的是你,你又会如何作答?

几乎每一位接受采访的领导者都会毫不吝啬地大谈国际视角和当地的行动主义。美国俄亥俄州的斯科特·齐格弗里德建议:"领导者需要丰富的多元文化知识,甚至有时候还需要有会说一到两门外语的能力。"迈阿密的路易斯·埃尔南德斯预测:"领导者要了解各个地方的人、语言、文化……也要有着更广阔的世界观。"华盛顿特区的黛维达·麦克唐兰德认为,十年后的领导力是"典型的、多样化的、包容并蓄的,要具备创新的和前沿的思想,是自下而上的,而不是自上而下的"。

保持孩子一样的好奇心

> 压力的定义是:你心里想着"不可能",嘴上却说"当然,我很高兴做这件事情"。
> ——苏·鲍德温

从幼儿教育领域外的人那里听说会从孩子们身上学到东西,这是一件很让人耳目一新的事情。工程师保罗·波拉克(Polak,2008,p.32-35)的梦想是，通过帮助全世界生活艰辛的农民来彻底消除贫穷："孩子们身上有种简单直接的好奇心，那种对玩的热爱是我们成年人在解决问题时很难再拥有的心态。如果你像一个孩子一样

> 任何人都可以改善世界，这是多么美妙的事情啊！
>
> ——安妮·弗兰克

思考，就可以很直接地剥开缠裹在问题外的纷扰，发现问题的本质。"波拉克先生跟我们分享了他在为某农村地区设计划算的工业炉的挑战中保持像孩子一样的好奇心的经历：

> 1996年，我在卡舒埃拉的一个亚马逊热带雨林村庄里，试图帮助割胶工人找到能在村集油站让巴西坚果干燥的方法，从而提高他们的收入。在正常思维下，我们需要设计一个适合村庄使用的干燥器来代替城市版本的大型工业干燥设备。一走进村子，我便注意到每隔一家都会有一台面粉烤箱，这是一台用来烘干树薯粉的机器，有着两英尺高的烘焙泥土表面和8英尺宽10英尺长的火炉顶部。当我看到这些烘烤炉的时候……我突然意识到每一台面粉烤箱都可以成为一台巴西坚果干燥器。我们只需要放下工程师的身份，像孩子一样思考，就可以达到意想不到的效果（2008, p.32）。

最终，波拉克没有耗费钱财跟精力去引入大型的巴西坚果干燥器，在当地团队的协助下，波拉克花了不到

> 寻求报复的人最终是自掘坟墓。
>
> ——谚语

两个小时就"发明"出了一个简便的干燥器，这种"新手思维"、孩子一样的好奇心，是一种很得力的领导力工具。

照顾好自己

快乐是"努力让别人快乐过程中的副产品"（Gretta Booker Palmer）。利他是一种值得尊敬的美德，在无私地帮助别人的过程中可以战胜世界难题。正如我们在第6章中提到的"与变化为伴"那样，主管们如果不想因为工作负担太大而职业倦怠的话，首先要做的就是照顾好自己。而自我关爱是一项艰难的学习过程。

对于幼儿保教专业人士来说，工作负担过重容易引发"照料者综合征"，从而生病，这是很危险的。每天工作12个小时，还把工作带回家，试图以一己之力去"改变"别人、帮助别人解决问题，这容易养成自毁的习惯。作为主管，你需要学会直截了当且心怀歉意地告诉别人："请让一让！我需要一点儿自己的空间。"这种设置界限的行为，虽然有时对我们来说会比较尴尬，但对重建我们的心理能量来说是至关重要的。

学会放手

> 当人们追求完美时，上帝笑得最开心。
> ——日本谚语

> 我的目标是向那些成年的孩子们展示，无论年龄多大，我都还是可以找到时间和方法去大笑、享受生活的乐趣。幽默是最有效的应对技巧之一。
> ——苏·鲍德温

自我关爱的其他基本动力是：对担心、自我怀疑以及自责自己不完美学会放手。只需要选择好自己的战役，让其他事情顺其自然。你的能力是有限的，想要帮所有人解决所有问题几乎是天方夜谭。如果你真觉得你可以成为救世主，那你就是在伤害自己。要学会"有目的"的领导，采取某种立场支持你相信的，放弃你可以"改变"别人的想法！学会放手。

宁静的祈祷是主管值得信任的朋友，这个世界上你唯一可以改变的人是你自己。不要执着于改变那些你改变不了的人和事，有时候执着会带来怨恨或烦恼，放手反而会让你收获更宝贵的智慧和自我尊重。

适时求助

各种支持小组或群体是主管们智慧与幽默积聚的港湾。也许你会遇见一位解决了类似你所苦恼的问题的主管，再也没有别的事情比这更能帮助你获得美好的前景了。一些主管在刚加入或新建一个支持小组时，曾经兴奋地告诉我："我再也不觉得是孤军奋战了！"

让我们翻到本书的第143页，我曾经让你填写一份你的支持系统人员名单的表格，如果现在再看这份表格，你会做些修改吗？在这次的课程中，你有遇见让你想要往这张表格上增添的人吗？抑或你会想删除一些一直在耗损你心理能量、却丝毫不能帮你补充的"难伺候"的人？

在写这本书时，每当信心受挫，我都会向朋友和家人寻求精神支持，而且这种精神支柱并不是固定不变的，因为它的本质在于告诉我们这样的信念：生活不只是我们表面上看到的样子。所以每位领导者都应该有自己获得深层次灵感和宽慰的方式。

> 改变需要时间：研究发现，新生儿的神经元在出生后6至8周内都在不断成熟，初生前10天新神经元都只能接收老神经元的信号而不能输出信号。其他脑区则不断地给新神经元提供信息，直至它们整合形成现在的神经网络。

寻找、使用并热爱你的幽默感

你是不是跟我一样，当丢失自己的幽默感时，会有种大祸临头的不祥预感？你也许听说过作家诺曼·卡津斯（Cousins，1979）认为自己是通过大笑治愈了癌症的故事。当他看到电影中的喜剧演员马克斯兄弟在闹剧里稀奇古怪的动作时，他乐得捧腹大笑，笑得都快背过气儿去了。瑜伽，一种调节呼吸、伸展身体和精神的冥想练习，其中就包括"大笑冥想"。"大笑冥想"的具体做法很简单，就是笑，即使没有什么有趣的事情。我以前很怀疑这种做法："这很没趣，而且我觉得很傻！"但实际上我是真的傻，当我发现事情的幽默之处时，"哈哈哈"的笑声可以帮助我进入到更积极乐观的心态中。所以笑是接近真相的路径。

你的选择从这里开始：学会热爱问题

我们的课程接近尾声，我们也到了该说再见的时候了。我会很想念大家的。在写这本书的过程中，我心中时刻装着你们，非常感谢你们选择成为一名幼儿保教专业人士。

作为一名"热心的律师"，我认识到幼儿保教这一职业在以后的生活中是

> "不完美的美丽和魅力在于：破旧牛仔裤的舒适熟悉，意大利小别墅的乡村幽雅，祖上传下来的奶奶小阁楼里旧瓷器的隐约光辉。"
>
> ——塔罗·戈尔德

多么有价值，我说的是实话！幼儿教育可以丰富孩子们的人生和提升他们的家庭。作为幼儿教育者，你会拥有很多超出你想象的影响力。当你教育过的小孩子们长大成人，并努力找到你来感谢你的时候，你就能明白我这句话的意思了。或许你已经明白了。

还记得我提到的"持续改进"的TQM（全面质量管理）原则吗？你准备好下一步的行动了吗？没有人知道所有问题的答案，所以我们要学会热爱问题，尤其是那些最具挑战性的问题，它们会帮助你继续朝着既定的目标前进。

请随时保持这种天赋：充实、快乐和真诚的关系是学习和成长的核心。你可以选择如何与他人相处，包括与你自己。请选择你友善的那一面！

> 希望是鸟儿，
> 在人们心灵栖居，
> 唱着无词的歌儿，
> 从不停歇，永远。
>
> ——艾米莉·狄金森

反思性问题

1. 不要翻阅本书，反思并写下你记得最清楚的内容。然后，对这几个问题进行反思：你觉得你记住了哪些学习内容？哪些内容是有用的？你更想听到的内容是什么？哪些内容是你想去涉及却没有涉及的？当你写好后，再打开书。你是否需要在你的反思中补充一些内容呢？如果答案是肯定的，请补充进去。

2. 在你的指导教师曾经举办过的讲座、组织过的讨论、开展过的其他课堂教学活动中，选出三项你获益最大的。描述一下你的收获，并录制一段视频。

3. 本章的标题"学会热爱问题"引自里尔克（Rilke）的专著。他曾说过："耐心对待那些你尚未解决的问题，学习喜爱这些问题本身"（Rilke, 1993, p.35）。这一句话对你来说意味着什么？尤其是作为一名未来的幼儿保教专业人士来讲，你觉得你可以"学会热爱的"以及还未解决的问题是什么？在你学习的领导力原则中，哪些可以帮助你解决这些问题？

团队项目

1. 首先，请你再次修正第 400 页的"练习你的情商"的活动，回答"你预测十年后幼儿保育和教育领域将会需要怎样的领导力？"然后，将你的答案与组内其他成员一同分享，一起讨论你期望发生什么样的改变、未来面临的最大挑战是什么。具体来讲，你如何看待最终的人口迁移（从大部分是白人变成了大部分是有色人种）与未来我们的领域变化之间是如何互相影响的？研究一下其他专家关于这些问题的预测，并组织一次班级讨论会，研讨这些问题和你们的发现。
2. 本章整体都在重点讲述"处处可用的领导力原则"。首先，请你列出一份领导力原则的清单，将这一清单与你在学完第 3 章之后建立的核心价值观进行对比。接下来，再跟小组成员分享自己的核心价值观与领导力原则。将小组成员们的结果进行讨论整合，便会得到我们这一职业的核心价值观与领导力原则，并将你们小组成果的重点以 PPT 或者视频的形式在班级里展示。
3. 小组讨论："因为情绪智力和社会智力一直都被认为是'软'知识，而非硬科学，所以情商一直都只流行于大学之外，而非象牙塔内。几个世纪以来，情商和社会智力都被视为人类传统领导力智慧的核心，所以，当我们希望探索一件事物的核心时，通常会从美国本土的年长者入手。"作为学生，你注意过情商、社会智力和智商在大学课堂上的地位和价值吗？在你自己的研究中曾纳入或者强调有色人种或少数民族群体的观点吗？请你选择一个没有被学术课程充分重视的群体，开展独立调查研究，然后与组内成员分享讨论这个人或群体的智慧，最后再与全班同学分享，组织讨论。

参考书目

Aspinal, L.G. 1998. Rethinking the role of positive affect in self-regulation. *Motivation and Emotion* 22: 1–32.

Baker, B. 2008. How tastes turn into feelings. *Boston Globe,* March 24: C2.

Cherniss, C., M. Extein, D. Goleman, and R.P. Weissberg. 2006. Emotional intelligence: What does the research really indicate? *Educational Psychologist* 41 (4): 239–245.

Cousins, N. 1979. *Anatomy of an illness as perceived by the patient.* New York: W.W. Norton. & Company, Inc.

Covey, S. 1990. *Seven habits of highly effective people.* New York: Free Press.

Damasio, A. 1995. *Descartes' error.* New York: Perennial.

DeLong, T, J.J. Gabarro, and R.J. Lees. 2008. Why mentoring matters in a hypercompetitive world. *Harvard Business Review* (January): 115–121.

Eysenck, H. 2000. *Intelligence: A new look.* Piscataway, NJ: Transaction Publishers.

Gold, T. 2004. *Living Wabi Sabi: The true beauty of your life.* Kansas City: Andrews McMeel Publishing.

Goleman, D. 2006. *Social intelligence: The new science of human relationships.* New York: Bantam Dell.

Kanter, Rosabeth Moss. 2008. Transforming giants: What kind of company makes the world a better place? *Harvard Business Review* 86(1): 45.

Leaders on leadership. 2005. *Young Children,* January, 20–21.

Lencioni, P. 2002. *The five dysfunctions of a team: A leadership fable.* San Francisco, CA: Jossey-Bass.

Polak, P. 2008. Twelve steps to practical problem solving. *Worldark: Ending hunger saving the earth.* Heifer International (March–April).

Rilke, R.M. 1993. *Letters to a young poet.* Translated by M.D. Herter Norton. New York: W.W. Norton.

Rost, J.C. 1991. *Leadership for the twenty-first century.* New York: Praeger.

Sullivan, D.R. 2003. *Learning to lead: Effective leadership skills for teachers of young children.* St. Paul, MN: Redleaf Press.

Viadero, D. 2007. Social-skills programs found to yield gains in academic subjects. *Education Week* 27 (16): 1, 15.

Wen, P. 2008. Culture gap: American doctors learning about immigrant ills. *Boston Globe.* March 24.

儿童文学的参考文献

Gray, L.M. 1993. *Miss TIZZY.* New York: Aladdin Paperbacks.

McCort, L., and C. Moore. 2004. 1997. *I love you stinky face*. New York: Scholastic.

Richardson, J., and P. Parnell, 2005. *And tango makes three*. New York: Simon and Schuster Books for Young Readers.

Sendak, M. 1988. *Where the wild things are*. New York: Harper Collins.

Williams, M. 1922. *The velveteen rabbit*. New York: Avon Press.

网络资源

照料者综合征

http://www.revolutionhealth.com/blogs/michaelrabowmd/caregiver-syndrome-6572

照料综合征：定义、症状和小贴士

http://www.squidoo.com/caregiver-syndrome

丹尼尔·戈尔曼的批判性回顾

http://eqi.org/gole.htm

对领导力主题的讨论

http://www.Leadershipjot.com

情商因素：新的大脑研究

http://www.time.com/time/classroom/psych/unit5_article1.html

21世纪的领导力

http://www.joe.org/joe/1994june/tt3.html

在谈话之前新的大脑细胞就在聆听

http://www.eurekalert.org/pub_releases/2007-10/yu-nbc103007.php

附录 A

来自 http://www.wccip.org/tips.html 的营销小贴士
威斯康星儿童保育改善项目

定义

营销

所有的努力是为了吸引顾客，而长期的计划也是为了留住顾客。

外部营销

标牌、媒体广告、新闻稿、海报、小册子和其他印刷材料。

内部营销

培养口碑的建议。
通过满足当前顾客的需要而留住他们。

顾客

购买商品或服务的人。

没有一份营销计划会适合所有的儿童保育项目。每一个项目需要开发它自己的综合营销技巧。通常，普通顾客在对某产品或服务有反应之前，需要看到或者听过该产品或服务三次，所以使用多种外部营销技巧去吸引公众的注意力是一个好主意。

第一印象非常重要。接触的最初 60 秒可能会赢得你的一个新顾客或者赶走一个顾客。超过 90% 的家长会为自己的孩子选择亲戚、朋友和同事推荐的保育项目，所以为了顾客的长期稳定，取悦当前的家庭是非常重要的。喜欢你项目的顾客会把你的项目告诉大约三四个人；一个不满意的顾客则会告诉十个人。

下面的内容将会帮助你考虑制定你的项目营销计划要素。

营销

初始的电话联系

- 将电话置于最小噪音区域。
- 在铃声响起三声或者更少的时间内及时接听电话。
- 使用一个带有友好短语应答的话机。
- 定期查看短信。
- 及时回复电话。
- 保留咨询者的电话记录。
- 随访咨询者。

初始的访问

- 访问从外部开始；注意建筑物的外观和入口。
- 户外的游乐区是否清洁，是否配备了合适的员工？
- 确定一间能让你看到来访者进入的办公室。
- 当家长进入的时候，他们听到了什么？
- 家长闻到了什么？
- 家长看到了什么？

问候家长和孩子

- 当你出现的时候就开始问候。
- 欢迎孩子时要蹲下来与孩子说话。
- 在谈话中多次使用来访者的名字。
- 倾听来访者的问题。
- 在游览中，描述典型的活动并指出代表品质的标志：
    高水平的员工培训；

认证证书；

除了有许可证之外，没有严重的违规通知。

- 推销你的项目：

  一个记录过去事件的相册；

  收集过去的简讯；

  其他家长的证明信。

- 从来访者那里获得信息：

  名字；

  地址；

  电话号码；

  孩子的出生日期；

  必要的作息表。

- 随后打一个电话，即刻进行感谢性质的随访。

外部营销

广告将是你营销计划和预算中的重要部分。广告的费用从免费到非常昂贵不等。

儿童保育资源和转诊（CCR&Rs）www.wisconsinccrr.org

- 服务于全国的所有地区：维护他们地区所有与儿童保育相关的数据库。
- 无需给儿童保育机构付费，父母便可联系CCR&Rs，来获得所有能满足他们需求的儿童保育项目的名单。

打印的材料

- 名片
- 室外标志
- 报纸广告
- 标志性的T恤、帽子、手提包等此类物品
- 小册子

- 海报/宣传单

新闻媒体

- 广播
- 电视
- 新闻稿：

    招聘新主管或教师；

    员工参加全国性的研讨会；

    公布新的站点或服务；

    特殊的活动，不寻常的实地考察；

    中心提供的免费健康检查。

特殊事件

- 参与当地展览。
- 就社区公平设投票站。
- 作为志愿者为当地马拉松比赛筹款。

其他营销点子

- 邀请当地的官员来访。
- 邀请新闻媒体。
- 公开演讲：

    公民；

    教堂群体；

    高中课堂；
- 在社区中展示儿童的才艺。
- 为心理助产、母乳喂养或者亲子课堂等提供上课的空间。
- 与技工学校和其他培训机构合作。

内部营销

口碑推荐是吸引新顾客的有力工具。

激发口碑推荐

- 在任何时间都欢迎家长。
- 重视家长的意见。
- 邀请家长们给予反馈。
- 积极回应建议。
- 奖励那些推荐了新家庭的家长。
- 让家长参与到活动和实地考察中。
- 邀请家长共进午餐。
- 展示孩子在玩耍时的照片。
- 举办家庭晚会。
- 帮助家庭参与到员工的工作中：
    将家长视为顾客；
    理解与家长建立伙伴关系的重要性。
- 定期举行家长会。
- 对离婚的家庭结构保持敏感。
- 建立"校友"邮件列表：
    发送年度通讯；
    邀请参加特别的庆祝活动。

营销的结语

一个成功的企业有如下营销计划：
现在能做什么？
在接下来的六个月里能做什么？
从现在开始为明年、未来五年和其他时间做计划。
保持与未来发展趋势和预测的协调一致：

- CCR&R 供给与需求的调查。

- 人口普查局的数据。
- 学区关于出生率和人口特征的预测。

积极而不是被动地为今后几年做计划。

来源：WCCIP • 2109 S. Stoughton Road, Madison WI 53716 • Ph 800.366.3556 • Fx 608.224.6178
These tip sheets were developed by WCCIP, March 1998, with funding from the WI Dept. of WFD, Office of Child Care, and DHFS.

附录 B
预算词汇术语表

实际支出预算
actual expense budget　Keeps a running tab of what you pay out and take in each month, as compared to what you predicted in the projected budget.

现金流分析
cash flow analysis　A process you can use to find out how much money you have on hand.

现金储备
cash reserve　A fund you can use on "rainy days," especially when your cash flow is weak.

资产折旧
depreciation　The anticipated loss of an asset's value over time.

项目支出
expenses　What you pay out, for example, salaries, insurance, supplies, fees, consultant and trainer costs.

家长费用
fees　Additional costs for parents, including registration, co-pay, special supplies, and special event fees.

财政年度
fiscal year　The year as measured by your program's budget, usually July 1–June 30.

扣押
garnishing　Takes a percentage "off the top" of someone's income to pay unpaid bills directly to the program.

拖欠
in arrears　Past due amounts; unpaid bills.

盈利
in the black　The program is making enough money to pay all its bills.

赤字
in the red　The program does not have enough income to meet its expenditures.

轮班
job sharing　Two teachers work at complementary times to do the work of one teacher.

明细支出
line item　The term given to each item that needs consideration in the budget such as personnel, utilities, and supplies.

流动资产
liquidity　Like cash flow, being "liquid" means you have monies on hand to use when you need them.

公共医疗补助
Medicaid　Employers are required to pay into employees' fund for future medical care.

净收益
net income　The total earned after expenditures are taken out.

一次性消费
one time expense　Like paying the fee for a marriage certificate, you hope you only have to pay this once.

工资总支出
payroll　The actual costs of salaries, including your own.

损益表
P&L　Nickname (acronym) for profits and losses report.

预计预算
projected budget　Your prediction about upcoming costs over a period of time.

收入
revenue　Incoming money usually from parent fees, childcare subsidy, and grants.

对账
reconciliation　Process of checking your prediction on will be earned and spent against what was actually earned and spent. Reconciling is making adjustments in incoming and outgoing resources.

浮动计算
sliding scale　Adjustments in the amount you charge, based on a family's income or based on the number of children the family and/or teacher enrolls.

社会保障
Social Security　Employers contribute to each staff member's Social Security funds, maintained by the federal government.

缩减支出
spending down　A phrase used to describe the process of paying out the monthly/regular expenses in a timely way. A board member may ask about your "spend down" this month.

税费

taxes The percentage of income the federal, state, and local government charge to provide their services.

可行的

viable Operating "in the black" as opposed to in debt.

工人赔偿

worker's compensation A system regulated in state law that issues payments and provides medical care to employees who are injured or disabled during the course of their employment, regardless of fault.

附录 C
探讨文化多样性的书籍和文章
幼儿教育实践的根源

Akbar, Na'im. *The Community of Self.* Tallahassee, FL: Mind Productions, 1985.

Allen, Paula Gunn. *Off the Reservation.* Boston: Beacon Press,1998.

Banks, James A. *Cultural Diversity and Education.* Boston, MA: Allyn and Bacon, 2001.

Bernhard, Judith K., Marlinda Freire, Fidelia Torres, and Suparna Nirdosh. "Latin Americans in a Canadian Primary School: Perspectives of Parents, Teachers, and Children on Cultural Identity and Academic Achievement." *Canadian Journal of Regional Science* (Spring, Summer, 1997): 217–237.

Bernheimer, Susan. *New Possibilities for Early Childhood Education. Stories from Our Nontraditional Students.* New York: Peter Lang, 2003.

Brody, Hugh. *The Other Side of Eden: Hunters, Farmers, and the Shaping of the World.* New York: North Point Press, 2001.

Bronfenbrenner, U. *The Ecology of Human Development: Experiments by Nature and Design.* Cambridge, MA: Harvard University Press, 2005.

Bruno, Holly Elissa. "Hearing Parents in Every Language: An Invitation to ECE Professionals." *Child Care Information Exchange,* #153 (September/October 2003): 58–60.

Cajete, Gregory. *Look to the Mountain: An Ecology of Indigenous Education.* Durango, CO: Kivaki Press, 1994.

Child Care Health Program. *Serving Biracial and Multiethnic Children and Their Families.* Berkeley, California: The Child Care Health Program, 2003.

Cleary L.M., and T. D. Peacock. *Collected Wisdom: American Indian Education.* Needham Heights MA: Allyn and Bacon, 1998.

Coll, Cynthia Garcia, Gontran Lamberty, Renee Jenkins, Harriet Pipes McAdoo, Keith Crnic, Barbara Wasik, Hanna Garcia, and Heidie Vazquez. "An Integrative Model for the Study of Developmental Competencies in Minority Children." *Child Development,* 67 (1996): 1891–1914.

Cooper, R., and E. Jones. "Enjoying Diversity." *Exchange* (October 2005): 6–9.

David, J., O. Onchonga, R. Drew, R. Grass, R. Stechuk, and M. S. Burns. "Head Start Embraces Language Diversity." *Young Children,* 60(6) (2005): 40–43.

Day, M., and R. Pariakian. *How Culture Shapes Social-Emotional Development: Implications for Practice in Infant-Family Programs.* Washington DC: Zero to Three, 2004.

DeLoache, Judy, and Alma Gottlieb. *A World of Babies: Imagined Childcare Guides for Seven*

Societies. New York: Cambridge University Press, 2000.

Deloria, V., Jr., and D. R. Wildcat. *Power and Place: Indian Education in America.* Golden, CO: Fulcrum Resources, 2001.

Delpit, Lisa. *Other People's Children: Cultural Conflict in the Classroom.* New York: The New Press, 1995.

Delpit, Lisa, and Joanne Kilgour Dowdy, eds. *The Skin That We Speak.* New York: The New Press, 2002.

Eggers-Pierola, C. *Connections and Commitments: Reflecting Latino Values in Early Childhood Programs.* Portsmouth, NH: Heinemann, 2005.

Fadiman, Anne. *The Spirit Catches You and You Fall Down: A Hmong Child, Her American Doctors, and the Collision of Two Cultures.* New York: Noonday Press, 1997.

Fernea, Elizabeth Warnock. *Children in the Muslim Middle East.* Austin: University of Texas Press, 1995.

Garcia, Eugene, Barry McLaughlin, Bernard Spodek, and Olivia N. Saracho. *Meeting the Challenge of Linguistic and Cultural Diversity in Early Childhood Education.* New York: Teachers College Press, 1995.

Gonzalez, Doris. *Hablemos de Ninos.* Caguas, Puerto Rico: Impresos Taino, 2001.

Gonzalez-Mena, J. *Diversity in Early Care and Education: Honoring Differences.* New York: McGraw-Hill, 2004.

Greenfield, P. M., B. Quiroz, and C. Raeff. "Cross-cultural conflict and harmony in the social construction of the child." In *New Directions for Child and Adolescent Development,* S. Harkness, C. Raeff, and C. M. Super, eds. San Francisco: Jossey-Bass, 2000, pp. 93–108.

Grieshaber, Susan, and Gaile S. Cannella. *Embracing Identities in Early Childhood Education: Diversity and Possibilities.* New York: Teachers College Press, 2001.

Hale, Janice E. *Black Children: Their Roots, Culture and Learning Styles.* Baltimore, MD: Johns Hopkins University Press, 1986.

Hooks, Bell. *Rock My Soul, Black People and Self-Esteem.* New York: Atria, 2003.

Hsu, Francis L. K. *Americans and Chinese: Purpose and Fulfillment in Great Civilizations.* Garden City, NY: Natural History Press, 1970.

Johnson, David, and Roger Johnson. "Cultural Diversity and Cooperative Learning." In *Cooperative Learning and Strategies for Inclusion,* 2nd ed., J. W. Putname, ed. Baltimore. Brookes, 1998.

Kagiticibasi, Cigdem. *Family and Human Development across Cultures.* Mahwah, NJ: Erlbaum, 1996.

Kawagley, A. Oscar. *A Yupiaz Worldview: A Pathway to Ecology and Spirit.* Prospect Heights, IL: Waveland, 1995.

Lee, Joann, *Asian Americans.* New Press, 1992.

LeVine, Robert A., Sarah LeVine, P. Herbert Leiderman, T. Berry Brazelton, Suzanne Dixon, Amy Richan, and Constant H. Keefer. *Child Care and Culture: Lessons from Africa.*

Cambridge University Press,1994.

Lewis, C. C. *Educating Hearts and Minds: Reflections on Japanese Preschool and Elementary Education.* New York: Cambridge University Press, 1995.

Nee-Benham, Maenette Kape ahiokalani Padeken Ah and Joanne Elizabeth Cooper, eds. *Indigenous Educational Models for Contemporary Practice: In Our Mother's Voice.* Mahway, NJ: Erlbaum, 2000.

Neihardt, John G. *Black Elk Speaks.* New York: Pocket Books,1972.

Nsamenang, A. B. *Human Development in Cultural Context: A Third World Perspective.* Newbury Park, CA: Sage, 1992.

Payne, Ruby K. *A Framework for Understanding Poverty.* Highland TX: Aha! Process, Inc., 2003.

Pence, Alan R."Reconceptualizing ECCD in the Majority World: One Minority World Perspective," *International Journal of Early Childhood* 30.2 (1998): 19–30.

Rael, Joseph. *Being and Vibration.* Tulsa, OK: Council Oak Books, 1993.

Ramsey, P. G. *Teaching and Learning in a Diverse World,* 3rd ed. New York: Teachers College Press, 2004.

Rogoff, B. *The Cultural Nature of Human Development.* Oxford and New York: Oxford University Press, 2003.

Ross, Allen C. (Ehanamani). *Mitakuye Oyasin: We Are All Related.* Denver: Wichoni Waste, 1989.

Siraj-Blatchford, Iram, and Priscilla Clarke. *Supporting Identity, Diversity and Language in the Early Years.* Philadelphia: Open University Press, 2000.

Some, Sobonfu. *The Spirit of Intimacy: Ancient African Teachings in the Ways of Relationships.* New York: HarperCollins/Quill, 2000.

Soto, Lourdes Diaz. *Language, Culture, and Power: Bilingual Families and the Struggle for Quality Education.* New York: State College of New York Press, 1997.

Tan, A. L. *Chinese American Children and Families: A Guide for Educators and Service Providers.* Otney, MD: Association for Childhood Education International, 2004.

Tedla, Elleni. *Sankofa: African Thought and Education.* New York: Peter Lang, 1995.

Valdes, Guadalupe. *Con Respeto: Bridging the Distances between Culturally Diverse Families and Schools.* New York: Teachers College Press, 1996.

Wolpert, E. *Start Seeing Diversity: The Basic Guide to an Anti-Bias Classroom.* St. Paul, MN: Redleaf Press, 2005.

Zepeda, M., J. Gonzalez-Mena, C. Rothstein-Fisch and E. Trumbell. *Bridging Cultures in Early Care and Education.* Mahwah, NJ: Erlbaum, 2006.

图书在版编目（CIP）数据

有目的地领导：幼儿保教管理工作中的情绪智力/（美）霍莉·艾丽莎·布鲁诺著；董妍等译. -- 北京：商务印书馆，2017
ISBN 978-7-100-15035-4

Ⅰ.①有… Ⅱ.①霍…②董… Ⅲ.①幼儿园—教育管理—教材 Ⅳ.①G617

中国版本图书馆CIP数据核字（2017）第196857号

版权所有。未经出版人事先书面许可，对本出版物的任何部分不得以任何方式或途径复制或传播，包括但不限于复印、录制、录音，或通过任何数据库、信息或可检索的系统。

本授权中文简体字翻译版由麦格劳-希尔（亚洲）教育出版公司和商务印书馆合作出版。此版本经授权仅限在中华人民共和国境内（不包括香港特别行政区、澳门特别行政区和台湾地区）销售。

版权©2018由麦格劳-希尔（亚洲）教育出版公司与商务印书馆所有。

本书封底贴有McGraw-Hill公司防伪标签，无标签者不得销售。

所有权利保留。
未经许可，不得以任何方式使用。

有目的地领导：幼儿保教管理工作中的情绪智力
〔美〕霍莉·艾丽莎·布鲁诺 著
董妍 等译
俞国良 审校
赵延芹 林思语 刘洁 责编

商务印书馆出版
（北京王府井大街36号 邮政编码100710）
商务印书馆发行
山东临沂新华印刷物流集团印刷
ISBN 978-7-100-15035-4

2018年1月第1版　开本 710×1000　1/16
2018年1月第1次印刷　印张 28.25
定价：128.00元